W0350845

Peter Bürger

Das Lied der Liebe kennt viele Melodien

Eine befreite Sicht der homosexuellen Liebe

Peter Bürger, geboren 1961, ist Theologe, Krankenpfleger und Publizist. Seine letzten Buchveröffentlichungen: Napalm am Morgen (2004); Kino der Angst – Terror, Krieg und Staatskunst aus Hollywood (2005); Hiroshima, der Krieg und das Christentum (2005)

Dieses Buch ist einem glaubwürdigen Christen gewidmet:
Erzbischof Desmond Tutu
Peter Bürger

IMPRESSUM

Peter Bürger
Das Lied der Liebe kennt viele Melodien

Der Text von 2001 wurde um einen aktuellen Anhang erweitert

Layout und Titelgestaltung: Andreas Klinkert
Satz: Bettina Lutze
Druck: Druckhaus Bayreuth
Auflage 3 / 2005
© Juni 2001 by Publik-Forum
Verlagsgesellschaft mbH
Postfach 2010
61410 Oberursel
ISBN: 3-88095-111-X

Peter Bürger

Das Lied der Liebe kennt viele Melodien

Eine befreite Sicht der homosexuellen Liebe

Inhalt

Ein Buch der befreiten Liebe

Ich hoffe, jeder Leser und jede Leserin hatte einmal das Glück, sich gehörig zu verlieben und dabei womöglich auf ein antwortendes Gegenüber zu treffen. Viel mehr Vor-Wissen setzt die Lektüre der folgenden Seiten eigentlich nicht voraus. Thema dieses Buches ist eine Liebe, die sich sehr lange verstecken musste, die ihren Namen nicht zu nennen wagte, die von Menschen zum Unglücklichsein verurteilt wurde, weil sie sie nicht verstanden. Die Hüter der Religion haben diese Liebe mit tausend, ja abertausend »Argumenten« zum Widergöttlichen erklärt und sie so ihrer Unschuld berauben wollen, ungeachtet der biblischen Mahnung: »Stört die Liebe nicht!« (Hld 2, 7; 3, 5; 8, 4). Je nach Geschichtszeit und Kultur wurde – und wird – diese Liebe blutig verfolgt. Heimliche Liebe, vom Volkslied als das Allerschönste besungen, war dann eine Frage von Leben und Tod; ja heute noch ist sie bei uns zuweilen eine Frage der sozialen und beruflichen Existenz.

Es geht um eine *andere* Liebe, anders als jene, die von der Mehrheit aller Menschen gelebt wird. Es ist eine Liebe zwischen zwei Männern oder zwischen zwei Frauen. Und doch ist es auch wieder *keine* andere Liebe: »Der Weg ist lang. Ich kann die Zukunft nur verschleiert sehen. Ein Ziel ist nie sehr weit: Du. Also kann ich nur mit Liebe gehen!« Können Sie erkennen, was für ein Mensch solche Sätze zu einem anderen sagt? Natürlich, es ist ein Liebender. Können Sie auch erkennen, dass dies die Liebeserklärung eines Mannes an einen anderen Mann ist? Wohl kaum. Da gibt es in den Augen der Liebe nichts zu rechtfertigen, nichts zu begründen …

Die Farben im Regenbogen der Liebe sind sehr verschieden. Männer und Frauen, die das gleiche Geschlecht lieben, sind darin zu allen Zeiten und in allen Kulturen enthalten. Doch sie wohnen nicht auf einem anderen Stern. Die große Mehrheit der Menschen ist in besonderer Weise vom anderen Geschlecht fasziniert. Viele Heteros kennen jedoch in ihrem Empfinden zuweilen auch die erotische Anziehung des gleichen Geschlechts. Genauso gibt es Lesben und Schwule, die auch das andere Geschlecht erotisch anziehend finden können. Was einstmals in feste Schubladen gesteckt oder durch Mauern getrennt war, ist in einer neuen Kultur durch Grenzgänger und

Brückenbauer miteinander verbunden. Viele junge Menschen haben kein Verständnis mehr für Etiketten, mit denen eine sexuelle Orientierung eindeutig dingfest gemacht werden soll.

Das Verbindende liegt jedoch viel tiefer. Unser Eros und die Fruchtbarkeit unseres Liebens, sie sind nicht auf einen rein biologischen Fortpflanzungszweck festgelegt. Menschliche Sexualität ist in der Entwicklung des Lebens auf diesem Planeten etwas ganz anderes geworden als ein äußerer Vorgang zur Erzeugung von Nachkommen. Das gilt gleichsam naturhaft. Jeder und jede von uns benötigt ein »Du«, ein Gesicht, das uns wohlwollend ansieht, eine Stimme, die uns meint, eine Hand, die uns zärtlich berührt. Wenn Liebende sich küssen, streicheln, kosen und einander sagen: »Wie gut, dass es dich gibt!«, dann sind sie an erster Stelle Liebende und sonst nichts. Es wäre absurd, die Augen, den Mund, das Stimmband, die Hände oder die Haut in *dieser* Sicht als heterosexuell oder homosexuell zu unterscheiden. Wenn Menschen das Wagnis unternehmen, einander zu vertrauen und zu verstehen, sich zu respektieren und sich gegenseitig kostbar werden zu lassen, wenn sie in Augenblicken der lustvollen Ekstase oder im Alltag das Glück von Gemeinschaft erleben, dann werden nur die Unverständigen sofort nach der sexuellen Orientierung fragen.

Hans-Georg Wiedemann hat Recht: In einer Partnerschaft ist nicht entscheidend, wer wen liebt, sondern *wie* Menschen aufeinander zugehen und mit sich selber umgehen. Gibt es da ein konkurrierendes Machtspiel, in dem es wechselnd beziehungsweise gleich bleibend immer nur einen Gewinner und einen Verlierer gibt? Oder versuchen zwei ein Spiel, in dem beide Seiten *gemeinsam* gewinnen? Können Liebende in einer Partnerschaft die Freiheit des anderen achten? Oder müssen sie sich angstvoll in Besitz nehmen und festklammern? Gibt es Offenheit für andere Menschen oder nur ein Gefängnis zu zweit?

Solche Grundfragen werden für viele Menschen heute bedeutsamer als isolierte Fragen nach sexuellen Praktiken. In den letzten fünfzehn Jahren hat sich entsprechend ein unglaublicher gesellschaftlicher Wandel vollzogen. Die staatliche Anerkennung gleichgeschlechtlicher Partnerschaften ist ein wichtiges Zeichen dafür, dass Frauen- und Männerpaare längst zum festen Bestandteil der öffentlichen Kultur in Europa geworden sind. Indessen tun sich viele Christen mit dem Thema noch immer schwer. An anderer Stelle mögen sie sich weigern, von selbst ernannten kirchlichen Experten Wahrheiten entgegenzunehmen, die über das Leben, seine Freuden und Leiden und über so genannte »Betroffene« hinweg konstruiert worden sind. Doch bei der Homosexualität sitzen die Vorurteile tiefer. Hier möchte das vorliegende Buch informieren, helfen, befreien und einen Schlussstrich unter die kirchlichen Mythen ziehen. Theologische und humanwissenschaftliche Scheinargumente werden gründlich unter die Lupe genommen. Das Ganze erhält Fleisch und Blut durch das Geschick leibhaftiger Menschen. Christen, die als Lesben, Schwule oder Heterosexuelle eine neue Vision der Liebe leben, kommen zu Wort. Hunderte von Lebensgeschichten, die mir in den letzten fünfzehn Jahren von Männern und auch Frauen anvertraut worden sind, bilden den Hintergrund. (Allerdings bin ich als schwuler Autor kein ausgewiesener Fachmann in Fragen der Liebe zwischen zwei Frauen.)

Eine erste Auflage lag bereits 1996 vor: »Da war unser Mund voll Lachen. *Befreiung für die Kirche und für Christen, die das gleiche Geschlecht lieben*« (Herausgeber: Alt-katholische Gemeinde Düsseldorf). Das nunmehr vollständig überarbeitete Buch richtet sich an Christen jeglicher Konfession, die angesichts des gesellschaftlichen Umbruchs einen positiven Horizont für sich und für die Kirche gewinnen möchten. Die Zeit eines zahmen Werbens um Verstehen – im Bettelgewand – ist allerdings *endgültig* vorbei. Und so verbindet sich in diesem Buch der hohe sachliche Anspruch mit einer durchaus streitbaren Sprache. In aufgeklärter Offenheit für das Leben und für die Glaubenstradition wünsche ich als Theologe und Christ, zu überzeugen und zu überzeugenden Erfahrungen anzuregen. Mancher wird sich dabei in eine scheinbar fremde Welt einladen lassen müssen. Das ist unabdingbar: Wir müssen uns gegenüberstellen und einander anschauen. Sage ich dir dann »links«, so kannst du es leicht als »rechts« missverstehen. Und doch ist es nicht ein wirklich trennender Unterschied unserer Rechts-Links-Wahrnehmung, was eine Verständigung erfordert, sondern allein die verschiedene Perspektive. Ich meine, auch im vielgestaltigen Weg der Liebe überwiegt trotz verschiedener Blickrichtungen und Begabungen das Verbindende. Es ist die Liebe, die uns Menschen auf *verschiedene* Weise zu bewegen vermag.

1. Erwachen in einer fremden Welt

Der Vorsitzende der katholischen Bischofskonferenz von Argentinien, Kardinal Antonio Quarracino, hat sich für eine konsequente Ausgrenzung von Homosexuellen ausgesprochen. Sie sollten geschlossen in einem weit entfernten Land leben, damit die Gesellschaft von einem entehrenden Makel gereinigt werde (...) das von ihm vorgeschlagene Land, das »ganz weit weg« sein solle, müsse groß genug sein, damit alle Homosexuellen dort nach ihren eigenen Gesetzen und Vorstellungen leben könnten. Dort hätten sie »jede Menge Freiheit« ...
DEUTSCHES ALLGEMEINES SONNTAGSBLATT, 26.8.1994

Wer das Recht eines Fremdlings beugt,
hat gleichsam das Recht Gottes gebeugt.
TALMUD

Viele Menschen erinnern ihre Pubertät mit einem vielsagenden Lächeln. Sie denken an erste, noch unbeholfene Gehversuche in Liebesdingen, an Liebeskummer und zaghafte Berührungen ... Ein wichtiges Tor für den Weg der Liebe ist aufgetan. Andere, die etwa wöchentlich peinliche Rechenschaft im Beichtstuhl abzulegen hatten, bezeichnen die Pubertät nicht selten als »die schlimmste Zeit« ihres Lebens. Für die Generation meines Vaters galt etwa ein nächtlicher Samenerguss bereits als sicherer Pflasterstein auf dem Weg zur Hölle, auch wenn das vermeintlich Unkeusche hier nicht willentlich herbeigeführt worden war.

Für wohl die meisten homosexuell empfindenden Jugendlichen bedeutet die Reifezeit auch heute das Erwachen in einer fremden Welt. Wer unfähig ist, sich in dieses – zumeist noch immer böse – Erwachen hineinzufühlen, wird nichts verstehen: Die besondere Zuneigung zum gleichen Geschlecht wurde vielleicht schon im frühen Kindesalter verspürt. Doch jetzt erhält sie eine ganz neue Klangfarbe und Intensität. Man mag die Augen davor verschließen oder gezielt dagegen ankämpfen. (Ich kenne aus eigener Erfahrung entsprechende Übungen, die viele Jahre andauerten.) Man kann sich eine Weile hinwegtrösten, denn selbst im kleinsten Dorf gehen in jener Zeit Mädchen sehr zärtlich miteinander um und Jungen heimlichen Spielen unter ihresgleichen nach.

Doch man ahnt bereits: Das alles hat nicht wirklich mit mir, mit meinen Wünschen und meiner Sehnsucht zu tun. Von langer Dauer wird der Trost der gleichgeschlechtlichen Jugendspiele kaum sein. Gerade viele später homosexuell Liebende beteiligen sich auch gar nicht an diesen »Spielen«, weil sie ihnen eine besondere Quelle der Verunsicherung bedeuten.

Manchmal ist das Erwachen zunächst noch die unschuldige Ahnung eines bis dahin nicht gekannten Glückes. Bei mir war es ein überraschender Augen-Blick auf dem Schulhof. »Das ist der Himmel«, flüstert die Brust. »Das ist die Hölle!«, schreit wenig später eine grelle Stimme unter der Schädeldecke ... James Baldwin hat als Erzähler die zwei Gesichter dieses Erwachens in eindringlicher Weise dargestellt. Ich möchte seine Romanfigur David ausführlich zu Wort kommen lassen:

»Wenn es auch nichts mehr nützt, so bereue ich doch eine bestimmte Lüge unter all den vielen Lügen, die ich ausgesprochen, gelebt und geglaubt habe. Ich meine die Lüge, die ich Giovanni erzählte und die er mir nicht so recht glauben wollte: dass ich noch nie mit einem Jungen geschlafen hätte. Ich habe es getan und mir geschworen, es nie wieder zu tun ... Ich habe lange nicht mehr an diesen Jungen gedacht, doch heute Abend sehe ich ihn deutlich vor mir ... Es war Sommer, wir hatten Ferien. Joeys Eltern waren übers Wochenende fortgefahren, und ihr Haus ... gehörte uns beiden allein ... Seltsam, dass ich heute zum ersten Mal nach so langer Zeit daran denke, wie wohl ich mich an jenem Abend fühlte, wie vernarrt ich in Joey war. – Als wir zurückgingen, war es still auf den Straßen; auch wir waren still. In der Wohnung machten wir keinen Lärm, wir entkleideten uns, müde, wie wir waren, in Joeys Zimmer und gingen zu Bett. Ich schlief gleich ein. Plötzlich – ich hatte wohl schon längere Zeit geschlafen – wachte ich auf. Das Licht brannte, und Joey untersuchte mit geradezu verbissener Sorgfalt das Kopfkissen. ›Was ist los?‹ ›Ich glaube, mich hat eine Wanze gebissen.‹ ›Mensch, habt ihr hier Wanzen?‹ ›Mir war jedenfalls so, als hätte mich eine gebissen.‹ ›Ist dir das vorher schon mal passiert?‹ ›Nein.‹ ›Na, dann schlaf weiter. Du träumst ja.‹ – Er starrte mich mit offenem Mund an, seine dunklen Augen waren weit aufgerissen, als hätte er soeben zu seiner größten Verblüffung entdeckt, dass ich Fachmann für Bettwanzen war. Ich musste lachen und packte ihn beim Kopf, wie ich das oft tat, wenn wir uns im Scherz oder im Ernst balgten. Doch als ich ihn diesmal berührte, geschah etwas in ihm und in mir, was bewirkte, dass sich diese Berührung von jeder anderen unterschied, die er oder ich je erlebt hatten. Er wehrte sich auch nicht wie sonst, sondern blieb dort liegen, wo ich ihn hingezogen hatte, an meiner Brust. Ich merkte, dass mein Herz schrecklich klopfte und dass Joey zitterte und dass es im Zimmer sehr hell, sehr warm war. Ich wollte mich bewegen, irgendeine scherzhafte Bemerkung machen, aber Joey murmelte etwas Unverständliches, und ich beugte mich vor, um zu hören, was er sagte. Im gleichen Augenblick hob Joey den Kopf, und so kam es wie von ungefähr, dass wir uns küssten. Zum ersten Mal in meinem Leben fühlte ich den Körper eines anderen Wesens, nahm bewusst den Geruch eines anderen Wesens wahr. Wir hielten uns in den Armen. Es war, als umfingen meine Hände einen seltenen, zu Tode erschöpften Vogel, den ich wie durch ein Wunder gefunden hatte. Ich war sehr erschrocken und er sicherlich auch, und wir schlossen beide die Augen. Die schmerzhafte Deutlichkeit, mit der ich mich daran erinnere, beweist mir, dass ich es nie vergessen habe. Noch jetzt spüre ich in mir eine schwache, eine furchtbare Regung von dem, was mich damals mit solcher Gewalt überfiel: eine große durstige Leidenschaft, ein Zittern und Beben, ein so quälendes Verlangen, dass ich glaubte, mein Herz werde zerspringen. Doch aus dieser unerträglich beklemmenden Pein entstand das Entzücken, wir schenkten einander Entzücken in jener Nacht. Ein ganzes Leben, so schien mir, würde nicht ausreichen, das Liebesspiel mit Joey zu spielen.

Aber das Leben war kurz, war begrenzt durch die Nacht – es endete am nächsten Morgen ... Wie ein Blitz durchzuckte es mich: Aber Joey ist doch ein Junge ... Ich schämte mich. Das Bett in seiner süßen Unordnung zeugte von Verderbtheit. Was würde wohl Joeys Mutter sagen, wenn sie die Laken sah? Dann dachte ich an meinen Vater, der außer mir niemanden auf der Welt hatte, denn meine Mutter war ja gestorben, als ich noch klein war. Wieder tat sich in meiner Vorstellung die Höhle auf, finster, voll von Gerüchten, Verdächtigungen, schmutzigen Worten und halbgehörten, halbvergessenen, halbverstandenen Geschichten. In dieser Höhle liegt meine Zukunft, dachte ich, und mir wurde angst und bange. Ich hatte weinen mögen, weinen vor Scham und Entsetzen, weinen vor Ratlosigkeit, weil ich nicht begriff, wie so etwas passieren konnte, *mir* passieren konnte. Und ich fasste einen Entschluss. Ich stieg aus dem Bett, nahm eine kalte Dusche und zog mich an ... Meine Ausrede konnte Joey natürlich nicht täuschen, aber weder protestierte er, noch drängte er mich zu bleiben; er ahnte ja nicht, dass ein Wort von ihm genügt hätte, mich umzustimmen. Ich, der ich ihn in jenem Sommer fast täglich gesehen hatte, besuchte ihn von nun an nicht mehr.«[1]

Der Entschluss, den der fiktive Ich-Erzähler David an dieser Stelle fasst, bedeutet eine »Entscheidung« zur Lebenslüge. Diese Lüge selber zu glauben, das ist für homosexuell empfindende Jugendliche oft lebensnotwendig gewesen. Es darf einfach nicht sein, was doch ist: Wäre ich so, wirklich *so*, dann wäre ich ein Fremdling, dann gäbe es keinen Ort für mich in dieser Welt! Das gesamte soziale Leben und die gesamte Kultur waren bis in die jüngste Vergangenheit hinein ausschließlich vom Bild der Liebe zwischen Mann und Frau bestimmt. Kinderstube und Kinderspiel, Familie und Schule, Dorfwelt und Kirche, Straßenleben und jedwede Festlichkeit von Jung oder Alt, Tanzschule und Vereinsstatut, Theater und bildende Kunst, Film und Fernsehen, Comic und Literatur, Volkslied, Schlager und Popmusik … schlichtweg alles war *ausschließlich* aus der Perspektive des so genannten Normalen modelliert. Das »Andere« kam in meiner Jugendzeit, wenn überhaupt, allenfalls als Witzfigur, als Gegenstand von Verlegenheit, Gespött oder Verachtung, als verzerrte Unmöglichkeit vor. Der »Andere« kann sich dann im günstigsten Fall wie ein einzelner Funken fühlen, der sich von einem fernen Stern oder von weiß Gott woher in eine verkehrte, fremde Welt hinein verirrt hat. Weltbilder haben ihre Wurzel in einem Lebensgefühl …

Häufiger jedoch als die gnostische Erlebnisweise einer irgendwo liegenden fernen Heimatlichkeit ist das Gefühl, ein krankes, mangelhaftes Geschöpf zu sein, dessen Lebenswert mehr als fraglich ist. Ein solches Unwertgefühl ist noch heute unter jugendlichen Homosexuellen anzutreffen. Der durchschnittliche Pubertierende fragt: »Wer bin ich? Wo ist mein Ort? Wohin kann ich aufbrechen?« Solche Fragen sind für den homosexuell empfindenden Altersgenossen von vornherein mit dem Gift des »Nicht-genügen-Könnens« infiziert. Er findet sich als ein Betriebsunfall vor, als ein Nicht-Angenommener. Was auch immer er versuchen wird, er lebt in einer Welt, deren *Gesetz* er nicht erfüllt, unter deren Augen er niemals richtig, niemals gerechtfertigt sein kann. Wollte er sich befreien, so müsste er wie der vielfach unverstandene christliche Irrlehrer Marcion im zweiten Jahrhundert einen bösen Schöpfer- und Gesetzgebergott des alten Äons annehmen, der von einem guten Erlösergott der neuen Frohbotschaft besiegt wird.[2] Sein *wahrer Gott* ist noch ausständig, denn in dem, was als vermeintlich göttliches Gesetz vorgegeben zu sein scheint, vermag er sein Heil, sein wirkliches Leben nicht zu finden. »Liebe wäre«, mit der Dichterin Marie Noël gesprochen, »ein Ungehorsam gegen das Gesetz des Schöpfers.«

Doch wer trägt in jenen Jahren schon so viel Mut in sich, allein gegen den Rest der Welt oder gar den Regenten der Weltordnung zu stehen? Das übliche Drama von Frauen und Männern, die das gleiche Geschlecht lieben, beginnt früh mit dem Verstecken *vor sich selbst*, vor den *anderen* und auch vor *Gott*. Mit peinlicher Zwanghaftigkeit habe ich in jungen Jahren die kleinsten Spuren des Andersseins, alle verdächtigen Anhaltspunkte, Fotos, Erinnerungen und sogar Gefühle codiert, chiffriert, übermalt, verfremdet, vernichtet. Ich glaubte, während ich bereits im tiefsten Bass sang, meine Stimme wäre auffallend hoch für einen Jungen. Die damals noch wesentlich populäreren Schwulenwitze musste ich mir wehrlos anhören, denn ein Kommentar hätte mich ja verraten. In allen verfänglichen oder mich anrührenden Situationen fühlte ich mich entlarvt, wiewohl – leider – niemand etwas merkte. Ein Schüler erzählt: »Schon als ich neun war, hatte ich so eine Ahnung. Lieber Gott, bitte nimm's weg, hab' ich nachts schweißgebadet gebetet. Ich hab' so gehofft, dass ich noch normal werde. Hab' darauf geachtet, dass ich ja keine tuntige Bewegung mache ... In mein Tagebuch hab' ich alles nur in Geheimschrift geschrieben. So vorsichtig war ich. Aber am schlimmsten ist, dass man mit niemandem darüber reden kann.«[3] Es stimmt einfach nicht, dass Beschämung und Verachtung der Umwelt einen Schwulen oder eine Lesbe erst nach dem eindeutigen inneren und äußeren Bekenntnis zum Anderssein treffen. Bis zu diesem Zeitpunkt sind längst ungezählte unbewusste oder halbbewusste Wunden geschlagen worden, und dann erst weiß man es definitiv: *Du bist gemeint! Das alles trifft dich!*

Das Damoklesschwert einer Verurteilung, die den eigenen Wert vernichtet, schwebt über einer Welt des Misstrauens. Sie ist das genaue Gegenbild von dem, was die Religion als Daseinsweise des Glaubens benennt. Eine gewisse Paranoia, eine allgegenwärtige Verfolgungsangst kann überhaupt nicht ausbleiben, wenn man ständig unter riesigem Energieaufwand sich selbst und der Umwelt gegenüber so erscheinen muss, wie man in Wirklichkeit gar nicht ist. In der Geschichte eines jungen Homosexuellen, den ich als Pfleger in der Psychiatrie kennen gelernt habe, hatten sich die Ängste vor dem Erkanntwerden zu Stimmen verselbstständigt, die ihn überall mit Schwulenspott begleiteten. Sätze wie »Schau dir die Tunte an!« hörte er aus den Lautsprechern der Aufnahmestation.

Vor Jahren bat ein an Aids erkrankter Homosexueller seine Pfleger, doch alle Spuren, die sein wahres Gesicht zeigen könnten, aus der Wohnung zu entfernen. Die Familie sollte auch nach dem Tod nicht wissen, wer er war. Ein solches Spurenverwischen unter lebensbedrohenden Umständen ist alles andere als ein Einzelfall. Wohl die meisten homosexuell liebenden Menschen, die ich kenne, haben sich zumindest vorübergehend mit der Frage gequält: Muss ich einmal sterben, ohne dass ein einziger Mensch auf dieser Welt mich wirklich gekannt hat? »Ich habe eine Lüge gelebt«, beklagte ein homosexueller Priester der Episcopal Church (USA) einen Monat vor seinem Tod. »Niemand hat den wirklichen Ray Roberts gekannt. Und jetzt muss ich sterben, und in der Tat wurde es mir nie erlaubt zu leben.« Sein Bischof John Spong bekannte dann: »Ich trauere wegen der Vorurteile und Ängste, in denen auch ich gefangen war und die Ray Roberts letztlich getötet haben – lange vor seinem eigentlichen Tod.«[4]

Gepaart mit der Angst, entdeckt und verdammt zu werden, ist oft die schuldbewusste Sorge, den anderen – den liebsten Mitmenschen – eine Last zu sein: Was tue ich den Eltern an, die mir doch so viel Gutes getan haben? Ihre Erwartungen werde ich immer enttäuschen müssen und sie vielleicht einmal dem Spott der Nachbarn aussetzen. Eine Mutter gestand mir den folgenden Ausspruch gegenüber ihrem Sohn, als eher zufällig in einem Gespräch von Homosexualität die Rede war: »Wenn du so wärest, dann wünschte ich lieber, du wärest tot!« Damit verbannte sie ihren tatsächlich homosexuell empfindenden Sohn auf Jahre hin in einen inneren Kerker. Oft ist es eine gedankenlose, beiläufige Bemerkung seitens einer Bezugsperson, die einen ersten, schmalen Türspalt wieder fest verschließt.

Die Angst und das Misstrauen gegenüber der Umwelt richten eine undurchdringbare Mauer auf: Keiner soll mir zu nahe kommen, mich anrühren oder verletzen können, keiner soll merken, was mit mir los ist. Es sind einfach zu viele Messerstiche, die von anderen ungeahnt in die Brust eines jungen Homosexuellen gestoßen werden. Zu oft brennt eine Schamröte, die keiner sehen darf. Diese Gefühlswelt beschreibt ein autobiografischer Beitrag so: »... ich war gebrandmarkt. Wenn jemand etwas von mir wollte, konnte das niemals gut gehen, und ich war heilig davon überzeugt, dass er mich nur hereinlegen wollte. Ich sollte mich vergessen, meine Gefühle bekennen, und er hätte eine prima Waffe in der Hand, um mich bei meinen Mitschülern ... zu denunzieren. Und somit war ich eifrig dabei, meine Schutzwand zu verstärken. Bloß von niemandem ankratzen lassen. Lieber noch ein paar Steine drauf!«[5] Man darf gewiss sein: Solch ein Panzer schützt einen »Siegfried« unserer Tage immer noch, jedenfalls so lange, bis die wunde Stelle, die eigentlich ein Glückskleeblatt sein könnte, von jemandem wirklich entdeckt wird.

Doch nicht nur von außen wird unsereins dann als unnahbar erlebt. Das Versteckspiel funktioniert nur, wenn man sich eben auch vor sich selber versteckt. Keine innere Regung darf zugelassen werden. Weil ein sehr wichtiger Gefühlsbereich, der Eros, als Ganzer nicht leben darf, muss gleichsam auch alles andere im Bereich des Brustkorbes zu Eis erstarren. Auf diese Weise kann man auf Jahrzehnte hinweg in einer unvorstellbaren Schizophrenie leben und sich selbst ein Fremder bleiben. Die eigenen Gefühle darf man unter keinen Umständen zulassen, kennen lernen oder gar benennen. Das hieße, dem Verbotenen, dem Unmöglichen Tür und Tor zu öffnen. Unter solchen Vorzeichen bin ich jahrelang wie unter einem Schleier in meinen Studienstädten umhergewandelt, unwirklich dem Körper nach und hoch funktionstüchtig, was die geistigen Leistungen anbelangt. Magenschleimhautentzündungen waren ständige Begleiter, doch sie reichten nicht zum Durchbruch. Den chronischen Bluthochdruck eines Freundes wusste ein sehr weiser Landarzt richtig zu bewerten. Er erkannte das verdrängte, das eingesperrte Leben. Die Gefäße für den pulsierenden Lebenssaft waren einfach zu eng. Dieser Arzt verordnete regelrecht den Auszug aus dem Elternhaus und aus der westfälischen Kleinstadt.

Die vermeintliche eigene Minderwertigkeit, die Angst, in den Augen der anderen ein Nichts zu sein, und die ständige Gefahr, verwundet zu werden, sobald der Makel ans Licht kommt, all das treibt homosexuelle Menschen nicht selten zu Höchstleistungen, die dann oft die Stelle des *ungelebten Lebens* einnehmen. Damit einhergehend ist die gnadenlose Arbeitssucht als Flucht vor sich selber sehr verbreitet. Beides wird von zynischen Autoren als gelungene Triebsublimierung gelobt. Ein befreundeter homosexuell empfindender Organist arbeitete für mehrere Kirchengemeinden und Chöre bis zum Nervenzusammenbruch. Ein anderer wurde in seinem Fanatismus erst durch eine Sehnenscheidenentzündung an beiden Handgelenken gebremst. Ein mir bekannter älterer Kaufmann ließ sich sogar durch eine schwere Herzerkrankung nicht von seiner Arbeitswut abhalten. Auch meinen eigenen theologischen Ehrgeiz erkläre ich heute mit Angst: Ich wünschte als Student – eher unbewusst –, etwas in meinen leeren Händen zu halten, wenn dereinst, so ich mutiger würde, kirchliche Vorgesetzte mich zur Unperson erklären würden. In den Medien kursiert nun seit einigen Jahren, zahlreiche Arbeitnehmer im Dienstleistungsbereich und anderswo ignorierend, das frisch kreierte Klischee vom *erfolgreichen Elite-Schwulen*.[6] Dass Minderheiten zur Kompensation des außengesteuerten Minderwertigkeitsbildes und im Interesse der eigenen Wehrhaftigkeit zuweilen ein beachtliches Erfolgsprestige erzielen, ist in der Geschichte nicht neu. Dass dergleichen via publiziertes Bild Neid schürt, ebenfalls nicht ...

Überall in Familie, Beruf, Gesellschaft und Kirche erkaufen sich Schwule und Lesben ihr Daseinsrecht durch Leistung. Viele merken zu spät, dass ihr Kampf um Anerkennung, ihr Ringen um Achtung sie erst recht zu willkommenen Opfern macht, dass man sie scheinbar bewundert und lobt ob ihres Einsatzes, während sie doch in Wirklichkeit ausgebeutet werden. Ein niederländischer Bischof bemerkte dazu 1992: »Ich bin der Meinung, dass Homosexuelle zu oft nur wegen der Aktivitäten, die sie in der Gemeinde und in der Kirche entfalten, als Gemeindemitglieder anerkannt werden. Es wird nicht (negativ) über sie geredet, weil sie für die Gemeinde wertvoll sind.«[7]

Kein Mensch, so der Kern der christlichen Botschaft, kann seine Würde, seinen Wert und sein Daseinsrecht durch Leistung selbst erschaffen, wenn er all dies nicht längst schon als *Geschenk* erfahren hat. Doch die Gnade des Seindürfens, das Geschenk des einfachen Angenommenseins, sie sind dem verwehrt, der als homosexuell Liebender in einer heterosexuellen Welt erwacht, in der *allein* die Liebe zwischen Mann und Frau sein darf. Diese Perspektive, diese schier ausweglose Aussicht hätte am Anfang zu stehen, denn noch nie war jemand gezwungen, seine heterosexuelle Begabung zu erklären oder gar zu rechtfertigen. Statt dessen aber sprechen auch die Kirchen noch immer zumeist von den Ängsten und Verunsicherungen der Mehrheit durch eine homosexuelle Minderheit. Gerade sie fühlen sich zur Verteidigung des heterosexuellen Liebesmonopols berufen. Unsere intolerantesten, aggressivsten Verfolger sehen wir oft mit der feinfühligsten pastoralen Rücksichtnahme umsorgt, während man uns als so genannte Randgruppe ständig zur Geduld ermahnt.

Wahrscheinlich die meisten homosexuell orientierten Menschen haben bis in die Gegenwart hinein neben Leistung und Unterordnung noch einen anderen Weg beschritten, um sich einen Platz zu erobern: Sie erkämpften sich äußere Normalität durch eine Heirat, und sie wussten in aller Regel nicht, was sie taten. (Oder: Sie fanden einen Menschen, der ihnen am Traualtar einen Schutzbrief vor den Nachstellungen der Gestapo schenkte, und wussten sehr wohl, was sie taten.) Im ländlichen Raum ist die Schutzehe wohl heute noch immer die gebräuchlichste »Lösung«. Nicht selten rieten – und raten – Pfarrer zur Ehekatastrophe. Das brüchige Gebilde mag über viele Jahre hinweg funktionieren. Ob es eheliche Liebe darin gab oder gibt (und es gibt sie!), zeigt sich im Ernstfall, wenn – manchmal erst nach *Jahrzehnten* – der Irrtum zu Tage kommt.

David Leavitt lässt in seinem Roman »Die verlorene Sprache der Kräne« einen Vater gegenüber seinem Sohn folgendes Bekenntnis ablegen: »Du wirst dich wahrscheinlich fragen, ... wie lange ich es gewusst habe. Und die Antwort ist, wie bei dir, mein ganzes Leben. Aber als ich noch jung war, da war alles ganz anders, Philip. Ja, einige Leute schafften es, denke ich, selbst wenn es bedeutete, ihre Familie zu opfern, ihre Karriere – alles. Es war eine Krankheit, weißt du. Also heiratete ich deine Mutter und hoffte, es würde weggehen. Das habe ich wirklich gehofft. In diesen ersten paar Jahren habe ich mir so viel Mühe gegeben ...«[8]

Gerade homosexuelle Ehemänner verirren sich, darin nicht wenigen Priestern und Ordensleuten vergleichbar, oft in ein schmerzliches und gefährliches Doppelleben. Das HIV-Infektionsrisiko nimmt unter den Bedingungen der Heimlichkeit eindeutig zu. Ich habe privat, als psychosozialer Mitarbeiter in einem Aids-Modell und als Krankenpfleger in über dreizehn Jahren unzählige Tragödien von solchen – zumeist an Aids erkrankten – Ehemännern und ihren Familien miterlebt. Ich kann nur mit Zorn an jene denken, die mit aller Gewalt Menschen in eine verkehrte Welt hineintreiben. Dazu gehören Theologen, die von einer christlichen »Pflicht zur Ehe« sprechen, auch Leute, die vorgeben, mit antihomosexuellen Hetzdokumentationen[9] die »gottgewollte volle Geschlechtsgemeinschaft von Mann und Frau« und das »biblisch begründete Familienbild« zu verteidigen. Sie sind am unsäglichen Elend der widernatürlich Verheirateten mitschuldig.

Eine vierundsechzigjährige Frau berichtete einer Synodenkommission, der ich angehörte: »Mit zweiundzwanzig habe ich geheiratet, weil ich nicht wusste, dass ich lesbisch bin. Damals klärten Eltern ihre Kinder nicht auf, und für mich gab es nur die Vorbilder von verheirateten oder allein stehenden Frauen, Lehrerinnen oder Tanten, die im Haushalt ihrer Verwandten halfen ... ›Bis der Tod euch scheidet‹ sollte die Ehe dauern. Ich plante meinen Tod, doch genau zu der Zeit sagte mein Mann, dass er es nicht mehr aushalten könne. Wir müssten uns trennen, denn ich sei ja wohl lesbisch. Da erst habe ich ja gesagt, ja zu mir. Und da erst wurde ich ganz, heil, wurde ich ICH. Wir haben uns getrennt, freundschaftlich und mit Zustimmung der Kinder, die ja gesehen haben, wie wir bis dahin gelitten hatten.«[10] Heute lebt diese Frau dankbar und glücklich »offen als Lesbe«. Doch genau eine solche Erlösung dürfen die kirchlichen Gesetzeswächter nie und nimmer gutheißen.

Das eigentlich böse Erwachen in religiöser Hinsicht soll später noch einmal Thema sein: »Nicht nur die Welt, sondern auch Gott, die letzte Instanz hinter aller Welt, verurteilt mich.« Unter solchen Voraussetzungen bliebe nicht einmal der unfreiwillige Selbstmord als wirklicher Ausweg. – Auch wer, wie einer meiner Kommilitonen, vor einen Baum rast, kann diesem »Gott« nicht entkommen. – Es kann sie dann ja *nirgendwo* geben, die Insel der Seligen, auf die der eingangs zitierte Kardinal Quarracino alle Homosexuellen verbannt wissen wollte. Was ist von solchem Hohn auf die Heimatsehnsucht vieler Menschen zu halten, der sich beim argentinischen Primas in *auffälligen* Wunschwendungen einer »grenzenlosen Freiheit« äußerte? Ist diese Welt als Fremde gedacht für alle homosexuell liebenden Menschen? Ist ihnen die Psalm-Melodie einer anderen, einer neuen Stadt, in der die Weinenden lachen und tanzen werden, verwehrt?

2. *Ecce homo* – Eine Passionsgeschichte*

* Ecce homo!: *lateinisch »Seht da den Menschen!« (Joh 19, 5)*

Warum, o Herr, verwirfst du mich?
Deine Schrecken vernichten mich.
Sie umfluten mich allzeit wie Wasser
und dringen auf mich ein von allen Seiten.
Du hast mir die Freunde und Gefährten
entfremdet; mein Vertrauter ist nur
noch die Finsternis.
AUS PSALM 88, 15-19

Wie schön könnte der Mensch sein,
wenn er lieben dürfte.
FREI NACH: ALEXANDER ZIEGLER

Die Not des Einzelnen ist Teil einer langen Geschichte. Aus dem Blickwinkel der Opfer ist diese Passionsgeschichte freilich über Jahrtausende hinweg nicht geschrieben worden. Sie hatten zu schweigen, wurden mundtot gemacht, und selbst den Namen ihres angeblichen Vergehens wagte man nicht laut auszusprechen. Wenn homosexuell liebende Frauen und Männer heute an diese bis in die Gegenwart reichende Geschichte der Verfolgung erinnern und sie in Eigenregie historisch erforschen, müssen sie regelmäßig mit dem Vorwurf des *Selbstmitleids* rechnen. Das entspricht schließlich auch den psychopathologischen Erwartungen an »diese Personengruppe«. – Andererseits triefen auch einige kirchliche Verlautbarungen vor Mitleidstränen für die homosexuelle Opfergruppe der Geschichte, nur um am Schluss desto skrupelloser die christliche Beschämung und Diskriminierung homosexuell liebender Menschen in subtilerer Form erneut festschreiben zu können. Bibelfundamentalisten dürfen die sieben einschlägigen, bis zum Erbrechen hin und her gewälzten Zitate aus der Heiligen Schrift zu gleichgeschlechtlichen »Handlungen« als gotteswörtliche Keule schwingen, um in der Volkskirche erpresserisch das »rechte Bekenntnis« einzufordern. (Weitere Zielscheibe dieser evangelikalen »Bekenntnistreue« in Deutschland ist zum Beispiel das theologische Bekenntnis zur Glaubensgemeinschaft mit dem Volk Israel.[1])

Der wirklich biblische Ort, von homosexueller *Liebe* zu sprechen, wäre hingegen *zunächst* das Kreuz. Im Kreuz, an dem ein schuldlos Liebender ermordet wurde, weil die religiösen beziehungsweise politischen Führer und eine aufgehetzte Volksmasse seine Liebe nicht verstehen konnten, können auch homosexuell liebende Menschen ihre Passion wiederfinden. Das Evangelium kam durch einen gesetzwidrig Liebenden, dem am Leben von Menschen, nicht aber an Sabbatparagraphen und Reinheitsgeboten gelegen war. Mit Jesus begann ein Frühling des Lebens in Galiläa und anderswo. Doch in den Augen seiner Gegner war er ein Übertreter des göttlichen Gesetzes: »Wir haben ein Gesetz, und nach diesem Gesetz muss er sterben ...« (Joh 19, 7). Und eben dies gilt noch heute seitens der Schriftgelehrten und Gesetzeslehrer über eine Liebe, die sich selber, nicht aber der Norm geschriebener Satzungen treu bleibt. Es ist die *kranke* Welt der Inquisitoren, Folterknechte und Kreuzesaufrichter, die über Jahrtausende und sich wandelnde Kaiserreiche hinweg bis in die Gegenwart hinein das heldenhafte gegenseitige Abschlachten von Männern zu loben und zu segnen wusste, während sie eine zärtliche Liebe zwischen zwei Männern für ein todeswürdiges Verbrechen erachtete.

Der Alte Orient und die christliche Antike

Im Alten Testament zeigen zwei Stellen im so genannten Heiligkeitsgesetz, dass es – zumindest der Theorie nach – homosexuell handelnden Israeliten schlecht erging. Sie sollten wegen ihrer Schande aus dem Volk »abgebeilt« werden (Lev 18, 22. 29 f.), wobei das Verb *karet* an das Herausfällen eines Baumes aus dem Wald erinnert. (Übrigens soll ein Gleiches zum Beispiel mit Männern geschehen, die einer menstruierenden Frau beigewohnt haben, und mit der Frau, ob sie dies wollte oder nicht, ebenfalls: Lev 20, 18.) Wenig später wird die Bibel noch deutlicher. Mein Freund David übersetzt: »Ein Mann, der sich mit einem Männlichen hineinlegt ins Bett wie mit einer Frau: Schande haben beide gemacht, tot getötet werden sie« (Lev 20, 13). Man muss aus dem Zusammenhang heraus sogar annehmen, dass auch ein »schuldlos« vergewaltigter Mann dem geforderten Todesurteil verfällt.

Offenbar war den Israeliten praktizierte Homosexualität – sei sie kultisch oder nicht – in ihrer Umwelt und doch wohl auch in den Reihen der unmittelbar Gewarnten bekannt. Solch ein todeswürdiges Gräuel sollte es jedoch nach *theologischem Ideal* – und nur von diesem erhalten wir Kenntnis – im

Gottesvolk nicht geben. Lange vor den Bestimmungen des Heiligkeitsgesetzes hatte das *älteste* Epos der Weltliteratur aus dem Land der Sumerer die – auch erotische – Männerfreundschaft zwischen Gilgamesch und Enkidu besungen. Doch rund um Israel scheint durchaus nicht nur die Weitherzigkeit mütterlicher Religionen in Sachen Sexualität zu walten. Ein mittelassyrisches Gesetz (etwa 1080 vor Christus) fordert bei einem nachgewiesenen homosexuellen Verkehr die homosexuelle Vergewaltigung (!) des *aktiven* Beiwohners und seine anschließende Entmannung.[2]

In der *griechischen wie der römischen Antike* ging es vergleichsweise fröhlich zu, wenn man den literarischen oder bildlichen Zeugnissen und der landläufigen Meinung Glauben schenken möchte. Das stimmt aber nur bedingt:[3] Die griechische Knabenliebe war beispielsweise eher eine Art adeliger Initiationsritus und hat eben als Pädophilie, als Liebe zum heranwachsenden Knaben, kaum etwas mit einer Liebesaffäre unter erwachsenen Menschen zu tun. Platon, der diese Liebe im »Gastmahl« aufs Höchste rühmen lässt, ihre mögliche lebenslange Dauer vermerkt und dort überhaupt die gleichgeschlechtliche Anziehungskraft als Bestandteil des Eros beschreibt, kann sie an anderer Stelle – in seinen »Nomoi« – energisch bekämpfen. Paare wie Achilles und Patroklos sind – auch wirkungsgeschichtlich – eher ein Randthema der »griechischen Liebe«. Im gesamten Kulturraum steht ansonsten das Modell des freien Bürgers, der gegenüber einem zu »gebrauchenden« Sklaven in »aktiver« Homosexualität seine Männlichkeit wahrt, deutlich im Vordergrund. Neben der unverblümt gepriesenen Männerliebe kennt auch das alte Rom das Angstbild des verweiblichten Mannes und strenge antihomosexuelle Gesetze. Doch scheint es vor der Konstantinischen Wende de facto legale gleichgeschlechtliche »Heiraten« gegeben zu haben, was 342 nach Christus *ausdrücklich* verboten wird ...

Im Jahre 390 erlebt das römische Volk zum ersten Mal in der Geschichte die öffentliche Verbrennung männlicher Prostituierter. Der christliche Kaiser Theodosius konstruiert dafür in seinem Erlass eine Übereinstimmung von mosaischem und römischem Recht. Im sechsten Jahrhundert beruft sich der oströmische Kaiser Justinian in *Katastrophenzeiten* und im Kontext einer Krise von Staat und Kultur irreführend und folgenschwer auf die biblische Sodomgeschichte (Gen 19, 1-22): Homosexuelle werden zu Sündenböcken gestempelt und mit der Todesstrafe belegt, um göttliches Strafgericht vom Volk abzuwenden. Zur Denunziation genügt ein einziger Zeuge, das Vermögen fällt an die Staatskasse. Justinians Sodom-Mythe und deren willkommene Sündenbocklösung für Krisenzeiten haben Schule gemacht bis in das letzte Jahrhundert und – weltweit gesehen – bis in die Gegenwart hinein! Durch die Beschwörung dumpfer Ängste wird der kollektive Schwulenhass geschürt. Nicht nur für den Untergang von Sodom und Gomorra, sondern für Hungersnöte, Erdbeben oder Überschwemmungen zu allen Zeiten sind die »Sodomiten« verantwortlich. In dieser unseligen Tradition warnt das Lehramt der römischen Kirche 1986 vor der »Praxis der Homosexualität«, denn durch sie würden »Leben und Wohlfahrt einer großen Anzahl von Menschen ernsthaft bedroht«, und ihr gesetzlicher Schutz führe dazu, dass »irrationale und gewaltsame Verhaltensweisen zunehmen«.[4] Fundamentalistische Christen verkünden 1999 in Laramie/USA auf ihren Hetztransparenten: »Schwule führen Nationen in Gericht und Verderben.«

Von den frühen Bußbüchern bis hin zum Hexenwahn

Bei den Germanen war man bezogen auf homosexuelle Handlungen schon *vor* der Missionierung mit dem Alten Testament einer Meinung: Wer dergleichen tat, verfiel des Todes, und zwar, wie unter anderem einer Nachricht des Tacitus zu entnehmen ist, durch Versenken im Sumpf. Das 19. Jahrhundert konnte, späteren völkischen Stolz vorwegnehmend, diese Moorleichen wie folgt kommentieren: »Der rohe Deutsche versenkt solche Lasterklumpen in den Sumpf; so achtet er der Sitten Reinheit, so ward die Sünde erstickt und ihre Verbreitung.«[5] Die christliche Mission brachte bis zur Mitte des neunten Jahrhunderts eine wahre Humanisierung, denn die Bußbücher ließen mit ihren geistlichen Strafen vergleichsweise Milde walten. Die Bestrafung homosexueller Übertretungen war zumeist nicht schärfer als die für andere »Sünden«, wobei Lesbianismus milder beurteilt wurde.[6] Dann aber führten die gefälschten »Karolingischen Kapitulare« des Benedictus Levita unter Hinweis wiederum auf Sodom zum Wiederaufleben der germanischen Todesstrafe.[7] Homosexuelle, einmal als Ursache für Plagen aller Art identifiziert, sind im fränkischen Reich jetzt nicht mehr nur Sünder, die der Buße bedürfen, sondern erneut *gemeingefährliche Verbrecher*, die dem Feuertod anheim fallen können. Eben dies sollte nach Benedictus Levita aber auch mit anderen Herausforderern des göttlichen Zorns geschehen, so mit Ehebrechern, Kirchendieben, nur halb missionierten Heiden oder solchen Männern, die Analverkehr mit Frauen haben.

Im 11. Jahrhundert[8] drängt der sittenstrenge Petrus Damianus, Abt in Oberitalien, mit fanatischem Verfolgungseifer auf Maßnahmen gegen die sodomitische, sprich homosexuelle »Teufelsbeute«, insbesondere gegen betroffene Geistliche. Sie seien, so sein »Liber Gomorhianus« (1051), *schlimmer als Tierbeischläfer*. Der heilige Papst Leo IX., ein Verfechter des Zölibats und Befürworter der Versklavung von Prostituierten, die Priestern gedient hatten, mahnt *an dieser Stelle* zur pastoralen Milde. Er meint, man solle nicht wie Petrus Damianus ein »Zerrbild der Wirklichkeit« als »Nährboden antiklerikaler Gefühle« verbreiten, zumal man mit »Gewaltmitteln keine Krankheit heilen« könne. Nur dauerhaft und promisk sodomitisch lebende Geistliche will er ausschließen. Während auch Leos Nachfolger, Papst Alexander II., die Verbreitung des Liber Gomorhianus unterdrückt, wird sich später das III. Laterankonzil von 1179 an dessen Sittenstrenge orientieren. Strafen sind der Ausschluss vom Klerus beziehungsweise bei Laien die Exkommunikation.

In das 13. Jahrhundert fällt die erstmalige offizielle Definition des Ehe*sakramentes*. Ab da erfahren antihomosexuelle Theologie und städtische Verfolgungspraxis wieder eine merkliche Dramatisierung. Prediger steigern sich schließlich in Hetzpropaganda und Pogromaufrufe hinein. Stadtregierungen werden über die – seit 1252 auch vom Papst freigegebene – Tortur beim Verhör und über mannigfache Tötungsarten entscheiden. Thomas von Aquin (1224-1274) hatte gleichgeschlechtliche Handlungen im Rahmen seiner aristotelischen Anschauung von Naturordnung behandelt. Seine für die offizielle römisch-katholische Morallehre bis heute richtungweisende Argumentation wird uns später noch beschäftigen. Die philosophischen Begründungen gehen indessen in der Folgezeit den kirchlichen Inquisitoren völlig ab, wenn sie den Pferdefuß wörtlich beim Teufel suchen, dessen Anhänger durch »Kuss auf den Anus« und anschließende Buhlschaft Aufnahme in die Hexensekte finden.[9] (Darüber hinaus bietet der päpstlich gutgeheißene »Hexenhammer« [1487] der deutschen Dominikaner Jakob Sprenger und Heinrich Institoris noch mancherlei andere Anhaltspunkte für unser Thema. Dieses sehr belesene und an normabweichenden Sexualfantasien reiche Inquisitionswerk handelt beispielsweise in mehreren Kapiteln von der hexerischen Manipulation des männlichen Gliedes.) Eine Bildszene im Dom von San Gimignano (Toskana) zeigt einen »Sodomiten« mit Papierkrone, der von einem Dämonen gepfählt wird. »Sodomie« im weiten Sinn wird zur Brücke, um die weltliche Todesstrafe für Vergehen einzufordern, die seit Karl dem Großen eigentlich nur als Aberglauben zu gelten hätten. Karl IV. wird 1369 in Lucca höchstpersönlich aktiv, um einen von ihm gesichteten Sodomiten verbrennen zu lassen. Feuertod und Enteignung verfügt bei sodomitischen beziehungsweise homosexuellen Handlungen 1479 das spanische Königspaar Ferdinand und Isabella. Eine mittelalterliche Zeichnung zeigt ein homosexuelles Männerpaar, das 1482 vor den Toren Zürichs auf dem Scheiterhaufen schmorte. Der Dominikaner Girolamo Savonarola errichtete zwischen 1494 und 1498 in Florenz eine Art theokratischer Halbdemokratie, in welcher Homosexuelle »seinem gnadenlosen Hass ausgeliefert« waren. Für Venedig und andere Städte ist ein breites Verfolgungsnetz mit Spitzeln, Denunziationen, Erpressungen und grausamsten Folter- beziehungsweise Hinrichtungsmethoden für die Mitte des 2. Jahrtausends aktenkundig. Das Verbrennen sieht ebenfalls die »Peinliche Gerichtsordnung« Karls V. (1532) bei homosexuellen Praktiken oder *heterosexuellem* Analverkehr vor. Übrigens folgt noch Luther als Kind seiner Zeit in den Vorlesungen zur Genesis dem diabolischen Ursachenmodell der Homosexualität.[10] Woher kommt's? Von Satanas! Man geht fehl, wollte man glauben, das seien historische Reminiszenzen. Ein von der »Bibel Baptisten Gemeinde« Oberasbach in unseren Tagen vertriebener Missions-Comic »Verletzte Kinder« zeigt im erzählten Werdegang eines homosexuellen Jungen bis hin zu dessen »Gebetsheilung« seitenlang bildlich den *Teufel* und seine Helfer mit Hörnen, Bocksfüßen und Dämonenflügeln.[11] Die Anforderungen, die nun die römische Glaubenskongregation 1986 bei Geistlichen in der »heiklen Aufgabe« der Homosexuellenpastoral für erforderlich hält, erinnern fast an jene, »die das Rituale Romanum an die Priester stellt, die zu *Exorzismen* bevollmächtigt werden«.[12] Hier wie dort wird ein besonderer Grad der psychologischen und geistlichen Reife gefordert, hier wie dort dürfen Wissenschaften nur herangezogen werden, soweit sie sich mit der »vollen Treue zur Lehre der Kirche« decken. Eine teuflische Angst ist auf Schritt und Tritt herauszuspüren.

Aufgeklärte Kriminalisierung und Psychiatrisierung[13]

Nach dem Dreißigjährigen Krieg machen einige Landesfürsten und ihre Richter bis dahin unbekannte Abmilderungsgründe geltend, um nicht mehr jedes Sodomie-Delikt mit Verbrennen oder Köpfen ahnden zu müssen. Die Aufklärung kann später das satanische Deutungsmodell für Gleichgeschlechtlichkeit nicht mehr nachvollziehen, was bis zum Schrecken des »Dritten Reiches« – erneut – zur Abschaffung der Todesstrafe für die Unzucht unter Männern führt. Hexerei und Zauberei gelten jetzt – wieder – als abergläubisch. Doch die grundsätzliche Strafbarkeit der Homosexualität erfährt eine neue Begründung: Jenseits des älteren Sündenbegriffs sieht man in ihr nun ein gemeingefährliches und gesundheitsschädliches Laster, das in einem *unvernünftigen*, weil naturwidrigen Gebrauch der Zeugungsorgane bestehe und durch Bevölkerungsschwund das Staatswohl gefährden könne.

In der weiteren Entwicklung versteht das 19. Jahrhundert das ehemalige »Laster« schließlich als ein Symptom von *Geisteskrankheit*, von »moralischem Wahnsinn«. Wie wenig den angeblich von dieser »Krankheit« Betroffenen damit gedient war, zeigt die sich anschließende Geschichte der Verbrechen an Homosexuellen, die von Psychiatern verübt worden sind:[14] Zur »Heilung« des Übels entfernten oder zerstörten Psychochirurgen in den 30er Jahren gesundes Stirnhirngewebe, wobei Lähmungen, andere Behinderungen oder der Tod homosexueller Patienten in Kauf genommen wurden. Noch für die Zeit der *Bundesrepublik* ist das operative schichtweise Verbrennen von gesunder Hirnsubstanz als Therapie in der Literatur beschrieben! Auch mit Elektroschocks hat man experimentiert. Die mehr chemisch orientierten Ärzte spritzten – etwas humaner – »Drogen«, die beispielsweise die Sexualhormone unwirksam werden und den Sexualtrieb erlöschen ließen. Ein befreundeter Franziskaner erzählte mir von einem älteren Mitbruder, dem man seinerzeit weibliche Hormone verabreicht hatte, dem daraufhin weibliche Brüste wuchsen und der seinen Lebensabend in trauriger Medikamentenabhängigkeit verbringt. Die Drangsalierung, Folter und Entwürdigung homosexuell liebender Menschen durch Tiefenpsychologen, Verhaltenstherapeuten und andere setzte die medizinische Tradition auf ihre Weise bis in unsere Gegenwart fort. Zuvor behauptete Neurosen waren – und sind – nicht selten allererst das Ergebnis ihrer Bemühungen.

Die *strafrechtliche Ahndung* einfacher, einvernehmlicher gleichgeschlechtlicher Handlungen war im Zuge der Aufklärung längst fraglich geworden und zum Beispiel in Bayern bis zur Mitte des 19. Jahrhunderts bereits abgeschafft. Die Länder Braunschweig, Hannover und Baden schlossen sich der bayrischen Handhabung an. Für die Rheinlande wird ebenfalls eine kurzzeitige Straffreiheit notiert. (Gleichwohl konnte dann noch 1871 der lutherische Theologe A. F. C. Vilmar unter Berufung auf die Bibel für die Todesstrafe plädieren!) Nach der Reichsgründung von 1871 drängte Preußen auf die Übernahme seiner Bestimmungen in das einheitliche Strafgesetzbuch. Der berüchtigte § 175 ward somit festgeschrieben. *Rechtsbewusstsein des Volkes und öffentliche Meinung* dienten zur Begründung. Beides wird uns immer wieder als *gesundes Volksempfinden* begegnen. *Beischlafähnliche* Handlungen zwischen Männern wurden nach § 175 mit Gefängnisstrafen nicht unter sechs Monaten belegt. Richterliche Aufmerksamkeit verdiente also »nur« die berüchtigtste Verkehrsart. Die Frauen blieben hier – wie auch im »Dritten Reich« und in der Bundesrepublik – dem Buchstaben nach unberücksichtigt.

Bemühungen um eine Reform des Strafgesetzes unternahm in der Weimarer Republik unter anderen das später von der SA zerstörte sexualwissenschaftliche Institut des Berliner Arztes Magnus Hirschfeld. Zahlreiche Prominente wie Albert Einstein, Käthe Kollwitz und Heinrich Zille gaben ihren Namen für die Initiative seines »Wissenschaftlich Humanitären Komitees«, der ersten Homosexuellen-Vereinigung der Neuzeit. Kurt Tucholsky nannte den § 175 einen »Schandparagraphen«. Während der Sozialistenführer August Bebel bereits 1897 eine entsprechende Petition zur Abschaffung des § 175 unterstützt hatte, befürchteten deutsch-nationale Protestanten und Zentrums-Katholiken noch 1929 *Gemeinwohlschädlichkeit* beziehungsweise einen *Krebsschaden am Volkswohl.* Im Oktober 1929 beschloss der Rechtsausschuss des Reichstages gleichwohl eine Vorlage zur Straffreiheit der Homosexualität. Ein entsprechendes Gesetz wurde in den politischen Wirren der Folgejahre jedoch nicht mehr verabschiedet.

Rosa Winkel und Konzentrationslager[15]

Die Nazis übertreffen ab 1933 den Eifer der christlichen Sittenwächter des Abendlandes. Die Morde an politisch Unliebsamen im Zuge des so genannten Röhm-Putsches werden nachträglich mit »Homosexualität« begründet. Im Juni 1935 wird der § 175 von *beischlafähnlichen* Handlungen auf *jede* Art von Unzucht zwischen Männern ausgeweitet. Verurteilungen können in der Folgezeit stattfinden, auch wenn nicht der geringste Sexualkontakt vorliegt. Ein falsches Augenzwinkern oder eine vermutete »wollüstige Absicht«, das genügt zur Denunziation. Mit Blick auf brutale Misshandlungen bei Razzien und anschließende KZ-Einweisungen nach Lichtenburg schrieb ein homosexueller Christ in jenem Monat – *vergeblich* – an seinen evangelischen Reichsbischof: »Um der

Liebe unseres Heilandes zu den Menschen willen … flehe ich Sie an: Bitte helfen Sie!«[16] Erst über fünf Jahrzehnte später wird erstmals die Evangelische Kirche Berlin-Brandenburgs angesichts neuer rechtsradikaler Gewaltakte gegen Schwule und Lesben am 25.5.1991 zur leidvollen Vorgeschichte und zur kirchlichen Mitverantwortung erklären: »Das Schweigen von Christen zu der Ermordung Homosexueller in den Konzentrationslagern ist ein Teil dieser Mitschuld.« Ein anderer Teil liegt in den zeitgleichen Traktaten evangelischer und katholischer Theologen, in denen sich das »gesunde Volksempfinden« der Mörder voll und ganz bestätigt sehen konnte!

1936 macht Heinrich Himmler in einer Rede deutlich, was gleichgeschlechtlich Liebende im »Dritten Reich« noch alles zu erwarten hatten: »Wir sind uns klar darüber, dass ein Volk, dem eine halbe oder eine Million Männer für die Ehe praktisch ausfallen, völlig in Unordnung mit seinem Lebenslauf ist. Wenn wir heute in der Frage der Mischehen zwischen artfremden Rassen zu der altgermanischen Auffassung zurückgefunden haben, so müssen wir auch in der Beurteilung der rassevernichtenden Entartungserscheinungen der Homosexualität zurückkehren zu dem nordischen Gedanken der Ausmerzung der Entarteten. Mit der Reinerhaltung der Rasse steht und fällt Deutschland.«[17] Eine eigene Reichszentrale ist Bestandteil des ausgeklügelten Verfolgungssystems aus Denunziationen, Hausdurchsuchungen, Razzien und Strafprozessen. Allein von 1937 bis 1940 erfassen Gestapo und Kriminalpolizei 90 000 Beschuldigte. Etwa 50 000 Männer werden während der Naziherrschaft wegen Homosexualität verurteilt. (Dass auch lesbische Frauen im NS-Staat Opfer von Verfolgung waren, machen erst in jüngster Zeit vereinzelte Forschungsarbeiten und Filme wie »Aimée und Jaguar« [Färberböck 1999] ansichtig.) Die Folge ist, dass man sich aufgibt, in den Untergrund abtaucht, ein privates Sicherheitsmuster entwickelt, Schutz- beziehungsweise Tarnehen eingeht usw. In diesen Zusammenhang – und nicht in den der KZs – ist quantitativ der Verfolgungsalltag anzusiedeln. (Er prägt unter den Vorzeichen von Angst und Anpassung den Habitus einer ganzen Generation.) Antikirchliche oder politische Verfolgungsmaßnahmen unter dem *Vorwand* der »widernatürlichen Entartung« sind davon noch einmal zu unterscheiden.

Amtlich verfügte Kastrationen und – laut Führererlass vom 15.11.1941 – die *offizielle* Todesstrafe für beteiligte Verantwortungsträger sind nach Kriegsbeginn datierte Maßnahmen. Oftmals wird eine »freiwillige« Kastration unter

Hinweis auf mögliche Sonderbehandlung (KZ) erpresst. In den *Konzentrationslagern*, bevorzugt in Sachsenhausen, waren nach vorsichtigen Schätzungen zwischen 5000 und 15 000 Häftlinge beziehungsweise »Vorbeuge«-Inhaftierte mit dem speziellen Erkennungszeichen der Homosexuellen, dem *Rosa Winkel*, gebrandmarkt. Natürlich ist damit nur ein Bruchteil der Homosexuellen aus allen Opfergruppen genannt. Der als KZ-Opfer dokumentierende Eugen Kogon hält fest, »dass die homosexuelle Praxis in den Lagern sehr verbreitet war; die Häftlinge taten aber nur jene in Acht und Bann, die von der SS mit dem rosa Winkel markiert waren.«[18] Die Träger des Rosa Winkels wussten sich – im Gegensatz etwa zu den »Politischen« – als Verstoßene oft ohne Solidarität von Familie und Bekanntenkreis draußen. (Die Rom-Katholiken unter ihnen verfielen zudem bei Vorliegen einer *staatlichen*, rechtswirksamen Verurteilung nach § 175 der *infamia iuris*, das heißt dem kirchlichen Ehrverlust! So das damals geltende Kirchenrecht.[19]) Schwule rangierten, dem »allgemeinen Misstrauen« preisgegeben, in der Lagerhierarchie sozial ganz unten, waren vielfach in besonderer Weise dem willkürlichen Terror des KZ-Alltags ausgesetzt und kamen bevorzugt in geschlossene, schwere Arbeitskommandos beziehungsweise lebensgefährliche Strafkompanien (Straßenwalze, Steinbruch und andere). In einem »entsetzlichen Schicksal«, so Eugen Kogon, sind sie »fast alle zu Grunde gegangen«. Bei Transporten in andere Vernichtungslager stellten Homosexuelle in Relation gesehen »den höchsten Prozentsatz, da das Lager die verständliche [?, der Verfasser] Tendenz hatte, ... als nicht wertvoll angesehene Teile abzuschieben«.[20] Ihre durchschnittliche Überlebensdauer, so einige Autoren, war die kürzeste aller KZ-Häftlingsgruppen.

In Buchenwald gab es die Anordnung zur ausnahmslosen Kastration homosexueller Häftlinge, die dort auch als Objekte den Experimenten von SS-Ärzten dienten. Namentlich verpflanzte der SS-Sturmbannführer Vaernet künstliche Hormondrüsen zur »Behebung der Homosexualität« in die rechte Leiste seiner Versuchspersonen. – Ob jemand als »muttergeschädigter« Homosexueller ins KZ kam, darüber hat übrigens auch der Psychiater Johannes H. Schultz, Erfinder des Autogenen Trainings, als Selektionsgutachter mitentschieden: »Für die schwierige Differentialdiagnose – erbkrank und damit lebensunwert oder nur leicht neurotisch, also heilbar – hat Schultz ein perfides Ritual praktiziert: Der Kandidat wurde angehalten, vor Gutachter Schultz und seiner Kommission mit einer Prostituierten den Geschlechtsverkehr zu vollziehen. Wer in dieser Stress-Situation existenzieller Bedrohung seine Manneskraft öffentlich demonstrieren konnte, blieb vom KZ verschont.«[21]

Heinz Heger erzählt in seinem Augenzeugenbericht »Die Männer mit dem Rosa Winkel« (1972) von einem sechzigjährigen sudetendeutschen Priester, der auf Grund des § 175 im KZ Sachsenhausen saß und durch seine lautlose Duldung auffiel. Mit J. McNeill zitiere ich den Bericht: »… sie stellten eine Bank in die Mitte, der Pfarrer wurde mit dem Rücken darauf geworfen, und sie schnallten ihn mit Stricken fest. Mit ihren Stöcken prügelten sie nun wahllos auf ihn ein, auf seinen Bauch, seine Oberschenkel und sein Geschlechtsteil. Dabei gerieten sie in immer größere Ekstase und brüllten: ›Dir werden wir noch das Beten austreiben! Du Arschficker! Du Arschficker!‹ Der Pfarrer stöhnte auf und wurde bewusstlos, wurde wachgerüttelt und sank immer wieder in die Bewusstlosigkeit. Endlich hörten die beiden SS-Sadisten mit ihren Schlägen auf und verließen den Tagesraum, nicht ohne noch dem völlig zerschlagenen Mann auf der Prügelbank höhnisch zuzurufen: ›So, du warmer Kuttenhengst, jetzt kannst du mit dem Arschloch pinkeln.‹ Der Pfarrer gab nur ein leises Stöhnen und Röcheln von sich. Wir wuschen ihn ab und legten ihn auf sein Bett … Am nächsten Morgen … mussten wir den Pfarrer fast tragen, da er vor Schmerzen und Schwäche umzufallen drohte … Plötzlich geschah das Unfassbare, das mir bis heute unerklärlich blieb und mir wie ein Wunder, wie ein Fingerzeig Gottes vorkam: Aus dem dicht bewölkten Himmel kam völlig überraschend ein starker Sonnenstrahl hervor und leuchtete dem Pfarrer genau ins Gesicht. Unter Tausenden angetretenen Häftlingen ausgerechnet ihm und genau in dem Augenblick, als er wieder geschlagen werden sollte … Beim Abendappell trat er nochmals mit uns an … wir legten ihn an das Reihenende unseres angetretenen Blockes zu den anderen Toten dieses Tages …«[22]

Hans-Georg Wiedemann macht darauf aufmerksam, dass wir ausgerechnet dem Lagerkommandanten von Auschwitz, Rudolf Höß, ein denkwürdiges Zeugnis über die doch als feige und treulos verschrienen homosexuellen KZ-Insassen verdanken. Höß beschrieb sie als »von einer weichen mädchenhaften Zimperlichkeit und Geziertheit, einer süßlichen Ausdrucksweise und allgemein zu liebenswürdigem Verhalten«.[23] Doch es hätte keine noch so schwere Arbeit oder strenge Aufsicht gefruchtet: »Wo sie nur eine Gelegenheit fanden, lagen sie sich in den Armen.« (Vergleiche Hld 8, 6!) Diese echten Homosexuellen seien »zartbesaitete Naturen« gewesen und hätten gewusst, »dass sie nicht mehr frei würden. Kam dazu noch etwa der Verlust des

Freundes durch Krankheit oder gar durch Tod, so konnte man den Exitus voraussehen. Viele begingen Selbstmord. Der Freund bedeutete diesen Naturen in dieser Lage alles. Es kam auch mehrere Male vor, dass zwei Freunde zusammen in den Tod gingen.«[24]

»Rechtsstaatliche« Verfolgung und Menschenrecht[25]

Für die Männer mit dem Rosa Winkel bedeutete das Ende der Naziherrschaft nicht den Beginn ihrer Befreiung. In der Bundesrepublik Deutschland hatte der gegenüber Weimar erheblich verschärfte § 175 *in der Nazifassung* von 1935 bis 1969 unverändert Geltung! 50 000 Urteile gegen Homosexuelle wurden von westdeutschen Gerichten bis 1969 gesprochen, ebenso viele wie zwischen 1933 und 1945. Einige Rosa-Winkel-Häftlinge wanderten gleichsam nahtlos aus dem KZ in die Zuchthäuser der künftigen Republik. Von Juli bis November 1950 ermittelt zum Beispiel die Frankfurter Staatsanwaltschaft im Rahmen des § 175 gegen 301 Männer; davon werden 87 inhaftiert.[26] Im Zuge der Verhaftungswelle stürzt sich ein 19-Jähriger vom Goetheturm, ein Zahntechniker und ein Angestellter vergiften sich mit Gas. »Ein 40-jähriger Gerichtsassessor, der das Konzentrationslager überlebt hat«, wird zu fünf Monaten Gefängnis verurteilt. Noch am 10.5.1957 erblickt das Bundesverfassungsgericht unter Berufung auf beide Großkirchen im unveränderten Naziparagraphen 175 *kein* spezifisches NS-Unrecht. So konnte er eben in der *verschärften Fassung* weiterhin Grundlage für die Strafverfolgung in der Bundesrepublik bleiben. Praktizierte Homosexualität sei *eindeutig* sittenwidrig beziehungsweise »schlechthin unsittlich« und ihre strenge Ahndung deshalb keine verfassungswidrige Verletzung des Rechts auf freie Persönlichkeitsentfaltung. Homosexuellen KZ-Opfern ist auch auf diesem Hintergrund die *rehabilitierende* Anerkennung und individuelle Entschädigung als NS-Verfolgte bis zur Stunde verwehrt geblieben; der Bundestag beschloss 1987 (!) lediglich eine außergesetzliche Härteregelung. Anderweitige frühe Entschädigungsmöglichkeiten nach dem allgemeinen Kriegsfolgengesetz (AKG) nahmen gerade zwei Dutzend homosexueller Ex-Insassen von KZs wahr, denn man gelangte auf diese Weise in die polizeilichen »Rosa Listen« der Adenauer-Ära. Wen wundert es, dass in diesem Klima homosexuelle KZ-Opfer resignierten und noch nach Ende des Faschismus in die Not-Heterosexualität flüchteten, eine Ehe eingingen oder sich – jetzt wirklich »freiwillig«? – zur Kastration überreden ließen.[27]

Das jahrtausendealte Vorurteil färbt auch die frühe, aus Angst ausschließlich von Heterosexuellen bearbeitete KZ-Geschichtsschreibung. Eugen Kogon, der in seinem gründlichen Buch über die Konzentrationslager als Augenzeuge 1946 die besonderen Leiden der Homosexuellen ausdrücklich erwähnt, bringt zum Beispiel folgenden Satz fertig: »Die sehr verschiedenrangige Zusammensetzung dieser Gruppe, in der sich *neben wertvollen Menschen* eine Menge ausgesprochen krimineller und erpresserischer Existenzen befand, machte ihre Lage sehr schwierig.«[28] Fast könnte dem Leser das Bild eines verkommenen Stricher- und Günstlingsnetzes der Rosa-Dreiecks-Träger repräsentativ erscheinen. Über eine fünfzehnköpfige KZ-Personengruppe zur experimentellen »Triebumgestaltung« wird nach Erwähnung von zwei *Todesopfern* abschließend von Kogon resümiert: »Die menschlichen Versuchskaninchen dieser Sonderreihe wurden sonst nicht schlecht behandelt. Irgendein positives Ergebnis wurde allerdings auch nicht erzielt.«[29] Erst Richard von Weizsäcker hat als Bundespräsident in seiner historischen Rede anlässlich der 40. Wiederkehr des NS-Zusammenbruchs am 8. Mai 1985 der homosexuellen KZ-Opfer *erstmals offiziell* gedacht, während der Papst und die deutschen Bischöfe sie meines Wissens bei vergleichbaren Anlässen bis zur Stunde gerne »vergessen«. (Das Letzte steht in der Tradition eines seit 1933 durchgehenden *Schweigens* der Kirchen zur Schwulenverfolgung. Mit *anderer* Zielrichtung ergreift man hingegen heute lautstark und »mutig« das Wort, nämlich beim Kulturkampf gegen Bürgerrechte von Homosexuellen!)

In der frühen Bundesrepublik saßen ehemals von den Nazis Verfolgte also erneut in Gefängnissen wegen eines Deliktes, das in anderen europäischen Ländern längst keines mehr war. (Gleichzeitig wirkte Hans Maria Globke, der Verfasser und Kommentator von Hitlers Nürnberger Rassegesetzen, in Adenauers Kanzleramt.) Noch 1962 begründete ein von der christdemokratischen Bundesregierung vorgelegter Entwurf die generelle Strafbarkeit der Homosexualität mit Argumenten, die unter Rückgriff auf das so genannte gesunde Volksempfinden (!) erschreckend an das Nazivokabular erinnerten. Da war offiziell die Rede von der *weitaus überwiegenden Auffassung der deutschen Bevölkerung*, vom *Bestand des Volkes* und der *Bewahrung der natürlichen Lebensordnung*, von drohender *Entartung des Volkes* und dem *Verfall seiner sittlichen Kräfte*.[30]

Mit Infrarotkameras, Spezialspiegeln, Razzien und peinlichsten Verhören wurde im demokratischen Staat weiter Polizeijagd auf Homosexuelle gemacht. Ältere homosexuelle Männer haben mir vom geradezu alltäglichen Bangen um ihre soziale und berufliche Existenz als Bürger der Bundesrepublik erzählt. Die Geschichte ihrer Angst reichte zumeist in die Nazizeit zurück. (Was ich in diesen Gesprächen oft wahrnehmen konnte, war eine Persona-Maske, die sich durch distanzierte Formalität, auffallende Höflichkeit, perfekte Umgangsformen und skrupulöses Zuvorkommen auszeichnete. Persönliches oder gar Gefühle, so etwas kann durch solche schützenden Mauern nur schwer durchdringen.) Einer meiner Freunde wurde noch in den 60er Jahren als sehr junger Lehrling von seinem Arbeitgeber auf Grund eines bloßen Gerüchtes vor Gericht gezerrt. Er erhielt, da jeglicher Beweis fehlte, einen Freispruch, musste aber dennoch eine lange öffentliche Beschämung durch den Richter über sich ergehen lassen. Dass es gleichwohl schon spätestens ab den 50er Jahren wieder subversive Nischen, mit viel Geschick getarnte Geheimlokale und eine verschworene Untergrundszene gab, das zeugt vom Mut und von der Schönheit einer verfolgten Liebe.

Als 1969 durch die erste Reform des § 175 für viele sich von heute auf morgen die Gefängnistore öffneten, bedeutete das nach Auskunft eines christlichen Sozialarbeiters im Strafvollzug für die meisten nicht nur Freude. Draußen waren sie – wie zuvor drinnen – sozial Geächtete. Die plötzliche Straffreiheit ließ zudem die Jahre der Haft als ein staatliches Unrecht offenbar werden, für das – wiederum – keine Wiedergutmachung geleistet wurde. Es gab keine Entschädigungen, keine rechtsgültige Rehabilitation nach dem Strafregister und auch kein Zurück etwa in den verlorenen öffentlichen Beruf. Die ersten beiden Sachverhalte gelten bis zur Stunde, obwohl der Europäische Gerichtshof die in der Bundesrepublik ehedem geübte Rechtspraxis längst in mehreren Entscheidungen als menschenrechtswidrig qualifiziert hat. (Im Dezember 2000 verabschiedete der Bundestag allerdings einstimmig eine bedauernde »Ehrenerklärung«, die nicht nur den schwulen NS-Opfern, sondern auch den Strafverfolgten bis 1969 gilt. Die höchstrichterlichen Sprüche aus Karlsruhe von 1957 zu Gunsten der NS-Justiz werden mit dieser Geste gleichwohl nicht angefochten. Aus den Reihen der CDU kam die Anregung zu einem *kollektiven* Ausgleich – etwa in der Förderung homosexueller Bürger- und Menschenrechtsarbeit.)

Im Gefolge der Strafrechtsreform 1969/73 kamen zögernd auch erstmals Lebensberichte homosexueller KZ-Häftlinge zur Veröffentlichung. Einige der Überlebenden gaben nach lebenslanger Scham und mit gebrochenem

Selbstbewusstsein ihre Erinnerungen nur anonym preis. Noch 1990 fand die Autorin Maxi Wartelsteiner ein damals fast 80-jähriges Opfer vor, das sich ein ganzes Leben lang getarnt, versteckt und gehasst hatte.[31] Das Beispiel ist kein Einzelfall. Selbst der sozialdemokratische Redner hatte bei der 1969er Reform übrigens ausdrücklich betont, die Straffreiheit bedeute keine sittliche Billigung. Die – wiederum nach über zwanzig Jahren endlich erzielte – Gleichberechtigung im Sinne des Sexualstrafrechtes, darunter die Angleichung der Schutzaltergrenzen, ist nur als ein Ergebnis der deutschen Wiedervereinigung zu Stande gekommen! Die DDR hatte den § 175 in der *Nazifassung* nicht übernommen und kannte seit 1988 *offiziell* überhaupt keine besondere strafrechtliche Diskriminierung Homosexueller mehr.[32]

Wenigstens genannt werden muss an dieser Stelle noch die bundesrepublikanische Asylpraxis. In mehr als 80 Staaten, so der »Lesben- und Schwulenverband in Deutschland« (LSVD), wird Homosexualität strafrechtlich geahndet. In nicht wenigen Regionen der Welt werden Schwule und Lesben noch immer brutal verfolgt, in Gefängnislöcher gesteckt, strafamputiert, gelyncht, gesteinigt, bei lebendigem Leib begraben oder gehenkt. Staatsmänner wie Robert Mugabe (Simbabwe) erklären sie mit Hetztiraden zum öffentlichen Freiwild: Tiere im Dschungel seien »besser als diese Leute« und schwule »Untermenschen« »schlimmer als Schweine« (1998). Aus Simbabwe kommt in der Folge eines solchen Klimas auch die erschütternde Meldung über eine lesbische Frau, die von ihrem Onkel vergewaltigt wurde, um ihr den »Zweck« ihres Geschlechts zu zeigen. Ähnlich ist die Lage in Uganda und Kenia, wo ausdrücklich mit der Bibel argumentiert wird und westliche Liberalisierungen als »unafrikanisch« gelten. Die Legion der entsprechenden Tagesmeldungen und die Berichte der britischen Amnesty International-Dokumentation »Breaking the Silence« aus allen Kontinenten kann ich in diesem Buch nicht darstellen. Wo in islamischen Ländern – darunter Iran, Irak, Saudi-Arabien, Kuwait, Somalia – *offiziell* die Todesstrafe auf Homosexuelle wartet, gewährt die Bundesrepublik Asyl. Doch darüber hinaus findet das strenge Scharia-Gesetz auch außerhalb offizieller Staatsgesetze Anwendung, so im Süden Afghanistans. In Brasilien machen Todesschwadronen und andere tödliche Hetzjagd auf Schwule und Lesben (mehr als 1500 Todesopfer zwischen 1980 und 1993). Lange Gefängnisstrafen (unter anderem in Äthiopien, Syrien, Algerien, Sambia, Malaysia, bis vor kurzem Rumänien) und schwerste Diskriminierung waren in vielen

Fällen kein Hinderungsgrund für eine Abschiebung. Vor Jahren zeigte mir ein befreundeter Priester seinen vergeblichen Briefwechsel mit zynisch argumentierenden deutschen Behörden. Auf seinen russischen Freund warteten damals – bis 1993 – in der Heimat bis zu fünf Jahre Zuchthaus, wenn er dort seiner Natur gemäß leben und lieben wollte. Das rührte die verantwortliche Asylstelle nicht im mindesten. Der russische Freund sei, so auch die Begründung in anderen Fällen, ja nicht gezwungen, seine Neigung zu offenbaren oder gar offen zu leben. (Wie wäre bei einem Heterosexuellen argumentiert worden, in dessen Herkunftsland die Liebe zwischen Mann und Frau mit Haftstrafen geahndet würde?) Im vergleichbaren Einzelfall eines Rumänen hat dann das Verwaltungsgericht Würzburg 1995 die Duldung angeordnet, nach Interventionen von Amnesty International und mit Blick auf Artikel 8 der Europäischen Menschenrechtskonvention. Im Rahmen des völlig aufgeweichten Asylrechts hat sich das bis zur Stunde keineswegs als zuverlässiger Schutzbrief erwiesen. Für binationale schwule und lesbische Paare in der Bundesrepublik kommt Rechtssicherheit erst mit dem Gesetz zur Anerkennung gleichgeschlechtlicher Partnerschaften. Auch wenn nach richterlicher Einschätzung kein Asylgrund vorliegt, sind ausländische Partner durch das neue Institut vor Ausweisung geschützt. (Der Fuldaer Erzbischof Dyba diffamierte diese Partner 1999 wörtlich als »importierte Lustknaben«.) Dass homosexuell Liebende wie Hetero-Paare nicht auseinander gerissen werden, das ist in europäischen Ländern wie Norwegen oder Dänemark schon lange eine Selbstverständlichkeit.

Die letzten Bastionen: Kirchlicher Terror und Kulturkampf

Das nationalsozialistische Erbe lebt im deutschen Sprachraum weiter. Im Dunstkreis von Neonazis und rechtsradikalen Parteiprogrammen geschehen immer wieder antihomosexuelle Gewalttaten, schwerste Misshandlungen und Morde eingeschlossen. Die »Zillertaler Türkenjäger«, eine der Lieblingsbands der rechten Szene, singen: »An alle Homos hier im Land, da hilft kein Gezeter, denn ihr wisst, wir kriegen euch, früher oder später. Wir stürmen eure Tuntenbars und bringen euch zur Strecke. Wir säubern unser schönes Land. – Du schwule Sau: Verrecke!« – Trotz alledem: Kultur und Gesellschaft haben die Schwelle zum dritten Jahrtausend unserer Zeitrechnung überschritten. Christliche Kirchen werden in Europa zusehends zur letzten *offiziellen* Bastion der Verächtlichmachung gleichgeschlechtlich liebender Menschen.

In einem nichtamtlichen Leitsatz konnte 1992 das Arbeitsgericht Lörrach die kirchliche Kündigung eines Heilerzieher-Auszubildenden erstinstanzlich deutlich kommentieren: »Das Verbot homosexueller Betätigung in der katholischen Morallehre steht im Widerspruch zu Grundprinzipien der Rechtsordnung wie dem allgemeinen Willkürverbot, den guten Sitten und dem ordre public« (ArbG Lörrach, Urteil vom 25.8.1992 – 1 Ca 125/92). Die gesellschaftliche und rechtsstaatliche Nachhilfe in guten Sitten scheint sich die römisch-katholische Amtskirche durchaus nicht angedeihen zu lassen:[33] Während die Deutsche Bischofskonferenz seit 1993 zu Zeiten von Pflegenotstand und mit pragmatischem Sinn fürs Notwendige immerhin untergeordnete Arbeitnehmer der Caritas usw. offenbar auch bei Homosexualität unbehelligt lassen will, wenn kein Verkündigungsauftrag vorliegt, sieht Rom mit dem *Rechtsschutz* für gleichgeschlechtlich Liebende das Abendland untergehen. 1986 hatte die römische Glaubenskongregation bereits in Sachen Homosexualität davor gewarnt, dass »eine staatliche Gesetzgebung eingeführt wird, welche ein Verhalten schützt, für das niemand ein irgendwie geartetes Recht in Anspruch nehmen kann«.[34] 1992 fordert dann dieselbe Kongregation aus aktuellem Anlass die Bischöfe der USA schriftlich dazu auf, sich *gegen* liberale Bürgerrechte von Homosexuellen und Antidiskriminierungsgesetze auszusprechen. Wörtlich heißt es in diesem ungeheuerlichen Brieftraktat: »So wird es ja auch akzeptiert, dass der Staat zum Beispiel im Falle von Menschen, die ansteckende Krankheiten haben oder krank sind, die Ausübung von Rechten einschränken kann, um das Allgemeinwohl zu schützen.«[35]

Das Europäische Parlament hatte bereits am 13.3.1984 eine Entschließung »zur sexuellen Diskriminierung am Arbeitsplatz« (und in anderen Bereichen) verabschiedet. Am 8. Februar 1994 folgte nun eine Entschließung zur »Gleichberechtigung von Schwulen und Lesben in der EG«, in der unter anderem auch die rechtliche Benachteiligung gleichgeschlechtlicher Paare als Missstand genannt wird. Prompt rügte der Papst in seiner Angelus-Ansprache vom 20.2.1994 diese moralisch unannehmbare »Billigung der homosexuellen Praxis«, die Legitimierung einer »moralischen Unordnung« und den Versuch, »den Bewohnern unseres Kontinents das moralische Übel als einen Weg der Befreiung vorzustellen«. Am Folgetag verwies sogar – der heute sachlicher argumentierende – Mainzer Bischof Lehmann in einer Kulturkampf-Predigt vor der Frühjahrsvollversammlung der Deutschen Bischofskonferenz unter anderem auf jene Bibeltexte, die homosexuell Handelnde für todeswürdig erklären. Der »sittliche Vorrat« gehe in unserem Lande zur Neige, Europa kenne die Bibel nicht mehr und verkenne seine eigene Herkunft, in dem es die Wertordnung auf den Kopf stelle. All dies mit Blick auf die mögliche rechtliche Anerkennung gleichgeschlechtlicher Partnerschaften! – Es war der inzwischen verstorbene Erzbischof Dyba von Fulda, der die Initiative des Europa-Parlamentes kurzerhand als »widernatürlichen Unsinn« etikettierte. Das Repertoire seiner antihomosexuellen Hassvokabeln wird in der Folge unübersehbar. Er assoziiert bei Bürgerrechten von homosexuellen Paaren die Nähe zur Geisteskrankheit, bringt sexuellen Missbrauch und Menschenhandel – mit nachfolgenden Pensionsansprüchen – ins Spiel, beleidigt Aids-Kranke, diagnostiziert einen Schritt in die Degeneration, sexuelle Verirrung und dergleichen mehr. Nicht minder eifrig zeigt sich der Kölner Oberhirte Joachim Meisner, etwa in einem Interview zur Partnerschaftsdebatte mit der tendenziösen »Rheinischen Post« vom 16.5.1998. Der Kardinal sieht das Lustprinzip an die Stelle von Seinsordnung treten, fordert gegenüber den »heidnischen Wertvorstellungen« der Gleichstellungsbefürworter eine »Bewahrung der Schöpfung« (!) auch an dieser Stelle, ermahnt zu einem Triebverzicht (der psychisch Gesunden möglich sei), bewertet Homosexualität als illegitime Spielart und vergleicht homosexuell lebende Amtsträger mit notorischen Trinkern. Ungläubigkeit angesichts des doch einmal erreichten theologischen Niveaus an katholischen Fakultäten befällt den Leser, wenn er hernach Meisners »Inkarnations-, Schöpfungs- und Erlösungstheologie« zum Thema studiert (»Die Sinnlichkeit des Glaubens«, FAZ 19.1.2000). Konservative Politiker werden während der gesamten Diskussion durch römisch-katholische Wahlprüfsteine (1998) und *laute* Hirtenworte in ihrem Kampf für »unsere Kultur« gestärkt. (Eine Scham angesichts des kirchlichen *Schweigens* zur blutigen *NS-Verfolgung* von Schwulen befällt die deutschen Bischöfe bei diesen lauten Tönen nicht. Die homosexuellen Mordopfer offizieller *kirchlicher* Verfolgung hat der Papst bei seinem stellvertretenden Schuldbekenntnis im Heiligen Jahr nicht genannt. Allein Kardinal Roger Mahony, Erzbischof von Los Angeles, bat öffentlich um Vergebung für die Schuld der Kirche gegenüber Lesben und Schwulen.) Kardinal Ratzinger konstatiert abschließend bei seinem Vortrag in der Bayrischen Vertretung in Berlin am 28.11.2000, bezogen auf *Rechtsformen für homosexuelle Lebensge-*

meinschaften, einen Austritt aus der »gesamten moralischen Geschichte der Menschheit« und eine »Auflösung des Menschenbildes«! Offenbar sind homosexuell liebende Menschen in den Augen *solcher* Hirten als selbstbewusste Bürgerrechtler zugleich die verwerflichsten Kulturschänder, während man sie etwa als wehrlose Aids-Kranke in kirchlichen Hospizen mit frommen Weihrauchsalven willkommen heißt.

Man muss an dieser Stelle die perverse Heuchelei beim Namen nennen. Mehrfach heißt es seitens der römischen Kirche über homosexuell liebende Menschen: »Ihnen ist mit Achtung, *Mitleid* und Takt zu begegnen. Man hüte sich, sie in irgendeiner Weise *ungerecht* zurückzusetzen.«[36] Doch wer, wenn nicht die römische Kirche, setzt permanent und unvermindert »üble Nachrede und gewalttätige Aktionen«[37] mit Blick auf »homosexuelle Personen« fort? Sie fordert nationale Bischofskonferenzen und staatliche Gesetzgeber auf, sich eben für eine »gerechte« (!) Diskriminierung Homosexueller einzusetzen, nachdem sie diese mit einer ungeheuerlich aggressiven verbalen Gewalttätigkeit theologisch zu Unpersonen erklärt hat. Faktisch, wenn auch nicht namentlich genannt, sind homosexuell lebende Frauen und Männer nach Kanon 915 des Römischen Kirchengesetzbuches (1983) und dem Schluss-Satz der Nr. 2390 im »Weltkatechismus« (1993) *eindeutig* von der Kommunion ausgeschlossen. Sie leben – vergleichbar den wieder verheirateten Geschiedenen – in einer »offenkundigen schweren Sünde«, wenn sie sich »hartnäckig« nicht an das ihnen erteilte, mehrfach lehramtlich bekräftige *strikte Sexualverbot* halten. Das schon genannte römisch-katholische *Angstszenario einer kollektiven Bedrohung* durch das »Übel« kommt hinzu. Und nun, nach all dem, will man Schwule und Lesben mitleidig schützen!? Ein Vergleich dazu: In Irland hatte der Europäische Menschengerichtshof die menschenrechtswidrige Diskriminierung Homosexueller durch den Staat zu beklagen. Gleichzeitig werden in diesem Land in vorbildlicher Weise antihomosexuelle Gewalttaten gesetzlich als *besonders* verwerfliche Verbrechen geahndet. Warum wohl? Wer das Feuer schürt, hat hernach Not, es zu löschen.

Nun kann aber auch die römisch-katholische Kirche mit ihrer Hetze durchaus eingeholt oder noch weit übertroffen werden. In Atlanta demonstrierten Christen Anfang der 90er vor dem kommunalen Gebäude des Landkreises Cobb County für die politisch-moralische Verurteilung der Homosexualität und erhoben dabei Transparente mit der Aufschrift »Gott sei Dank für

AIDS«.[38] In einigen US-Staaten ist praktizierte Homosexualität übrigens noch immer verboten (Arkansas, Kansas, Missouri, Montana, Tennessee)! Im Herbst 1998 wurde im US-Staat Wyoming der schwule Student Matthew Shepard bestialisch ermordet. Während des Gerichtsprozesses gegen den Haupttäter zeigten fundamentalistische Demonstranten den versammelten Homosexuellen, die sich durch verkleidete Engel abschirmen ließen, folgende Plakate: »Matt [das *Mordopfer*] in der Hölle«; »Gott hasst Schwule«; »Aids heilt Schwule« und: »Keine Sondergesetze gegen Hassverbrechen«. (Übrigens hatten homosexuelle Bürgerrechtler schon im Vorfeld öffentlich darum gebeten, den Schwulenmörder *nicht* zum Tode zu verurteilen!) Die extreme evangelikale Rechte verfolgt den wörtlichen Slogan: »Schwule sterben, Gott lacht«. Allein 1996 gab es 1016 registrierte homophobe Überfälle auf Schwule und Lesben in den USA, die für 21 Opfer tödlich endeten. Der Serienmörder Eric Rudolph, der im Namen einer Armee Gottes gegen Homosexualität, Abtreibung und Rassenvermischung kämpfte und unter anderem 1997 einen Bombenanschlag auf eine Schwulenbar in Atlanta verübte, fand in seinem County zahlreiche Unterstützer. Die Grenzen zwischen evangelikalen Schwulenhassern aus der »moralischen« Mehrheit und dem faschistoiden weißen »Christentum« unterm Ku-Klux-Klan-Kreuz sind in solchen Beispielen nicht immer klar auszumachen. Der kanadische Reverend Fred Phelps (Baptist Church in Topeka) *lobte* im September 2000 den Schwulenmörder Ronald Edward Gay und rief seine Anhänger unter dem Slogan »Keine Tränen für Schwule« zu einer Demonstration nahe der Trauerfeier für das *Mordopfer* auf. (Welchen Sadismus die evangelikale Ideologie auch bei uns hervorbringen kann, habe ich als Krankenpfleger auf einer Aids-Station während einer Nachtwache hautnah erleben müssen. Die bibeltreue, antihomosexuelle Schwester eines Patienten traktierte ihren schwulen Bruder mit Bibelversen zur Bekehrung; er lag im Sterben und konnte auf Grund einer Lähmung nicht mehr klar sprechen. Der wehrlose Patient, der seit vielen Jahren in einer glücklichen schwulen Partnerschaft lebte, beantwortete die herzlose und quälende »Missionierung« mit lautem Schreien. Seine Schwester blieb jedoch vom Bekehrungswahn besessen. Da jeglicher guter Zuspruch nicht fruchtete, hätte ich gegenüber dieser Frau – zum Schutz des Patienten – eigentlich das Hausrecht wahrnehmen müssen.)

Die Evangelische Lutherische Kirche von Lettland verurteilte Homosexualität als »Todsünde«, die den Ausschluss vom Abendmahl nach sich ziehe.[39]

Die orthodoxe Kirche Rumäniens und ihr Theologennachwuchs protestierten 1994/95 gegen eine Milderung beziehungsweise Abschaffung der noch aus »kommunistischer« Zeit stammenden harten Zuchthausstrafen für Homosexuelle.[40] Bis zum Jahr 2000 waren sie damit erfolgreich. Eine ähnliche Rolle spielen christliche Kirchen auch in anderen ehemaligen Ostblockstaaten. Sie bemühen wie ehedem im Mittelalter die weltliche Gerichtsbarkeit, wo sie schwere Sünde wittern, und setzen andere Christen – etwa im Weltkirchenrat – mit dem Banner der »wahren Lehre« unter Druck …

Von Selbstmord, Heimatverlust und Aids

Ohne diese drei Stichwörter müsste das Kapitel unvollständig bleiben. Dass Homosexuelle einem erhöhten »Selbstmordrisiko« unterliegen, scheint gemeinhin fast als Selbstverständlichkeit zu gelten. Zuletzt belegt eine 2000 im »American Journal of Public Health« publizierte Befragung von 3648 Männern diese deutlich erhöhte Selbstmordgefährdung. – Mit Blick auf die Selbstmordgefahr forderten die römisch-katholischen US-Bischöfe 1997 alle Eltern auf, homosexuelle Kinder nicht zu verstoßen, hielten jedoch gleichzeitig an der Sündhaftigkeit praktizierter Homosexualität fest (Die Welt, 5.10.1997)! – Bei Recherchen zu den Mundartdichtern meiner Heimat stieß ich vor kurzem auf einen unverheirateten Bauern, der sich im »Dritten Reich« zu Beginn der 40er Jahre das Leben genommen hatte. »Warum?«, fragte ich meinen Gewährsmann und erhielt die knappe Antwort, der sei eben schwul gewesen. Während meiner Zivildienstzeit nahm sich ein junger Beamter in der Kreisstadt wegen seiner Homosexualität das Leben. Ich erinnere, wie mir das bis zu meinem späten Coming-out noch jahrelang als dumpfe Warnung im Kopf herumschwirrte. In einer psychiatrischen Akte konnte ich viel später nachlesen, wie der Selbstmordversuch eines jungen Homosexuellen vom protokollierenden Arzt als etwas ganz Alltägliches abgehandelt wurde. 1975 schrieb die Mutter eines homosexuellen Studenten einen offenen Brief an andere »betroffene« Eltern: »Das Wissen, dass eine Aussprache den Selbstmord meines Sohnes verhindert hätte, ist eine zusätzliche Last zu dem unsagbaren Leid, das der Tod des Sohnes auf so tragische Weise hinterlassen hat.«[41] Den Straßengazetten sind entsprechende Vorkommnisse stets eine Schlagzeile wert, etwa wie folgt: »Familienvater und homosexuell: 42-Jähriger führte Doppelleben. Polizeibeamter erhängte sich im Dienstzimmer«.[42] Immer mehr Pfarrer erzählen in den liberaler werdenden Zeiten von traurigen Beerdigungen, in deren Hintergrund die »tragische Begabung« stand. Es ist nicht sehr lange her, dass sich ein – nach Aussagen von Gemeindemitgliedern – homosexueller Priester meines römisch-katholischen Heimatbistums im Pfarrhaus aufgehängt hat. Die Verwandten zitierten auf der Todesanzeige vielsagend den Schweizer Dichter Kurt Marti: »es hat nie an leuten gefehlt, die ihn auf den besseren weg zu bringen versuchten. bleibt uns die frage: ob vielleicht der schlechtere weg für ihn der bessere war?« Die Liste ließe sich aus Berichten und aus der Literatur endlos weiterführen. Ein berühmtes Beispiel, das des Komponisten Peter Tschaikowsky, ist der Öffentlichkeit erst seit Anfang der 80er Jahre bekannt. Der russische Nationalkomponist, so wissen die neueren Biografien seit den 1981 veröffentlichten Recherchen von Alexandra Orlova, wurde von einem geheimen Ehrengericht wegen seiner Homosexualität zum Freitod gedrängt, um einen öffentlichen Skandal zu vermeiden. Seine kurz vor dem Selbstmord vollendete und dem Geliebten gewidmete Sechste Symphonie birgt als Programm ein geheimes Bekenntnis.[43]

Nicht allen homosexuell liebenden Menschen wird – gottlob – auf diese Weise gleich die ganze Erdenwelt zur unerträglichen Fremde. Doch müssen wohl die meisten unter jenen, die ihren Weg wirklich gehen wollen, noch immer sehr oft die engere Heimat verlassen, zumal wenn diese ländlich ist. Was die Bibel zum menschlichen Grundthema der *Heimatsuche* zu sagen hat, wird hier ganz existenziell.[44] Ich selber sehe mich, ohne eigentliche Neigung in einer Großstadt lebend, durchaus als ein Exilant und versuche seit meiner Landflucht, den Verlust der Heimat im Erforschen ihrer regionalen Kulturlandschaft etwas erträglicher werden zu lassen. In der Strophe eines Zupfgeigenhansel-Liedes sehe ich, auch wenn es sentimental klingt, mein eigenes Fluchtgeschick und das von Freunden ausgedrückt: »Andere, die das Land so sehr nicht liebten, / War'n von Anfang an gewillt zu gehen. / Ihnen – manche sind schon fort – ist besser, / Ich doch müsste mit dem eignen Messer / Meine Wurzeln aus der Erde drehn.« Mein Vater hat mir von einem selbstständigen Handwerker aus unserer ländlichen Gegend erzählt, dessen Betrieb nach Bekanntwerden seiner Homosexualität regelrecht boykottiert wurde und der schließlich nach Amerika auswanderte. Man erinnere die Bestimmung aus der Bibel: ... *der werde aus dem Volk herausgebeilt*! Die Heimatvertreibung und die Heimatflucht homosexueller

Menschen sind jedenfalls, wie historische Fragmente belegen, keine moderne Erfindung.

Ein eigenes buchfüllendes Thema wäre in diesem Zusammenhang das Ausgestoßenwerden aus der Familie nach Bekanntwerden der Homosexualität. Ich selber habe von Eltern und Geschwistern wirklich Rückhalt erfahren. Der erste spontane Kommentar meines streng katholischen Vaters auf meine stotternde Offenbarung hin lautete: »Glaub' nur nicht, dass sich jetzt irgendetwas ändert.« Da fiel mir ein Stein vom Herzen. Umso mehr bin ich darüber entsetzt, wie häufig und unter welchen Umständen mir Leute noch heute davon erzählen, sie hätten seit Jahren keinerlei Kontakt zu ihrer Familie mehr, sie seien zu unerwünschten Personen erklärt und enterbt worden. Eine amerikanische Street-Workerin schätzt, bezogen auf ihr Wirkungsfeld: »Rund vierzig Prozent der 20 000 bis 30 000 Straßenkinder New Yorks sind männliche Jugendliche, die ihr Zuhause verlassen mussten, als die Eltern herausbekamen, dass ihre Söhne homosexuell sind.«[45]

Doch auch weniger hart getroffene junge Erwachsene, die auf Grund ihrer Homosexualität direkt nach der Schulzeit den Weg in die nächste größere Stadt nehmen, stehen vor einer doppelten Aufgabe: Sie müssen sich – wie andere auch – zunächst in der »Fremde« einrichten und *zusätzlich* das eigene Herauskommen als Angehörige einer Minderheit meistern. (Das Einfinden in die von neoliberaler »Toleranz« geprägte *kommerzielle* Gay-Szene der Großstädte ist dabei wohl kaum eine Hilfe, sich selbst wirklich zu finden.) Vor diesem Hintergrund, so meint der Psychologe Paul Parin, werde die für neue Bindungen notwendige Lösung vom Elternhaus oft nur zum Teil gemeistert, während Beziehungen vielfach mit all den Ansprüchen überladen würden, die sonst ein ganzes soziales Umfeld erfüllt.[46] Der Bruch ist auch deshalb so schwer, weil von Lebensmodellen des Elternhauses vieles im Neuanfang einfach keinen Platz mehr hat und die dennoch notwendigen Vorbilder zumeist fehlen. (Die eigenen Lebensentwürfe werden auf lange Sicht ohnehin wegen ihrer Außergewöhnlichkeit im Rampenlicht der Kritik stehen: Der Individualist gilt als treu- oder verantwortungslos, während der familiäre Typ mit seinem Interesse für Nichten und Neffen als »Onkel« belächelt wird. Wer als Single mit dem Elternhaus bricht, ist ein Egoist. Wer als Homosexueller die Eltern bis ins hohe Alter pflegt – was nicht selten vorkommt –, kann als Muttersöhnchen bespöttelt werden. Wie man es dreht und wendet, ein Genügen scheint es nicht zu geben.)

Viel häufiger als andere werden homosexuell liebende Männer und Frauen im zunächst scheinbar befreienden Klima der Städte in ein anonymes Einzeldasein getrieben. Es mag sich ein neues Zuhause mit neuen sozialen Bezügen entwickeln. Dieses bildet jedoch einen Bereich, der mit der Welt des Herkommens, mit dem Ort von Kindheit und Familie, oft nicht mehr viel gemeinsam hat. Häufig ist auch die berufliche Rolle für Homosexuelle noch immer vom sonstigen Alltag wie durch eine Mauer getrennt. Getrennte Lebenswelten stehen beziehungslos nebeneinander und bilden im Außen gleichsam schizophrene Verhältnisse. Lebenspartner bleiben etwa über Jahrzehnte (!) hinweg der eigenen Familie unbekannt. Manch einem wurde oder wird abverlangt, den gleichgeschlechtlichen Freund oder die Freundin mit Rücksicht auf die Nachbarn und andere (also: auf die Familie) zu »verstecken« beziehungsweise nicht ins Elternhaus mitzubringen, während die gleichen Angehörigen dann Klage führen, nicht mehr wirklich etwas vom persönlichen Leben des Sohnes, der Tochter beziehungsweise des Geschwisterteils mitzubekommen.

Zerrissenheit in manchen homosexuellen Biografien dürfte auf dem Hintergrund all dieser Umstände kaum verwundern. Besonders schmerzhaft zeigt sie sich seit dem Auftauchen der Immunschwäche Aids. Es handelt sich, so schreibt treffend ein Info der Aids-Hilfe Wuppertal, genau genommen um *zwei* Krankheiten: »Die eine befällt das Immunsystem und führt zu lebensgefährlichen Infektionen. Die andere befällt die Gesellschaft und führt zu Angst, Verunsicherung bis hin zu Diskriminierung und Ausgrenzung.« Einige homosexuell liebende Männer haben, was für mittlere Altersstufen ganz und gar nicht normal ist, bis zum Durchbruch der antiretroviralen Kombinationstherapien um 1996 fast ihren gesamten Freundes- und Bekanntenkreis durch diese Krankheit verloren. Abschiednehmen ist für Leute aus der »Szene« über fünfunddreißig kein Fremdwort. Im Einzelfall ist auch der erkrankte Homosexuelle selbst von Freunden verlassen. Vor allem können jetzt das Auseinanderfallen der Lebenswelten und ein darin unter Umständen eingerichtetes Doppelleben unerträglich werden. Dazu drei Beispiele: Der Vater eines jungen Patienten brach Ende der 80er Jahre jeglichen Kontakt zu seinem Sohn ab, als gleichzeitig dessen Homosexualität *und* eine Aids-Erkrankung bekannt wurden. Obendrein enterbte er den Bruder des Patienten, weil dieser sich dem väterlich verordneten Besuchs- beziehungsweise Kontaktverbot bezüglich des schwarzen Schafes der Familie widersetzte! Ein verheirateter homosexueller Beamter bat mich noch wenige Stunden vor seinem Tod mit Angst in den Augen darum, um Gottes willen bei Anrufen von Berufskollegen seine Anwesenheit auf der stadtbekannten Aids-Station zu verleugnen. Als mein bester Freund wenige Monate vor seinem Tod in den westfälischen Geburtsort zurückkehrte, wurde seine Aids-Diagnose dort von der Familie als Leukämie ausgegeben. Ich durfte ihn nur »unauffällig« besuchen, damit keine peinlichen Fragen aus der Nachbarschaft kämen. Unser Freundeskreis wurde vom Friedhof ausgeschlossen und musste sich schließlich auf dem Beerdigungs-Kaffee gleichsam anonym verhalten. Das Wort »Aids« dürfe nicht fallen. Die einzige »persönliche Note« des Seelenamtes war die Nennung des Namens. Ich könnte mühelos weitere Seiten mit solchen traurigen Begebenheiten füllen. Gewiss, *diese* kranken Verhältnisse sind durch Aids *nicht* verursacht. Sie werden aber dort, wo Homosexuelle von dem noch immer potenziell tödlichen Virus betroffen sind, in aller Deutlichkeit *sichtbar* gemacht.

Auch hier kann der amtliche Zynismus einiger Hirten, deren Weiheversprechen doch die Heimatgewährung[47] beinhaltet, so schnell nicht vergessen werden. 1987 schrieb der damalige Kölner Erzbischof Kardinal J. Höffner, den auch kritische Katholiken persönlich als gütigen Menschen erlebt haben, über Aids: »Die Ordnung, die Gott seiner Schöpfung und den Menschen gegeben hat, lässt sich nicht ungestraft verletzen.«[48] Er sprach unter der Überschrift »Eine Strafe Gottes?« weiterhin von *»Läuterung«* und von *»Heimsuchung Gottes«*. Jeder wusste, was er meinte. 1991 predigte auch der polnische Kardinalprimas Glemp die rhetorische Frage: »Ist nicht die Sünde die größte Quelle von Aids-Infektionen?«[49] Nichts Neues seit Camus' »Die Pest«. Hier erscheint Aids mehr oder weniger ungeschminkt als Strafe eines bedrohlichen Gottes. Bis heute begegnet Christen auch als Folge solcher Aussagen zunächst Misstrauen seitens vieler HIV-Positiver oder Aids-Erkrankter. Heilende kirchliche Heimat für sie kann jedenfalls nur bereiten, wer mit dem Genfer »Appell des Ökumenischen Rates« von 1986 bekennt: »Aids ist eine herzzerreißende Realität, die die Kirchen herausfordert, ihre eigenen Herzen zu zerreißen und ihre Untätigkeit und starren Moralprinzipien zu bereuen.« Das haben inzwischen bei uns engagierte Christen aus allen Kirchen verstanden.

Nehmt euer Kreuz auf euch?

Was in diesem langen Kapitel »unter dem Kreuz« beschrieben wurde, bildet eigentlich auch das *Lebenskonzept* der römisch-katholischen Kirche für gleichgeschlechtlich empfindende Menschen. Es ist mustergültig grundgelegt ebenfalls im »Schreiben der Kongregation für die Glaubenslehre an die Bischöfe der katholischen Kirche über die Seelsorge für homosexuelle Personen« vom 30.10.1986, dessen Grundaussagen auch im römischen »Weltkatechismus« von 1993 wieder zu finden sind. Dieses Dokument bedeutete eine ausdrückliche Abwehr offener kirchlicher Wege nach dem II. Vatikanum, wie sie zum Zeitpunkt seines Erscheinens längst in den USA, den Niederlanden und auch im deutschen Sprachraum beschritten wurden. »Gleichgeschlechtliche Handlungen« seien in jedem Fall *sündhaft*, auch wenn die »objektiv ungeordnete Neigung« an sich niemandem zum Vorwurf der Schuld gemacht werden dürfe. Es bleibt also nur ein Leben unter Verzicht auf jede gelebte Sexualität und ganzheitliche Erotik. Nur so genannte christliche Betroffenen-Gruppen, die dies propagieren, die also gleichsam als Schlachtkalb dem Metzger von der Zunge ablesen, dürfen kirchlich unterstützt werden.[50] Wer in der Seelsorge etwas anderes vertritt, wird von Rom gemaßregelt.

Das »Ratzinger-Schreiben« von 1986 ahnt aber immerhin, dass die völlige Enthaltsamkeit ohne ein Charisma zum Zölibat auch innerhalb des propagierten Konzeptes der »grundlegenden Freiheit« schwierig werden könnte. Man setzt gleichsam voraus, dass das Leben hier zu einem nicht endenden Kriegsdienst wird (vergleiche Ijob 7, 1). Mehrere Abschnitte (12-16) sind deshalb vom Gedanken der »Kreuzesnachfolge« bestimmt: »Homosexuelle Personen« sollen »alle Leiden und Schwierigkeiten, die sie auf Grund ihrer Lage zu tragen haben, mit dem Kreuzesopfer Christi vereinigen«. Die »Selbstverleugnung«, welche die »Begierden gekreuzigt« (Gal 5, 22. 24) hat, wird als »Umkehr« verstanden. Schließlich kommt der weise Rat, das »Sakrament der Buße mit größter Treue [zu] feiern und die hier so freigebig angebotene Gnade« zu immer größerer Vollkommenheit zu empfangen. Im Klartext: »Diese Personen« sollen besonders oft beichten gehen. All dies kann letztlich nur erfüllen, wer als Homosexuelle/r ein stetiges Sündenbewusstsein hegt, die eigene Selbstachtung aufgibt und obendrein den Glauben an eine göttliche Berufung zur Lebensfreude. Die *Selbstverleugnung* bedeutet im Gesamt der römischen Aussagen außerdem, sich nicht nur von allen Emanzipationsbestrebungen fern zu halten, sondern auch die eigene »Neigung« nach Möglichkeit nicht *kundzutun* beziehungsweise *öffentlich preiszugeben*:[51] Seid vollständig enthaltsam, betrachtet euer Inneres als *objektiv nicht in Ordnung* und euch selbst demütig als defekte Individuen, tut stete Buße, *versteckt euch* (dann kann euch auch niemand diskriminieren), und schweigt gehorsam, sofern ihr anderes über eure zur Sünde tendierende sexuelle Bestimmtheit denkt als wir.

Wer bisher gelernt hat, mit neuen Ohren zu hören, wird diese römische »Theologie« verstehen, die in der großkirchlichen Ökumene zum Teil sogar willige Schüler zu finden schien.[52] Aus dem Karfreitagsruf »Seht das *Holz* des Kreuzes« ist unversehens eine andere Antifon entstanden: »Seht das steinerne *Grabkreuz*, unter dem ihr gehorsam euer Leben begraben sollt!« Wer vermag es zu tragen?

3. Exodus und Ostermorgen

Mut – ja! Wenn man den hätte!
Dann könnte man vielleicht leben, trotz allem.
HENRIK IBSEN

Richtet euch auf und erhebt euer Haupt,
denn eure Erlösung ist nahe.
Seht euch den Feigenbaum
und die anderen Bäume an:
Sobald ihr merkt, dass sie Blätter treiben,
wisst ihr, dass der Sommer nahe ist.
AUS: LUKAS 21, 28-30

Er schmückte den Kreuzstamm zum Weihnachtsbaum
Und tränkte vor Frost das Grab.
Es blühte der Erde ein Frühlingstraum
Als die Geburt sich begab.
P. B.

Die Botschafter der eben vorgestellten Art von Kreuzesanbetung scheinen in verspannten und verhärteten Schulterpartien die »Natürlichkeit« homosexueller Menschen zu erblicken. Ihr Laster sollen sie eben als Last auf sich nehmen. Mit Ver-Spannungen leben? – Das Allereinfachste hat eine solche Christenlehre vergessen: Wir trauern am *Karfreitag*, weil der göttlich Liebende in unserer Welt auf tödlichen Widerstand stößt. Doch am *Ostermorgen* jubeln wir und schmücken das *leere* Kreuz mit Blumen, denn es hat der Lebende gesiegt. *Er* hat sein Wort gehalten: »Ich bin gekommen, damit ihr das Leben habt und es in Fülle habt!« (Joh 10, 10)

Neue Geburt – Würde und Heilsein

Das alles lässt sich freilich fromm und schön sagen. In Wirklichkeit ist es oft genug noch immer ein schwerer Weg, nach Jahren, nicht selten nach Jahrzehnten sich aus dem Grab des Versteckens und Nicht-leben-Dürfens herauszuwagen. Eine Freundin war aufgewachsen in einem streng bibelfundamentalistischen Elternhaus und in evangelikal-pfingstlerischen Jugendkreisen. Sie studierte zur Vergangenheitsbewältigung evangelische Theologie, doch die schon immer gespürte erotische Anziehungskraft ausschließliche von Frauen war ihr Quelle einer alles beherrschenden Lebensangst. Der ganze Brustraum der Seele erschien ihr wie eine verbotene Kammer voller Sünden. Im ständigen Kampf mit ihrem eigenen Wesen und unter dem Druck des unerlaubten Lebens erlag sie schließlich einer Unwirklichkeit, in der sie selbst nur wie der Schatten eines wehmütigen Trauerns und Ahnens vorkam. Eine Sprache für ihre Wünsche und Sehnsüchte konnte sie nicht finden. Auf einer Flussbrücke, die in dieser Lebensumnachtung zum Absprungbrett in eine bessere, jenseitige Welt werden sollte, kam ihr eine Weg-weisende Er-Innerung: Da gab es doch Moses, der sein Volk aus der Gefangenschaft befreite. Hatte er sich nicht jahrelang verstecken müssen und war dann gerufen worden, aufzubrechen? Diese Er-Innerung war in jener Nacht traumnah als lebensrettende Botschaft in ihr aufgestiegen … Inzwischen ist meine Freundin als offene Lesbe einen Weg gegangen, der wirklich Exodus genannt werden muss. Beruflich widmet sie sich seit Abbruch des Theologiestudiums dem Leben grüner Pflanzen.

Übrigens ist dieser Exodus fast zeitgleich mit meinem eigenen Erwachen geschehen. Als Priesteramtskandidat hatte ich mich – geradezu klassisch – während der Freisemester allen guten Vorsätzen zum Trotz in einen Kommilitonen verliebt, was ich tagsüber sogar vor mir selber verleugnete. Dieser unglück*selige* Zustand wurde nach etwa einem halben Jahr so unerträglich, dass ich eines Abends fast traumwandlerisch eine benachbarte Freundin aufsuchte und mich ihr stotternd anvertraute. Was ich mir selbst gegenüber in fast zehn Jahren niemals leise oder gar laut ausgesprochen hatte, konnte ich einem anderen Menschen sagen! In dieser Nacht bin ich wirklich ein *Anderer* geworden. Es war eine Tür aufgetan, die niemand mehr würde schließen können.[1] Ich könnte die freie Luft des nächsten Tages beim Gang zum Bäcker als neuen Schöpfungsmorgen oder als Osterfest beschreiben, das wäre keine pathetische Übertreibung. Es war *wirklich* passiert. Gott sei es gedankt, dass ich damals an eine Geburtshelferin und nicht an den Beichtvater der nahen Kirche geraten bin. Es dauerte dann noch fast zwei Jahre, bis mir ein menschenfreundlicher Priester die entscheidende Frage stellte: »Ja, bist du denn noch nie auf die Idee gekommen, deine Liebesbegabung auch zu leben?« Zu diesem Zeitpunkt war das Eis in meiner Brust längst gebrochen.

Das Coming-out, das Herauskommen, beginnt also unter heilsamen Vorzeichen mit einer *Neugeburt* und ist in meinem Fall auch tatsächlich von schönen Geburtsträumen begleitet gewesen. Ich höre die Geburtsgeschichten von Freunden und Bekannten für mein Leben gerne, denn sie sind nicht selten spannend und werden fast immer mit frohen Augen erzählt, sobald von den ersten Wehen die Rede ist. Doch auch unter sehr traurigen Umständen kann die zweite Geburt eine echte Befreiung sein. Ein junger, verheirateter Aids-Patient fand anlässlich einer drastischen Verschlechterung seines Zustandes erstmals den Mut, mit seiner Frau und den Pflegenden unter Tränen über seine Homosexualität zu sprechen. Ein Mitglied des Pflegeteams drückte am nächsten Tag aus, was wir alle wahrgenommen hatten: »Er guckt dir auf einmal in die Augen. Das hat er vorher nie gemacht!« – Nichts weniger als tiefe Scham und *eingepflanzte Selbstverachtung* (M. Dannecker) können mit Hilfe eines guten Gegenübers zu Beginn des Coming-out überwunden werden. »Dignity« und »Integrity« heißen die befreienden Gruppierungen homosexueller Christen in der römisch-katholischen Kirche und der Episcopal Church der USA. *Würde* und *Ganzsein* als Verheißungen Gottes gehören zum Programm jener Frauen und Männer, die ihre von Menschen auferlegten Kreuze abschütteln, sich von falschen Hirten verabschieden und die Befreiungsbotschaft des Christentums auf ihrem Weg erfahren. Sogar »lesbische Nonnen brechen das Schweigen« und erzählen als »ungehorsame Bräute Christi« ihre Geschichte[2] (vergleiche 2 Kor 3, 11). Aus dem »Ich bin klein, mein Herz ist rein« wird die gesunde Religion eines erwachsenen Jesus als Weggenossen. Die wieder entdeckte Würde vor Gott steht zunächst im Mittelpunkt. Glaube ist ein neues, *vertrauendes* Selbstbewusstsein: »Wir stellen uns hin vor dir, so wie wir sind …« Jens Weizer zitiert in diesem Zusammenhang ein schönes Wort Romano Guardinis: »Nur von der Annahme seiner selbst führt der Weg in die wirkliche Zukunft – für jeden in seine eigene. Denn als Mensch zu wachsen bedeutet nicht, aus sich hinauszuwollen. Sich sittlich zu verhalten bedeutet nicht, sich aufzugeben. Wir sollen an uns selbst Kritik üben, aber in Loyalität gegen das, was Gott in uns grundgelegt hat.«[3] In Deutschland fördert seit 1977 die Ökumenische Arbeitsgruppe »Homosexuelle und Kirche e. V.« (HuK) eine *gelebte* Befreiungstheologie von Frauen und Männern, allerdings mit dem Fokus auf einen kirchlichen Dialog. Mitte der 80er Jahre kam die Gruppe »Lesbische Frauen und Kirche« (LuK) hinzu, später das »Maria und Martha Netzwerk« für lesbische Frauen mit Arbeitgeberin Kirche und »Labrystheia«, das Netzwerk lesbischer Theologinnen in und nach der Ausbildung, sowie 1997 das »Netzwerk katholischer Lesben« (NKL). In diesem Umfeld entdeckten Frauen erstaunt: »Hättest du gedacht, dass wir so viele sind?«[4]

Am Anfang steht auf jeden Fall auch die Befreiung der homosexuellen Liebe von jenem Schmutz, mit dem sie über Jahrhunderte hinweg besudelt worden ist. »Das Christentum«, so meinte Friedrich Nietzsche, »gab dem Eros Gift zu trinken – er starb zwar nicht daran, aber er entartete, zum Laster.« Die durch Misstrauen vergiftete Welt wird nun verwandelt in eine Wohnstatt, wie sie vom Schöpfer gemeint war. An die Stelle der alten Trias aus *Angst – Schleim – Dreck* treten *Vertrauen – Mut – Schönheit*. Die Reinigung besteht in nichts anderem als im Danken für die Gaben der Zuneigung, der Zärtlichkeit und der lustvollen Sexualität. Gerade in diesem neuen Danksagen sind homosexuell liebende Christen heute mit vielen anderen Schwestern und Brüdern verbunden.

Bis sich eine solche Normalität überall einstellt, ist jedoch für den Einzelnen nach seinem Herauskommen jedes Mal aufs Neue manche Strecke zurückzulegen. Zunächst einmal kommt für viele die Zeit der Bekenntnis-Euphorie. Eine Quelle, die man zuvor verstopft hat, sprudelt jetzt! Wo lange demütig geschwiegen wurde, verlangt die neue Selbstachtung danach, laut zu sprechen. Es kann die Freude am Abwerfen der Maske, aber auch eine Freundschaftsprobe sein, wenn ein eben Neugeborener sich in seinem Umfeld offenbart. Oft genug geht er dabei das Risiko ein, auf einen Soldaten des Herodes zu treffen. Das nach langem Ringen mutig gewagte, doch so lebenswichtige Bekenntnis kann zum Beispiel in der Familie ein vollständiges Nichternstnehmen hervorrufen: »Das bildest du dir doch nur ein!« »Warte nur, das sind Jungenflausen, das geht bald vorbei!« Oder, wie es mir jemand tatsächlich erzählt hat: Es wird vom christlichen Vater Geld für einen Puff-Besuch spendiert. Dadurch werde der Sohn schon schnell merken, »wie schön es ist, ein richtiger Mann zu sein«. Die Liste ließe sich von lachenden und spottenden Mitschülern bis hin zum fristlosen Familienrausschmiss fortsetzen. Oft genug aber macht eine/einer die wunderbare Entdeckung, dass sich an alten Zuverlässigkeiten nichts ändert, dass er/sie es immer schon hätte sagen können und dass Angehörige oder Freunde gar enttäuscht sind über das fehlende Vertrauen in der Zeit des Versteckens. So ist es mir ergangen.

Es gibt jetzt zumeist auch einen riesigen Nachholbedarf am Austausch mit anderen homosexuell Liebenden. Mein erstes langes Nachtgespräch dieser Art fand in einer Paderborner Kneipe statt, die – nomen est omen – »Alles ist gut!« hieß. Die nach dieser Phase folgende Versuchung, die eigene Weise des Liebens zu erläutern, bleibt meiner Einschätzung nach in verschiedener Intensität wohl ein Leben lang bestehen. Es verschwinden ja eben die Fragen von außen auch dann nicht, wenn die eigenen längst geklärt sind. Heterosexuellen muss das aus *ihrem* Blickwinkel heraus fremd anmuten, sobald ihre Neugierde bezüglich des Themas »Homosexualität« gestillt ist. Ihre Art zu lieben war ja niemals in Frage gestellt, ist immer schon als selbstverständlich erklärt und allgegenwärtig thematisiert worden. Ihnen fällt nichts Außergewöhnliches auf, wo vom Geschenk für die Ehefrau, vom Spaziergang mit der Freundin, dem Kleid für eine Verabredung mit dem netten Nachbarn oder vom unglücklichen Verliebtsein des besten Freundes in eine Arbeitskollegin die Rede ist. Wenn dann der Homosexuelle offen über seine alltäglichsten Angelegenheiten spricht, hat er »immer nur das eine Thema« oder »sexualisiert lautstark das Klima«. Wird er hingegen des Antwortens müde, gilt er als arrogant …

Eine letzte Versuchung auf dem Weg des Exodus besteht darin, gerade *nach* dem Selbstbekenntnis noch gefälliger zu sein, sich brav nach außen hin anzupassen. Je nachdem weiß die Umwelt jetzt ja von einem wunden Punkt, beobachtet und begutachtet möglicherweise doppelt kritisch … Es entwickelt sich der Typ des braven Homosexuellen, nett, adrett, einfühlsam, interessant und auf allen Partys als schicker Exot willkommen: »Jeder sollte sich einen oder zwei davon halten!« Schulterklopfend wird ihm an diesen Fleischtöpfen Ägyptens versichert, dass er *eigentlich* ganz patent ist, und man hört erstaunt, welch eindrucksvolle Liste von höchst prominenten Homophilen[5] aus dreitausend Jahren Kulturgeschichte oder mehr er aufzusagen weiß … Die bösen Karikaturen der *schmierigen Schwuchtel* oder des *warmen Schleimers* haben hier ihre Wurzel. Für jeden anständigen Menschen gewinnt der »homosexuelle Nächste« durch solche zuvorkommende Anpassung natürlich keineswegs an Liebenswürdigkeit. Für andere ist gerade das Devote eine Einladung zum Draufschlagen, einmal ganz abgesehen vom Umstand, dass innere Kultur und Selbstachtung schleichend verkommen. Desto notwendiger gehört zum Befreiungsweg ein Raum der Gemeinschaft, in dem gerades Kreuz, aufrechter Gang und gesunde Selbstliebe geübt werden. Es gilt dann jedoch:

»Die sich selbst hassenden Schwulen und Lesben fügen sich gut in Gesellschaft und Kirche ein. Die sich selbst liebenden Schwulen werden zu ›echten Feinden‹, die vernichtet werden müssen.«[6]

Eine Befreiungstheologie

Bedarf es auch deshalb auf dem Weg von Frauen und Männern, die angstfrei das gleiche Geschlecht lieben, einer eigenen Befreiungstheologie, die von dem *einen* Gott auf ihre Weise erzählt? Diesmal nicht aus dem Blickwinkel einer unterdrückten Mehrheit, sondern aus dem einer Minderheit? Die Frage erübrigt sich, denn diese Theologie ist längst geboren.[7] Zunächst überall dort, wo *Befreiung als religiöse Erfahrung* geschieht, was auch durch Bilder der Bibel inspiriert und in ihnen erzählt werden kann. Da hört jemand wie einst Abraham als Urahn aller Glaubenden den Ruf: »Zieh weg aus deinem Land, von deiner Verwandtschaft und aus deinem Vaterhaus in das Land, das ich dir zeigen werde« (Gen 12, 1). Frauen und Männer lassen sich ein neues Land verheißen und werden herausgeführt aus einem Sklavenhaus, in dem sie sich unter Verleugnung des eigenen Lebens eingerichtet hatten (Exodus). Vorbei sind die Exilzeiten an den Tränenflüssen Babylons (Ps 126). Ein Lazarus, der sich schon fast bis zum Verwesungsgeruch als Scheintoter versteckt hatte, wird ans Tageslicht gerufen: »Komm heraus!« (Joh 11, 43), komm heraus aus deinem Grabversteck! Ganz sicher stirbt in einem befreienden Coming-out ein »alter Mensch«, der *alte Mensch der Angst*. Und es wird eine »neue Kreatur«, ein neuer Mensch geboren, den es bis dahin noch nicht gab, *nicht geben konnte*, weil er um sich selber nicht wissen und als er selbst nicht leben durfte (vergleiche Röm 6, 4. 6; 2 Kor 5, 17; Gal 6, 15). So gibt es in der »Frauenkirche« gar ein eigenes Ritual für das Coming-out einer Lesbe.[8] Die hier angedeutete Weise, die Bibel zu lesen und zu feiern, ist im besten Sinn des Wortes liturgisch. Geburtsfest und Auferstehung sind nicht Andenken an Vergangenes, sondern sie *geschehen* heute!

Inmitten dieses Feierns wird es möglicherweise einmal in Europa der besondere Auftrag von Christen sein, gemäß ihrer Tradition an die Opfer der Geschichte und Gegenwart zu erinnern. Doch diese Erinnerung wird schon jetzt durch ein verbreitetes schwules Symbol wach gehalten, durch den *Rosa Winkel*. Einstmals war er auf den Häftlingsjacken homosexueller KZ-Opfer ein Fluch. Heute wird er selbstbewusst als Identitätszeichen getragen. Eine Parallele zu dieser Umkehrung, meint Jens Weizer, wird man am »ehesten im christlichen Kreuz finden, das ebenso vom Schandzeichen zu einem Siegeszeichen wurde und dessen … Auslegung ja auch zwischen Hinrichtung und Tod auf der einen Seite sowie Triumph und Auferstehung auf der anderen changiert«.[9]

Viele Abschnitte dieses Buches gehören allerdings noch zur *theologia crucis* im anderen Sinn, zu einer veralteten Generation der erklärend-*rechtfertigenden* Theologie von homosexuell Liebenden. Diese Theologie muss in ihrem derzeit allerletzten Stadium zum Abschluss kommen:

- Mit ihrer Kritik an gottlosen *Autoritäts- oder Unfehlbarkeitsansprüchen* in menschlichen Kirchenhierarchien.
- Mit der begründeten Klarstellung einer *Bibelauslegung* im Geist der mündigen Gotteskindschaft, die (historisch-kritisch liest und) fruchtbar vom »Wort des Lebens« ausgeht.
- Mit ihrer *qualitativen Beleuchtung der Tradition*, in der nicht alles, was immer schon mehrheitlich galt, eine »heilige Kuh« darstellt.
- Mit dem endgültigen Schluss-Strich unter alle *sadistischen Gottesbilder* des Misstrauens und die mit ihnen einhergehenden *leidensverherrlichenden Lebenskonzepte* in der Religion. Und das heißt: Beginnen mit einer Theologie des Kreuzes, die der Wurzel von Leid und Unterdrückung nachgeht, statt beides lästerlich als göttlichen Willen zu verfeierlichen.
- Und schließlich mit dem Abschied von sämtlichen theologischen Theoriegebäuden, die *Erlösung und Heil stets nur behaupten* und proklamieren, sie jedoch nirgends in das leibhaftige Leben einziehen lassen.

Wirklich Befreite werden frei von Rechtfertigung und Selbstrechtfertigung. Sie zeigen, welche Schönheit vormals in Fesseln gelegt war. Dazu ist ein eigenes, zweites Coming-out erforderlich, das Gott auch in den Erfahrungen leidenschaftlicher Sexualität und ekstatischer Lust – wieder – leibhaftig da sein lässt. Denn: Es gibt eine *Auferstehung des Fleisches* schon vor dem biologischen Tod, mitten im Leben. Die mittlerweile im 8. Jahrgang erscheinende »Werkstatt Schwule Theologie« ist zum anspruchsvollen Forum für solche schwulen Theologen geworden, die die Frage nach dem »Gestattet-Sein« von Homosexualität endgültig hinter sich gelassen haben. Diesen neuen Ausgangspunkt eröffnet vielleicht am schönsten ein Psalmgebet, das Ulrich Engel ausgewählt hat: »Auf schönem Land fiel mir mein Anteil zu. Ja, mein Erbe gefällt mir gut« (Ps 16, 6). Jetzt können sich die besonderen »Charismen«[10] des eigenen Weges und eine befreite Frömmigkeit zeigen:

- Das *Sólo Dios basta!* der Teresa von Ávila: Gott allein genügt! (Vergleiche Deuteronomium 5, 6!) Es war ja gerade die befreiende Erfahrung, das Gutgeheißensein, das *Mutwort zur Selbstannahme*, wider das allgemeine Gesetz und oft gegen ein einhelliges Verurteilungskonzert der familiären, gesellschaftlichen und kirchlichen Umwelt als Geschenk gehört zu haben.
- Eine *Theologie der Dankbarkeit* für das eigene Dasein und eine Theologie der *Liebe zu sich selbst* (vergleiche Ps 139, 13 f.). Aus der Lebensgeschichte heraus wird die jedem Menschen gegebene Unverwechselbarkeit seiner Berufung ganz obenan stehen. Selbstechtheit und Treue zum eigenen Weg sind ein Lobpreis Gottes, der mich als Möglichkeit erdacht und als leibhaftiges Wesen ins freie Leben gerufen hat. Und deshalb kann Selbstannahme – im Sinne Romano Guardinis – wahrer Gottesdienst sein. Ein Mensch steht eines Morgens vor dem Spiegel: »Hallo, ich reich' dir die Hand. Ich mag dich. Wollen wir ab heute nicht zusammen gehen?«
- Da gab es die ungeheuerliche Mitteilung, ein fehlerhaftes, missglücktes Geschöpf zu sein, und das war zugleich eine Beleidigung des Schöpfers. Nun tritt an diese Stelle eine *Frömmigkeit von der Schönheit und Vielfalt der Schöpfung*, von den herrlichen Gaben Eros und Sexualität, von der Fruchtbarkeit der Liebe, vom Reichtum der Geschlechter, den keiner gemäß göttlicher Weisung (Ex 20, 4) in ein vergöttertes Rollenbild der jeweiligen Gesellschaftskultur oder seiner eigenen begrenzten Vorstellungen einsperren darf …

Darüber hinaus gibt es, wie John McNeill meint, die Einladung zu eigentümlichen schwul-lesbischen Tugenden oder Charismen. Dazu zählt die *Solidarität* mit anderen Verachteten und Heimatsuchenden, denn: »Auch ihr seid in Ägypten Fremde gewesen!« (Ex 22, 20). Es gibt – eben auf Grund des Heimat- und Minderheitengeschicks – auch eine gewisse *Internationalität*, wie sie der frühchristliche Diognetbrief von den Christen aussagt: »Jegliche Fremde ist ihnen Heimat und jegliche Heimat Fremde.« *Gastfreundschaft* und offene Türen möchte McNeill als Bestandteil der Lebenskultur von Schwulen und Lesben sehen. Darin liege auch eine gelebte Antwort auf den schändlichen »Sodomiter«-Namen der Verfolgungsgeschichte (vergleiche Gen 19; Mt 10, 14 f.), der die Verletzung des Gastrechtes mit Homosexualität verwechselte. Wo Formen des Zusammenlebens nicht in das Korsett von starrer Konvention und gesellschaftlicher Ordnungsfunktion passen, zeigen sich für ein *Ethos von Freundschaft und Beziehung* unter Umständen ganz neue Ausblicke.

Weitere Stichwörter könnten sein: *Mitfühlende Behutsamkeit* im Blick auf die Verletzbarkeit von Menschen, glaubwürdige *Toleranz und Akzeptanz* gegenüber allem Anderssein, die *Wirklichkeit des Alters* als Herausforderung sowie die für HIV-Infizierte und ihre Freunde zum Teil schon in jungen Jahren bedeutsame Konfrontation mit der Ohnmacht einer nur scheinbar allmächtigen Medizin, mit der *eigenen Sterblichkeit* und mit den Grenzen helfender Gefährtenschaft. (Hierher gehören auch Bilder von Auferstehung, wie sie dem Regisseur Normen René 1989 in seinem Film »Longtime Companion« gelingen.) Und – nicht als Letztes – bunte *Lebensfreude*! Denn was könnte die von oben verordneten Ver-Spannungen und Verkrampfungen besser erwidern als ein Leben, in dem die Potenz des Lebendigen – Spiel, Spaß und Spannung – hoch in Ehren gehalten wird?

Fröhlichkeit und Bürgerrechte

Die öffentliche Akzeptanzkampagne in NRW verkündet heute, was von den Kirchenkanzeln für viele nie zu hören war: *Andersrum ist nicht verkehrt.* Ich habe allein aus Rücksicht auf den einen oder anderen Leser das Wort »schwul« bisher oft vermieden. Dabei wird es einem als Schreiberling im Karussell der Begriffe zuweilen ganz schwindelig: Man benutzt die Worthälfte *Sexualität,* obwohl man vom Sex rein gar nicht sprechen möchte.[11] Es taucht die (Homo-)*Philia* – die Freundschaft – auf, obwohl eben deutlich auch das Sexuelle zur Sprache kommen müsste. Man schaut auf das *Homo* (griech. *gleich*) und weiß doch, dass die Beziehung zu einem anderen, wirklich *verschiedenen* Menschen gemeint sein soll. Und dann kommen noch die ganzen Zutaten hinzu: *leben, lieben, empfinden, geneigt oder orientiert sein* ... Aber schwul ist ursprünglich eben ein übles Wort mit Schimpf und Schande gewesen, ein verbales Mordinstrument (Jak 3, 8) und manchmal auch ein blutiges. Mit Recht erläutern deutsche Wörterbücher das Wort »Schwulitäten« mit »Schwierigkeiten haben«. Bewusst hat die Bewegung homosexuell lebender und liebender Männer im deutschen Sprachraum dieses Schimpfwort zur Selbstbezeichnung gewählt: »Jawohl, wir sind es!« – In Deutschland war diese öffentliche Bewegung im Kampf für ein neues Selbstbewusstsein nach der Machtergreifung der Nazis für fast vier Jahrzehnte verstummt! – Für die Übernahme ursprünglicher Hohnworte nennt Andreas Schuhmann noch andere Beispiele.[12] So haben etwa die Quäker

(»Zitterer«) den Spott auf ihre Gewaltlosigkeit – und ihre bebende Stimme beim Vortrag spontaner Eingebungen – durch ihre Selbstbezeichnung aufgegriffen. Die Niederländer wurden von ihren spanischen Landesherren »Geusen« (Bettler) genannt und haben das wehrhaft zum stolzen Eigennamen verwandelt. Inzwischen verstehen immer mehr Leute, dass sie das Wort schwul ruhig gebrauchen dürfen. Es drückt Akzeptieren aus, wirkt eher als Kompliment und hört sich nicht so fürchterlich nach wissenschaftlich eingeordneter Genitalität an. Und: Ist die in schwul mitklingende *Wärme* etwa negativ? Was sind denn das für Leute, die lieber eiskalte Krieger sein möchten als warmer Brüder, lieber *cool* als schwul? Ich selbst bezeichne mich nur im äußersten Notfall als »homosexuell« und würde auch niemals eine Lesbe[13] im leibhaftigen Leben als homosexuelle Frau ansprechen. Das englische »queer« für »schwul–lesbisch« wird in seinem Bedeutungsspektrum übrigens ähnlich positiv und selbstbewusst aufgegriffen (wunderlich, kurios, leicht verrückt oder ähnlich).

Aus Opfern sind auf einmal selbstbewusst Sprechende und Handelnde geworden, die ihre Sache in die Hand nehmen. »Schwulsein heißt heute Selbstachtung« (Wolfgang Joop). Die »Zeit der Entschuldigung für die eigene Existenz und des Bittens um Anerkennung«[14] geht dem Ende zu. In der Bundesrepublik öffneten sich 1969 im Zuge der ersten Strafrechtsreform die Gefängnistore für Männer, deren vermeintliches Verbrechen die körperliche Begegnung mit einem anderen Mann gewesen war. Gleichzeitig wehrten sich am 28. Juni desselben Jahres Schwule in der New Yorker Christopher Street erstmals gegen wiederholte Polizeischikanen. Der Beginn einer ganzen Bürgerrechtsbewegung wurde durch die Vorkommnisse im Umkreis der legendären Stonewall-Bar ausgelöst. Überall kam es in den USA zu Solidarisierungen. Die inzwischen auch in Europa alljährlich stattfindenden bunt-fröhlichen Paraden von Lesben und Schwulen heißen in Erinnerung an dieses Ereignis »Christopher-Street-Day« (CSD). Vorbei ist die Zeit der Heimlichkeit und des Versteckens. Es wird auf der Straße gefeiert. Es werden wieder viele Anwohner, Passanten und Sympathisanten mitfeiern und, so Gott will, auch ich. Am Straßenrand entdecke ich erstaunt einen ehemaligen Mitschüler aus der Grundschule mit seinem Partner. Wir begrüßen uns mit einer fröhlichen Umarmung … Wenn die Befreiung Schwuler und Lesben *Exodus* genannt wird, hier haben wir das zugehörige Passahfest[15] zur Erinnerung an den Auszug aus dem Sklavenhaus Ägypten (Ex 12, 14). Jeder, auch der vielleicht unbeschwerter aufgewachsene jüngste Teilnehmer, soll sich als jemand betrachten, der selber mit dabei war. Und man darf es jetzt sehen, dass das Los sich gewendet hat: »Da war unser Mund voll Lachen / und unsere Zunge voll Jubel« (Ps 126, 2). – Sympathisches und politische Ansprüche werden allerdings in den Medien oft zur Randerscheinung. Fernsehsender zeigen mit Vorliebe skandalträchtige Details der Paraden, entblößte Gesäße oder Schockierendes wie den phallischen Teufel mit Schmerzensmann auf dem Kölner CSD 2000. Als der Papst 1996 nach Berlin kam, zogen die gleichzeitigen CSD-Festlichkeiten ungleich mehr Menschen auf die Straße. Mit eigenen Heiligsprechungen und zwei alternativen Ernennungen einer Päpstin setzten sich einige Lesben und Schwule gegen die Verdammungsurteile des römischen Oberhauptes zur Wehr. (Da aber zeigten die Kirchenleute eine Empfindlichkeit, die sie den Schwulen und Lesben nirgends zugestehen.) Im Juli des Heiligen Jahres 2000 sorgte dann der »World Gay Pride« als buntes Befreiungsfest und als internationale Parade des homosexuellen Selbstbewusstseins in der Ewigen Stadt Rom für »Sodom und Gomorra«. 200 000 Teilnehmer wurden geschätzt. Der Geistliche Don Vitalino Della Sala forderte bei der Abschlusskundgebung dazu auf, »die Kirche immer wieder daran zu erinnern, dass Jesus alle Menschen liebt, auch die Schwulen, die ihre Sexualität offen leben«. Es kam nicht, wie erwartet, zu offenen antikirchlichen Aggressionen oder gar Gewalttaten. Die Samstagsausgabe der Vatikanzeitung belohnte das mit vergleichsweise toleranteren Tönen, während der Papst im Angelus-Gebet seine Bitterkeit ob des »groben Affronts« im Jubiläumsjahr aussprach. Für die italienische Kirche hat der World Gay Pride 2000 offenbar Impulse für einen offeneren Dialog hinterlassen.

Noch einmal zurück zur Sprache. Im englischsprachigen Raum heißt die stolze schwule Selbstbezeichnung *gay*, was schon im Mittelalter so viel wie *heiter* und *farbenfroh* meinte und später eine ebensolche Lebensweise bezeichnete.[16] Entrüstet wollte mich ein anglikanischer Mitchrist darauf aufmerksam machen, dass dieses schöne Wort doch einmal auch *unschuldige Freude* oder *unversehrte, ursprüngliche Fröhlichkeit* bedeutet habe. Desto schöner. Genau das soll zur Sprache kommen! Es war ja eben die *Unschuld des Da- und Soseins*, die unverdorbene Lebensfreude, deren man homosexuelle Frauen und Männer berauben wollte.

»Fröhlichkeit und Bürgerrechte«, dieses verheißungsvolle Motto ist – jedenfalls in Ansätzen – durchaus Wirklichkeit geworden. Natürlich denkt man bei »Fröhlichkeit« zunächst an die homosexuelle Gegenwelt, an die so genannte Subkultur. Der anfangs zitierte Kardinal Quarracino hat recht: Es muss eine Insel für Frauen und Männer geben, die das gleiche Geschlecht lieben. Die Gegenkultur einer Insel schafft für sie schließlich erstmals *normale* Bedingungen. Für die Älteren war das heimliche Aufsuchen dieser Eigenwelt in Kneipen, Clubs oder Cafés noch vor wenigen Jahrzehnten mit strafrechtlichen, sozialen und beruflichen Gefahren verbunden. Sie gingen dennoch dorthin, um »Gleichgesinnte« zu finden, um für ein paar Stunden ohne die alltägliche Maske leben zu können, um zumindest den Schein einer Welt, die sie voll akzeptiert, genießen zu können, um einfach *sein* zu dürfen. Für junge Homosexuelle ist das erstmalige Aufsuchen der Szene im *glücklichen* Fall immer wieder ein vergleichbares Befreiungserlebnis: Du bist ja wirklich nicht allein so, da sind viele andere. Was ihre Altersgenossen alltäglich oder bei Festen in Begegnungen – im Plaudern, Lachen und Flirten – längst kennen gelernt haben, wird hier auch für sie möglich. Das erklärt anfangs das euphorische Gefühl, zu Hause angekommen zu sein. Als bei meinem ersten Szene-Besuch 1988 zwei Männer ohne jedes Aufsehen miteinander tanzten, standen mir Tränen in den Augen. Wer die Berechtigung der Inseln und all das Schöne, das sich auf ihnen ereignet, leugnen will, weiß nicht, wovon er spricht. In fast jeder größeren Stadt gibt es heute Schwulen- und Lesbenzentren in Eigenregie sowie vielfältige Vereine, die Alternativen zur Beziehungslosigkeit in kommerziellen Einrichtungen eröffnen. Sozialpädagogisch begleitete Coming-out-Gruppen bieten dort Raum für junge Lesben und Schwule. Auch das ist ein Ertrag aus der Emanzipationsbewegung. In diesen Zentren und Vereinen haben die eigene Kultur, Kunst, Geschichte, Theologie und Politik ihren Raum. (Lokale Gedenkstelen, die öffentlich an die schwul-lesbischen Opfer des Nationalsozialismus erinnern, sind solchen nichtkommerziellen Initiativen zu verdanken.) Das Miteinander von Schwulen und Lesben, die doch so *verschieden* sind, wird – zuweilen erfolgreich – versucht. Heterosexuell orientierte Menschen sind zu den meisten Veranstaltungen ausdrücklich mit eingeladen. Insgesamt gehören »gemischte Läden« jenseits der künstlichen Barrieren heute zum normalen Bild der städtischen Szenen. Bei Jugendlichen stößt die Trennung in heterosexuelle und homosexuelle Szenen inzwischen vielfach auf verständnisloses Kopfschütteln. Was sich hier anfänglich zeigt, ist ein zweiter Exodus, der *Auszug aus dem Getto*. Noch radikaler bahnt sich dieser zweite Exodus dort an, wo die kommerzialisierte Medien- und Partylandschaft mit ihrer profitorientierten Sexualisierung neuerdings von Schwulen und Lesben äußerst kritisch ins Visier genommen wird.

Ohne das Abwerfen der Opferrolle und ein neues Selbstbewusstsein wären die sich anbahnenden normalisierten Verhältnisse zwischen Menschen unterschiedlicher sexueller Orientierungen gar nicht denkbar. Dabei sind Selbstironie und humorvolle Entlarvung überkommener Geschlechterrollen, wie sie vor mehreren Jahren im Kino-Hit »Der bewegte Mann« zu sehen waren, recht hilfreich. Heute drehen zum Beispiel homosexuelle Männer auch einmal den Spieß um und amüsieren sich darüber, wie unbeholfen Hetero-Männer einander ihre Zuneigung ausdrücken oder wie widersinnig sie sich durch reines Konkurrenzgebaren in der Arbeitswelt, in Gremien usw. gegenseitig blockieren.

Es wäre natürlich irrig, anzunehmen, die *zufällig* gleiche oder ähnliche Neigung, die gemeinsame Vorliebe für das gleiche Geschlecht, könne schon alle unter den Hut einer großen Gemeinschaft bringen. Wer unter Umständen Vater, Mutter, Geschwister und Heimat verlassen musste, um seinen Weg der Liebe zu gehen, findet keineswegs sofort eine neue große »Familie« vor (vergleiche Markus 10, 29 f.). Es gibt so viele *verschiedene* Homosexualitäten, wie es Heterosexualitäten gibt. Das gilt gleichermaßen auch für die entsprechenden Szenen innerhalb der »Community«. Abgesehen von der sexuellen Orientierung und freilich auch den damit zusammenhängenden biografischen Erfahrungsmustern sind dann homosexuell liebende Männer und Frauen als Einzelpersonen – als politisch, beruflich, kulturell, sportlich oder sonst interessierte Menschen – einander so ähnlich oder unähnlich wie alle anderen Menschen auch. Dennoch kann man von einer übergreifenden Solidarität sprechen, ohne eine bloße Floskel zu bemühen. Das gilt zum Beispiel für die vielen, die sich um aidskranke Freunde oder Bekannte kümmern. Was ich hier in Aids-Hilfen und Krankenhaus über dreizehn Jahre hinweg erlebe, unterscheidet sich oft – nicht immer – vom Normalfall der Betreuung und Pflege der meisten älteren Menschen. Ich bin mir beispielsweise ziemlich sicher, dass homosexuelle Aids-Kranke häufiger zu Hause oder doch wenigstens im Kreis naher Menschen sterben, als das im Bevölkerungsdurchschnitt der Fall ist. Viele Angehörige haben erst durch solche Erfahrungen gelernt, innerlich Abschied zu nehmen von unserer verkommenen und beschämenden Krankenhaus-Abschiebekultur bei unheilbarer Krankheit.

Es kann übrigens fast als ein Wunder betrachtet werden, was sich im Gefolge der traurigen Realität Aids entwickelt hat. Ursprünglich gab es die böse und *falsche* Propaganda über eine neue Schwulenpest. Insgesamt aber hat dann das öffentliche Gespräch über die Krankheit bei uns eher Aufklärung und Akzeptanz auch in Sachen Homosexualität bewirkt. Das internationale Solidaritätssymbol von Lesben und Schwulen ist seit den siebziger Jahren – ausgehend von San Francisco – die Regenbogenfahne. Man sieht sie in Städten wie Köln an zahlreichen Ecken. Zum schwul-lesbischen Hochfest hängt sie gar an manchem Rathaus. Der Regenbogen ist auch das zum Frieden umgedrehte Schwert, Zeichen am Himmel für Gottes Bündnisversprechen an Noah und für die Zusage, er werde nie wieder ein Ungenügen seines Geschöpfes Mensch mit strafender Vernichtung beantworten (vergleiche Gen 9, 11-17). Ich finde, die Regenbogen-Stola ist angesichts der Straffantasien von Kirchenleuten eine sehr schöne Antwort.

Der organisierte Teil der Bewegung widmet sich einem politischen Engagement, das übergreifend die Interessen aller homosexuell liebenden Frauen und Männer betrifft. Auch nach Wegfall des § 175 war der Kampf um gleiche Bürgerrechte im Sinne der bereits genannten Entschließungen des Europa-Parlamentes noch lange nicht am Ende angelangt.[17] Gegen eine Mehrheit in der Verfassungskommission von 1993 wurde ein Benachteiligungsschutz auf Grund der sexuellen Identität nicht in das Grundgesetz aufgenommen, wie es die deutsche Geschichte nahe gelegt hätte. Doch Länderverfassungen (Brandenburg, Thüringen) sehen diesen Schutz vor. Ebenso gibt es Entschließungen zur Gleichberechtigung lesbischer Bürgerinnen und schwuler Bürger auf kommunaler Ebene. Den aktuellen Ertrag im Abbau ungerechtfertigter Diskriminierungen und schwerster Benachteiligungen zeigt auch das im nächsten Abschnitt vorgestellte Institut der eingetragenen Partnerschaft.

Insgesamt berechtigt die politische Landschaft zum Optimismus, was wohl seit anderthalb Jahrzehnten überhaupt für die gesellschaftliche Entwicklung bei uns gilt. In seriösen Medien werden – neben vielfach trivialem Unsinn auf privaten Kanälen – zunehmend gute Sendungen über das Thema »Homosexualität« ausgestrahlt. Künstler, Talk-Master, Tagesschau-Moderatoren und prominente Politiker müssen nicht länger unter der Hand geoutet werden. In zahlreichen gesellschaftlichen Gruppierungen und in Beratungsstellen gibt es inzwischen vertrauenswürdige Ansprechpartner. Längst haben sich eigene Arbeitskreise in Gewerkschaften, Parteien, Vereinen, Berufsgruppen, Bundeswehr und anderen Gruppierungen gebildet. Lehrer laden Lesben und Schwule in den Unterricht mit oft erstaunlichem Echo als »sachkundige« Gäste ein. Hilfe und Selbsthilfe für Eltern und Jugendliche sind in jeder großen Stadt anzutreffen. Die Bundeszentrale für gesundheitliche Aufklärung bietet Eltern, deren »Kind aus der Rolle fällt«, eine *vorbildlich* gestaltete Broschüre an.[18] In fast allen größeren Buchläden und Büchereien gibt es gute Literatur zum Thema. Klassiker wie etwa Thomas Mann werden jetzt auch als homosexuelle Autoren beim Namen genannt. Schon lange findet eine Neusichtung der gesamten Kulturgeschichte statt, die eine im ganzen Abendland fast durchgängig zensierte Dimension endlich ans Tageslicht bringt. Die Zahl neuerer Romane, Erzählungen usw. ist unübersehbar. Daneben gibt es – wie im Hetero-Angebot – Comics, Wochenzeitschriften oder auch Liebesschnulzen. Warum eigentlich nicht? Ähnlich zeigt der obligate schwule Sohn in den Seifenopern des Fernsehens gleichsam den Übergang zum Alltag an, der sich dann im Angebot eigener schwul-lesbischer TV-Magazine widerspiegelt. Insgesamt haben sich die Verhältnisse im Bereich des Films bereits annähernd normalisiert. Die lächerliche Witzfigur und der alberne, naive Exot aus dem »Narrenkäfig« gehören mehrheitlich der Vergangenheit an, wo Frauen und Männer in Regie und Darstellung ihre *eigene* Art zu leben und zu lieben zeigen. Schwule und Lesben als Haupt- oder Nebenrollen sowie die Thematisierung schwul-lesbischer Geschichten in der Kino-Filmszene nähern sich dem Proporz im wirklichen Leben an.

Die Gewerkschaft der Polizei hat innerhalb ihrer Inforeihe »Mensch & Recht« ein bemerkenswertes Informationsblatt über »Sexualitäten« mit Texten des Düsseldorfer Pfarrers Hans-Georg Wiedemann herausgegeben. In manchen Städten haben Polizeidienststellen und Selbsthilfegruppen seit dem Anstieg neonazistischer antischwuler Gewalttaten gemeinsam ein »Überfalltelefon« als Notrufnetz organisiert. Zum Teil hat die Polizei eigene Ansprechpartner beziehungsweise Beauftragte benannt. Aus dem ehedem geübten Observierungsdienst ist ein Schutzdienst für homosexuelle Gewaltopfer geworden. Ein ermutigender Test von Politikstudenten der FU Berlin sei noch genannt: In einer U-Bahn-*Spielszene* wurde ein ausländisches homosexuelles Pärchen von zwei jungen Männern angepöbelt. In zwei Dritteln der so durchgeführten 39 Spielszenen solidarisierten sich andere Fahrgäste mit dem Pärchen.[19]

Selbst im ländlichen Raum gibt es zaghafte Hinweise für ein Ende des Schweigens und Versteckspielens. 1995 fand am Rande meines Geburtsdorfes der erste »Tuntenball« der Region statt, zu dem ein sauerländischer Initiativkreis einlud.[20] Im Frühjahr 2001 gab ein lesbisches Paar aus einem der kleinsten, bäuerlichen Winkel dieses Dorfes der konservativen Lokalzeitung ein mutiges Interview mit Namen und Bild! In einer neuen Generation werden Paare selbstverständlich zusammen für ein Familienfest eingeladen. Die Kinder meiner Geschwister kannten meinen langjährigen Freund bereits sehr gut. Als Achtjähriger fragte dann mein Neffe Jonas: »Ist der Uwe eigentlich dein Freund oder dein Partner?«

Nüchtern sollte man jedoch im Auge behalten, dass der rasante Fortschritt im Blick auf Bürgerrechte und öffentliche Akzeptanz durchaus ganz prosaische – und weniger humanistisch gefärbte – Wurzeln hat. Die europäischen Gesellschaften erkannten in den 80er Jahren, dass eine moderne Gesundheitspolitik unter dem Vorzeichen von Aids ohne eine Förderung der sich entwickelnden schwulen Selbsthilfe unmöglich gelingen könnte. Zur gleichen Zeit bedienten kommerzielle Privatsender – nicht ohne reißerische Plattheiten – ihre Kunden zunehmend mit schwul-lesbischen Themen. Die neuen Kommunikationsmedien führten dann endgültig zum Bruch öffentlicher Tabus und ermöglichten dem Einzelnen Anschluss an ein schier grenzenloses Informations- und Gesprächsnetz. Nicht zuletzt entdeckte das neoliberale Kommerzsystem Lesben und Schwule als kaufkräftige Konsumgruppen.

Das Anderssein wird sich nicht ändern. Der Traum einer Gesellschaft, die Minderheiten nirgends mehr diskriminiert, wird wohl immer Utopie bleiben. Doch der Alltag in unseren Städten ist ein anderer geworden. Die Zeiten sind besser. Viele Menschen lernen jene andere Liebe kennen, von der sie vormals nur durch karikaturistische Zerrbilder und diffamierende Gerüchte eine Vorstellung hatten. Sie sehen nicht nur Alfred Biolek, Hella von Sinnen und andere einschlägige Mediengesichter, sondern auch das Frauen- oder Männerpaar aus der Nachbarschaft. In den Nahverkehrsmitteln von Köln wirbt soeben ein Jugendzentrum: »Jung und schwul / oder lesbisch. Bei uns bist Du richtig.« Altersgenossen auf dem Land finden über das Internet aus der Isolation. Junge Schwule und Lesben gehen heute wie andere Jugendliche ihren Weg, ohne die Angst, irgendwie minderwertig zu sein. Sie suchen – unbeschwerter und fröhlicher als frühere Generationen –

ihre Lebensform. Ich bin glücklich, wenn ich das sehe. Denn: Menschen mit einem geraden Rückgrat sind schön.

Die eingetragene Partnerschaft

Viele Lesben und Schwule wünschen oder leben beständige, feste Beziehungen mit dem für sie wichtigsten Menschen auf der Welt. Eheleute sind gegenüber Singles gewiss nicht die »besseren Menschen«. Ebenso wenig haben wir es hier mit den »besseren« Lesben oder Schwulen zu tun. Doch ihre Lebensform hat mit der traditionellen Ehe – und erst recht mit der von *kinderlosen* Eheleuten – vieles gemeinsam. Von anderen Lebens- oder Wohngemeinschaften ist sie hingegen vor allem durch Liebe und Erotik sehr deutlich unterschieden. Von anderen schwul-lesbischen Liebesbeziehungen unterscheidet sie sich besonders durch den Wunsch nach einer rechtsverbindlichen Form der Verantwortungsübernahme. Wie in *jeder* Partnerschaft gibt es für die Paare ganz unromantische Fragen. Es geht zum Beispiel um Existenzsicherung, um den Bezug einer gemeinsamen Wohnung, um die Entwicklung eines gemeinschaftlichen beruflichen Projektes, um die Krankheit eines Partners, um die Bewältigung ganz praktischer Alltagsfragen ... In diesen schwulen und lesbischen Partnerschaften werden gegenseitige Fürsorge, Unterstützung und Verantwortung auf Zukunft hin gelebt. Nur, bürgerliche Rechte gab es für sie bislang nicht, auch wenn sie auf Jahrzehnte hin ihr Leben miteinander teilten. Die Partner beziehungsweise Partnerinnen hatten unter anderem kein Zeugnisverweigerungsrecht vor Gericht, kein ärztliches oder polizeiliches Auskunftsrechts und kein Besuchsrecht im Strafvollzug. Weitere schwer wiegende Nachteile sind markiert durch die Stichworte Einkommenssteuerveranlagung, Anspruch auf gemeinsame Sozialwohnung, Mietrecht, Unterhaltsregelungen, Unfall- und Krankenversicherung, Versorgungs- und Rentenansprüche, Erbrecht und Aufenthaltserlaubnis für ausländische Partner. Arbeitsrechtlich dürften Diskriminierungen auf Grund der sexuellen Orientierung eigentlich nicht einmal mehr im Bereich der Kirchen möglich sein, wenn die Europäische Union ihr Rechtsverständnis geltend macht. Doch die Beendigung eines Beschäftigungsverhältnisses, um dem Lebenspartner an einen neuen Wohnort nachzuziehen, wurde vom Arbeitsamt oft als ungerechtfertigt behandelt. Bei der *Unterhaltspflicht* für einen Arbeitslosenhilfeempfänger war man hingegen behördlicherseits auf einmal durchaus bereit, die enge Bindung an einen gleichgeschlechtlichen Partner geltend zu machen! Wer die zum Teil absurden und äußerst schmerzlichen Konsequenzen mit den Augen derjenigen sieht, die sie betrafen, wird die durch Rechtsnachteile verursachte Entwürdigung und Existenzbedrohung schnell erkennen. Stellen Sie sich vor: Ihr Ehepartner liegt im Krankenhaus, und Sie dürfen ihn weder besuchen, noch erhalten Sie Auskunft über seinen Gesundheitszustand. Oder: Ihr Ehegatte stirbt, doch Ihr Name fehlt auf der Traueranzeige, und Sie werden durch die Verwandtschaft von der Beerdigung und auch vom Erbe ausgeschlossen. Oder: Ihr Ehepartner besitzt nicht die deutsche Nationalität und wird außer Landes verwiesen … So aber war es bisher für Lebenspartnerschaften neben der Ehe: Langjährige Partner beziehungsweise Partnerinnen wurden von Ärzten, Ausländerbehörden, Erbsteuereintreibern oder Gerichten wie *Fremde* betrachtet. Hinterbliebene verloren mit dem Tod des anderen ein gemeinsam erarbeitetes Lebenswerk oder die Mietberechtigung für die gemeinsame Wohnung … All das und viele Tränen habe ich hundertfach miterlebt. Wir haben in der Aids-Hilfe Düsseldorf zahlreiche traurige Beispiele aus 15 Jahren zusammengetragen. Wie blanker Zynismus lesen sich für Betroffene da aktuelle Anfragen von konservativen Staatsrechtlern, die in einer sexuellen »Veranlagung« keinen hinreichenden Grund für Ansprüche an den Staat erkennen können, zumal ja kein Beitrag für das *Fortbestehen des Volkes* erbracht werde. (So müssten also unfruchtbare beziehungsweise kinderlose Ehepaare steuerlich schlechter gestellt und das Familienerbrecht mit Blick auf Verwandte, die keine Verantwortung für Kinder tragen, aufgehoben werden?)

Deutlich meinte sehr früh Rita Süssmuth als Bundestagspräsidentin: »Wenn ein gleichgeschlechtliches Paar ein Leben lang füreinander sorgt, dann muss der Staat dies zum Beispiel im Hinterbliebenenrecht, bei der Rente und auch bei der Besteuerung berücksichtigen.«[21] Am 10.11.2000 hat der Bundestag nun – gegen den Widerstand von Christdemokraten und »Liberalen« – ein zweiteiliges Gesetz zur eingetragenen Lebenspartnerschaft verabschiedet. Es wendet sich ausschließlich an jene Schwulen und Lesben, die sich für eine offiziell anerkannte Lebensform entscheiden. In unterschiedlicher Form gibt es die Möglichkeit einer rechtlichen beziehungsweise amtlichen Anerkennung gleichgeschlechtlicher Lebensgemeinschaften bereits zum Beispiel in Dänemark (seit 1989), Norwegen, Schweden, Island, Frankreich, einigen Regionen Spaniens, Portugal und – sehr weit gehend – in den Niederlanden, ebenso in einigen australischen Einzelstaaten und als Verwandtschaftsregelung in Kanada. (Nur bei dem 2002 in Kraft tretenden niederländischen Gesetz kann man übrigens von »Homo-Ehe« sprechen, wovon die deutsche Regelung meilenweit entfernt ist.) Die Registrierung hätte der Sache nach auch in der Bundesrepublik beim Standesamt zu erfolgen und nicht, wie zynische Gegner vorgeschlagen haben, vor einem Amt für Gartenbau oder Abfallbeseitigung. In wesentlichen Punkten der oben beschriebenen Benachteiligungen schafft der *erste* Teil des am 10.11.2000 beschlossenen Gesetzes bei In-Kraft-Treten bereits Abhilfe. Er sieht unter anderem eine Gleichstellung im Erbrechtsanspruch (allerdings noch *ohne* Gleichstellung oder Vorteile bei der *Erbschaftssteuer*!), im Mietrecht und im Namensrecht vor. Für Kinder des Partners oder der Partnerin gibt es ein so genanntes »kleines Sorgerecht«, hingegen kein Adoptionsrecht! Auskunftsrecht, Besuchsrecht und Zeugnisverweigerung gelten in Entsprechung zu Eheleuten. Insbesondere ist nunmehr das Zuzugsrecht ausländischer Partnerinnen und Partner endlich klar festgelegt. Vorgesehen ist auch eine weit reichende, gegenseitige *Unterhaltsverpflichtung*. Doch die dem entsprechenden *Rechte* enthielt der zweite Gesetzesteil, dem der Bundesrat mehrheitlich die erforderliche Zustimmung verweigert hat. Das betrifft vor allem eine Gleichstellung bei der Erbschafts- und Grunderwerbssteuer, überhaupt die steuerliche Anerkennung der Partnerschaft und eine Anerkennung im öffentlichen Dienstrecht. Hier gibt es derzeit – vom Thema Verfassungsklage einmal abgesehen – noch erheblichen Klärungsbedarf, sonst liegt das Bleigewicht der Reform bei den Pflichten.

Die rechtliche Anerkennung gleichgeschlechtlicher Partnerschaften ist kein propagandistisches Symbol einer emanzipatorischen »Statuspolitik«. Sie wird vielmehr dazu beitragen, dass zukünftig weniger schwule oder lesbische Menschen eine *heterosexuelle Ehe* eingehen. Solche Eheschließungen ziehen anhaltend unerträgliche Leiden für alle Betroffenen nach sich. (Das hat auch die höchste kirchliche Rechtsprechung in Rom berücksichtigt, als sie die Homosexualität eines Ehepartners als Grund zur Nichtigkeitserklärung einer Ehe anerkannte.) Privat und beruflich bin ich zahlreichen Schicksalen von Schwulen und Lesben begegnet, die sich – oft unbewusst – wider die innere »Natur« in der Ehe mit einem Partner des anderen Geschlechts versteckt hatten. Letztlich wurden beide Partner um ihr Lebensglück betrogen. Durch neue, lebenskundige Signale in der Gesellschaft werden dagegen immer weniger Menschen in eine für sie nicht passende Lebensform hineingeraten. Deshalb ist das Institut der eingetragenen Partnerschaft nicht nur ein bürgerrechtlicher Schutz von Schwulen und Lesben, sondern zugleich ein nicht hoch genug zu bewertender *Schutz für die traditionelle Ehe* von Mann und Frau!

Was den gesetzlich geregelten Schutz für den Lebensalltag und Weg gleichgeschlechtlicher Paare angeht, so wird er von katholischen Gremien in den Bistümern Köln, Limburg und anderswo klar bejaht. Selbst in den Reihen der Deutschen Bischofskonferenz erkennt man zögernd einen Handlungsbedarf an. Das Kirchenamt der EKD stellt seine Stellungnahme unter den Titel »Verlässlichkeit und Verantwortung stärken«[22] und bejaht ausdrücklich den verbesserten Rechtsschutz für gleichgeschlechtliche Lebenspartnerschaften. Im gleichen Atemzug sieht diese lauwarme Stellungnahme einer evangelischen Kirchenleitung jedoch – mit den katholischen Bischöfen[23] – die besondere Stellung der Ehe durch die aktuelle Reform bedroht. Entlarvend ist, mit welch fadenscheinigen Argumenten die Deutsche Bischofskonferenz und die Mehrheit der evangelischen Landesbischöfe operieren: Es wird gerügt, das Lebenspartnerschaftsgesetz weise zu große Ähnlichkeit mit den Bestimmungen des Bürgerlichen Gesetzbuches über die Ehe auf. Das aber kann der Sache nach ja gar nicht anders sein. Es geht schließlich um die rechtlichen Bedingungen von Partnerschaften, die auf Dauer angelegt sind und die der Lebensform »Ehe« in vielen Dimensionen ähnlich sind. Deshalb sind auch ähnliche Bestimmungen erforderlich. Besondere Privilegien, die sich auf gemeinsame Kinder beziehen, bleiben nach wie vor strikt der Ehe vorbehalten. Es wird immerhin zugestanden, dass das neue Partnerschaftsgesetz der Lebensform »Ehe« nichts wegnimmt und die besonderen Bestimmungen für Familien bleiben. Dennoch soll allein schon das Zugeständnis einiger ähnlicher Rechte und Pflichten an eine andere dauerhafte Lebensform den Schutz der Familie beeinträchtigen. Wie das? Und: Wo wird dergleichen im Grundgesetz verboten? Sogar die Deutsche Bischofskonferenz hat inzwischen eingesehen, dass mit einem klagenden Krisenszenarium in Sachen »Ehe und Familie« weder dem eigenen Anliegen noch den Familien geholfen ist. Dann aber kann sie den besonderen Schutz für Ehe und Familie gemäß Art. 6 (1) des Grundgesetzes doch unmöglich auf eine groteske juristische Perspektive einengen. Dem Geist nach gebietet die Verfassung, dass der Staat auch andere dauerhafte Lebensformen in besonderer Weise schützt und Bürgerrechte für Minderheiten in einer ihnen gemäßen Weise ausgestaltet. Alle vorgetragenen Konstrukte sind vor allem deshalb nicht plausibel, weil sie die wahren Gründe des kirchlichen Einspruchs verheimlichen: Man sieht in der Ehe immer noch das letzte Bollwerk einer weltlichen Gültigkeit des »Christlichen«, und man hat Angst vor besseren, würdigeren Lebensbedingungen von dauerhaften Frauen- und Männerpaaren. Dieser antihomosexuelle Ausgangspunkt schädigt jedoch – wie oben dargestellt – faktisch die Lebensform Ehe, die nach Anschauung der römischen Kirche den »echten« Schwulen und Lesben ja gar nicht offen steht. Für den Schutz von Familien und Kindern brauchen wir indessen gesamtgesellschaftliche Perspektiven, Werthaltungen und Bewegungen. Der Verfassungsauftrag bezieht sich nicht auf Feindbilder, Exklusivprivilegien oder auf Eheparagraphen in Konkurrenz zu anderen Lebensformen. Er wäre auch noch nicht erfüllt durch die dringend notwendige Verbesserung der sozialrechtlichen beziehungsweise materiellen Förderung von Familien. Er zielt wesentlich auf eine lebensbejahende Freude am Kind, auf eine Gesellschaft, in der Kinder fröhlich aufwachsen und willkommen sind. Menschen, die solche Visionen überzeugend leben, achten ihrer inneren Grundhaltung gemäß immer auch Würde und Rechtsschutz von Minderheiten.

4. Warum ist die Banane krumm? – Grenzen der Wissenschaft

Wer hat denn hier gesündigt,
dieser hier oder seine Eltern ...?
JOHANNES 9, 2

Homosexualität tritt in verschiedenen
Zeiten und Kulturen auf. Ihre psychische
Entstehung ist noch weitgehend ungeklärt.
RÖMISCHER WELTKATECHISMUS, NR. 2357

Es ist, was es ist, sagt die Liebe.
ERICH FRIED

Sehr bald, wenn in Gemeinden das Thema Homosexualität auf der Tagesordnung steht, wird die Frage laut: »Was sagt die Wissenschaft dazu?« Man will den modernen Erkenntnisstand ernst nehmen. Das ist löblich. Doch sind die Hilflosigkeit und Schnelligkeit, mit der die Wissenschaft zu Rate gezogen wird, nicht auch fragwürdig? »Bei vielen anderen Themen wird sich jeder zunächst auf sein eigenes Wissen und seine persönlichen Erfahrungen stützen, um zu einer vorläufigen Stellungnahme zu finden ... Aber offensichtlich fehlt vielen genau dieses eigene Wissen und die persönlichen Erfahrung im Hinblick auf gleichgeschlechtlich liebende Menschen. Verwundern darf dies nicht, da Homosexualität eines der größten Tabus war und Homosexuelle – selbst in der eigenen Verwandtschaft – eher totgeschwiegen wurden, als dass mit ihnen geredet wurde.«[1] In den kirchlichen Debatten diente der Ruf nach Wissenschaft oft dazu, dem Gespräch mit leibhaftigen Menschen auszuweichen. Sehr gerne machte man dann Fachkenntnis an banalen Klassifizierungen dingfest. Immerhin wurde hier eine »echte« beziehungsweise konstitutionelle *Neigung* zur Homosexualität unterschieden von homosexuellen Handlungen in Pubertät, Notsituationen (Gefängnis, Militär) oder bei psychischer *Gehemmtheit*.

Der Kinsey-Report: So klein ist die Minderheit nicht

Ein äußerst wichtiger Beitrag zu unserer Frage ist keine Theorie, kein Gebäude aus Vermutungen und Unterstellungen. Es war ein Naturwissenschaftler, der Amerikaner Alfred C. Kinsey (1894-1956), der einfach wissen wollte, was »Sache« ist.[2] Seine beiden Reports über die menschliche Sexualität (1948/53) beruhen auf *vertraulichen, persönlichen Gesprächen* mit über 11 000 amerikanischen Männern und Frauen im repräsentativen Querschnitt. Man vergleiche dagegen etwa den Begründer der Individualpsychologie, Alfred Adler, der in seinen Arbeiten das Phänomen Homosexualität mit nahezu offener Verachtung darstellt. In seinen Untersuchungen werden weniger als ein Dutzend »Fälle« zur Untermauerung angeführt.[3]

Gerade die bloße Spekulation der Psychologen trieb Kinsey zu seinem breit angelegten Forschungsvorhaben. Das Ergebnis war überraschend, ja es bedeutete eine bahnbrechende Wende: Nur fünfzig Prozent der befragten männlichen Bevölkerung verhielten sich beispielsweise im Erwachsenenalter *ausschließlich* heterosexuell, etwa vier Prozent während des gesamten Lebens *ausschließlich* homosexuell. Fast die Hälfte (46 Prozent) der interviewten Männer kannte – in sehr unterschiedlichen Abstufungen – sexuelle *Reaktionen* auf Personen beiderlei Geschlechts. (In der Studie über das weibliche Sexualverhalten lagen die Prozentzahlen – bezogen auf Homosexualität – etwa um die Hälfte niedriger.)

Die Interpretation der Skalen ist an manchen Stellen wegen der Vermischung psychischer Reaktionen und wirklicher Sexualkontakte nicht ganz einfach. Insbesondere die Häufigkeit von bisexuellem Verhalten fiel in neueren Studien aus den 90er Jahren geringer aus. Doch die *Trends* der Kinsey-Statistiken, die ohne Deutung einfach inneres und äußeres Verhalten beschreiben, sind trotz mancher methodischer Kritik bis heute unbestritten. Wir sprechen nicht mehr von einer verschwindend kleinen Minderheit. In den 80er Jahren fragte Thomas Grossmann seine Leser: »Auf der ganzen Welt leben zur Zeit etwa 160 Millionen Menschen, die ausnahmslos gleichgeschlechtliche Partner beziehungsweise Partnerinnen bevorzugen. (...) In der Bundesrepublik gibt es drei Millionen Katzen. Überlegen sie einmal, wie viele Familien mit Katzen Sie kennen. Gar nicht so wenig, oder? Ungefähr gleich viele Familien gibt es ..., in denen der eine oder die andere homosexuell sind.«[4]

Ein anderes Ergebnis der Kinsey-Forschungen ist das Zerbrechen der säuberlich trennenden *Schwarzweiß-Schablonen.* Diese Entmythisierung durch pure Fakten löste seinerzeit in den USA besonders große Entrüstung aus: Es gibt in Phasen und im Lebenslängsschnitt *fließende Übergänge*. Den fünf Prozent »*ausschließlich* Homosexuellen« (Mittelwert der Forscherangaben) in der Gesamtbevölkerung standen in Kinseys Studien neun Mal so viele Männer gegenüber, die – ganz unterschiedlich – zeitweilig oder parallel homosexuelle Gefühle oder Kontakte kannten. Dabei darf man allerdings kein Gleichheitszeichen zwischen sexuellen Handlungen und sexuellen Einstellungen setzen![5] Viele Menschen sind zu homosexuellem Verhalten fähig, »auch wenn sie grundsätzlich eine heterosexuelle Orientierung haben, oder aber sie verhalten sich heterosexuell bei grundlegender homosexueller Orientierung«.[6]

Entscheidend ist nun, dass der oder die Homosexuelle zumindest für einen beträchtlichen Teil der Bevölkerung von eigenen inneren und äußeren Erfahrungen her keineswegs das schlechthin andere, fremde Wesen verkörpern müsste. Daran ändern auch Korrekturen an Kinseys Prozentzahlen nichts. Auf dieser Basis kann dann auch die Pädagogik hilfreich vermitteln: »Jungen, die auch zärtlich, weich und einfühlend sein können, die den liebevollen Körperkontakt mit anderen Jungen nicht scheuen und sich von ihren Freunden auch sinnlich angezogen fühlen, sind deshalb noch nicht schwul.«[7]

Angeboren – eine biologische Anlage?

Es wäre aber doch in vielerlei Hinsicht einfacher, homosexuell liebende Frauen und Männer als biologisch besondere Wesen von Geburt an zu betrachten. Ihre Gegner könnten dann immerhin von einer angeborenen Missbildung oder Krankheit sprechen. Ihre Verteidiger sprechen gerne von einer angeborenen Anlage, weil man etwas Angeborenes ja kaum mit dem Strafgesetzbuch oder dem Katechismus verfolgen kann, sofern es niemanden schädigt. In diesem Sinn gibt es mehr »progressive« als konservative Biologisten. (In der Tat klammern gerade römisch-katholische Aussagen und evangelikale Bücher zum Thema die Möglichkeit einer genetisch *angeborenen Homosexualität* in auffälliger Weise aus. Man müsste dann den Schöpfer angesichts des vermeintlichen Missstandes ja eigentlich zur Mitverantwortung ziehen. Auch die übliche moralische Verurteilung, die man mit psychologisierenden Mitteln durchaus bewerkstelligen kann, käme bei einer Vererbung in erhebliche argumentative Verlegenheiten.)

Augenscheinlich spricht sehr viel für biologische Erklärungen. Allein 167 Säugetierarten mit – zum Teil höchst signifikanten – homosexuellen Verhaltensbefunden kann der US-Biologe Bruce Bagemihl in seinem jüngsten Werk »Biological Exuberance« vorstellen. Und beim Menschen gibt es die Homosexualität ja nicht minder, immer und immer wieder und überall. Das sind die Fakten. Da nützt auch der unglaublich geistreiche Einwand des Kölner Kardinals Joachim Meisner nichts, »der Schöpfer hätte den Menschen anders konstruieren müssen, wenn auch solche Formen der Sexualität gedacht worden wären« (Kölner Stadt-Anzeiger, 10.2.1999).

Viele homosexuell Liebende selbst verstehen sich am liebsten als »so geboren«, denn sie haben sich sehr häufig von Kindesbeinen an immer schon »so« erlebt. Eine angeborene Anlage wäre das »Natürlichste«. Bereits der frühe Platon sieht in seinem »Gastmahl« die Menschen ursprünglich als Doppelwesen, die sich in drei Großgruppen unterscheiden: Mehrheitlich sind sie vor ihrer Trennung durch die Götter auf einer Seite Mann und auf der anderen Frau, andere beidseitig Frau und wieder andere beidseitig Mann gewesen. Nach der Trennung nun streben die Hälften in der Kraft des Eros wieder aufeinander zu. Ähnlich glaubten zwei Pioniere der Emanzipationsbewegung, Karl Heinrich Ulrich (1825-1895) und der Sexualforscher Magnus Hirschfeld (1868-1935), gleichgeschlechtlich liebende Menschen bildeten gewissermaßen eine Art »Drittes Geschlecht«.

Heute unterstützen auch einige Lesben- und Schwulengruppen in den USA die moderne Version des Dritten Geschlechtes. Doch: Allen Sensationsmeldungen zum Trotz ist eine genetische beziehungsweise biologische Verursachung für ausschließliche Homosexualität kein wirklich gesichertes Forschungsergebnis, sondern lediglich Hypothese.[8] Das entsprechende Augenmerk in den Naturwissenschaften scheint sich nahezu durchgehend auf die *männliche* Homosexualität zu beschränken.

Immer wieder angeführt werden die Forschungsergebnisse bei *eineiigen Zwillingen,* die ja bekanntlich – was sonst außer beim Klonen der Zukunft nie vorkommt – das *gleiche Erbgut* aufweisen. Wesentlich häufiger seien *beide* eineiigen Zwillingspartner in Übereinstimmung homosexuell orientiert, als das bei zweieiigen Zwillingen oder anderen Brüderpaaren der Fall ist. Mehrere Studien geben diese Übereinstimmung mit etwa 50 Prozent an, während sie zum Beispiel in einer Vergleichsgruppe zweieiiger Zwillinge nur mit 22 Prozent beziffert wurde. Eine Studie dieser Art von Whitam (1993) beziffert die Konkordanz der monozygotischen Zwillingspaare gar mit 65,8 Prozent, bei dizygotischen mit 30,4 Prozent. Kritisiert werden die relativ niedrigen Fallzahlen der betreffenden Studien, was etwa bei *getrennt* aufwachsenden Zwillingspaaren – als entscheidender Vergleichsgruppe – in der Natur der Sache liegt. Unklar bleibt auch, ob die teilweise Anwerbung der Versuchspersonen über Homosexuellenzeitungen einen Einfluss auf die Ergebnisse hat. Wenn nun wirklich *Vererbung* die wesentliche oder gar ausschließliche Ursache für männliche Homosexualität darstellt, müsste die genannte Übereinstimmung bei Menschen mit gleichem Erbcode eigentlich 100 Prozent betragen. Was also ist jeweils mit der anderen »Hälfte« der eineiigen Zwillingspartner in den Studien?

1993 geht Dean H. Hamer vom National Cancer Institute in Bethesda noch einen Schritt weiter. Er will anhand von Stammbäumen bei 76 homosexuellen Männern vermehrt schwule Verwandte *mütterlicherseits* gefunden haben. (Andere Autoren wollen übrigens in den mehrheitlich angeblich nichtdominanten, weniger maskulinen *Vätern* homosexueller Söhne einen Hinweis auf die genetische Vererbbarkeit sehen.) In einer dann folgenden molekularbiologischen Untersuchung, so Hamer, hätten 33 von 40 schwulen Brüderpaaren auffällige Übereinstimmungen in einer bestimmten Region des X-Chromosoms gezeigt. Die Interpretation nun lautet: Möglicherweise ist ein Gen auf dem mütterlich vererbten X-Chromosom verantwortlich für Homosexualität. Würde dieses legendäre Gen Xq 28 dingfest zu machen sein, könnte Homosexualität im Labor diagnostiziert werden, und das auch *vorgeburtlich*. Die an schlimme Zeiten erinnernden Ausblicke hießen »Abhilfe« durch Abtreibung oder auch durch die Manipulation einer gentechnologischen Reproduktionsmedizin. (Tatsächlich erklärte bei einer deutschen Umfrage 1996 ein erheblicher Prozentsatz von Frauen, sich für eine Abtreibung zu entscheiden, wenn sie wüssten, dass sich ihr Kind homosexuell – oder fettleibig – entwickeln würde.) Der Glaube an die Macht der Gene ist modern. Das Homo-Gen Xq 28 gilt inzwischen jedoch als out. Der Neurologe Georg Rice wiederholte die Hamer-Studie mit 52 schwulen Brüderpaaren. Sein 1999 vorgelegtes Endergebnis: Keine genetische Übereinstimmung über das hinaus, was bei Geschwistern ohnehin zu erwarten ist.

Noch immer findet man in der Literatur vereinzelt Forschungsannahmen über den *vorgeburtlichen* Hormonhaushalt, wobei zumeist ein Mangel an männlichen Hormonen bezogen auf den männlichen Homosexuellen postuliert wird. Entsprechende Behauptungen wurden zum Beispiel vom Ostberliner Forscher G. Dörner 1975 an Ratten (!) demonstriert. Dörner macht demnach unter anderem Hormonschwankungen durch Stress während der Schwangerschaft verantwortlich für die Geburt eines schwulen Sohnes. Ebenso werden Androgene im Mutterleib als Ursache weiblicher Homosexualität benannt. Hormon-Studien, die es übrigens schon unter den Nazis gab, gelten bislang in keinem einzigen Fall als seriöser Erweis. Ebenso sind Hormontherapien absurd.

Um den Nachweis veränderter beziehungsweise andersartiger Hirnstrukturen zu erbringen, hat der selbst offen schwule Neuro-Anatom Simon LeVay die Gehirne von neunzehn verstorbenen Homosexuellen und die von anderen unter die Lupe genommen. In der Hirnanhangsdrüse (Hypothalamus) fand er anatomische Unterschiede gegenüber der Vergleichsgruppe, die er als charakteristisch »weiblich« interpretierte. Ein Jahr später, 1992, wollten zwei andere amerikanische Forscher herausgefunden haben, dass eine wichtige Verbindung zwischen der linken und rechten Gehirnhälfte (vordere Kommissur) bei homosexuellen Männern deutlich ausgeprägter sei als bei heterosexuellen. Beide Forschungsprojekte nehmen also an, unterschiedliche sexuelle Orientierung gehe mit unterschiedlichen Hirnstrukturen einher. Was Folge und was Ursache sein soll, bleibt offen. Obendrein: In beiden Fällen stammten die abweichenden Gehirne von Verstorbenen, die Aids gehabt hatten. ZNS-Gewebe enthält Zielzellen für das HI-Virus. Hirnorganische Veränderungen sind typisch bei der Immunschwäche. Ein täuschender Befund ist also keineswegs auszuschließen.

Ein alter Einwand lautet: Wenn Homosexualität vererbt wird, warum ist sie dann nicht schon längst ausgestorben? Neben dem berechtigten Hinweis auf die zahlreichen »Dennoch-Ehen« wissen die Biologen hier einen Ausweg: Das entsprechende Gen könnte – wie bei der Sichelzellanämie – mit einem anderen Vorteil gekoppelt sein, der dann zu einer Fünf-Prozent-Konstante in der Bevölkerung führt. Evolutionstheoretisch wird ebenfalls ein versteckter Vorteil oder Zweck der Homosexualität gesucht, etwa sozialbiologisch. Die Mithilfe lediger, homosexueller Geschwister bei dem Aufziehen der Kinder könne dem Gen-Bestand einer Familie (mit homosexuellen Gen-Anteilen) dienen usw. Die US-Psychologen M. Bailey und R. Pillard postulieren in ihrer *verhaltensgenetischen* Hypothese: Mischerbige heterosexuelle Männer mit *anteiligen* Schwulen-Genen seien sensibler und hätten deshalb gegenüber den Hypermaskulinen bessere Chancen beim weiblichen Geschlecht. Das erhöhe die Fortpflanzungsrate »schwuler Gene«.

Außer bloßen, sich oft widersprechenden Hypothesen und Untersuchungsergebnissen, deren Aussagekraft zum Teil höchst zweifelhaft ist, bleibt unterm Strich – zumindest gegenwärtig – nicht viel übrig. Viele Autoren sind jedoch offensichtlich besonders von den Zwillingsstudien beeindruckt. Sie sehen darin einen Hinweis dafür, dass genetische Vererbbarkeit – anteilig zu 30 bis höchstens 74 Prozent – zumindest *ein* gewichtiger Faktor in der Entstehung von Homosexualität sein könnte. Der Schwulenverband in Deutschland (SVD; heute LSVD) hält es für »absurd, komplexe Verhaltensmuster wie die menschliche Liebesfähigkeit oder die sexuelle Identität monokausal auf genetisch-biologische Ursachen zurückführen zu wollen«.[9] Er wünscht ausdrücklich *keine* Ursachenforschung, da es nichts Erklärungsbedürftiges gäbe. Stattdessen fordert der SVD eine »umfassende sozialwissenschaftliche Erforschung von Homosexuellenfeindlichkeit und antischwuler Gewalt in unserer Gesellschaft«.

Psychologische Theorien: Schuld sind die Eltern?

Die Psychoanalyse plädierte von Anfang an für die These, die ausgeprägte Vorliebe fürs eigene Geschlecht sei lebensgeschichtlich erworben, und zwar in sehr frühem Alter.[10] Dabei hätte es nach der Absicht ihres Begründers Sigmund Freud den homosexuell liebenden Frauen und Männern nicht schlecht ergehen müssen. Freud sah die ursprüngliche, konstitutionelle Anlage *jedes* Menschen in der Bisexualität, also nach beiden Seiten hin offen. Ihm war ausdrücklich »auch das ausschließliche Interesse des Mannes für das Weib ein der Aufklärung bedürftiges Problem und keine Selbstverständlichkeit«.[11] Freud bestritt vehement, dass homosexuelle Menschen eine abgetrennte, besonders geartete Menschengruppe seien.

Die psychoanalytischen Erklärungen der Homosexualität – hauptsächlich der männlichen – kreisen seit Sigmund Freud in immer neuen Spielarten und Variationen um das Dreieck »Mutter–Kind–Vater«. Einmal soll die *Mutter* zum Beispiel dominierend und überfürsorglich sein. Der Junge hat eine zu enge

Mutterbindung. Er identifiziert sich mit dieser, ohne einen eigenen männlichen Selbststand zu entwickeln, und liebt später junge Männer, wie ihn einst die Mutter geliebt hat. Ein anderes Mal ist der *Vater* zu schwach, ablehnend oder feindselig, seelisch wie körperlich abwesend usw. und kann deshalb dem Jungen nicht die Spiegelung seiner eigenen Männlichkeit ermöglichen ... Der Vater wird hier gehasst oder begehrt oder beides gleichzeitig. (Tatsächlich haben viele homosexuelle Söhne ein gestörtes Verhältnis zum Vater, *weil* sie »anders« sind, *weil* sie homosexuell empfinden und lieben, nicht umgekehrt.) Wenn nun etwa unter fünf Jungen derselben Familie bei gleichen Konstellationen nur einer »homosexuell wird«, wie das bei mir als (dizygotem) Zwilling der Fall ist, liegt es eben an der Geschwisterreihenfolge oder an besonderen Zeitpunkten der Familiengeschichte usw. Die Forscherhypothesen ließen sich beliebig fortsetzen mit Blick auf allein erziehende Mütter, ausschließlich weibliche Bezugspersonen des männlichen Kindes, besonders alte Eltern oder Erziehungspersonen, Einzelkinder, Geschlechts- und Altersverteilung der übrigen Geschwister und ihre Beziehung untereinander, Milieu und anderes.

Für die weibliche Homosexualität kann man in der Literatur, wenn auch seltener, analoge Annahmen zum oben Gesagten finden.[12] Lesbische Frauen bezeichneten ihre Mutter im Vergleich viel häufiger als dominant und hätten wesentlich seltener ein engeres Verhältnis zu ihr, dagegen oft eine gute Beziehung zum Vater. Andere, so Stephanie Castendyk, meinen wiederum, beim später lesbischen Mädchen finde der Liebesobjekt-Wechsel von der Mutter auf den Vater eben nicht statt. Seine Lösung des Ödipus-Themas biete eine andere, keineswegs krankhafte Variante. Auch hier bleibt natürlich die Frage offen, ob *Ursachen* oder *Folgen* der Homosexualität eines Kindes beschrieben werden.

In der Schule C. G. Jungs wird der homosexuelle Mensch bislang zumeist als »umgedreht« verstanden, wo die neueren Arbeiten von Peter Schellenbaum und anderen unberücksichtigt bleiben: Das (normalerweise unbewusste) Weibliche ist dann beim Mann nach *außen* gekehrt und in der wahrnehmbaren Persönlichkeit verwirklicht. Dagegen bleibt die eigene Männlichkeit *drinnen*, wird ins Unbewusste abgedrängt. Dieser Ansatz passt aber kaum zu den zahlreichen homosexuell liebenden Frauen und Männern, die sich bewusst ihrem Geschlecht gemäß als weiblich beziehungsweise männlich erleben (und gleichzeitig eine Frau beziehungsweise einen Mann, nicht aber ein Zwischenwesen begehren).

Beim Individualpsychologen Alfred Adler beruht Homosexualität – grob gesprochen – auf Minderwertigkeitsgefühl und unbewusst bequemer Lebensplanung. Ein kleines Glied, da fängt das Übel unter Umständen schon an. Adlers »wissenschaftliche« Argumentation lässt zeitlich schon vor dem »Dritten Reich« auch den *Volkswillen* und *das Ideal einer ewigen Fortdauer* nicht außer Acht!

Das amerikanische Kinsey-Institut (Alan P. Bell, dt. 1980) hat über die verschiedenen psychologischen Theorien seine Forschungsergebnisse vorgelegt. Helmut Kentler referiert das Ergebnis so: »Weder bestimmte Persönlichkeitsausprägungen des Vaters oder der Mutter noch Erziehungsfehler und -mängel können bewirken, dass Menschen homosexuell werden. Eltern haben keine Schuld, wenn ihr Kind homosexuell ist. Homosexuelle Männer sind nicht stärker als heterosexuelle an ihre Mutter gebunden. Weder die Vater-Sohn-Beziehung noch sexuelle Spielereien mit älteren Brüdern oder der Wunsch der Eltern, lieber ein Mädchen großzuziehen, haben irgendeinen Einfluss auf die Entstehung der Homosexualität.«[13] Es bleibt also auch hier zumindest die große Fragwürdigkeit der gängigen psychologischen Spekulationen. Der eingangs zitierte Römische Weltkatechismus scheint zumindest in *diesem* Punkt nahe an der Sache zu liegen, wenn er die »psychische Entstehung« von Homosexualität als »noch weitgehend ungeklärt« betrachtet. Wer kennt nicht viele *heterosexuell* empfindende Männer, die eine äußerst liebevolle oder enge Bindung an eine starke Mutter haben, die einem schwachen Vater gegenüber gleichgültig-beziehungslos oder einem ablehnenden Vater gegenüber feindselig sind? Entsprechende Studien berücksichtigen dies und können zudem die behaupteten *besonderen* Familienkonstellationen auch immer nur für eine *Minderheit* der homosexuellen Versuchspersonen nachweisen.[14] Immerhin sind neuere psychoanalytische beziehungsweise tiefenpsychologische Autoren dabei, in der Homosexualität einen nicht krankhaften, sondern *normalen* »Lösungsweg« der eigenen Lebensgeschichte zu erblicken, nur dass dieser eben vom heterosexuellen Weg verschieden ist.[15] Der Sozialpsychologe Daryl Bem kombiniert Genetisches mit psychologischen Modellen. Spätere Homosexuelle seien etwa von Natur aus weniger aggressiv als andere Jungen und fühlten sich deshalb, da das Andere beziehungsweise Exotische erotisch wirke, von ihren Geschlechtsgenossen angezogen. Mädchen lebten heute schon in der Kindheit eher weibliche und männliche Geschlechterrollen gleichzeitig. Hier erkläre das Modell den – angeblichen – Umstand, dass Lesben weniger festgelegt beziehungsweise häufiger bisexuell als Schwule sind und ihre Vorliebe öfter als frei gewählt erleben.

Nach all dem bleibt noch das große Rätsel, wie man als Theoretiker *Millionen* homosexuell lebender und liebender Menschen auf der ganzen Welt unter einen *einzigen* psychologischen Hut bringen will und warum dies? Es gibt *den* Homosexuellen ebenso wenig, wie es *den* Heterosexuellen gibt. Wohl aber gibt es unzählige Weisen und Wege, auf und in denen Menschen Liebe für das andere oder das gleiche Geschlecht oder für beide Geschlechter empfinden. Natürlich ist unser Lieben auch immer lebensgeschichtlich geprägt, je nachdem auch belastet. Heterosexuelle Menschen suchen sich unbewusst einen starken Mann, eine schwache Frau oder umgekehrt ..., und nicht anders geht es in der gleichgeschlechtlichen Partnerwahl zu.

Die Unkenntnis war hier jedoch bis vor kurzem so hanebüchen, dass man allen Ernstes zum Beispiel glaubte, Homosexuelle hätten häufiger eine »Vorliebe« für Kinder als andere Erwachsene. Allein die Statistiken des Kindesmissbrauches, nach denen zu neunzig Prozent Mädchen von Männern missbraucht werden und zahlreiche Vergewaltiger von Jungen eigentlich heterosexuell orientiert sind, strafen solche Märchen Lügen. Übrigens liegen die Vorurteile bei der so genannten *Verführungstheorie* ähnlich. Diese ist jedoch wissenschaftlich unhaltbar. Man kann wohl zu homosexuellen *Handlungen* verführt werden, nicht aber zu wirklichem homosexuellen *Fühlen* und *Empfinden*. (Genauso wenig kann man ja entgegen der inneren Orientierung zur Heterosexualität verführt werden.) Ein Seelsorger, der über längere Zeit *jugendliche* männliche Prostituierte in einer Großstadt betreut hat, erzählt mir, sie seien durchgehend heterosexuell geblieben, sofern sie es eben schon vor der besagten Erwerbstätigkeit waren. Das deckt sich vollständig mit den Hinweisen in der wissenschaftlichen Literatur[16] und meinen eigenen beruflichen Erfahrungen in der HIV-Prävention. Es sei noch vermerkt, dass wir der Psychologie jenseits von zahlreichen abstrusen Konstrukten hier wichtige und hilfreiche Hinweise verdanken: Relativ früh im Kindesalter, so die deutliche Mehrheit aller Forscher, stehe die sexuelle Orientierung eines Menschen fest. Der Heranwachsende findet sich mit seiner Ausrichtung tatsächlich »so« vor, als sei es immer schon so gewesen.

Seit Freud sind auch die auffällige offene *Ablehnung* und der Hass gegenüber homosexuellen Menschen keine dunklen Geheimnisse mehr. Fast durchgehend handelt es sich bei den aggressiven Gegnern um Menschen, die eigene homosexuelle Anteile und Wünsche verdrängt haben oder die in ihrer männlichen Identität verunsichert sind. Entsprechend sehen sie sich überall bedrohlich verfolgt durch Menschen, die sie für homosexuell *halten*. Nie ist der Homophobe, dem eben die Homosexualität auf irrationale Weise Angst bereitet, ein wirklich starker Mensch, auch wenn er äußerlich als Angreifer auftaucht. (Ich kenne solche Ablehnung gegenüber wirklichen oder vermeintlichen Homosexuellen bei mir selber aus einer Zeit, in der ich noch nicht angstfrei zu meinen eigenen Wünschen stehen konnte.) Angst oder Hass in der Begegnung mit Homosexualität sollten also immer hellhörig werden lassen, weil sie stets auf einen blinden Fleck der Selbstwahrnehmung hinweisen. Dazu gehören nicht nur alle Arten von Gewalttätigkeit in persönlichen Begegnungen, sondern ebenso auffälliger *Missionierungsdrang* in wissenschaftlichem oder religiösem Gewand, besonders auch die verdeckt oder offen aggressive Sprache und die Angstszenarien in kirchlichen Dokumenten.

Heilung oder: Was krank macht

Ein im Deutschen Ärzteverlag erschienenes Handbuch der Sexologie formuliert klar, was seit Kinsey nicht mehr zu ignorieren ist: »Homosexuelle Erfahrungen, jedenfalls in Form von Träumen und Fantasien und in Form einer gewissen Anziehungskraft gegenüber dem eigenen Geschlecht, kommen bei so vielen Menschen vor, dass es sich um normale Persönlichkeitszüge handeln muss.«[17] In seinem von der eigenen Schule lange verschwiegenen »Brief an eine amerikanische Mutter« versicherte schon Sigmund Freud 1935 nachdrücklich: »Homosexualität ist gewiss kein Vorzug, aber es ist nicht etwas, dessen man sich schämen muss, kein Laster, keine Erniedrigung und kann nicht als Krankheit bezeichnet werden …«[18] Fünf Jahre vor diesem Brief hatte Freud zusammen mit Arthur Schnitzler, Stefan Zweig, Franz Werfel und anderen Prominenten eine Petition gegen die antihomosexuellen Strafgesetze in Österreich unterzeichnet, die eine *äußerste* Verletzung der Menschenrechte darstellten.[19]

Im Gegensatz zu ihrem Begründer weist die Psychoanalyse insgesamt jedoch eine ganze Geschichte der übelsten Diskriminierung auf.[20] Der Analytiker Charles Socarides, ein hartnäckiger Sprecher der amerikanischen Umwandlungsideologen, erblickt beispielsweise in homosexuellen Frauen und Männern multiple krankhafte Persönlichkeiten, bescheinigt »Regression«, selbstbezogenen Narzissmus, latente Schizophrenie sowie starke Konflikt- beziehungsweise Aggressionsgeladenheit und glaubt sie alle »an der Schwelle der sie vernichtenden persönlichen Katastrophe«.[21] »Was würde wohl herauskommen«, so fragt Thomas Grossmann, »wenn Forschungen über *Heterosexuelle* nur mit Insassen psychiatrischer Anstalten gemacht würden?« – »Ein berühmter Psychiater sagte einmal: Alle meine homosexuellen Patienten sind seelisch gestört! Sein Kollege antwortete darauf: Alle meine heterosexuellen Patienten auch.«[22] Jahrzehntelang aber waren das Krankenhaus und die Couch des Psychiaters der Blickwinkel, aus dem »alle« homosexuellen Menschen beziehungsweise »*der* Homosexuelle« beschrieben wurden. Das gehört inzwischen der Historie an.

Natürlich kann niemand leugnen, dass homosexuell Liebende besonders in der Vergangenheit auf Grund ihrer Lebensgeschichte ein überdurchschnittliches Maß an seelischer Not aufwiesen: Seit der Pubertät auf der Hut vor den eigenen Gefühlen, der eigenen Wahrnehmung und vor dem Entdecktwerden, beargwöhnt von Altersgenossen und Familie, verdammt von den Autoritäten der Kirchen und ihrer Predigt im Namen eines angeblichen »Gottes«, lächerlich gemacht in den Medien, verfolgt von Polizei und Justiz, entlassen vom Arbeitgeber, diffamiert von Politikern und Tiefenpsychologen ... Was man dann als krankhaft wahrnahm oder heilen wollte, hatten eben jene Richter und Heilkünstler zuvor verursacht. Nicht der Homosexuelle, sondern die Gesellschaft ist hier krank. Dass es gleichermaßen gesunde wie kranke Hetero- und Homosexuelle gibt, konnte also erst die Gegenwart unter *gesünderen Außenbedingungen* zeigen.

Doch gehört dies bis heute zur laufenden Geschichte: Menschen, die der vermeintlichen biologischen oder gesellschaftlichen Norm in ihrem Lieben nicht entsprechen, haben bei anderen einen geradezu zwanghaften Eifer herausgefordert.[23] Die Reihe der Geisterheiler, die die Not unglücklicher, weil von außen verachteter Menschen ausnützten und zuweilen ihren Tod in Kauf nahmen, ist erschreckend. Da implantierten Nazi-Ärzte und andere künstliche Drüsen, erprobten synthetische Hormone oder führten erpresserisch erzwungene beziehungsweise »fachlich« angeratene »freiwillige Kastrationen« durch. Da verstümmelten Machbarkeitsmediziner bis in die jüngste Vergangenheit hinein das gesunde Hirngewebe lebender »Patienten«!

(Solche »psychochirurgischen« Eingriffe bei Schwulen an mehreren deutschen Unikliniken in den 60er und 70er Jahren wurden noch 1999 vom Würzburger Medizindozenten Dominik Gross als ethisch völlig neutral dargestellt!) Da verordneten Priester verzweifelten Hilfesuchenden den täglichen Rosenkranz oder kalte Duschen und erteilten verbrecherische Ratschläge, die zum Selbsthass und zu tragischen Eheschließungen führten. (Es gab [und gibt] eigens »approbierte« römisch-katholische Psychologen, die dann in diesem Sinne als »Anwalt der Kirche« – und nicht als Anwalt der ihnen zugewiesenen Klienten – agier[t]en.) Da führten Verhaltenspsychologen zur Umprogrammierung Abschreckungs- beziehungsweise Lerntherapien mit pornografischem Training, Elektroschocks, Brechmitteln, suggerierter Übelkeit und kombinierten Hormongaben durch. (Innerhalb der Mormonenkirche wurde derlei sadistisch gleichsam als *göttliches Strafmittel* verteidigt, welches auch dem »Sünder« Genugtuung und Erleichterung verschaffe.) Da trieben neben diesen behavioristischen Aversionstechnikern auch Tiefenpsychologen beziehungsweise Analytiker ihre Klientel in Freudenhäuser oder in unglückliche Ehen hinein ... Gott sei es gedankt: All diese Kurpfuscher, deren Verfahren oft »genauso erfolgreich wie Folter« waren (W. H. Auden), finden hier zu Lande heute kaum noch Opfer. Ich habe unter Hunderten von vorwiegend oder ausschließlich homosexuell orientierten Menschen keinen Einzigen kennen gelernt, der mit dem Gedanken einer Umkehrtherapie umherging oder unbedingt die Welt der – reinen – Heterosexuellen als Teilnehmer betreten wollte. Einige Ältere unter meinen Gesprächspartnern hatten entsprechende vergebliche Bemühungen bis in die sechziger Jahre hinein hinter sich, die von außen erzwungen und zutiefst demütigend gewesen waren. Die meisten können heute, nachdem kein allgegenwärtiger Leidensdruck durch äußere Repression mehr besteht, sagen: Ich bin glücklich, so wie ich bin (vergleiche Ps 16, 6). Ich möchte, auch wenn es ginge, nicht anders sein. Ich wüsste nicht, was es da zu heilen gibt – und, wenn's denn mit Humor sein soll: *Auch Heterosexualität ist heilbar* (Helga von Sinnen).

Unterdessen hat sich aber auch die Welt der Heiler grundlegend gewandelt. In der gesamten seriösen Literatur ist kein einziger Fall von umfassender Änderung bei echter Homosexualität nachweisbar. Das hatte ja schon Freud als nicht möglich – und nicht nötig – erachtet. Und: Welcher ausschließlich heterosexuell empfindende Leser glaubt, er könne »umgepolt« werden? Wichtige Verfechter der Umwandlungstherapie wurden nach

Scheinerfolgen vom Saulus zum Paulus. K. Freund stellt 1977 fest: »Ich bin nicht glücklich über mein therapeutisches Experiment, das, wenn es überhaupt ›geholfen‹ hat, dazu beigetragen hat, dass Klienten eine Ehe eingingen, die später fast unerträglich wurde.«[24] G. C. Davison kommt 1976 ebenfalls zu der Entscheidung, Therapien zur »Umorientierung« nicht mehr anzubieten. Sie verstärkten lediglich die gesellschaftlichen Vorurteile und in der Folge den Selbsthass der Betroffenen. Auf diese Weise würden überhaupt erst Therapiewünsche produziert.[25] Die Amerikanische Psychiatrische Vereinigung strich bereits 1973 die Homosexualität aus ihrer Liste der Krankheiten, die Weltgesundheitsorganisation folgte 1991. Im Dezember 1998 hat sich der US-Psychiaterverband erneut gegen den Krankheitsbegriff und alle Heilungsversuche gewandt. So genannte Therapien produzierten lediglich Depressionen und selbstzerstörerisches Verhalten.

Doch unbeirrt durch den Lauf der Welt propagieren fundamentalistische Christengemeinschaften aus dem evangelikalen Spektrum im ganzen deutschen Sprachraum bis zur Stunde weiter fleißig ihre Rezepte, darunter exorzismusartige Propaganda und Gebetsheilung. Wer wie ich mit betroffenen Opfern solcher »Charismaten« gesprochen hat, ahnt den Terror, die blinde Verantwortungslosigkeit und auch den verborgenen Selbsthass hinter solchem Aberglauben. Die psychologisierenden Traktate aus dieser Ecke sind zumeist von platter Klischeehaftigkeit bestimmt. Aus ihnen erwachsen Schuldgefühle auch für die Eltern, denn es wird unterstellt, Erziehungsdefizite bei Schwulen und Lesben hätten zu einer gestörten Identifikation mit dem gleichgeschlechtlichen Elternteil geführt. Insbesondere die durchgehend gebotene Deutung der (männlichen) Homosexualität als einer individuellen oder kollektiven *Krise der Männlichkeit* sollte hellhörig werden lassen. Soll hier die gesellschaftliche Kultur des Patriarchats noch einmal mit religiösen Mitteln wieder belebt werden? Welche Trauer und Angst verbergen sich dahinter? Ist nicht die viel beschworene, am Vaterbild »zerbrochene Männlichkeit« ein überdeutlicher Hinweis auf den Schatten des *evangelikalen Gottesbildes*? Stets sind es dieselben eigenen »wissenschaftlichen«, theologischen und biografischen Kronzeugen, die für eine mögliche »Lebenserneuerung« angeführt werden:[26] Gerard J. M. van den Aardweg, Leanne Payne, Angelika und Ulrich Eibach, Andrew Comiskey, Roland Werner, Hermann Hartfeld und nicht zuletzt die antifeministische Autorin Christa Meves, deren Arbeiten geradezu mädchenhaft die »Männlichkeit« verherrlichen. Träger wie die Seelsorgeorganisationen »Wüstenstrom« oder »Living Waters« sorgen bei uns für die Umsetzung der Ideologien. Der Heilungsmythos wird verbreitet durch die »Christliche Mitte« und die »Aktion Leben e. V.«, darüber hinaus aber auch von römisch-katholischen Würdenträgern wie dem Salzburger Weihbischof Andreas Laun oder dem Domherrn Christoph Casetti zu Chur. Die Methode einer Diffamierung mit pseudo-psychologischen Behauptungen hat am perfidesten der Generalvikar der Diözese Feldkirch, Elmar Fischer, in einem Schreiben an alle Pfarrämter Vorarlbergs vom 1.10.1996 demonstriert.

In den USA reicht die Front der religiösen Erlöserorganisationen vom protestantischen »Exodus« bis zur römisch-katholischen »Courage«, »Anonyme Homosexuelle«, Mormonen, Scientology und republikanernahe christliche Großorganisationen eingeschlossen. Psychologische Rechtfertigungen liefert unter anderen die »National Association for Research und Therapy of Homosexuality« (NARTH) unter Führung des Kaliforniers J. Nicolosi. Durch das Schüren eines homofeindlichen Klimas vermehren all diese Menschenfreunde die Zahl der *Therapiewilligen* (und Selbstmordgefährdeten). Im letzten US-Wahlkampf spielte die öffentliche Therapiepropaganda der antihomosexuellen Netzwerke eine große Rolle: »The truth about homosexuality«. Man ist gewarnt. Michael Bussee, einer der US-Gründungsmitglieder der bedeutendsten christlichen »Therapie-Bewegung« von und für Ex-Gays, verließ 1979 seine – nach vermeintlicher Heilung – geheiratete Frau und zog zu seinem Freund, einem ebenfalls verheirateten Ex Ex Gay. Zur eigenen Vergangenheit in »Exodus International« bekannte Bussee dann gegenüber der »Los Angeles Times«: »Ich bete zu Gott, dass niemand, der bei uns Hilfe suchte, durch irgendetwas, was wir sagten, in den Selbstmord getrieben wurde« (Gay Times Great Britain, Oktober 1995). Im Herbst 2000 bekannte ein neuer Ex-Ex-Schwuler, der 21-jährige Wade Richards, für seine spektakulären Auftritte als angeblich Geheilter auf einer Pressekonferenz und im US-Fernsehen bezahlt worden zu sein (eurogay, 19.9.2000). Der Mythos anderer exponierter »Geheilter« zerfiel durch öffentlich bekannt gewordene schwule Exkursionen. Zahlreiche evangelikal geschädigte Ex-Ex-Schwule haben sich in der Folge Bussees und seines Partners Gary Cooper bis heute vereint, um ihren Glauben an einen Gott der Annahme zu feiern, der ihnen nicht die – unmöglich zu erfüllende – Bedingung der Heterosexualität stellt. Im deutschen Sprachraum gehört dazu Günter Baum (Baseler Kommunität Friedensgasse), ehedem bundesdeutscher Heilungsaktivist. Wer den Heilungsmärchen aus den Erlöserkreisen dennoch Glauben schenken möchte, lese beispielsweise die erschütternden Lebensberichte von zwei inzwischen verheirateten Betroffenen, die der »Befreiungspfarrer« Bernhard Ritter aus Sachsen-Anhalt noch unverhohlen als Beweise abdruckt:[27] Über die eigene »Selbstmitleidsstruktur« und tiefe »seelische Störung« belehrt, nehmen da Menschen tapfer in Gebet und täglichem Willenskampf ihre erfolgreiche Heilung entgegen. Indiz dafür sollen bereits positiv erlebter heterosexueller Verkehr und »neue Männlichkeit« sein. Homosexuelle Impulse, Gefühle und Träume bleiben auch in der Ehe, doch sie werden jetzt als »unangenehm«, »als fremd, nicht zu mir gehörig«, sprich: als etwas Abgespaltenes erfahren. Die Texte bedürfen wirklich keines weiteren Kommentars.

Mit Argumenten, mit Vernunft und Lebenserfahrungen wird man hier nicht weiterkommen. Propheten dieser Art haben »keine Ahnung«, »was für Probleme in der Psychotherapie von Homosexuellen wirklich gelöst werden müssen – wie buchstäblich egal es zu sein hat, ob jemand am Ende sich hetero-, homo-, bi- oder sonst wie sexuell fühlt, wenn er sich nur überhaupt wirklich selber fühlt«[28] (E. Drewermann). Neue Erfahrungen werden dann nicht länger von der Angst diktiert. Solche Befreiung aber würde die Scheinsicherheit eines ausgeklügelten Zwangssystems bedrohen, in dem Leben und Lebendürfen von Kindesbeinen an wie gefährliche Vokabeln klingen.

Was die Wissenschaft niemandem abnehmen kann

Ich bezweifle, ob die angedeuteten »enttäuschenden« Befunde aus der Wissenschaft einige Leser ermutigen werden, sich durch die im Anhang verzeichnete Fachliteratur hindurchzukämpfen. Schwule und Lesben, so weit es ihnen erlaubt wurde und sie es gelernt haben, sich selbst und andere zu lieben, verlieren nach meiner Erfahrung schnell das Interesse an allen Erklärungsmodellen: *Es ist, wie es ist, sagt die Liebe* (Erich Fried), und es ist *gut* so! Wo übermäßiger Zwang zum ursächlichen Erklären herrscht, sollte man hellhörig werden. Muss man erklären, was man innerlich wirklich an einem anderen akzeptiert hat? Oder steht hinter dem Erklärungsbedürfnis vielleicht doch das Interesse, zu verurteilen, zu verändern, das Verunsichernde in übersichtlich und eindeutig beschriftete Schubladen zu stecken? Wer nicht annehmen will, was er – unter angstfreien Verhältnissen – im leibhaftigen Leben erfahren könnte, wird sich dankbar auf alle möglichen Theorien werfen. Der evangelikale Autor Roland Werner zeigt, mit welcher Logik man auf dem Boden feststehender Urteile und Selbstverurteilungen argumentieren kann. Er hält, wie es in seiner »Schule« üblich ist, »homosexuelle Gefühle« für das Ergebnis eines gestörten Verhältnisses zum Vater und zum Männlichen überhaupt. Doch selbst wenn eines Tages die genetische Vererbbarkeit der Homosexualität erwiesen wäre, will R. Werner an seiner »biblisch begründeten« Verurteilung festhalten. Dann sei das Phänomen eben ein Zeichen für die überpersönlichen Dimensionen des allgemeinen *Sündenfalls*.[29] Also: Wie man es dreht und wendet, das Ergebnis steht bereits im Voraus fest.

Von Seiten der oft durch die Kirchenleitungen befragten Wissenschaftler erhellt Günter Grau dieses endlose Spiel: »Aufgefordert, die Verurteilung der Homosexualität einzustellen, homosexuelle Frauen und Männer nicht länger zu diskriminieren, werden Theologen und Sexualwissenschaftler befragt. Sexualwissenschaftler plädieren unisono … gegen eine Verurteilung der Homosexualität und verweisen in diesem Zusammenhang auf eine Fülle von Einzelergebnissen, die in den letzten Jahrzehnten die Sexologie … zusammengetragen hat … Das alles ist bekannt und in zahlreichen Veröffentlichungen nachlesbar. – Am Ende eines solchen, auch noch als Dialog bezeichneten Vorgangs sagen Kirchenleitungen dann mit stupider Regelmäßigkeit: Aber, aber, aber … Die wortreichen Erklärungen haben nur einen Zweck, nämlich zu verschleiern, dass es hier einzig und allein um kirchenpolitische Entscheidungen geht. Das will man(n) natürlich nicht zugeben, und so werden Details strapaziert, die die Sicht verstellen sollen. Die Mehrheit der Sexologen ist nicht mehr bereit, hier mitzuwirken.«[30]

Genau diese Strategie trieb ein Diskussionsbeitrag aus dem Rat der Evangelischen Kirche in Deutschland (EKD) 1996 auf die Spitze.[31] Er referierte die wissenschaftlichen Kontroverspositionen im Schnelldurchgang von den Extremen her. Der *breite* Forschungskonsens hinsichtlich eines nennenswerten homosexuellen *Bevölkerungsanteils,* hinsichtlich einer *nicht* möglichen *Verführung* zur Homosexualität und hinsichtlich einer in aller Regel unmöglichen und nicht ratsamen *Umkehrungstherapie* wurde dabei nahezu bis hin zur Unkenntlichkeit verwässert. So geht es auf redliche und verantwortliche Weise natürlich nicht.

Dennoch sollte, eine aufgeklärte und *sachgemäße* Offenheit vorausgesetzt, eine gesunde *theologische* Skepsis im Blick auf den Charakter wissenschaftlicher Ergebnisse erlaubt sein. Wir machen den Glauben an die Auferstehung auch als aufgeklärte Christen nicht an historisch-kritischen *Hypothesen* der biblischen Textanalyse dingfest. Glaubhaft ist »Auferstehung« allein in einer tiefen, existenziellen Vertrauenserfahrung. Ebenso wenig können humanwissenschaftliche *Hypothesen* letztlich ausschlaggebend für die Annahme (oder Ablehnung) homosexuell liebender Menschen sein. Wer sie anführt, muss zunächst seinen gläubigen oder theologischen Ausgangspunkt, auch seinen eigenen Erfahrungshorizont und seine Gefühle benennen. Würde, Lebensbejahung und Liebe können ihrem Wesen nach nicht hypothetischen Bedingungen unterliegen. Obwohl also die modernen Wissenschaften mit ihren Forschungsergebnissen Entscheidendes für die Aufklärung und Emanzipation in Sachen Homosexualität leisten, ist gegen die *überzogene* Inanspruchnahme ihrer Autorität, sei sie noch so gut gemeint, Einspruch zu erheben. Wir brauchen in Kirche und Gesellschaft keine bloß angelesenen fortschrittlichen Meinungen, sondern echte Begegnungen und Erfahrungen, aus denen schließlich innere Überzeugungen wachsen. Um es frei nach H.-G. Gadamer zu sagen: Wir kommen immer schon zu spät, wenn wir mit kühler Sterilität zu rechtfertigen oder zu beweisen versuchen, was wir nur in Begegnungen und wirklichen Erfahrungseinsichten kennen lernen und annehmen können. Vor diesem eigenen Weg kann sich niemand unter Berufung auf die Wissenschaft oder was sonst herumdrücken. Da ist kein Papst, der einem Christen die Einnahme seines eigenen Standortes abnehmen könnte.

5. Die Bibel fordert eindeutig die Todesstrafe

Lerne deshalb aus dem Wort Gottes,
wie das Herz Gottes für dich schlägt.
PAPST GREGOR DER GROSSE, 6. JAHRHUNDERT

Sehr selbstbewusst hat sich der römisch-katholische Priester und Ökumeniker Professor Heinz Schütte aus Paderborn vor einigen Jahren in die Homosexualitätsdebatte der Evangelischen Kirche im Rheinland eingemischt. Er belehrte die Leser seiner »Dokumentation« zur Sache unter anderem darüber, dass die Bibel für homosexuelle Handlungen die Todesstrafe fordert.[1] Professor Schütte und mit ihm auch alle Bibelfundamentalisten evangelikaler oder sonstiger Couleur haben Recht: Die Bibel gibt wortwörtlich das Totschlagargument gegen praktizierende Homosexuelle her. Und so ist sie in der Geschichte ja auch wortwörtlich genommen worden, nämlich als *Anweisung* zur Tötung von Schwulen. Ein Gleiches gilt noch heute für den Koran.

Der Henker und die Engel von Sodom

Das Alte Testament verurteilt im so genannten Heiligkeitsgesetz gleich zwei Mal (Lev 18, 22; 20, 13) gleichgeschlechtliche Handlungen unter Männern. Beide Beteiligten sollen getötet werden, denn die Sitten der Ägypter, Kanaanäer und anderer Heiden haben im Volk Israel keinen Platz. (Dasselbe alttestamentliche Gesetz sieht übrigens auch die Todesstrafe für Wahrsagerei, Geisterbeschwörung, Inzest, Verfluchung der Eltern, Ehebruch, Prostitution einer Priestertochter oder Verkehr mit Tieren vor und möchte den Beischlaf mit einer menstruierenden Frau durch Ausmerzung aus dem Volk geahndet wissen.) Die weibliche Homosexualität taucht in der Hebräischen Bibel nirgends auf. Lesbierinnen gelten zwar später nach Lehre des Rabbinats als »für eine Priesterehe untauglich, ihr Verhalten ist jedoch sonst nicht strafbar«.[2] Die Pflicht des männlichen Israeliten zur Erzeugung von Nachkommenschaft – gemäß göttlichem Mehrungsbefehl – und das Sozialgefüge der Männergesellschaft scheinen also die Aufmerksamkeit zu bestimmen. Dass man über das Thema überhaupt sprechen muss, zeigt wohl, dass es eben – wie sollte es anders sein – ein Thema auch in Israel ist.

Das Buch Levitikus ist während der Zeit des babylonischen Exils unter Verwendung älterer Quellen zusammengestellt worden. Israel, die heilige Gemeinde vor Jahwe, soll in strengster Separation von den üblichen Gebräuchen der anderen Völker neu erstehen. Die Bandbreite der abscheulichen Gewohnheiten und verbotenen *Gräuel* reicht vom Verzehr der Meeresmuschel (Lev 11, 10-12) bis hin zu dem, was alles als geschlechtliche Unreinheit bewertet wird. Gewiss, kultische Reinheitsvorstellungen, eine sich im Äußeren manifestierende Heiligkeitsvorstellung und die Abgrenzung von den Heiden spielen eine herausragende Rolle. Aber es steht doch eben außer Zweifel, dass der alttestamentliche Autor des Heiligkeitsgesetzes homosexuelle Betätigung von Männern grundsätzlich als *todeswürdiges* Verbrechen ansah, und das durchaus von der Sache her im Einklang mit einigen »heidnischen« Männerkulturen. Da nützen meines Erachtens auch solche buchstäblichen Auslegungen nichts, die in der Wendung »wie mit einer Frau« (Lev 18, 22) das Verbot nur auf eine *bestimmte* gleichgeschlechtliche Sexualpraktik beschränkt sehen: auf den Analverkehr. (So wurde es zum Beispiel faktisch in der deutschen Rechtstradition bis Weimar rezipiert, die viele homosexuell Lebende im Repertoire ihrer Vorlieben gar nicht einschränkte.) Noch der jüdische Philosoph Philo von Alexandrien, in der hellenistischen Diaspora offenbar mit akzeptierter Homosexualität konfrontiert, fordert als Zeitgenosse der neutestamentlichen Geschichte unter Berufung auf den Gesetzgeber Moses die *unbedenkliche Tötung* von Androgynen (vergleiche Dtn 22, 5) beziehungsweise Männerbeischläfern. Diese verfälschten die Natur und gereichten ihrer Familie, dem Vaterland und dem ganzen Menschengeschlecht zur Schande. Ihre schlimmen Laster, man höre, seien: »Unmännlichkeit und Weiblichkeit«.[3] Die Rezeption des 3. Buches Moses' »hatte Folgen für die Behandlung des Problems bis in die Neuzeit. So wurde zum Beispiel im puritanischen England Homosexualität bis 1830 auf Grund gesetzlich-biblizistischer Tradition mit dem Tod am Galgen bestraft«.[4]

Wer nun heute mit Philo die beiden Stellen aus Levitikus in *religiöser* oder *ethischer* Absicht ernsthaft zitieren will, sollte rigoros und konsequent bei *allen* Bibelstellen so verfahren, damit sein Auslegungsprinzip sauber und nicht willkürlich ist. Er sollte seine Bibelauslegung beispielsweise einmal an solchen Stellen ausprobieren, in denen durch einen »Gott des Krieges« beziehungsweise nach vermeintlich göttlicher Anordnung gemordet und zerschmettert wird, dass das Blut nur so fließt. Auch Greise, Frauen und Kleinkinder haben dabei – wie es ausdrücklich gewünscht wird – das äußerst traurige Nachsehen. Bis ins Neue Testament hinein wird auch die Vorstellung vom göttlichen Zorn gepflegt: Ex 15, 3 ff.; Dtn 20, 13 ff.; Jos 6, 20 ff.; 2 Sam 8, 2; 22, 38-39. 43; Ps 2, 9; 18, 38-43; 137, 9; 139, 19; Eph 5, 6; Hebr 10, 27; 2 Petr 2, 12. 22; Offb 14, 10 f., 20. Verbindliches Gotteswort?

Mit Hilfe von zwei weiteren Stellen im Alten Testament – über Levitikus hinaus – wurden in der jahrhundertelangen Auslegungsgeschichte Homosexuelle auf fatale, oft tödliche Weise zu »himmelschreienden Sündern« (Petrus Canisius 1007-72 nach Christus) gestempelt. Dabei geht es deutlich in beiden Fällen um etwas ganz anderes, nämlich um *Vergewaltigung* und *Verletzung des Gastrechtes*: Die Männer von Sodom verlangen von Lot die Herausgabe der in seinem Haus als Gäste weilenden männlichen Gottesboten (»Engel«), um sie zu vergewaltigen (Gen 19, 1-22). Diese gewalttätigen »Brüder« sind dem Lot doch offenkundig als »heterosexuell« bekannt, denn er bietet ihnen seine beiden *Töchter* als Ersatzopfer an. Ähnlich planen Benjaminiter in der Stadt Gibea die Vergewaltigung eines Leviten, vergehen sich dann aber doch mörderisch an seiner Nebenfrau (Ri 19). Was diese Stellen mit homosexueller Liebe zu tun haben sollen, ist schwer einzusehen und mit den späteren Deutungen der Propheten in keiner Weise zu erhellen (vergleiche Jes 1, 10-17; 3, 9; Ez 16, 49; Jer 23, 14). Auch Jesus sah die »Sünde von Sodom« offenbar eindeutig in der Verletzung des *Gastrechtes* (Mt 10, 15). Würde eine beabsichtigte Vergewaltigung *weiblicher* Gottesboten etwa irgendetwas an der Ruchtat der Einwohner Sodoms mildern? Hier wird die bessere Exegese in der Tat helfen. Zumindest *könnte* sie es, muss man sagen, wenn man sich die argumentative Bemühung der Sodom-Geschichte noch 1986 in einem Dokument der römischen Glaubenskongregation sowie im römischen Weltkatechismus von 1993 vor Augen hält.[5] Kein römisch-katholischer Exeget an unseren Universitäten würde das bei einer studentischen Seminararbeit durchgehen lassen.

Doch wer an der ganzen *falschen* Auslegungsgeschichte der beiden Stellen aus Genesis und Richterbuch partout festhalten möchte, stelle sich nach einem Vorschlag des evangelischen Pfarrers Jörg Wolke die folgende Frage: Im Alten Testament wird die Sexualität zwischen Mann und Frau in zahlreichen Geschichten als eine *Quelle größten Unheils* dargestellt, wobei Inzest, Vergewaltigung, Inbesitznahme der Frauen von Kriegsfeinden (Dtn 21, 10 ff.) oder gar die Beseitigung eines unbequemen Rivalen, des Ehemanns der von David begehrten Bathseba (2 Sam 11), nicht fehlen. Heterosexuelle Eifersucht führt Hagar und ihren Sohn Ismael nahe an den Tod durch Verdursten (Gen 16; 21). Ganze Städte (Gen 34) und Völker (Ri 14 f.) werden auf Grund von unerlöster Heterosexualität in Blutbäder getaucht. Dürfen wir nun aus diesen erschreckenden Befunden schließen, Sexualität zwischen Mann und Frau sei nach dem Zeugnis der Bibel in sich verwerflich?

Und das Neue Testament?

Der Fall wäre vermutlich im neuzeitlichen Christentum längst zu den Akten gelegt worden, hätte nicht Paulus – beziehungsweise in einem Fall ein »Paulusschüler« – die alttestamentliche Verurteilung der Homosexualität in drei Briefstellen wieder aufgegriffen. Je nach Übersetzung werden im Rahmen von so genannten Lasterkatalogen in 1 Kor 6, 9 f. und 1 Tim 1, 8-10 *Weichlinge und Knabenschänder* beziehungsweise passiv und aktiv homosexuell Handelnde angesprochen. Sie sind dort wie Götzenanbeter, Diebe, Wucherer, Trinker, Lügner und Mörder gesetzlos und vom Gottesreich ausgeschlossen. Der EKD-Orientierungsrahmen zur Homosexualität von 1996 sieht hier den Missbrauch von Minderjährigen oder die gleichgeschlechtliche Prostitution angesprochen und betont, dass deren Ablehnung »in gleicher Weise heterosexuelle Praktiken betrifft«.[6]

Deutlicher und vor allem grundsätzlicher wird Paulus im Römerbrief (Röm 1, 26 f.). Dort erblickt er im *Vertauschen des natürlichen Geschlechtsverkehrs* hin zum widernatürlichen (gleichgeschlechtlichen) Verkehr geradezu eine *gerechte, sichtbare Bestrafung* für die heidnische Nichtanerkennung Gottes. An dieser Stelle der christlichen Bibel taucht zentral das – griechische – Stichwort *widernatürlich* auf. Homosexualität widerspricht der in der Natur offenbar werdenden göttlichen Ordnung. Für Paulus gilt übrigens auch das Tragen von langen Haaren beim *Mann* als widernatürlich (1 Kor 11, 14), was zum Beispiel eine große Zahl der geschichtlichen Jesus-Darstellungen als widernatürlich erscheinen lässt. In solch einer untergeordneten Frage erscheint es allerdings leicht, *auswählend* die Verbindlichkeit zu bezweifeln. Schwieriger dürfte es sein, sexuelle Praktiken zwischen Mann und Frau, die – wie jeglicher Oralverkehr – der Form nach nicht zur Zeugung geeignet sind, mit dem theologischen Ordnungsbegriff der Natur bei Paulus in Einklang zu bringen! Denn wer sich einmal auf die Vorstellung naturwidriger Sexualität einlässt, wird sie so leicht nicht wieder los …

Nun sähe Paulus selbst allerdings am *liebsten* alle Menschen unverheiratet und in der Enthaltsamkeit von jeglicher Sexualität lebend (vergleiche 1 Kor 7, 1. 6-7), was auch nicht gerade sehr Natur-harmonisch erscheint. Wenn er sich mit diesem Wunsch durchgesetzt hätte, wäre die Ehe in der katholischen Tradition kaum zum siebten Sakrament erklärt worden. Zeichenhaft war für den Apostel ja gerade das Lassen der Ehe, die er eigentlich nur als ein Zugeständnis an die Schwachheit gelten lassen will.

Es bleibt aber gerade bei Paulus die *auffällige,* nur bei ihm anzutreffende Wiederaufnahme des alttestamentlichen Tabus »Homosexualität« als eines Stachels im Fleisch bestehen. Man kann jetzt die Übernahme zeitgenössischer ethischer Haustafeln oder philosophischer Vorstellungen – etwa der Stoa – anmerken. (Spezifisch christlich ist die Auswahl und Reihenfolge der so genannten Lasterkataloge nicht.) Man kann die *Vermischung* kultischer Reinheitsvorstellungen mit grundsätzlichen theologischen Aussagen zur heidnischen Verkehrung der göttlichen Ordnung untersuchen. (Homosexualität könnte im Römerbrief auch als *zeitbedingte, plakative Illustration* für die schon in Psalmen und im Weisheitsbuch beklagte Vertauschung des wahren Gottes verstanden werden.) Man kann Mutmaßungen über persönliche Hintergründe der paulinischen Homophobie (Angst vor der Homosexualität) und die konkreten Erfahrungen des Paulus in der griechisch-hellenistischen Welt – in Ephesus, Milet, Athen oder Korinth – anstellen. Man kann berücksichtigen, dass er ja *patriarchale* homosexuelle Praktiken vor Augen hat, die durch Missbrauch, Vergewaltigung oder Prostitution einen Knaben, Sklaven oder sonst Untergeordneten erniedrigen … Alle diese Interpretationsversuche und Abmilderungen können über den Sachverhalt nicht hinwegtäuschen: Hätte die Gemeinde von Korinth eine gelebte Homosexualität von Gemeindemitgliedern in der Hafenstadt auch *nach der Taufe* auf lange Sicht hin geduldet, was durchaus nicht *völlig* unwahrscheinlich ist (vergleiche 1 Kor 6, 11), wäre ein handfester Streit mit dem Apostel unweigerlich gefolgt.

Indessen sollte man nach meinem Dafürhalten im Vorfeld aller Interpretationskünste ehrlich und schlicht zugeben, dass Christen in äußerst *zahlreichen* Fällen auf Grund eigener Lebens- und Glaubenserfahrungen oder im Licht wissenschaftlicher Erkenntnisse gegen den *Wortlaut* einzelner, isolierter Bibelzitate »verstoßen«, ohne dabei den Geist der Heiligen Schrift zu verraten. Dabei geht es um Details und auch um Grundsätzlicheres: Wir behaupten keine – wörtlich verstandene – Direkterschaffung des Menschen aus Lehm (Gen 2, 7), fordern keine Todesstrafe für Zauberer (Ex 22, 17) oder ungehorsame Söhne (Dtn 21, 10 f.), halten den Hasen nicht für einen Wiederkäuer (Dtn 14, 7), exkommunizieren Alkoholiker nicht (1 Kor 6, 10), beurteilen Sklavenhalterei nicht als etwas ethisch Mögliches (Philemon-Brief), fordern Sklaven nicht zur gehorsamen Duldung auf (Eph 6, 5) … und die Frauen unter uns schweigen – gottlob – auch nicht mehr verschleiert in unseren Kirchen (1 Kor 11, 2 f.; 14, 34). Insgesamt wird man mit Herbert Haag festhalten müssen, dass viele Forderungen der Bibel heute kulturell und bewusstseinsmäßig nicht mehr nachvollziehbar sind und andererseits vieles, was die Bibel ausdrücklich duldet (Polygamie, Blutrache, Sklavenhaltung und anderes), für unsere sittliche Freiheit undenkbar geworden ist.[7]

Nun ist allerdings gerade in Bezug auf die Zeitbedingtheit der fünf (beziehungsweise sieben) einschlägig zitierten Bibelstellen zur Homosexualität stets zu betonen: *Hier* ist durchgehend und ausschließlich von homosexuellen *Akten* die Rede (mit Ausnahme des Römerbriefes nur bei Männern), jedoch wirklich nirgends von *Zuneigung oder Liebe* zwischen zwei Menschen des gleichen Geschlechtes. Diese »Akte« entwürdigen in den Augen der patriarchalen Zeitgenossen einen Part immer zur – vermeintlich niedrigeren – »weiblichen Rolle« oder setzen einen freiwilligen, weibischen Verzicht auf die Mannesehre voraus. Das aber ist den Autoren vollständig unbegreiflich, denn das Weibliche ist ja das Mindere, das nicht Erstrebsame. Die Unmännlichkeit von homosexuell Handelnden, die man förmlich als »gestraft« ansieht, bedeutet per se Entehrung. Paulus geht mit höchster Wahrscheinlichkeit von der ursprünglichen, *vorherigen* Heterosexualität der Beteiligten aus, ja er kann es gemäß seinem Weltbild gar nicht anders. Er setzt im Römerbrief offensichtlich voraus, »dass sich homosexuell handelnde Menschen willentlich und wider besseres Wissen von der auch ihnen eigentümlichen Heterosexualität abwenden«.[8] Dass im Text sowohl von einem *aktiven Vertauschen* der Geschlechterorientierung als auch von einem *passivem Preisgegebenwerden* die Rede ist, kann kaum als

Widerlegung dieser Vermutung geltend gemacht werden. *Eine ganzheitliche gleichgeschlechtliche Anziehung und Liebesbegabung, sei sie angeboren oder frühkindlich erworben, kennen jedenfalls die biblischen Schriftsteller im Umkreis aller genannten Texte und ihre Zeitgenossen offenbar nicht einmal ansatzweise.* Das ist einhelliges Urteil aller neueren wissenschaftlich arbeitenden Exegeten. Deshalb kann verantwortlicher Weise keine der in diesem Abschnitt zitierten Bibelstellen auf das Phänomen homosexuelle *Liebe* bezogen werden! Um es jedem Leser nachvollziehbar zu machen: Wenn wir aus der Bibel alle Verse herauspickten, in denen – unter Ausklammerung jeglicher Zärtlichkeit – von hetero*sexuellen* Handlungen die Rede ist, hätten wir dann eine sinnvolle Aussage vor uns? Könnten wir damit die Anziehung zwischen Mann und Frau oder die Wirklichkeit ihres Zusammenlebens auch nur im Ansatz erhellen oder in einer hilfreichen Weise beschreiben?

Noch einmal zur Römerbrief-Stelle (1, 25-27), die innerhalb des biblischen Zeugnisses allein als denkwürdig zurückbleibt: »... sie beteten das Geschöpf an und verehrten es anstelle des Schöpfers ... Darum *lieferte* Gott sie entehrenden Leidenschaften aus: Ihre Frauen *vertauschten* den natürlichen Verkehr mit dem widernatürlichen; ebenso *gaben* die Männer den natürlichen Verkehr mit der Frau *auf* und entbrannten in Begierde zueinander; Männer trieben mit Männern Unzucht und erhielten den ihnen gebührenden Lohn für ihre Verirrung.« (Nur wenn man, was zumindest nahe liegt, die »Widernatürlichkeiten« parallel liest, wäre hier der einzige biblische Beleg für *lesbisches* Verhalten zu finden.) Diese Stelle wird keineswegs lichter, wenn man mit dem Orientierungsrahmen der EKD von 1996 an einer Vershälfte kleben bleibt und statt einer *willentlichen* Entscheidung hinter der Umkehrung – als Aussage des Paulus – betont: In der Folge der Vertauschung von Schöpfer und Geschöpf habe *Gott selber* die Heiden schändlichen Leidenschaften, einschließlich der homosexuellen Begierde, *ausgeliefert.*[9] Selbst wenn man das nicht mit den Augen eines direkt Angesprochenen liest, drängt sich die Frage auf: *Was für ein Gott ist das?* Welche tückischen Spielchen treibt er mit Menschen? Welch schwarze Pädagogik provoziert hier strafend weitere »Verfehlungen« und »belohnt« sie hernach wiederum gebührend mit Früchten der Schande? Hätte Jesus je eine solche Gottesvorstellung gepredigt?

Immerhin gesteht auch der genannte EKD-Diskussionstext, die *Verschlossenheit gegenüber dem Mitmenschen* überhaupt sei im Kontext des

Römerbriefes verglichen mit der Homosexualität das Schwerwiegendere. Es gibt jedoch – so meine ich – nur einen wirklich überzeugenden Weg, Römer 1, 25-27 *heute* gläubig und mit einer verantwortlichen Theologie auszulegen. Kern ist dabei das Schlüsselwort *Vertauschung von Schöpfer und Geschöpf*: Wer ein menschliches Gegenüber des gleichen *oder* des anderen Geschlechtes buchstäblich *vergöttert* und von ihm im Gegenzug maßlose Zuwendung, wie nur Gott sie schenken kann, erwartet, der zeigt damit auf *eine* Weise (neben der Vergötzung von Besitz, Macht und anderem), dass er in einer tiefen, gefährlichen Entfremdung lebt. Gott allein ist nach christlichem Glauben der ursprungslose, ursprünglich Liebende, und es ist für uns nicht bekömmlich, einen Menschen unvermittelt an seine Stelle zu setzen. Ohne Gottes Liebe und Bejahung, die allem *vorausgeht* und zu Grunde liegt, kann das verdankte geschöpfliche Leben und Lieben des Menschen nicht gelingen. Doch die fatale Möglichkeit der Vertauschung von Gott und endlichem Menschen gilt für alles Begehren, sei es homo- oder heterosexuell, *unterschiedslos*.

Gesetzesbuchstabe oder Evangelium?

Viele homosexuell lebende und liebende Christen nehmen getröstet zur Kenntnis, dass aus dem Munde Jesu selbst nicht ein einziges Sterbenswörtchen gegen die homosexuelle Liebe überliefert ist. Die *überwältigende* Mehrheit der neutestamentlichen Zeugen ist ihm darin ja gefolgt. Überhaupt muss man bezogen auf den Bereich der Sexualität bei Jesus eine »auffällige Zurückhaltung, um nicht zu sagen Interesselosigkeit«[10] konstatieren.

Doch wir entdecken in der Botschaft Jesu gleichwohl eindeutige Interpretationsregeln, was die *gesetzlichen* Bestimmungen der Bibel anbelangt: Im Liebesgebot sind alle Gesetze enthalten (Mt 7, 12; 22, 40), und an der Liebe müssen sich Sinn und Gehalt einer gesetzlichen Vorschrift »messen« lassen. Der Mensch ist nicht für die Gesetze da, sondern die Gesetze sollen dem Menschen dienen, ihm erfülltes Leben ermöglichen (vergleiche Mk 2, 27). Dabei bricht Jesus ausdrücklich mit Vorstellungen gerade etwa des Buches Levitikus: Nichts, aber rein gar nichts, was äußerlich bleibt oder von außen kommt, kann den Menschen wirklich unrein machen, sondern nur eine im Herzen wurzelnde Dunkelheit (vergleiche Mk 7, 15). Man darf jesuanisch auch mit Blick auf die Sexualität sagen: Keine Weise der leiblichen Begegnung ist per se verwerflich. Es kommt darauf an, ob das innere »Motiv«, die *innere* Bewegung der Körperlichkeit, und die Ausdrucksweise selber der Liebe entsprechen, ob sie der gegenseitigen Bereicherung des Lebens dienen. (Keuschheit kann sich von hier aus gerade in *lustvoller Ekstase* zeigen. Andererseits kann eine prüde, normierte Sexualität zutiefst unkeusch sein!)

Wer hier den Sabbat des Lebens wieder zu einem *Sabbat des Gesetzes* machen möchte, predigt ein anderes Evangelium, das keines ist. Deshalb werden wir später – im 7. Kapitel – noch einmal genauer der entscheidenden Frage nachgehen müssen: *Was ist – theologisch gesprochen – das »Gesetz«?* Von Evangelikalen unter Druck gesetzt, schreiben dazu leider selbst promovierte Theologen im Zusammenhang mit Homosexualität die peinlichsten Plattheiten und verstehen das noch als »Dienst an der Einheit«.

Wir können an dieser Stelle nun auch nicht die mehrheitliche Übung der Kirchengeschichte bemühen. Es hat fast zwei Jahrtausende gedauert, bis Jesu neuer Umgang mit Frauen in den christlichen Gemeinden zaghaft Einlass fand. Norm war hingegen über Jahrhunderte die patriarchale Praxis der Umwelt Jesu. Ich sehe bei der Frage der Homosexualität keinen grundlegenden Unterschied zu diesem Umstand. Es ist natürlich fantastisch und an den Haaren herbeigeholt, wenn einige Autoren Mutmaßungen zu einer bei Jesus vorliegenden Homosexualität anstellen. Dergleichen kann allenfalls als *künstlerische* Provokation – wie im aktuellen Skandalstück »Corpus Christ« von Terrence McNally – durchgehen. Doch es sollte erinnert werden: Jesus ist eher mit solchen Männern der Gegenwart vergleichbar, die zu einer tiefen inneren Beziehung zu anderen Männern fähig sind und deshalb keinerlei aggressive Angstabwehr gegenüber Homosexuellen aufbauen (müssen). Gegenüber einem an seinem Reichtum hängenden jungen Mann empfindet Jesus offenbar in spontaner Sympathie menschliche Zuneigung; er gewinnt ihn *lieb* (Mk 10, 21; nicht so in: Mt 19, 16 ff. und Lk 18, 18 ff.). Jesu Freundschaft zu Lazarus hat eindeutig eine herzlichere Färbung als die übliche Männerfreundschaft (Joh 11, 5. 36). Von einem der Jünger betont das Johannes-Evangelium, dass es der war, »den Jesus liebte« (Joh 13, 23 und Parallelstellen). Das hat in der christlichen Kunst- und Literaturgeschichte zahlreiche Bilder des zärtlichen Beieinanderseins von Jesus und Johannes inspiriert. Der Jesus der Bibel bietet uns eine Brücke an. Mit dem patriarchalen Psychogramm der Homosexuellenhasser zu allen Zeiten hat er nichts gemein.

Der Streit um die Bibel

Es gibt allerdings auch nach den oben vorgestellten Textbefunden traurige Anlässe genug, um mit Hans van der Geest festzustellen: »Es ist mühsam, wie wir Christen Gehorsam gegenüber der Heiligen Schrift immer wieder mit Biblizismus verwechseln. Kaum haben wir gelernt, dass die Bibel uns zum lebendigen Gott führen will und dass Gott selber uns durch seinen Heiligen Geist führt. Und schon glauben wir wieder, uns auf einzelne Texte berufen zu können. Biblische Aussagen sind aber immer dermaßen in ihrem Kontext, in ihrem ›Sitz im Leben‹ eingebunden, dass sie nie unmittelbar auf unsere Situationen angewendet werden können. Es wäre auch ein Buch-Legalismus, der die lebendige Gemeinschaft mit Gottes Geist überflüssig machen würde.«[11]

Für evangelische Christen hat Martin Luther wegweisend ein buchstäbliches Lesen der Bibel als Irrtum aufgezeigt. Der Geist des Glaubens erkennt die Mitte der Schrift, und das war für Luther die anredende Botschaft von Gott, der den Menschen vorbehaltlos annimmt. Die Bekenntnisschriften der Reformation erblicken in gesetzlichen Vorleistungen und Vorbedingungen zum Heil geradezu einen Abfall vom Glauben, worauf Detlef Spitzbart in der Debatte über Homosexualität zu Recht hingewiesen hat: »Denn man muss in der Christenheit die Lehre von der christlichen Freiheit behalten, als nämlich, dass die Knechtschaft des Gesetzes nicht nötig ist zur Rechtfertigung« (Confessio Augustana 28). Nicht überall in der Bibel sah Luther diese Frohbotschaft gleichermaßen gültig ausgesagt, so dass er in seinem Eifer den Jakobusbrief gar als »stroherne Epistel« bezeichnen konnte. Luthers gläubiger und theologischer Genius erkannte, dass die Bibel nicht dieses und jenes, sprich vielerlei Wahrheiten oder Richtigkeiten im *Plural,* mitteilt, sondern wesentlich Kunde des *einen* Wortes – des Ja-Wortes Gottes für den Menschen – ist (vergleiche Joh 1). Das war »im Geiste« und aus dem *Gesamtzeugnis* der Schrift heraus gesehen und berechtigte gar zum überlegten *Tadel* an *einzelnen* biblischen Satzaussagen. Das Kriterium des einen – durchaus nicht überall schon erreichten – Ja-Wortes, die Mitte der Schrift, befreit dabei vom Wahn, das *Buch der Bücher* mit all seinen Widersprüchen und *verschiedenen* Theologien so zu harmonisieren, als sei es aus einem Guss entstanden. Man muss jetzt, so die Konsequenz, isoliert sogar mit solchen Bibelstellen rechnen, die geeignet sind, bei einem Menschen *Christus auszutreiben.* (Luthers Grundsatz des Schriftverständnisses folgen auch die Autoren und Autorinnen des EKD-Orientierungsrahmens von 1996.[12] Doch sie ziehen daraus nicht wirklich Konsequenzen für die aktuelle Diskussion. Sie verdeutlichen vor allem mit *keinem* Argument, warum der »Tadel« an einzelnen Bibelaussagen zwar hinsichtlich Todesstrafe, Sklaverei, Rachedenken – auch im NT –, Frauenbild, Frauenordination usw. legitim sein soll, nicht aber bei den als *wesentlich* angeführten drei kurzen Stellen zur Homosexualität: Lev 18, 22 und 20, 13; Röm 1, 26 f. Zweierlei Maß? Ist schließlich im Gefolge des Reformators eine Schelte etwa für den Jakobus annehmbar, während sie hinsichtlich einer Paulusbrief-Stelle ein Sakrileg darstellt? Ist möglicherweise auch die jeweilige Interessenslage und die kirchenpolitische Situation ein Kriterium für den Grad der Kanonizität einer Bibelstelle?) »Was Christum treibet« – so lautet Luthers Kernanliegen. Entsprechend meinte der verstorbene rheinische Präses Peter Beier: »Wer legt die Heilige Schrift aus? Die Antwort lautet: Jesus Christus. Er selbst ist das Wort Gottes. Und von daher müssen auch die Worte der Bibel über die Homosexualität gewichtet werden. Sie stammen von Paulus« (Idea-Spektrum 28/1996). Wer hingegen jede Zeile aus der Feder eines biblischen Autors platt als »Wort Gottes« bemüht, hat die Tiefe der Theologie Luthers kaum verstanden.

Ein Wort – ein *gutes* Wort – will Gott uns wesentlich zusprechen. Beispiele einer in diesem Sinne begeisterten Exegese bietet auch die Tradition der Alt-Katholiken, die wegen ihres Protestes gegen die neuzeitlichen Papstdogmen (Unfehlbarkeit, Universalgewalt) im 19. Jahrhundert von Rom exkommuniziert wurden. Die alt-katholischen Theologen der ersten Generation lasen die Heilige Schrift nicht mit dem römisch verordneten buchstäblichen Biblizismus, sondern im Licht der historischen Kritik und vor allem im Geist der Frohbotschaft. Sie verkündigen das Evangelium nicht als »Schrecken«, sondern als »die Freude des Menschengeschlechts«, betonen geradezu programmatisch die *mündige Freiheit der Kinder Gottes* und sehen in *Frömmigkeit und Wissenschaft* ein untrennbares Zwillingspaar.[13] Die Bibel, so resümiert später der Schweizer Bischof Küry, »ist« nicht die Offenbarung und »enthält« auch nicht die Offenbarung, sondern sie ist das vom Heiligen Geist inspirierte Zeugnis von der Offenbarung.[14] Der niederländische Bischof Teun Horstman hat bereits 1992 die Untauglichkeit der einschlägigen Bibelzitate für eine Bewertung der homosexuellen Liebe angemerkt. Diese Stellen handelten durchweg von Verirrungen, die auch bei Heterosexuellen anzutreffen seien, oder von einer Praxis, die gegen die konkrete Natur(anlage) einer Person gerichtet ist.[15] Mit Blick auf die fundamentalistische Bibelkeule gegen homosexuell liebende Menschen betonte 1994 auch der deutsche Bischof Sigisbert Kraft unmissverständlich, dass eine unkritische, selektive und von Vorurteilen geleitete Exegese nicht alt-katholischem Bibelverständnis entspreche.[16] Grundsätzlich heißt es im Geleitwort des alt-katholischen Altarbuches: »Nach unserem Schriftverständnis sind in die biblischen Texte immer auch die Verfasser und ihr zeitgeschichtlicher Hintergrund eingegangen ... Deshalb übernehmen wir nicht die Formulierung ›Wort des lebendigen Gottes‹, die für viele vorausgehende Texte unangemessen ist.«[17]

Katholische Kirchen außerhalb der römischen Jurisdiktion, die sich auf der Grundlage eines solchen Schriftverständnisses etwa für die Frauenordination entschieden haben, stehen in der guten Tradition einer Teresa von Ávila. Diese Heilige ließ sich vor über 400 Jahren in ihrer vertrauten Freundschaft mit Christus nicht durch Diskriminierungen entmutigen, auch nicht, »als man ihr eines Tages das Wort des heiligen Paulus entgegenhielt, dass die Frauen zurückgezogen leben sollten (1 Kor 14, 38). In diesem Fall vernahm sie das Wort des Herrn: ›Sag' ihnen, sie sollen nicht nur auf diesem einen Wort der Hl. Schrift herumreiten, sondern auch andere beachten, und ob sie mir vielleicht die Hände binden könnten?‹«[18] Ein solches gläubiges Selbstbewusstsein ist gefragt. Das Gesetz und seine Buchstaben mögen dann fordern: »Der sei des Todes.« Der Geist des Evangeliums aber verheißt dem homosexuell Liebenden: »Du wirst leben!«

Der Streit um die Bibelauslegung ist keine nebensächliche Methodenfrage! Er rührt an den Kern, betrifft die Mitte unseres Christseins und nicht bloße Formalitäten: Sind wir zur *Freiheit des Glaubens* oder zur Knechtschaft der Buchstaben berufen? (Röm 2, 29; 7, 6; 2 Kor 3, 6.) Wir lesen kritisch. Wir gehen nicht hinter die wissenschaftliche Erhellung zurück, sondern über sie hinaus. Doch dann unterliegen wir nicht dem Zwang, jede Unmöglichkeit zu vergötzen und durch Rechtfertigungshypothesen zu retten. Gegen das *karikierte* »Sola scriptura« der Evangelikalen bekennen wir: Gott spricht *durch* die von Menschen niedergeschriebene Schrift hindurch. Gott ist Gott! Die Schrift ist die Schrift! Gott kommt von Gott! Gott wird als Gott – für uns – da sein! (Ex 3, 13-15.) Wir vertrauen keinem buchgewordenen, sondern einem *menschgewordenen* Gott.

An diesem Punkt angelangt, wird überhaupt erst eine fruchtbare Lektüre der Bibel möglich sein, die sich nicht länger von außen den *Streit um einzelne*

Verse aufdrängen lässt. Ich habe bereits im 2. und 3. Kapitel angedeutet, wie Psalm-Klage und Passion und die Bilder der Befreiung im Exodus, in der Auferweckung des Lazarus, in der Neugeburt und am Ostermorgen mit den Augen homosexuell Liebender gelesen werden können. Jesus, wie ihn uns die Evangelien nahe bringen, ist dabei ein zuverlässiger Begleiter. Schließlich werden wir nicht jene beiden biblischen Geschichten überlesen, in denen von einer außergewöhnlich tiefen Beziehung zwischen zwei Menschen desselben Geschlechtes die Rede ist: Die Anhänglichkeit und Treue Ruts gegenüber ihrer Schwiegermutter Noomi wird geradezu in Wendungen ausgedrückt, die sonst ein Eheversprechen beinhaltet (Rut 1, 16-19). Die Liebe Jonathans galt David wörtlich als *köstlicher denn Frauenliebe* (vergleiche 1 Sam 18, 1-4; 2 Sam 1, 25 f.). Jonathan, so übersetzt Stefan Andres, hatte sein *Herz tiefer und schöner bewegt als Frauen.* Natürlich, man kann daraus historisch keine Homo- oder Bisexualität des israelitischen Königs ableiten. Ich tue das jedenfalls nicht. Doch verdienen *Hypothesen* in dieser Richtung die übliche Empörung? Kein böses Wort verlieren die Biblizisten darüber, dass David als Brautpreis für seine Michal die Vorhäute von *zweihundert* ermordeten Philistermännern beibringt (1 Sam 18,27). Wer jedoch lediglich mutmaßt, David könne möglicherweise die Scham eines *einzigen* Mannes behutsam, zärtlich berührt haben, wird der Gotteslästerung bezichtigt. Es bleibt aber dabei: Im ersten und zweiten Buch Samuel wird von einer Liebe zwischen zwei Männern erzählt, die mehr ist als das, was wir gewöhnlicherweise Freundschaft nennen.

Auch für den gegenwärtigen Lernprozess in den Kirchen bietet die Schrift einen Spiegel. Gemeint ist die Erzählung von der Taufe des »Eunuchen« aus Äthiopien durch Philippus in der Apostelgeschichte 8, 26-39:[19] Die herkömmliche Übersetzung mit »Kämmerer« überdeckt, dass im Urtext wörtlich von einem Verschnittenen die Rede ist. Als solcher gehört der Äthiopier in der Antike einer *sexuellen Minderheit* an. Er wäre nach dem Gesetz des Mose als nicht kultfähig aus der Gemeinde ausgeschlossen worden (Dtn 23, 2) und könnte wegen fehlender Zeugungsfähigkeit (!) in der römischen Kirche nie Priester werden. Doch schon Jesaja verheißt den »Verschnittenen« einen bleibenden Namen im Haus der Herrn, der *»mehr wert ist als Söhne und Töchter«* (Jes 56, 4). »Sollte nicht dieses prophetische Wort endlich in Erfüllung gehen – für die sexuellen Minderheiten *unserer Zeit* – wie zur Zeit der Apostelgeschichte?«[20]

6. Natur oder Schöpfung – Es kann nicht sein, was nicht sein darf!

Oder lehrt euch nicht selbst die Natur,
dass, wenn ein Mann langes Haar hat,
es eine Schande für ihn ist,
wenn aber eine Frau langes Haar hat,
es Ehre für sie ist? Denn das Haar ist
ihr anstatt eines Schleiers gegeben.
PAULUS (1. KORINTHER 11, 15)

Du liebst alles, was ist, und verabscheust nichts
von allem, was du gemacht hast;
denn hättest du etwas gehasst,
so hättest du es nicht geschaffen.
Wie könnte etwas ohne deinen Willen Bestand haben,
oder wie könnte etwas erhalten bleiben,
das nicht von dir ins Dasein gerufen wäre?
Du schonst alles, weil es dein Eigentum ist,
Herr, du Freund des Lebens.
Denn in allem ist dein unvergänglicher Geist.
WEISHEIT 11, 24-12, 1

Dass gleichgeschlechtliche körperliche Begierde widernatürlich sei, wie Paulus im ersten Kapitel des Römerbriefes meint, ist angeblich für jedermann schon auf den ersten Blick einleuchtend. Die Anatomie der Geschlechter und des Geschlechtsaktes spricht für sich. Oder? Biologische Fruchtbarkeit kommt ausschließlich der Verbindung von Mann und Frau zu. Welches Argument kann da noch zählen, wenn augenscheinlich die ewige Ordnung der Natur beziehungsweise der Schöpfung das letzte – göttliche – Urteil über den gleichgeschlechtlich Liebenden spricht? Die Angelegenheit ist eben sonnenklar. So müssen sich auch die – allerdings nicht sehr zahlreichen – Texte von frühen Apologeten, Kirchenvätern und einigen Synoden nicht in langen Erklärungen ergehen.[1] Immer wieder ist es in den knappen Quellen gerade die *Widernatürlichkeit*, die eine besonders drastische Disqualifizierung der gleichgeschlechtlichen Unkeuschheit begründet. Dabei begegnen uns in der Kirchengeschichte in unterschiedlichen Abstufungen fanatische Verurteilung oder pastorale Milde.

Contra naturam

In vielen Männlichkeitskulturen – nicht nur bei den Germanen – war das Tabu Homosexualität stark gefühlsmäßig begründet in der Ablehnung von *Verweiblichung* und durch das Ideal der *Mannesehre*. Das Naturargument erscheint demgegenüber schon vordergründig als gewichtiger, weil »vernünftiger«. Petrus Damianus benutzte es, um angesichts der vielfältigen, oft nachsichtigen Vorschriften der Bußbücher im 11. Jahrhundert endlich Klarheit zu schaffen. Wie irrational dieser ausgesprochen homophobe Abt im Grunde dennoch »dachte«, zeigt Folgendes: Der Verkehr mit Tieren, also mit einer anderen Gattung, erschien ihm weniger sündhaft als eine gleichgeschlechtliche Betätigung des Menschen.[2]

Thomas von Aquin hat dann mit wissenschaftlicher Nüchternheit im 13. Jahrhundert die maßgebliche theoretische Grundlage für alle späteren moraltheologischen Verdammungsurteile in der römischen Kirche vorgelegt.[3] Sein Ansatz ist viel stärker als bei den Kirchenvätern *philosophisch* begründet. Er wurzelt in einem aristotelisch entwickelten »Naturrechtsdenken« (auch wenn Thomas sich beim Thema mann-männlicher Sexualität nur bedingt auf Aristoteles berufen kann). Nicht etwa ein bloßes Naturfaktum, sondern die menschliche Vernunft vermittelt hier die Sittlichkeit! Das Grundprinzip der Keuschheit liegt für Thomas im *vernunftgemäßen* Gebrauch der Geschlechtsorgane, und das heißt immer: in der sinngemäßen Hinordnung auf Zeugung. Mit anderen Worten: Eine Sexualität, die nicht – zumindest der Form beziehungsweise Möglichkeit nach – der biologischen *Fortpflanzung* dient, ist vernunftwidrig. Die Vernunft aber erschließt dem Menschen die gottgegebene natürliche Ordnung. Deshalb ist ein Verstoß gegen sie schwere Sünde. Entsprechend listet der aristotelische Theologe des Mittelalters die widernatürlichen Keuschheitssünden in einer genauen Rangfolge der Schweregrade auf:

- die *Selbst*befriedigung,
- der widernatürliche (nicht dem Zeugungszweck dienende) Verkehr mit einem Partner des *anderen* Geschlechtes,

- der *gleichgeschlechtliche* Verkehr,
- der Verkehr mit *Tieren*.

Nun aber zieht Thomas von Aquin eine Konsequenz, aus der ersichtlich wird, wie wenig seine Sexualethik mit dem Grundimpuls des Christlichen gemeinsam hat. Die vier hier aufgezählten widernatürlichen Sünden erscheinen nämlich in jedem Fall als verwerflicher denn andere Unkeuschheitssünden, bei denen zumindest der natürliche *Fortpflanzungszweck* gewährleistet werden kann, was der Fall ist bei: *Ehebruch, Vergewaltigung, Inzest*. Im Klartext bedeutet das, wie man in der »Summa theologica« nachlesen kann, wenn man es – wie jüngst ein Theologieprofessor – nicht glauben will: Die Selbstbefriedigung oder ein »widernatürlicher Gebrauch der Fortpflanzungsorgane« innerhalb der Ehe sind im System des Thomas beispielsweise schlimmer als Ehebruch. Oder: Jedwede – auch einvernehmlich praktizierte – Homosexualität ist verwerflicher als (heterosexuelle) *Vergewaltigung*! Ganz konsequent verfolgt Thomas von Aquin an allen Stellen das Prinzip: »Je unnatürlicher, desto schwerer die Sünde.«

Er scheint selber etwas erschrocken vor den Schlussfolgerungen gewesen zu sein und macht sich selbstkritisch in der Summa folgenden Einwand: Es gibt ja widernatürliche Sünden, die keinem anderen Menschen Unrecht zufügen. Muss nicht die Liebe beziehungsweise der *Grad der Lieblosigkeit* eine wichtigere Norm für die Sündhaftigkeit von Unkeuschheit sein? Thomas verneint diesen eigenen Einwand dann aber ganz rigoros: Die Unkeuschheit wider die Naturordnung sei eine *Beleidigung des Schöpfers* und eben deshalb auf jeden Fall die schlimmere Sünde. Innerhalb dieses ideologischen Systems steht ein Mann, der eine Frau vergewaltigt oder seine Tochter missbraucht, ohne Wenn und Aber vor Gott besser da als zwei Männer oder zwei Frauen, die sich – auch körperlich – lieben. Hier ist der heilig gesprochene Thomas von allen guten Geistern verlassen worden. – Der Thomismus und die starren Ordnungsmodelle der Scholastik wurden in der römischen Kirche nahezu kanonisierte Traditionen. Wie schwer musste es hernach den Theologen fallen, im Sinne Jesu das Heil leibhaftiger Menschen ins Zentrum zu rücken.

Die Natur als Götze und das homosexuelle Tier

Die kühle Behandlung der Homosexualität bei Thomas von Aquin zeigt vielleicht am nachdrücklichsten, wie fatal eine vermeintlich ewige, feststehende Naturordnung ohne Rücksicht auf Verluste zum vergötzten Zwangssystem geraten kann. Die Liebe und das eigentlich menschliche Ethos bleiben auf der Strecke. Lange vor Thomas tauchte die »Natur« im unmittelbaren, naturalistischen Hinweis auf die Tierwelt auf.[4] Das Argument, das offenbar schon der späte Platon gelten lässt und welches den frühchristlichen Autoren nicht fremd ist, lautet: »Gleichgeschlechtliche Sexualität kommt bei den Tieren nicht vor, also ist sie widernatürlich.« Der homosexuelle Mensch sinkt in seiner Sittlichkeit also noch unter das Niveau des Tierreiches! Allerdings konnte das Tierargument in jeder Variation widersprüchlich von allen möglichen Seiten benutzt werden, je nachdem. Frühchristlich halten zum Beispiel die Epistel des Barnabas (1. Jahrhundert) und der »Physiologus« (2. Jahrhundert) die als unrein geltende Hyäne für ein zwittriges beziehungsweise homosexuelles Tier, was die Sündhaftigkeit der menschlichen Homosexualität belegen soll … Ein anderer Autor des »heidnischen« Altertums hält wiederum die menschliche Homosexualität für ein Zeichen der *Überlegenheit* über das vernunftlose Tier. Einmal soll also das Treiben der Tiere ein menschliches Verhalten als richtig oder überlegen erweisen, ein anderes Mal soll es seine Schändlichkeit entlarven. Ob dieser prinzipiellen Widersprüchlichkeit der Argumentation fand bereits Plutarch das ganze Verfahren lächerlich.[5]

Es ist leicht einsichtig, wie schnell die wegweisend gemeinte platte Berufung auf das Tierreich in Teufels Küche führt. Man müsste dann, was von der Antike bis hin zu den Nazis auch immer wieder geschehen ist, ebenso fordern: Zahlreiche Tiere töten ihren erbkranken, missgebildeten Nachwuchs; also ist das auch für den Menschen die »natürlichste Lösung«. Man kann in diesem Zusammenhang nicht eindringlich genug daran erinnern, wie die Berufung auf die vermeintliche göttliche Ordnung während des »III. Reiches« bei Autoren aus *allen* Konfessionen zum Abfall vom Christentum geführt hat. Artikel, Handbücher und Katechismen konnten alles und jedes als Natur- beziehungsweise Schöpfungsordnung ausgeben. Das half nicht nur gegen die als widernatürlich verstandene Unzucht. Es diente auch zur Heiligsprechung der antisemitischen Rassengesetze, zur Vergötzung der »Volksgemeinschaft« bis hin zu einzelnen Rechtfertigungen faschistischer »Erbhygiene-Maßnahmen«, wie sie etwa der damalige römisch-katholische Moraltheologe in Paderborn geleistet hat.

Doch darüber hinaus zeigt sich spätestens in unserem Jahrhundert bezüglich des Tierargumentes gegen die Homosexualität, wie zeitbedingt und begrenzt das jeweilige Verständnis von Natur ist. Konrad Lorenz hat längst die lebhafte Liebesgemeinschaft von durchaus nicht seltenen männlichen Grauganspaaren beschrieben. Die unzertrennlichen Ganter vollführen nur untereinander, nie jedoch mit einem Weibchen, das hohe Nachspielritual des »Triumphgeschreies«.[6] Weibliche Seemöwen können über mehrere Brutzeiten hinweg stabile Paare bilden und nach Fremdbefruchtung ihre Nachkommen aufziehen. Vor einigen Jahren schenkte die Rotterdamer Zoodirektion einem männlichen Flamingopaar ein befruchtetes Ei: »Beide Väter betreuen ihren Nachwuchs mit rührender Sorgfalt, nachdem sie sich einen Monat lang, wie Hetero-Flamingopaare auch, beim Brüten des Eis abgewechselt haben.«[7] 1998 kreiste die Nachricht vom stockschwulen, einander in jeder Hinsicht zärtlich zugetanen Gänsegeier-Paar Daschik und Jehuda im »Biblischen Zoo« zu Jerusalem durch die Weltgeschichte. Auch sie adoptierten erfolgreich ein fast schlupfreifes Geier-Ei. Bei Meerschweinchen entwickeln offenbar einige Männchen homosexuelle Präferenzen; gleichgeschlechtliches Verhalten wird ebenfalls bei Delfinen beschrieben. Nach einer US-Studie betätigen sich 13 Prozent aller Schafböcke in großen Herden ausschließlich gleichgeschlechtlich. Besonders jedoch bei unseren nächsten Verwandten, den Affen, beobachten Verhaltensbiologen unbezweifelbare Homosexualität.[8] Dabei zeigt gerade das Sexualverhalten der Primaten überdeutlich, wie sehr Sexualität schon im Tierreich durchaus viel mehr als ein *funktionaler Fortpflanzungsmechanismus* ist. Bei einigen Affenfamilien taucht ein fast vollständiges Verhaltensrepertoire (!) weiblicher wie männlicher Homosexualität auf, das alles andere als Zeugungsabsicht demonstriert. Ideenreiche »Vorspiele«, orale Praktiken und zärtlichste Begleitgesten sind darin eingeschlossen. Pubertätsverhalten, der Mangel an heterosexuellen Gelegenheiten oder reine Dominanzgesten im Sozialverhalten erklären keineswegs die Beobachtungen der Forscher. »Rhesusäffinnen brachen nämlich zeitweilig Sexualkontakte mit Männchen ab, um sich aus eigenem Antrieb homosexuellen Kontakten zuzuwenden.«[9] Die *emotionale* und *sexuelle* Bindung zwischen einem ranghöchsten Bärenmakakken und seinem jüngeren Gefährten spiegelte durchaus nicht einen »Mangel an Sex« wider. Nach Vollzug seiner Fortpflanzungspflichten konnte sich der Ältere unverzüglich wieder seinem gleichgeschlechtlichen Freund zuwenden … Zur Erinnerung: Aktuell sind in der Literatur nach Bagemihl allein bei 167 *Säugetierarten* mehr oder weniger imponierende homosexuelle Verhaltensweisen beschrieben! Die Evolutionsbiologie ist bereits dabei, wie schon im 4. Kapitel bemerkt wurde, nach versteckten Fortpflanzungsvorteilen für Populationen mit homosexuellen Gruppenmitgliedern zu fahnden. Man ahnt bei all dem: Was da einst als *unabänderliche Natur* ausgegeben wurde, war – jedenfalls in seiner Ausschließlichkeit – doch eher ein Wunschbild oder eine zeitbedingte, sehr unvollkommene, ja falsche Wahrnehmung.

Der christliche Theologe Tertullian fragte Ende des 2. Jahrhunderts seine Mitchristen: »Hätte Gott an bunten Kleidern Gefallen – warum hat er dann nicht purpurne und himmelblaue Schafe geschaffen?«[10] Eine solche Argumentation ist spritzig und sitzt. Einige Gegner der homosexuellen Liebe ahmen die Rhetorik Tertullians nach. Schöpfung als mitgeteilte Kreativität, Lebensfreude und Freiheit zur Liebe scheint diesem Ordnungsdenken fremd zu sein. Was aber in der Geschichte Naturordnung genannt wurde, war – vom wissenschaftlichen Erkenntnisweg ganz abgesehen – immer schon durch Kultur vermittelt. Doch Tierreich oder behauptete Natur können positiv wie negativ, gebietend wie verbietend die menschliche Sittlichkeit *nicht* begründen. Die vergötterte angebliche Naturordnung hat in der Geschichte die traurigsten und abscheulichsten Dinge rechtfertigen müssen, wenn sie etwa dem »Recht des Stärkeren« schließlich zu »moralischem Ansehen« verhalf. Sie hat ihre Unschuld im letzten Jahrhundert endgültig eingebüßt. Das Naturargument sollte deshalb auch von der Gegenseite her nicht benutzt werden, nachdem man jetzt eindeutig weiß: Es gibt sie, die Homosexualität im Tierreich.

Wider die Schöpfungsordnung?

Empirisch zeigte sich die homosexuelle Orientierung – ungeachtet der Ursachenfrage – zunehmend als Konstante, die der Linkshändigkeit vergleichbar ist. Hier wie dort ist eine erzwungene Anpassung an die Mehrheitsnorm nicht mehr begründbar und wird wegen der Folgeschäden von vernünftigen Menschen auch abgelehnt. (Was man hier wie dort durch Zwang erzielen kann, das sind eine schlechte Handschrift beziehungsweise ein denkbar trauriges Sexualleben.) Wenn Evangelikale heute Missionare zitieren, die beim Besuch von Eingeborenenstämmen keinerlei Homosexualität vorgefunden hätten, so zeigen sie damit selbst die hausgebackene Blauäugigkeit und die Haltlosigkeit ihrer fantasierten Theorien. Die Anthropologie hat die Universalität gleichgeschlechtlicher Phänomene durch alle Zeiten und Räume hinweg beschrieben, so dass man durchaus von einer ubiquitären »Spielart der Natur« oder von einer »Schöpfungsvariante« sprechen könnte. »Die Erfahrung der Menschen aller Kulturen zeigt, dass Homosexualität eine der Möglichkeiten ist, wie sich normalerweise menschliches Sexualleben ausformt. Nur unter bestimmten gesellschaftlichen Bedingungen wird Homosexualität zu einer Krankheit stilisiert.«[11] »Für die Mehrzahl der bekannten Kulturen ist Homosexualität kein Problem. Nur bei einem Drittel wird sie tabuisiert, ist sie verboten und wird bestraft.«[12]

Angesichts dieses Befundes hat es ein Teil der protestantischen Tradition – oberflächlich gesehen – leichter, wenn er gegenüber dem eher philosophischen *Natur*begriff im römisch-katholischen Aristotelismus mehr biblisch mit der so genannten *Schöpfungs*ordnung argumentiert: Die von Gott im Ursprung nicht gewollte Homosexualität könne es gerade deshalb in der wirklichen, konkreten Welt geben, weil diese eine von Gott *abgefallene* Schöpfung sei. (Man konnte mit derselben Argumentation in der deutschen Nazikirche aber auch die *reale* Vermischung der Völker als schöpfungswidrig bezeichnen!) Wohl am folgenreichsten hat ausgerechnet Karl Barth, der Dialektiker hinsichtlich Gott und Natur, in seiner Kirchlichen Dogmatik Homosexualität als Zeichen einer kranken, verirrten Schöpfung und als sichtbare Folgeerscheinung des Abfalls von Gott gebrandmarkt.[13] Dabei wird Genesis 1, 27 f. im Licht des ersten Römerbrief-Kapitels gelesen. Barths Diffamierung des homosexuell liebenden Menschen gipfelt in der Feststellung: »Aus der Verkennung Gottes folgt die Verkennung des Menschen, folgt jene Humanität ohne den Mitmenschen ...«[14] Karl Barth bestimmt anhand des Genesis-Verses die ebenbildliche Entsprechung des Menschen zum dreifaltigen Gott und die daraus folgende »Freiheit zur Gemeinschaft« in einer *radikal heterosexuellen Doktrin*. Menschlichkeit mit dem Mitmenschen verwirklicht sich für ihn in der Wurzel *nur* im urbildlichen Gegenüber von Mann und Frau. Jeder Mensch ist geradezu *verpflichtet*, diese Beziehung zu leben und zu gestalten, in Liebe und Ehe oder auf anderen Wegen. Barth geht sogar so weit, alle reinen Männer- oder Frauengemeinschaften als klaren Ungehorsam gegen Gott zu verurteilen. Wer die *Urgestalt* des Mitmenschen, den Menschen des *anderen* Geschlechtes, nicht sucht, der steht für ihn gleichsam außerhalb der »Humanität als Mitmenschlichkeit«: Jetzt gibt es nur noch das *sich selbst genießen und genügen*. Dass es eine einander in Verschiedenheit und Ergänzung verbindende Entsprechung von zwei Menschen des *gleichen*

Geschlechtes geben könne, kommt bei dieser Autorität der reformierten Dogmatik erst gar nicht in Betracht. (Wenn Barth in diesem Zusammenhang ausdrücklich und einschränkend eine »Kompanie Soldaten in hohen Ehren« hält, drängt sich die Frage auf, welche Mitmenschlichkeit mit anderen Männern dieser Mann erfahren hat.) Man nennt dann das zementierte Vorurteil einer Theologenbiografie den Standort der Offenbarung.

Barths Ansatz bei der Schöpfung findet sich ähnlich bei Wolfhart Pannenberg (1995) wieder. Dieser nimmt übrigens homosexuelle Neigungen bei jedem an. Sie müssten jedoch strikt der Heterosexualität untergeordnet werden, wozu die Ehe besonders hilfreich sei! Der Gedanke eines krankhaft veränderten *Welt-Seins* des Menschen wurde auch von Helmut Thielicke auf die Homosexualität bezogen.[15] Sie galt ihm, was die Absicht des Schöpfers anbelangt, als nicht in Ordnung. Gleichwohl müsse man überall aus der Schöpfung, wie sie nun einmal ist, das Beste machen, und das sei in diesem Fall eine verantwortliche Gestaltung der homosexuellen Neigung. Thielicke sah also in der gleichgeschlechtlichen Neigung einen Ausdruck der insgesamt verwundeten Schöpfung, nicht jedoch eine hochstilisierte *willentliche Sünde* wider das Gebot des Schöpfers. Er hat innerhalb der protestantischen Ethik den Weg der »Sympathie« bereitet und zuletzt auch den kirchlichen Segen für gleichgeschlechtliche Partner befürwortet. Im Gegensatz zu Karl Barth, der allerdings als 82-Jähriger durch seinen Mitarbeiter eine Revision seiner Anschauungen andeuten ließ,[16] war Thielicke trotz seines theologischen Vor-Urteils stets bemüht, die »mögliche menschliche Tiefe« der »homoerotischen« Zuneigung nicht zu übersehen, also ins wirkliche Leben hineinzuschauen. Ich meine, man könnte aus Thielickes Gedanken auch eine hilfreiche Frage für all jene formulieren, die nach wie vor in der Homosexualität eine *Verwundung* der menschlichen Liebesfähigkeit sehen wollen: Selbst wenn es so wäre, dass der homosexuell Liebende hinter einem idealen Schöpfungsangebot zurückbliebe, müsste dann nicht gleichwohl ein heterosexueller Normenfetischismus als *Götzendienst* bezeichnet werden? Er käme ja nicht darum herum, den leibhaftigen, begrenzten Menschen (und ein solcher ist jeder von uns auf seine Weise) in ein verabsolutiertes Idealkorsett zu pressen. Das »Gottgleichseinwollen« läge hier gerade in der Nichtannahme der Schöpfung, wie sie konkret ist.

Am überzeugendsten hat der – heterosexuelle – Leipziger Theologe Martin Steinhäuser die evangelische Tradition einer negativen Bemühung der

Schöpfungslehre ins Positive gewendet. Seine 1998 erschienene Dissertation »Homosexualität als Schöpfungserfahrung« bricht mit dem versteckten Biologismus vieler protestantischer Modelle. In der christlichen Perspektive der *neuen* Schöpfung können homosexuelle Menschen wie alle anderen Zeugnis der Liebe Gottes sein – oder darin scheitern. Die Vision einer erlösten Partnerschaftlichkeit des Reiches Gottes gilt hier ohne jede Ausgrenzung für alle.

An dieser Stelle muss schließlich auch der Katholik Eugen Drewermann mit einer erstmals 1979 erschienenen Arbeit genannt werden, die er 1983 in den 2. Band seiner »Psychoanalyse und Moraltheologie« aufgenommen hat. Dort wird in eher ästhetischer Spekulation die Homosexualität als Traum einer mythischen, alle Gegensätze des Lebens in sich vereinigenden *Mannweiblichkeit* und im Spezialfall als *Sehnsucht nach ewiger Jugend* interpretiert. Insofern aber stelle sie in der Tat eine *schwere Sünde, eine Form des Strebens, wie Gott sein zu wollen*, dar.[17] In der 5., ergänzten Auflage[18] gesteht Drewermann in einem »Nachtrag zur Frage der Homosexualität« die immanente Gewalttätigkeit einer solchen Theologie »von oben« zu, was ihm eine Reihe von Reaktionen auf den veralteten Beitrag eindringlich gezeigt habe. (Einen Brief aus meiner Feder nahm er so ernst, dass er mich zu einem persönlichen Gespräch nach Paderborn einlud.) In äußerst kritischer Auseinandersetzung mit der erneuten römischen Verurteilung der Homosexualität von 1986 und in Treue zu seiner Theologie des Vertrauens distanziert Drewermann sich in dem Nachtrag vom Grundansatz des besagten Aufsatzes. Ein Theologe also, der zuhören kann und nicht immer Recht haben will.

Die angedeutete Theologisierung der Homosexualität scheint oftmals die Konsequenzen schlichtweg zu übersehen. Als wenn jemals auch nur ein einziger homosexuell empfindender Mensch in *selbstgenügsamem Gottgleichseinwollen* die Gemeinschaft mit einem liebenden Gegenüber verachtet hätte, und zwar sündhaft aus spezifisch gleichgeschlechtlichem Antrieb heraus! Einfacher gesagt: Kein homosexuell Liebender hat sich bewusst seine Art der Liebesbegabung und des Begehrens ausgesucht, das ist sicher. Oft kann sich der oder die Homosexuelle unter dem Vorzeichen der Angst erst nach langem Mühen selber annehmen. Dann allerdings vermag sie oder er ihre beziehungsweise seine Homosexualität auch wirklich als Geschenk erfahren, und zwar im Gegenüber zu einem *anderen* Menschen. Einsamkeit ist kein homosexuelles Ideal, sondern unter anderem auf Grund der Diffamierung eine leider noch immer häufige Not von Homosexuellen. Davon kann sich jeder schon beim Lesen der Kontaktanzeigen in Szenezeitungen überzeugen.

Natürlich gibt es *heterosexuell wie homosexuell* orientierte Menschen, die auf Grund ihrer Lebensgeschichte so verwundet sind, dass sie ein mögliches liebendes und geliebtes Du nur als Gefahr für ihre mühsam erkämpfte Unabhängigkeit beziehungsweise »Unverwundbarkeit« begreifen können. Diese *Not* als eine Besonderheit gleichgeschlechtlicher Liebe und zudem als Sünde im moralischen Sinn auszugeben, zeugt von äußerst dürftigen Kenntnissen des Lebens und von einer schlechten Theologie. Als Verhöhnung und Verurteilung des Einsamen suggeriert solches Denken in unserem Fall: Homosexualität sei wesenhaft eine stolze Selbstüberhebung und Selbstgenügsamkeit des Menschen, der sich in einer »göttlichen« Unabhängigkeit gefällt und auf das vom Schöpfer angebotene Leben in Gemeinschaft selbstherrlich verzichtet. Wieso dürfen Theologen als Theoretiker der rechten Ordnung solchen und ähnlichen Unsinn am Leben vorbei konstruieren? Wieso dürfen sie Menschen, die Gottes Geschenke anders als sie erfahren, als Opferbausteine in ihre Lehrgebäude einfügen?

Doch: Sind homosexuell liebende Menschen wirklich nach dem Geist der Bibel von der wunderbaren Idee Gottes ausgeschlossen, dass der Mensch ein leibhaftiges Du als größtes irdisches Glück und als Ahnung des Himmels erfahren kann? Gilt nicht vielmehr die Mitte der göttlichen Schöpferabsicht ebenso für Menschen des gleichen Geschlechtes, die sich lieben und einander beistehen? »Es ist nicht gut, dass der Mensch allein bleibt. Ich will ihm eine Hilfe machen, die ihm entspricht« (Gen 2, 18). Man darf durchaus weniger grundsätzliche Bibelstellen heranziehen, um die rigoros eingrenzende Auslegung dieses wunderbaren Genesis-Verses als engherzig und geistlos zu entlarven: »Zwei sind besser als einer allein, wenn sie nur reichen Ertrag aus ihrem Besitz bringen. Denn wenn sie hinfallen, richtet einer den anderen auf ... Wenn zwei zusammen schlafen, wärmt einer den anderen; einer allein – wie soll er warm werden?« (Kohelet 4, 9-12).

Ohne Zweifel ist das zweigeschlechtliche Zueinander – das Gegenüber von Mann und Frau – im Buch Genesis der Horizont und von außerordentlicher Wichtigkeit für die Theologie der biblischen Schöpfungsberichte. Doch wir sollten daraus nicht voreilig eine ewige *Schöpfungsordnung* konstruieren. Das »ein Fleisch werden« (Gen 2, 24) versteht die gegenwärtige christliche Ehe-Theologie gewiss als ausschließliche Verbindung eines Mannes mit *einer*

Frau. Für den Stammvater aller Glaubenden, Abraham, und erst recht für seinen in Vielehe lebenden Enkel Jakob war das nicht so. Beim weisen König Salomo sind es dann bereits 700 Ehefrauen und 300 Nebenfrauen (1 Kön 11, 3), und die Bibel kritisiert eigentlich nur, dass sich darunter so viele *heidnische* Ausländerinnen befinden. In der Hebräischen Bibel erscheint die Untertänigkeit der Frau als ein Fluch (Gen 3, 16), als Ergebnis einer tiefen Entfremdung und nicht als Ordnungsmoment einer ursprünglich heilen, gutgeheißenen Schöpfung. Die Ausleger der Genesis, Autoren des *Neuen Testaments* eingeschlossen, konnten jedoch in der Glaubens- und Kulturgeschichte das »Gegenüber aus der Rippe«, die Frau, auch ohne Bemühung des so genannten »Sündenfalls« zum *nicht* gleichberechtigten, eher minderwertigen Part erklären: Der Mann sei »das Haupt der Frau« (1 Kor. 11, 3). Die Frauen sollten sich in allem den Männern unterordnen (vergleiche 1 Kor. 14, 34; Eph 5, 25-32; Kol 3, 18) und ihnen gehorsam sein (Tit 2, 4 f.). Sie sollten den Mann ehren, der sie wiederum wie seinen »eigenen *Leib*« liebt (Eph 5, 25-32). Sind Frauen unverheiratet, stehen sie in der Gefahr, so meint man, faul und geschwätzig zu werden (vergleiche 1 Tim 5, 14). Gewisse *Frauen* scheinen »immer [zu] lernen und doch nie zur Erkenntnis der Wahrheit gelangen [zu] können« (2 Tim 3, 7). Der »echte« Paulus hatte den Frauen gar ein striktes Redeverbot in der Versammlung der Heiligen erteilt (1 Kor 14, 34). Darf es nach solchen Aussagen verwundern, wenn heilig gesprochene Kirchenväter und Kirchenlehrer wie Augustinus oder Thomas von Aquin die Frau als verkümmerten Mann, als besonders tiernahen Menschen und vornehmlich als bloßes *Gefäß* (1 Thess 4, 4) für den Samen des Mannes betrachteten? Ist daran nur griechischer Einfluss schuld? Wie lückenlos gesund ist hier die Interpretation der so genannten Schöpfungsordnung für Mann und Frau in Bibel und Tradition? Kann man nicht gerade die antihomosexuellen Belege diesen frauenfeindlichen Aussagen zur Seite stellen? Wo ist an diesen Stellen das Gute, das – nach eingehender Prüfung von allem – beibehalten werden soll (vergleiche 1 Thess 5, 21)?

Über viele christliche Jahrhunderte hinweg konnte, um ein weiteres Beispiel der gelebten Genesis-Auslegung zu nennen, eine erfolgreiche Fortpflanzungsgemeinschaft mit »göttlichem« Siegel als Ehe deklariert werden, auch wenn darin personale, einander stützende Liebe oder doch zumindest Sympathie nicht vorkam. Im Bannkreis der römischen Eheparagraphen wurde schließlich die Fortpflanzung fast zum Exklusivzweck des ganzen Geheimnisses. Menschen, die auf Grund von Krankheit, Behinderung oder Alter von dieser biologischen Seite ausgeschlossen waren, standen – wenn nicht schon von vornherein ein Ehehindernis ausgesprochen worden war – im schwelenden Verdacht einer uneigentlichen Eheschließung. Nur: Der unmenschliche Biologismus des puren Fortpflanzungszweckes ist aus der Ethik von Liebe und Sexualität in den meisten Kirchen längst verschwunden. Die menschliche Fortpflanzung als *Pflicht* zu vergötzen, das erscheint im dritten Jahrtausend geradezu als absurd. Wer noch immer eine liebende, auch körperliche Gemeinschaft zwischen zwei Menschen des gleichen Geschlechtes für minderwertig oder unmöglich hält, kann es letztlich nur tun, indem er *seine* eigenen seelischen und leiblichen Erfahrungen oder seine weltanschauliche Ordnungstheorie als allein selig machenden Weg behauptet und die größere Schöpfungsvielfalt im Geheimnis der Liebe leugnet. Dabei muss er auch die *strikte* Aufteilung von »männlich« und »weiblich« auf metaphysisch getrennte Geschlechter aufrechterhalten. Das aber war der Überbau einer Geschichte in Gesellschaft und Kirche, die – gottlob – ihrem Ende zugeht. Gewiss, gegen den sichereren Standpunkt der selbstzufriedenen Wahrheitsverkünder können lebendige Menschen auch mit ihrem erfahrenen Glück oft genug nicht ankommen. Viele Frauen und Männer könnten davon ein Lied singen. Sollten sie es dennoch nicht vorziehen, unbeirrt und fröhlich dem ihnen geschenkten eigenen Lied zu folgen?

Exkurs:
Der Mythos vom tiefen Graben zwischen den Geschlechtern

Mann und Frau, weiß und schwarz, oben und unten, rechts und links: Alles klar, eindeutig, wie es immer schon war und ist und bleiben wird? Lässt sich die metaphysische *Überhöhung* und *Festschreibung* des konkreten Unterschiedes zwischen den Geschlechtern und ihren kulturell mitgeformten »Eigenarten« in unserem Jahrhundert wirklich noch aufrechterhalten? Biologisch beziehungsweise genetisch ist der Unterschied jedenfalls nicht grundsätzlich *trennender* Natur, denn jeder Mensch entwickelt weibliche und männliche Merkmale. Bei den Brustwarzen des Mannes, die kein Kind nähren, stellt sich zum Beispiel die Frage, ob Gen 2, 21-22 nicht auch in umgekehrter Version hätte erzählt werden können. »Alle Sexualhormone kommen, wenn auch in unterschiedlichen Mengen, bei beiden Geschlechtern vor. Beide Geschlechter haben die Anlagen zu männlichen und weiblichen Sexualorganen. Erst in der 7. bis 8. Schwangerschaftswoche werden diese differenziert.«[19] Im Einzelfall kann es erst der wegen eines unerfüllten Kinderwunsches um Rat gefragte Mediziner in seinem Labor nachweisen, dass eine verheiratete Frau, mit allen äußeren Merkmalen »ihres Geschlechtes« ausgestattet, in Wirklichkeit von ihren Erbanlagen her ein Mann ist. Der weise Arzt wird einen solchen Befund verschweigen. Aber auch ein Mensch, der chromosomal *und* von der körperlichen Erscheinung her eindeutig das männliche oder weibliche Geschlecht aufweist, kann sich seelisch ausschließlich dem jeweils anderen Geschlecht *zugehörig* fühlen. Ich habe mehrere Frauen kennen gelernt, die erst durch eine operative Geschlechtsumwandlung von ihrem großen Leiden am »falschen Körper« erlöst worden waren. Sie wurden von ihrer Mitwelt – trotz des männlichen Erbcodes – eindeutig als Frauen erkannt.

Wir müssen nicht einmal die Ausnahmen hinsichtlich des genetischen, körperlich-phänotypischen und psychischen Geschlechtes anführen. Merkmale, Eigenschaften und Wesenszüge, die wir als typisch weiblich oder männlich einstufen, sind unterschiedslos bei *beiden* Geschlechtern anzutreffen, ohne dass sich die betreffenden Menschen als Zwischenwesen ohne klare geschlechtliche Identität fühlten. Zwei Frauen (oder zwei Männer) können sich in ihrer Psyche so stark unterscheiden, dass das gemeinsame Geschlecht nur noch als eine sehr untergeordnete äußere Gemeinsamkeit in Erscheinung tritt. Andererseits können sich ein Mann und eine Frau in Typus und Charakter so sehr ähneln, dass man von einem seelischen Zwillingspaar sprechen möchte. Schon von hier aus ist es unsinnig, dem gleichgeschlechtlich liebenden Menschen zu unterstellen, er suche eigentlich nur einen Abklatsch seiner selbst und scheue das *Unbekannte* am anderen Geschlecht. (Nur weil das *spezielle* Begehren oft gänzlich fehlt, wird von einigen »Experten« ja vermutet, alle Schwulen hätten Angst vor der Frau und alle Lesben Angst vor dem Mann.)

Doch der bloße Geschlechterunterschied ist für sich genommen viel zu grob, viel zu primitiv, als dass er die körperlich-seelische Einmaligkeit und Verschiedenheit von Menschen aussagen könnte. Darauf aber kommt es eben an, *dass das Gegenüber in seiner unverwechselbaren Individualität, als einmalige Person und nicht als austauschbares Objekt geliebt wird.* Menschlicher Eros darf im Anderen das Fehlende, das Ergänzende suchen, aber er darf den Anderen nicht zum ausgebeuteten Wunschbild machen und in seinem Eigensein vernichten. Sowohl in hetero- als auch in homosexuellen Beziehungen gibt es die verdeckte pure »Selbstliebe«. Sie sucht narzisstisch ein Gegenüber, das möglichst in allem Wesentlichen dem eigenen Ich gleich oder ähnlich ist. Etwas anders verhält es sich mit der so genannten *Übertragungsliebe*. Diese sucht statt des partnerschaftlichen, Schulter an Schulter gehenden Gefährten im Anderen eigentlich immer noch den eigenen Vater oder die eigene Mutter (vergleiche Gen 2, 24). Doch auch das geschieht unabhängig von der sexuellen Präferenz, also bei Eheleuten, Schwulen, Lesben und anderen. Ein gleichgeschlechtlicher Partner mag im Einzelfall als *Ersatz* für die eigene, noch nicht entwickelte geschlechtliche Identität missbraucht werden. Genauso aber kann eine unreife heterosexuelle Partnerschaft den Anderen zum bloßen *Platzhalter* für die eigenen, nicht integrierten gegengeschlechtlichen Anteile degradieren. Allen so genannten *Fehlformen* oder *unreifen Übergangsphas*en der Partnerschaft ist gemeinsam, dass der oder die Andere wie ein Pflaster die eigene – noch nicht entwickelte beziehungsweise wahrgenommene – Persönlichkeit überdecken soll. Auf diese Weise aber kann ein Gegenüber mit seiner eigenen Persönlichkeit und mit seinem unvertauschbaren Menschenangesicht kaum erkannt und als das andere Du geliebt werden. Gemessen an dem entsprechenden Kriterium *reifer menschlicher Liebe* ist es völlig untergeordnet, ja gleichgültig, ob das geliebte Du dem anderen oder dem gleichen Geschlecht angehört. In allen genannten Fällen ist es Hilfe zur Reifung, was dem Leben dient.

Darüber hinaus gibt es aber sowohl in hetero- als auch in homosexuellen Partnerschaften die *legitimen Grundakkorde* der eher harmonischen Gefährtenschaft von Gleichgesinnten oder der mehr bipolar-ergänzenden Gegensätzlichkeit. Es können sich höchst unterschiedliche Menschen auf gesunde Weise anziehen, aber auch Menschen, die in einer sehr intimen, vertrauten Verwandtschaft einander ähnlich sind. Dabei spielt es wiederum nur eine untergeordnete Rolle, ob zwei Frauen, zwei Männer oder ein Mann und eine Frau sich begegnen. (An dieser Stelle ist hinsichtlich eines unausrottbaren Vorurteils eine Zwischenbemerkung fällig: Homosexuelle Partnerschaften ahmen keineswegs notwendig eine starre weibliche oder männliche *Rollenverteilung* nach. Wo es solche Rollen gibt, sind sie fast immer offen statt eindeutig. In der Regel identifizieren sich homosexuell liebende Menschen klar mit ihrem eigenen Geschlecht. Sie sind Männer oder Frauen und wollen es auch sein. Als solche begehren sie einen Menschen des gleichen Geschlechtes.)

Ausgerechnet die Tiefenpsychologie von Carl Gustav Jung, die doch zentral vom bipolaren Gegensatz des Männlichen und Weiblichen ausgeht, kann unsere Überlegungen ergänzen. Jung spricht »von dem Animus als der unbewussten männlichen Seite in der Psyche der Frau und der Anima als der weiblichen Seite in der Psyche des Mannes. Beide suchen nach einer Synthese, der Individuation oder Integration«.[20] Das heißt aber zunächst, dass *in* jedem Menschen »Weibliches« und »Männliches« auf ein innerseelisches Gespräch hin angelegt sind und auf eine erlösende Begegnung beziehungsweise Vereinigung drängen. Auf Grund eigener und erzählter Erfahrungen halte ich es dabei für mehr als nur wahrscheinlich, dass auch bei den meisten homosexuell liebenden Menschen die innerseelische Symbolik von »Weiblichem« und »Männlichem« zum Beispiel in Träumen anzutreffen ist. (So wie umgekehrt bei zahlreichen heterosexuellen Menschen tiefenpsychisch die *gleichgeschlechtliche* Symbolik eine nebengeordnete oder mitunter auch zentrale Rolle spielt.) Es ist eigentlich davon auszugehen, dass auch in einer Begegnung zwischen zwei Männern oder zwischen zwei Frauen in unterschiedlicher und wechselnder Gewichtung »Männliches« und »Weibliches« miteinander ins Gespräch kommen. Im Grunde sind in den meisten Fällen nur die Akzente beziehungsweise die Grundausrichtungen des Lebensweges und seiner tragenden Begegnungen anders gelagert: Der heterosexuell empfindende Mann sieht beispielsweise seine eigene verborgene »Weiblichkeit« vor allem im Gegenüber einer Frau geweckt. Doch seine »Männlichkeit« nimmt er nicht nur in dieser Differenz wahr. Sie kann von ihm ebenfalls im Spiegel von Freunden wiedererkannt werden. Ja, auch er bedarf der gleichgeschlechtlichen *Freundschaft* für ein gesundes Seelenleben.[21] Der homosexuell begehrende Mann vermag im männlichen Geliebten die stärkende Spiegelung der eigenen »Männlichkeit« wahrnehmen und wahr machen.[22] Doch auch er findet in Freundschaften mit Frauen das weibliche Gegenüber. Dabei kann er ebenso den Geschlechterunterschied wie auch die Geburtshilfe für eigene Seiten der Psyche erfahren. Sowohl hetero- als auch homosexuell liebende Männer und Frauen können und sollten gleichzeitig tiefe seelische Freundschaften zu Menschen *beiderlei* Geschlechtes pflegen. Nur der sexuelle beziehungsweise erotische Schwerpunkt ist eben jeweils verschieden. Er sagt aber noch nichts darüber aus, ob eine wirkliche innere Beziehungsfähigkeit zum gleichen oder anderen Geschlecht oder überhaupt eine menschliche *Beziehungsfähigkeit* vorliegt! Er ist auch nicht an ein starres Entweder-oder-Muster gebunden. Es gibt sie einfach zu oft, die Grenzgänger und die Wanderer zwischen den angeblich getrennten Welten. Und es lässt sich mit gutem Willen, wie ich meine, nur schwer übersehen, welche Bereicherung das Fest menschlicher Begegnungen dabei durch die ungewohnte Aus- oder Einblendung des *besonderen* Eros erfährt. Hier geschieht nichts unvollkommen Defizitäres, sondern etwas Neues! So *kann* etwa die Freundschaft zwischen einem Schwulen und einer Frau (oder einem heterosexuellen Mann) etwas wahr werden lassen, was sich bis dahin noch nicht gezeigt hatte.[23] Im Februar 2001 hatte ich die bemerkenswerte Begegnung mit einem 40-jährigen Mann in Düsseldorf. Er besucht als Stammgast seit vielen Jahren die in seiner direkten Nachbarschaft gelegene schwule Kneipe. Er sei, so sagte er mir, in dieser ganzen Zeit leider nicht ein Fünkchen schwul geworden. Doch er habe etwas sehr Schönes erst in diesem Lokal gelernt: mit Frauen und mit Männern im Alltag herzlich zu werden, einander zur Begrüßung zu umarmen, zu zeigen, dass man sich mag.

In einer soeben erschienenen Arbeitshilfe der Deutschen Bischofskonferenz finden sich erstaunliche Annäherungen an die hier vorgelegte Sicht und an die moderne Gender-Diskussion.[24] Unanfechtbar wird dort die Erfahrung von Schwangerschaft, Geburt und Stillen als ein Spezifikum der Frauen hervorgehoben. Doch es heißt: »Geschlechtlichkeit und Vorstellungen von Leiblichkeit sind sowohl biologisches Datum als auch geschichtlich und kulturell vorgegebene Disposition.« Dass der Mensch »Bild Gottes« ist, wird in diesem Zusammenhang *nicht* von der Geschlechtsdifferenzierung, sondern von der einzigartigen *Individualität* jedes Menschen her begründet!

Es wird immer biologisch bestimmte und kulturell geformte (beziehungsweise verformte) Eigenarten und Wesenszüge von Frauen und Männern geben. Doch diese sind nicht *trennend* und auch hinsichtlich des Wesens nicht streng auf die beiden biologischen Geschlechter verteilt. Der trennende, tiefe oder gar unüberwindbare Graben zwischen Mann und Frau ist ein Mythos. Man könnte mit der christologischen Formel *eher* von einer unvermischten und zugleich ungetrennten Koexistenz sprechen: Das Geschlechtliche strebt weder nach einer neutralen, identitätslosen Mischform noch nach einem säuberlich konstruierten Separatismus. Das schöpferische Gespräch von »Männlichem« und »Weiblichem« reicht weiter, als es ein plattes, zwanghaftes Ordnungsdenken wahrzunehmen vermag. Darin und darüber hinaus gehört – unabhängig von Hetero- oder Homosexualität – auch die liebende Begegnung von Mann und Mann oder von Frau und Frau zum wundersamen Gespräch der Schöpfung. Wer das nie erfahren hat, der ist als Mann oder Frau ganz gewiss nicht weniger eingeschränkt in seinen Möglichkeiten als jeder, der *nur* diese Weise der Begegnung kennt.

Was ist deine Natur?

Es dürfte bis zum Exkurs deutlich geworden sein, dass eine behauptete feststehende, in Paragraphen einfangbare Natur- oder Schöpfungsordnung innerhalb der Kirchengeschichte immer wieder zu einem Gefängnis für homosexuell empfindende Menschen wurde, aus dem es kein Entrinnen gab. Den Ideologen dieser Begriffe schien es eben vor allem auf die äußere *Sicherheit verbürgter Ordnung* anzukommen. Sie verschleierten diese Zwanghaftigkeit, indem sie sich selbst zu Streitern Gottes ernannten und dem Homosexuellen zuriefen: »Der Komponist hat das Recht, die Art und Weise vorzuschreiben, wie seine Musik gespielt wird« (R. Lovelace).[25] Und ebenso schrieben sie allen anderen Frauen und Männern vor, sich an der Musik des Eros – notgedrungen – nur so und insoweit zu erfreuen, als es der Zweck gestatte. Deshalb durften die obersten Behörden in Rom auch in Sachen Homosexualität nicht einen Haarspalt klein beigeben. Der Zweck wäre augenblicklich von seinem Thron heruntergestürzt. So ist also die Verdammung der Homosexualität die letzte Festung eines Götzen namens »Zweck«, der – für alle – das *ganze* Reich von Eros und Sexualität über viele Jahrhunderte hinweg reglementiert hat.

Die Theologie vom zweckmäßigen Schöpfer und vom verzweckten Leben soll im nächsten Kapitel kritisch unter die Lupe genommen werden. Muss es erläutert werden, warum gerade ein äußerlich bleibendes Ordnungsdenken und das zugehörige Gottesbild vom objektiven Gesetzgeber dem Wesen des Glaubens zutiefst widersprechen? Dass keiner von uns Menschen für das Konzert des Lebens schon ein fertiges Programmheft besitzt, darin liegen ja in gewisser Weise zugleich Not und Schönheit unseres Daseins. Existenziell und auch ethisch kann aber das »offene Programm« des Menschseins nur fruchtbar gelebt werden in einer vertrauensvollen inneren Beziehung zum Ursprung des Lebens. Die behaupteten *ewigen Gesetze und Ordnungen*, deren

Anbetung Unglaube bedeutet, zerfallen hingegen als äußere Sicherheiten allzu leicht. Das wird schon bei den ersten Gehversuchen unserer Weltwahrnehmung deutlich. Sobald sich der erste schwarze Schwan zeigt, gilt eben nicht mehr der Satz: »*Alle* Schwäne sind weiß.«

Zur Ehrenrettung des oben heftig gescholtenen Thomas von Aquin muss hier angefügt werden: Der Aquinat unterscheidet – im Gegensatz zu allen ihm Nachfolgenden – durchaus zwischen der *allgemeinen* und der jeweils individuellen *konkreten* Natur.[26] Er bemüht sich jedenfalls, jene Naturbeobachtung, die auch seinem *philosophischen* Naturbegriff induktiv – also von unten her – zu Grunde liegt, nicht voreilig zu verabsolutieren. So gibt Thomas von Aquin an einer einzelnen Stelle in seiner Summa theologica ausdrücklich die Möglichkeit zu, dass einem bestimmten männlichen Menschen beispielsweise der »Männerverkehr« sekundär zur Quasi-»Natur« (*connatural*) werden könnte (S. Th. I.II.31.7.): Was an sich wider die Artnatur sei, das könne einem Einzelwesen zufällig natürlich werden. Wenigstens ansatzweise hat er damit in der Frage der Homosexualität berücksichtigt, was man in Rom bis heute offenbar nicht ganz verstehen oder wahrhaben will: Dass nämlich das Handeln aus dem Sein kommt, wie das scholastische Axiom »operari sequitur esse« besagt. Das heißt, man kann eben nicht äußeres *Verhalten* in einen objektiven Beichtspiegel hineinstecken und von einer »an sich schuldlosen [wenn auch ungeordneten] *Neigung*« abtrennen: »Du darfst *so* sein, aber du darfst nicht *so* leben!«[27]

Als eingefleischter Empiriker würde Thomas von Aquin heute an der genannten Stelle mit großer Wahrscheinlichkeit die Erkenntnis der Humanwissenschaften berücksichtigen, dass *vielen* Männern und Frauen die Zuneigung zum gleichen Geschlecht – wie auch immer – als *innere* Wesensbestimmtheit mit auf den Weg gegeben ist. So wäre dann eben etwa die Zwangs- oder Versteckehe eines emotional wie körperlich klar homosexuell empfindenden Mannes mit einer Frau im leibhaftigen Einzelfall eindeutig als »widernatürlich« zu betrachten. Eine menschlichere Ethik des Christentums im doppelten Sinn des Wortes fragt – statt abstrakt konstruierte, allgemeine Normen und Gesetze aufzustellen: *Was ist deine konkrete Natur, was ist dein Leben wirklich?* Und diese Ethik fragt, weil das hier im Judentum wie im Christentum als die entscheidende Frage gilt: *Wie kann dir, Mensch, dieses Leben Freude sein?* Damit verabschiedet sie das Gottesbild vom tyrannischen Gesetzgeber und kehrt zurück zur Tora der Lebensweisung, zum Gott Jesu.

7. Das Geschenk des Lebens und ein Ethos der Liebe

Weh euch … Gesetzeslehrern! Ihr ladet den Menschen Lasten auf, die sie kaum tragen können.
LUKAS 11, 46

»Den liebe ich nicht«, spricht Gott, »der mir misstraut. Glaubt ihr denn, ich verbrächte mein Leben damit, euch Gruben zu graben, und ich hätte dann meinen Spaß daran, wenn ihr hineinfallt? Alle List, die in mir steckt, ist die List der Gnade.«
CHARLES PÉGUY

Furcht gibt es in der Liebe nicht, sondern die vollkommene Liebe vertreibt die Furcht.
1. JOHANNES 4, 18

Ein seinerzeit auch von offenen Rom-Katholiken gelobtes, von den Bischöfen aber kritisiertes Arbeitspapier aus der Würzburger Synode über »Sinn und Gestaltung menschlicher Sexualität« beurteilte vor fast 30 Jahren Homosexualität theologisch unter anderem als »Verlust der persönlichen Ganzheit« und warnte abschließend vor der »homosexuellen Verführung«.[1] Damals entsprach die insgesamt moderate Sprache des Dokumentes und dessen gut gemeinter Verstehensansatz jedoch durchaus noch dem Selbstbild vieler homosexuell liebender Christen, die unter der Übermacht eingepflanzter Skrupel und äußerer Ablehnung nie zu einer wirklichen Selbstannahme gelangt waren. Der willkommene pastorale Trost lautete dann – mit Worten des Neuen Testamentes – etwa so: »Wenn dein Herz dich auch verurteilt, Gott ist größer als dein Herz!« (Vergleiche 1 Joh 3, 20.) Vor allem im römisch-katholischen Angstklima einer völligen Versexualisierung der Moral war dieser Zuspruch für viele Jugendliche und Erwachsene im wahrsten Sinne des Wortes Not-wendig, um der Verzweiflung zu entgehen. Dass die ständige Fixierung auf angebliche Unkeuschheiten die wirklichen Lieblosigkeiten im Alltag oft gar nicht mehr wahrnehmen ließ, also ein reifes sittliches Bewusstsein geradezu verhinderte, davon könnte mancher Beichtvater ganze Bände erzählen. Heute erfahren nicht nur homosexuell Liebende, sondern überhaupt die jugendlichen oder erwachsenen Adressaten lebensfeindlicher sexualethischer Forderungen eher den folgenden Zuspruch: »... wenn unser Herz uns aber nicht verurteilt, können wir vor Gottes Angesicht zuversichtlich Freude empfinden«.

Ist Gott ein Konkurrent oder ein Freund?

Mit Blick auf die Moralisten fragte schon Petrus Abaelardus (1079-1142) in seinen Ethica, ob hinsichtlich der verbotenen Früchte nicht auch dem Schöpfer dieser Speisen eine Mitverantwortung zukomme, »wenn er ihnen einen so angenehmen Geschmack verliehen hätte, dass er mit Notwendigkeit diejenigen zur Sünde zwänge, die sich an ihrem Genuss erfreuen?«[2] Natürlich können solche Fragen nur unter einem Gottesbild der Angst und der Konkurrenz gestellt werden. Bei den Babyloniern etwa waren zuweilen die Götter für die Menschen Unterdrücker und Lebensneider. Mann und Frau hatten ihnen sklavisch zu dienen, doch am menschlichen Wohlergehen war den Göttern eigentlich nicht gelegen. Diese heidnische Theologie lebt im Christentum überall dort wieder auf, wo Gott die Maske eines feindlich gesonnenen Gesetzgebers erhält. Der Katechismus beantwortet dann die Frage »Wozu sind wir auf Erden?« mit der Auskunft: »um Gott zu dienen, seinen Gesetzen zu gehorchen (und um dereinst himmlischen Lohn dafür zu erhalten)«. Viele Sexualverbote, am drastischsten jedoch die Verdammung der homosexuellen Liebe, ließen dann Gott in den Augen der Angesprochenen etwa so erscheinen: »Da ist ein gewichtiger Teil meiner Sehnsucht, meiner Wünsche, meines Fühlens und Denkens. Er gehört zu mir, so wie ich mich vorfinde. Er schadet weder mir noch irgendeinem Mitmenschen. Im Gegenteil, er beglückt mich, schenkt mir Freude und Lust und hilft mir, einen anderen Menschen zu beschenken ... Doch da ist dieser Gott. Er verbietet mir, was mich beglücken könnte, und droht dabei mit fürchterlichen Strafen. Dieser Gott neidet mir mein Lebensglück. Er will nicht, dass ich froh bin und mich des Lebens freue, so wie es mir gemäß ist.« Es bleibt dann als Schöpfer und als Gesetzgeber ein Sadist übelster Sorte übrig: Er lässt ein sehnsüchtiges menschliches Verlangen im Geschöpf zu, dessen Erfüllung er gleichzeitig mit »heiligen« Paragraphen verbietet.

Gegenüber einer solchen *heidnischen* Gottesangst hat Irenäus von Lyon († um 202) klassisch den christlichen Glauben an Gott formuliert: *Der lebendige Mensch ist Gottes Ehre*. Gott freue sich, wenn im Menschen das Lebensglück als Geschenk wirke. Also: Was den Menschen wahrhaft beglückt, das ist Anteil und Vermehrung der göttlichen Freude. Gesetzliche Verbote – oder besser: Weisungen – kennt dieser menschenfreundliche Gott nur aus einem einzigen Grund: um den Menschen als ein Freund von Wegen abzuraten, die ihnen und anderen Unglück bringen. Und er nennt die Menschen ausdrücklich nicht Sklaven oder Untertanen, sondern Freunde (vergleiche Joh 15, 15). Im Gegensatz zu den Lasten der religiösen Gesetzesverkünder ist sein Joch sanft und drückt die Menschen nicht (vergleiche Mt 11, 30). Denn: Die Liebe hat Gott erkannt, in ihr gibt es die Furcht nicht, und sie hält Gebote, die nicht schwer sind (vergleiche 1 Joh 4, 7; 4, 18; 5, 3). So wäre also letztlich auch unter der Lebensweisung der bevorzugte Weg Gottes nicht der des Gesetzes? Seit den Tagen der ersten Gemeinde in Jerusalem erfahren Christen, was bereits die Propheten des Ersten Bundes wussten, dass nämlich Gott sein Gesetz, das Gesetz der Liebe, im eigentlichen Sinn nicht auf Steintafeln schreibt, sondern in das *Herz* von Menschen (vergleiche unter anderen: Dtn 30, 11-14; Jer 24, 7 und 31, 33; Ez 11, 9 und 36, 27; Apg 2; 2 Kor 3, 3; Gal 4, 6 f. und 5, 22 f). Wenn Menschen innerlich befriedet sind, sich als Angenommene erfahren, dann wird ihr Leben gleichsam wie von selbst der Liebe folgen, weil es gesegnet ist. Sei geliebt und liebe, so könnte man frei nach Augustinus sagen, und dann tue, was du willst.

Nun meinten durchaus nicht alle Moraltheologen der Vergangenheit, Homosexualität bedeute für die Beteiligten per se menschliches Unglück oder für einen menschlichen Dritten Schaden. Es bedurfte auch keiner sophistischen Gedankenspiele über die *Süße* der verbotenen Früchte, mit denen man warnend etwa in der folgenden Art Misstrauen gegenüber dem eigenen Glücksempfinden säte und noch immer sät: *Was dir süß erscheint, ist in Wirklichkeit bitteres Gift*![3] Selbst Thomas von Aquin konnte sich ja in diesem Fall vorstellen, dass einer Gefallen an der Sache fände, wiewohl er grundsätzlich nur ein naturgemäßes wirkliches Genießen für möglich hielt. Nein, es lag den vermeintlich göttlich berufenen Moralverkündern hier eben vor allem an der strikten Befolgung des angeblichen *Schöpfer*verbotes. Dabei sind sie offenbar bis heute gewillt, eine permanente Zerrissenheit zwischen dem *behaupteten* göttlichen Verbot und dem inneren »Gesetz« eines Menschen in Kauf zu nehmen. Noch immer müssen Homosexuelle dann in den Kirchen einen scheinbar aussichtslosen Wunsch ausrufen: »Wenn [nur] die beiden Götter verschmelzen könnten. Der eine, der mich krank geschaffen hat, mit dem anderen, der mir befiehlt, gesund zu sein ... Der Gott meiner Natur und der Gott der orthodoxen Moral.«[4]

Die entscheidende Frage lautet an dieser Stelle nicht mehr: *Wer hat die Früchte, die verbotenen, so süß gemacht?*, sondern: *Wer hat die süßen Früchte eigentlich wirklich verboten, wer und warum?* Waren es vielleicht die Gesetzeslehrer, die nach Jesu Worten den Menschen Lasten und Menschensatzungen auferlegen, die sie kaum tragen können (vergleiche Lk 11, 46)? Oder waren es die großen theologischen Theoretiker, die aus Angst vor dem eigenen Gefühlsleben alle Sexualität in die Schubladen »vernünftiger Zweckkategorien« und klarer Gesetze des Kopfes einordneten? Ist es vielleicht so, dass Gott selber die in Frage kommenden Früchte keineswegs verboten, sondern ihnen die Süße verliehen hat, eben weil sie den Menschen zum herzhaften Genuss zugedacht sind? Ich meine entschieden, dass es sich bei der homosexuellen Liebe so verhält. Der Widerspruch zwischen dem Schöpfer der Frucht und ihrem gesetzgeberischen Verbieter ist hier also von Menschen hausgemacht. Es kamen selbst ernannte »Stellvertreter Gottes« und taten, was auch einst die Schlange im Paradies tat:[5] Gott lädt den Menschen ein, von *allen* Bäumen der jungen Schöpfung zu essen; allein die Früchte von dem *einen* »Baum in der Mitte des Gartens« dürfe er nicht essen (Gen 2, 16 f.). Die Schlange aber macht daraus ein Verbot über *alle* Bäume des Gartens (Gen 3, 2 f.!). So säen seither auch die Theologen, die der Schlange Glauben schenken, Misstrauen. Sie lassen Gott als einen Neider erscheinen, indem sie die göttliche Schutzweisung um des Menschen willen lügnerisch zu einer Verhinderung von angstfreiem Selbstbewusstsein und zu einem *Verbot von Lebensfreude* verdrehen.

Doch ob ein Baum gut ist, das eben erkennt man an seinen Früchten (vergleiche Mt 7, 17-20). Deshalb schlägt Jens Weizer vor, in Zukunft vom anderen Ende her nach der Güte der homosexuellen Liebe zu fragen.[6] Statt von einem abstrakt über das Leben hinweg konstruierten »ethischen *Sollen*« auszugehen, müsste das Leben selber auf eine natürlichere Weise zur Sprache kommen: »Was gelingt und sich fruchtbar bewährt, ist gut.«[7] Jeder, der nicht durch Ängste oder innere Zwanghaftigkeit versperrt ist, kann verstehen, dass Homosexualität in sich dem Nächsten ebenso wenig Schaden zufügt wie Heterosexualität. Jeder, der heute mit gutwillig geöffneten Augen durch die Weltgeschichte geht, kann erfahren, wie homosexueller Eros Menschen bereichert, beglückt, froh macht. Ich selber gehöre zu diesen Beglückten. Es gilt dann – wie in anderen Bereichen des christlichen Sexualethos – eindeutig klarzustellen: Gott verbietet nichts, was dem Menschen und seinem Mitmenschen zur Freude gereicht. Es geht in dieser Frage nicht um eine Nebensache, etwa um eine äußere, kosmetische Liberalisierung von Moral. Es geht – in der Tat – um den *Status confessionis*, um das grundlegende *christliche Vertrauensbekenntnis zu Gott*, der nicht unser Konkurrent, sondern Freund ist.

Rechtfertigung? – Von Gesetz und Gnade

Die gleichgeschlechtliche Liebesbegabung wird von Menschen dankbar als Geschenk Gottes erfahren, so wie andere Gott für ihre Liebe zu einem Menschen des anderen Geschlechtes danken. Das ohne Wenn und Aber anzuerkennen ist die einzig möglich Konsequenz aus dem Abschied vom Angst machenden Götzen der Moralterroristen. Wiedemann zitiert an dieser Stelle den evangelischen Theologen Hans Frör mit einer sehr deutlichen Aussage: »Ich möchte … auch darin mit dem homosexuellen Christen neben mir verbunden sein, dass wir beide zusammen einstimmen können in das Lob Gottes: ›Ich danke dir dafür, dass ich wunderbar gemacht bin; wunderbar sind deine Werke!‹ (Ps 139, 4).«[8] Es ist deshalb unannehmbar und zutiefst verletzend, wenn im Gespräch über homosexuelle Liebe auch im neueren Protestantismus noch die *Rechtfertigungslehre* bemüht beziehungsweise missbraucht wird, um so etwas wie einen Dunstkreis der Sünde aufrechtzuerhalten. Der homosexuelle Mitmensch, so heißt es dann wohlmeinend, stehe wie alle vor Gott als Sünder und bedürfe der Rechtfertigung aus Gnade. So beginnt der zweite Abschnitt eines Beschlusses der rheinischen evangelischen Landessynode vom 11.1.1995 zur Homosexualität mit der Feststellung, »dass alle Menschen ohne Unterschied als Sünder vor Gott stehen«.[9] Auch der EKD-Orientierungsrahmen 1996 zur Diskussion betont, gemessen am göttlichen Anspruch sei »*jeder* Mensch vor Gott Sünder«. Durch die zentrale

Verkündigung der Sündenvergebung aus Gnade werde jedoch »die mit dem Gesetz verbundene Drohung des unwiderruflichen Ausschlusses aus der Gottesgemeinschaft durchbrochen und überwunden«.[10]

Was wollen solche Aussagen im Zusammenhang von Beschlüssen und Beiträgen über die *homosexuelle Liebe* eigentlich zum Ausdruck bringen? Natürlich ist der homosexuell lebende und liebende Mensch wie jeder andere Mensch ein Begrenzter, Fehlbarer, Suchender, und natürlich bedarf er wie jeder der bedingungslosen Güte Gottes! Eine solche Selbstverständlichkeit müsste nicht eigens erwähnt werden. Doch offensichtlich soll hier etwas anderes suggeriert werden: Der homosexuell liebende Mensch sei Zeichen der sündigen Schöpfung *wegen* seiner Homosexualität. So jedenfalls kann man es im Kontext eines Karl Barth und im Kontext der Dokumente lesen. Man stelle sich vor, ein überzogener Augustinismus würde den Heterosexuellen *auf Grund* seiner Heterosexualität als sündiges Geschöpf diffamieren! (Augustinus sah die *begehrende* Sexualität als Merkmal des nachparadiesischen, erbsündlichen Menschen an.) Erst dann werden aus der Perspektive der direkt Angesprochenen die Absurdität und Verachtung deutlich, die in einer negativ gefärbten Bemühung von »Rechtfertigung« enthalten sind.

Es ist jetzt vorab unabdingbar zu fragen, was denn eigentlich *»das Gesetz«* ist, welches jeden Menschen als Sünder entlarvt? Der EKD-Beitrag zur Debatte ist da – trotz scheinbarer Differenzierungen – seltsamerweise theologisch höchst ungenau.[11]

Erstens: Jesus macht unmissverständlich klar, er sei nicht gekommen, das Gesetz aufzuheben; kein Buchstabe davon werde unter den Bedingungen der Weltzeit vergehen (vergleiche Mt 5, 17 f.). Dann jedoch erläutert Jesus: Das Gesetz und die Propheten, sie sind in dem *einen* Doppelgebot enthalten und zusammengefasst: Du sollst Gott lieben und deinen Nächsten wie dich selbst! (Vergleiche Mt 7, 11 f.; 22, 36-40.) Das »Gesetz«, wie es sich etwa in den Zehn Geboten oder in der Bergpredigt durch Einzelweisungen zeigt, ist in *dieser* Hinsicht ohne jeden Abstrich gültig (und zwar unabhängig von der Frage, ob etwa durch *ethische* Weisungen die Welt der Menschen wirksam zum Besseren gewendet werden kann). Diese Weisungen können *deshalb* nicht zur Diskussion stehen, *weil* in ihnen Gottes Ja zum Leben enthalten ist. Auch wenn wir immer wieder hinter der göttlichen Liebe zurückbleiben, wo wir nicht wirklich in der Liebe sind, kämen wir doch als Christen hoffentlich nicht auf die Idee, von einem *schweren* Gesetz zu sprechen, das

Gott auf unsere Schultern gelegt hätte. So meint also die grundlegende Bedeutung von »Gesetz« das »Gesetz der Liebe« und die daraus folgenden Entfaltungen.

Zweitens: »Gesetz« kann aber auch im biblischen Sprachgebrauch eine Vielzahl von Einzelsatzungen des mosaischen Gesetzes – Speiseverbote, Kleidungsvorschriften, Sabbat-Regeln und andere – umgreifen. Es handelt sich hier um Bestimmungen, die sehr zentral oder eher nebensächlich den Kultus, die Identität und das gesellschaftliche Ethos des Volkes Israel widerspiegeln. Dazu zählen Vorschriften, die wir heute als *sittlich unannehmbar* qualifizieren, so etwa der vorgeschriebene grausame Umgang mit Menschen in einer kriegerisch eroberten Stadt (zum Beispiel Dtn 20, 13; 21, 10) oder die Steinigung einer Ehebrecherin (vergleiche Lev 20, 10; Dtn 22, 22-24; Joh 8, 5). Das »Gesetz« in *dieser* Bedeutung gehört ganz unzweifelhaft *nicht* zu dem, was Jesus als gültig für alle Zeiten und Menschen betrachtete.[12] So konnten dann die Beschneidung, das Verbot von Schweinefleisch oder Schalentieren und *sehr* vieles andere im Christentum »außer Kraft« gesetzt werden, ohne dass Paulus oder die frühe Kirche das als gegen den göttlichen Willen gerichtet sahen. Der Verkehr mit einer menstruierenden Frau, vom mosaischen Gesetz mit der »Ausmerzung aus dem Volk« bestraft (Lev 20, 18), wird von einem Christen wohl kaum als *göttlich* verordnetes Tabu verstanden. Genau auf *dieser* Ebene liegen aber auch die Levitikus-Verse zu homosexuellen Handlungen (Lev 18, 22. 29; 20, 13), die der EKD-Orientierungsrahmen 1996 offenbar dennoch zum Gesetz in der ersten Bedeutung zählen *will,* welches in *sittlicher* Hinsicht allein wesentlich ist.[13] Man kann nicht argumentieren, *diese* Levitikus-Stellen seien indirekt von Paulus aufgegriffen worden. Paulus hält ja *eindeutig* etwa auch *die Unterordnung der Frau* für eine unaufgebbare *Forderung des Gesetzes* (1 Kor 14, 34!), und darin wird ihm – Gott sei Dank – kein EKD-Papier folgen. (Die Konsequenz einer Unklarheit in der Sache ist offenkundig: Wenn gelebte homosexuelle Liebe wirklich gegen das göttliche Gesetz verstieße, also unter die »Verbote« der erstgenannten Kategorie fiele, dann könnte sie ethisch bestenfalls nach Art eines »Tyrannenmordes« *geduldet* werden. So muss auch der EKD-Orientierungsrahmen gegenüber homosexuellen Frauen und Männern die pastoral schon in der Vergangenheit häufig vorgeschlagene *Quadratur des Kreises* wiederholen: Die Forderung nach der *ethischen* Gestaltung einer angeblich *unsittlichen,* Gott nicht wohlgefälligen Lebensform.)

Drittens: Theologisch ist es allerdings zu dürftig, den Begriff »Gesetz« an einzelnen Bestimmungen oder am einzelnen Bibelvers dingfest zu machen. Auch von der ethischen Bedeutung im engen, *positiven* Sinn sollte man abstrahieren können. Ich meine, wer seinen Paulus wirklich gelesen hat, müsste vom »Gesetz« an dritter Stelle als von einer *negativen* menschlichen Grundbefindlichkeit sprechen. »Unter dem Gesetz stehen«, das meint dann den Menschen der Angst, den Menschen, der nicht im Vertrauen auf Gott leben kann, weil er den für jeden Mann und jede Frau lebensnotwendigen Zuspruch der Liebe noch nicht erfahren hat. Nun muss er, um seinen Wert dennoch aus sich selbst heraus zu schaffen und zu rechtfertigen, das *Gesetz der Angst* befolgen. Dieser alte Mensch ist im Grunde armselig, ohnmächtig und ungeliebt. Er muss, um liebenswürdig oder wertvoll zu erscheinen, etwas *leisten,* etwa durch Besitzanhäufung, Machtausübung oder erkaufte Geltung. Er muss Erwartungen (»Gesetze«), die von außen an ihn herangetragen werden, gehorsam erfüllen. Er ist dabei auch seinerseits auf die äußeren Ordnungen und die »Werke des Gesetzes« angewiesen, weil sie seine innere Angst beruhigen, weil sie ihm Sicherheit bieten, weil sie die Basis seines »Ich«-Konzepts bilden. Auf jeden Fall kann auch das Streben nach eigener *moralischer Perfektion* vor den Augen eines Gottes oder der Menschen im negativen Sinn ein solcher Versuch sein, unter dem Vorzeichen eines gnadenlosen »Gesetzes« das eigene Dasein selber gerecht und gut zu machen. Überall hier ist »Gesetz« eigentlich gleichzusetzen mit Selbstrechtfertigung, Selbsterlösung oder angstgewirkter Fremdbestimmung. Das Gesetz ist dabei, so deutet es der Galater-Brief (im Unterschied zu Röm 7, 7-13), eine Unheilsmacht. Allein in dieser *dritten* Hinsicht wird »Gesetz« – als Antipode zur Seinsweise des »Evangeliums« – für unser Thema *theologisch* wirklich bedeutsam!

Die *paulinische Rechtfertigungslehre* ist nämlich außerordentlich hilfreich, ja vielleicht das idealste theologische Paradigma, um die *Glaubenserfahrung* homosexuell liebender Menschen zu verdeutlichen! Selbstverleugnende Anpassung ist dabei ein Lebenskonzept der Werkgerechtigkeit. Die oder der erwachende Homosexuelle findet in der Welt ein Gesetz vor – ein vermeintliches Naturgesetz beziehungsweise ein Mehrheitsgesetz in Kultur und Gesellschaft. Es besagt, dass die seelisch-körperliche Liebe zwischen Mann und Frau das Normale, Gesunde, die allein geltende Norm sei. An diesem Gesetz *muss* der homosexuell empfindende Mensch scheitern. Er kann es mit bestem Willen, auch wenn er es wollte, einfach nicht erfüllen. Solange er oder sie diesem äußeren Gesetz unterstellt ist, kann er oder sie in den Augen der Anderen nie richtig, niemals »gerechtfertigt« sein, mag kommen, was will. Dieses Gesetz bewirkt *keine* Freude im Inneren (vergleiche Röm 7, 22), es lässt den Mund verstummen und schuldig werden (Röm 3, 19), es bringt die Gesetzesübertretung überhaupt erst hervor und den höchstmöglichen Zorn darüber auch (Röm 4, 15), es stellt seine Untergebenen unter einen Fluch (Gal 3, 10). Der Befreiungsweg ist nur möglich durch eine Befreiung von der Notwendigkeit und dem Fluch des Gesetzes, durch eine Lösung von jener Sicherheit, die die äußere Befolgung des Gesetzes bietet. Diese *Entsicherung*, die nur im Raum einer anfänglichen Annahme möglich wird, ist oft äußerst schmerzhaft: Auf dem Weg zu sich selbst müssen homosexuelle Menschen nicht selten Familie und Heimatort hinter sich lassen. Im Einzelfall müssen sie von der Akzeptanz durch Freundeskreis, Gesellschaft, Kirche oder Arbeitgeber in ihrer Selbstsicherheit unabhängig werden. *Kein anderer Mensch darf mehr ein »Gott« sein, den man darum anbettelt, angenommen zu werden, wie man ist.* Es ist paradox: Paulus hatte dem homosexuell lebenden Menschen indirekt vorgeworfen, in der Wurzel Schöpfer und Geschöpf zu vertauschen (vergleiche Röm 1, 25-27). Hier zeigt sich jetzt, dass er gerade *das* unter den gegebenen Umständen *nicht* tun darf und auch nicht tun wird, wenn er zur »Rechtfertigung« seines Da- und Soseins gelangen möchte. Er muss mit der Vergötzung *menschlicher* Akzeptanz radikal brechen. Denn der beschriebene Weg zur Befreiung von einem unerfüllbaren Gesetz und zur Freiheit des eigenen Lebens ist für viele nur durch einen *geschenkten* Zuspruch wider die menschliche Umwelt möglich: »Du darfst sein, du bist gutgeheißen, du bist angenommen, auch wenn Familie, Freunde, Gesellschaft oder Kirche dich verachten, verwerfen, beschämen oder sozial töten!« Diesen innerlich gehörten Vertrauenszuspruch nennt die religiöse Tradition eben Glauben: »Gnade / Heißt dieses Wehen. / Danke, / Alles ist gut. / Gehe, / Und es wird gehen. / Du bist / In Gottes Hut.«[14]

Wenn Jesus über ein menschliches Thema spricht, sind immer leibhaftige einzelne Menschen mit im Spiel. Über Homosexualität hat er – nach den Evangelien – nie gesprochen. Anders Paulus. Er spricht als Theologe darüber, jedoch abstrakt und mit System. »Das Gesetz aber hat nichts mit dem Glauben zu tun … Christus hat uns vom Fluch des Gesetzes freigekauft« (Gal 3, 12 f.). Es ist *fatal*, dass Paulus das alttestamentliche und im hellenistischen Diasporajudentum besonders bemühte Tabu der Homosexualität nicht überwinden konnte. Auf diese Weise wurde schließlich für *eine einzige Menschengruppe*, für homosexuell liebende Frauen und Männer, seine konsequente Kunde von der Freiheit vom Gesetz – seine Frohbotschaft von der Gnade – außer Kraft gesetzt. Alles wird freigestellt, und alle sind angenommen, wie sie sind. Doch diese eine und *nur* diese eine Gruppe nicht. Fast scheint das Gesetz, so meinte ein Exeget, den Homosexuellen auf den Leib geschneidert zu sein (vergleiche 1 Tim 1, 8 f.). Auch als Kind seiner Zeit und als grundsätzlicher Skeptiker in Sachen Sexualität vermochte Paulus hier nur etwas Äußeres, Fremdes, willkürlich auf den Kopf Gestelltes beziehungsweise dekadent Triebhaftes wahrzunehmen. Paulus spricht überhaupt – wie alle besagten Bibelstellen zum Thema – eigentlich nur vom Sex, von einem *Ausschnitt*, der isoliert gesehen gewiss nicht das Herz eines homosexuellen Menschen oder einer gleichgeschlechtlichen Beziehung zeigt. Homosexuelle *Praktik* galt ihm dann als eines von mehreren selbstverschuldeten Symptomen für die Abkehr von Gott, als Verdrehung der göttlichen Ordnung durch Menschen, die ihre vorgefundene Sexualität vertauschen (Röm 1, 26 f.). Homosexuelle »Veranlagung« und *Liebe*, so kann man nicht oft genug wiederholen, waren ihm offenbar *gänzlich* unbekannt. Mit dem Wissen und den Erfahrungen, wie sie heute jedermann offen stehen, hätte Paulus die *gesetzliche Verpflichtung zur Heterosexualität* wider die innere Natur eines Menschen nicht aufrechterhalten können. Die heterosexuelle Bedingung oder Vorleistung hätte dann im paulinischen Christentum ebenso wenig Geltung gehabt wie die Beschneidung (vergleiche 1 Kor 7, 19). Überall da, wo rituelle, kultische und andere Bestimmungen des mosaischen Gesetzes nicht *notwendiger* Ausdruck (beziehungsweise selbstverständliche Folge) der Gottes- und Nächstenliebe sind, besteht für ein Christentum des Evangeliums kein Grund zur Übernahme. Beim Verbot, Seemuscheln und andere ausgewählte Meerestiere zu verspeisen, wird das wohl auch ein evangelikaler Theologe so sehen.

Gewiss, mit Rücksicht auf die Schwachen sollten die Korinther auf Götzenopferfleisch verzichten, obwohl der lebendige Gott durch solchen Verzehr nicht im Geringsten missachtet würde (1. Kor 8, 9; 10, 23 ff.; vergleiche 1. Tim 4, 4). Es dürfte sich aber doch kaum jemand erdreisten, Vergleichbares von seinen Mitchristen bei so Existenziellem wie Liebe und Sexualität zu verlangen. Wer wollte fordern, der Homosexuelle solle mit Rücksicht auf die Schwächsten enthaltsam, sprich zölibatär leben? Ähnlich wie bei der Frauenordination bleibt es einem gegenwärtigen »Apostelkonzil« aufgetragen, den Schatten innerhalb der paulinischen Gnadenlehre zu erhellen. Ich meine, das wäre die Botschaft des »Traums von Joppe« (Apg 10, 9-16) für unsere Tage: Homosexuell Liebende sind *wie alle Menschen* ohne besonders auferlegte Lasten, ohne spezielle Vorleistungen und ohne Sonderbedingungen durch die Frohe Botschaft des göttlichen Ja-Wortes angenommen. Ihre eigene befreiende Glaubenserfahrung muss deshalb die Grunderwartung des Paulus an die von ihm Evangelisierten radikal ernst nehmen: »Zur Freiheit hat uns Christus befreit. Bleibt daher fest und lasst euch nicht von neuem das Joch der Knechtschaft auflegen!« (Gal 5, 1).

Christentum ohne Moral?

Kurz vor den letzten Arbeiten an der Erstauflage dieses Buches saßen mein Partner und ich am 19. Mai 1996 mit jungen CVJM-Mitgliedern in einem Zug. Sie kamen vom Christival in Dresden. Im Gespräch, das sich am Namen Roland Werner entzündete, fragte mich dann eine junge Frau im Abteil, wie ich denn als Christ homosexuell leben könne. Das gelte doch in der Bibel als *Gräuel* vor Gott. Ich versuchte in ihrer Sprache zu erläutern, dass Jesus mich zu einem angstfreien Leben als Schwuler befreit hätte. Sie und ihre Gefährten gestanden, eigentlich keine Schwulen und Lesben zu kennen. Doch eines stand für sie felsenfest, und es wurde *mehrfach* wiederholt: »Nein, nein, Gott ist doch ein Gott der Ordnung!«[15] Dieses merkwürdige Credo genügte ihnen. In Ordnung sei selbstverständlich nur die Verbindung von Mann und Frau. Da wurde in Kleindruckbibeln studiert und aus Liederbüchern von Jesus gesungen. Einem leibhaftigen Menschen, der gegenübersteht und auch als Christ anders ist, konnte man nicht zuhören, weil man bereits alle Antworten parat hatte. Ich frage mich ernsthaft, welche Jugendverführer solche ordentlichen Jungchristen hervorbringen! In den demagogischen Veröffentlichungen mancher Evangelikaler lesen sie, dass durch eine neue, wohlwollendere Sichtweise der homosexuellen Liebe die letzten Säulen der christlichen Moral einstürzen. Wer nicht den Gott *ihrer* Ordnung bekennt, der muss es zwangsläufig mit einem »Gott der Unordnung« zu tun haben.

Evangelisch kann sich eine solche Sittenwacht jedenfalls nicht nennen. Nirgends war ja auch nur ansatzweise davon die Rede, das Ethos des Evangeliums zu beschneiden. Es geht gerade im Gegenteil darum, das Ethos in der Nachfolge Jesu innerlich, wenn man so will: fromm zu durchdringen. Die christliche Sittlichkeit ist viel tiefer, schöner und zugleich ernster als die Paragraphen der

Moralisten. Sie hat vom Evangelium her nur einen einzigen Wurzelgrund und nur ein Motiv: die Liebe. Weil Gott selber die Liebe (1. Joh 7 f.) und voller Menschenfreundlichkeit (Tit 3, 4) ist, kann es daneben und darüber hinaus keine weiteren, theologisch begründbaren Sonderbestimmungen geben. Die Freude an Gott, am eigenen Leben und dem aller Kreatur, die Liebe zur Schöpfung und die Sorge für sie, die staunende Achtung vor dem Mitmenschen und den anderen Wesen, die Versöhnung mit der eigenen Sterblichkeit, Begrenztheit und Unvollkommenheit, die Sehnsucht nach umfassender Gerechtigkeit ..., das alles ist in dem einen »Gesetz der Liebe« enthalten. Wer demgegenüber weiter auf *Angstgesetzen* beharrt, die das Leben von Menschen auf Grund von innerlich nicht nachvollziehbaren Tabus verkümmern oder gar zusammenbrechen lassen (vergleiche Lk 11, 46), verhindert auf sektiererische Weise, dass das Wesen der christlichen Botschaft, ihr leibhaftiger Ernst und ihre Schönheit überhaupt zum Vorschein kommen. »Treibet die Furcht aus«, so meinte einst Johann Gottfried Seume (1763-1810), »dann ist Hoffnung, dass der gute Geist einziehen wird.«

Selbstredend geht es also nicht um jene Blauäugigkeit, die den Bereich von Liebe, Erotik und Sexualität von der Möglichkeit zur sündigen Entfremdung ausnehmen will. *Doch eben darin gibt es prinzipiell nicht den geringsten Unterschied zwischen Hetero- und Homosexualität.* Sexualität, sei sie auf das andere oder auf das gleiche Geschlecht ausgerichtet, ist eine Sprache. Ein wirklicher Freund der Sprache wird die Vielfalt der Mundarten und Dialekte schätzen. Er wird die Möglichkeit von Sprachverwirrung gewiss nicht an den unverwechselbaren Besonderheiten eines Idioms festmachen. Schließlich weiß er, dass der gehörte Wohllaut und die Vorliebe für eine bestimmte Sprache immer noch mit dem Klang der jeweils sprechenden Stimme und dem bei allen Menschen individuell ganz verschieden gestimmten Gehör zusammenhängen. Wörter und Dialekte treffen bei verschiedenen Menschen auf einen unterschiedlichen Geschmack. In jeder Sprache können nun gute Worte gesagt werden oder auch vernichtende Verletzungen. Es ist nicht wesentlich, ob jemand Nieder- oder Oberdeutsch, Spanisch oder Englisch, Hebräisch oder Indisch spricht, sondern es kommt darauf an, *was* er in seiner Sprache sagt und ob er verstanden wird. So ist es in der Liebe buchstäblich gleichgültig, ob jemand durch das andere oder durch das eigene Geschlecht angezogen wird. Es kommt einzig darauf an, ob sie oder er liebt, lieben kann. Auch das ist kein Verdienst. Die Sehnsucht danach, wirklich zärtlich zu sein und lieben zu können, macht uns bereits schön. Gerade weil Eros und Sexualität als Sprachen der Psyche und des Körpers eine besonders kostbare, wichtige Quelle von Glück, Nähe und Lebensfreude darstellen, können in ihnen besonders sensibel Verwundbarkeit, Entfremdung und Lieblosigkeit zum Ausdruck kommen und weiterwirken. Dann sollte sich das Christliche nicht durch Drohmoral, sondern helfend durch ein reifes Wissen um das leibhaftige menschliche Leben auszeichnen. Es geht ihm ja einzig um das verheißene Leben in Fülle (Joh 10, 10), um das beglückende Gelingen menschlicher Liebe. Und in dieser Perspektive stehen Hetero- und Homosexualität in ein und demselben Lebenszusammenhang.

Erst auf dieser Grundlage kann das Augenmerk ohne Konstruktion einer Sonderethik auf die Kultur und Lebenswelt homosexuell liebender Menschen gelenkt werden. Wir wissen erst in Ansätzen, wie die homosexuelle Liebe unter gesunden, weil angstfreien und nicht mehr verachtenden Verhältnissen sich entfalten kann. Auf diesem Weg gibt es keinen einzigen Grund, die Schatten zu verleugnen: Da ist das schwierige Erlernen von Partnerschaft zu einem meist späten Zeitpunkt, in einer Welt des Versteckens, in einer Welt oft ohne gelebte Vorbilder. Da gibt es Not und Segen in den Szenen, auch Einsamkeit und beziehungsloses Nebeneinander in den Großstädten, die zum Asyl geworden sind. Da wird kommerziell mit einem Riesenaufwand ein fremdbestimmter Life-Style vorgegeben, in dem sich viele verlieren und ebenso viele überhaupt nicht wiederfinden können. Da werden häufiger Partnerwechsel und anonymer Sex bis zum Überdruss oft nicht als freie Entscheidung, sondern als notvolle Flucht erfahren. Da stehen unter dem Vorzeichen von Aids Freunde und Helfer, die sich in ihrer Solidarität überfordern, den Gleichgültigen, Treulosen, den Diskriminierenden in den eigenen Reihen gegenüber. Da ist es noch immer nicht gelungen, die praktische Verantwortung für sich selber und für andere angesichts der Immunschwäche überall wirksam zu vermitteln. Doch welche Schatten man auch nennen will, es gibt darunter nichts, was *exklusiv* die homosexuelle Lebenswelt kennzeichnet. Sind die Kirchen gefragt? Ja, sie dürfen mitarbeiten an Verhältnissen, in denen die Schönheit der homosexuellen Liebe und die Schönheit der homosexuell Liebenden offenbar werden können. Das wäre der Auftrag, der ihnen vom göttlichen Liebhaber des Lebens mit auf den Weg gegeben ist.

8. *Eine Gemeinde der Verschiedenen*

Wenn Gott so schlechter Nachbar wäre,
Als ich bin und als du bist,
Wir hätten beide wenig Ehre;
Der lässt einen jeden, wie er ist.

Toleranz sollte eigentlich nur eine
vorübergehende Gesinnung sein:
sie muss zur Anerkennung führen.
Dulden heißt beleidigen.
JOHANN WOLFGANG GOETHE

1996 waren mein damaliger Partner Uwe und ich auf der Hochzeit eines befreundeten Paares eingeladen. Abends tanzten wir wie andere Paare Walzer miteinander und schauten uns in die Augen. Einen Arbeitskollegen des Bräutigams, mit dem wir uns zuvor angeregt unterhalten hatten, versetzte das in Panik. Er baute sich mit Drohungen und geballten Fäusten vor uns auf. In wenigen Sekunden kamen sechs Frauen auf die Tanzfläche und umringten uns mit einem schützenden Tanzreigen. Der Bräutigam forderte den aggressiven Störenfried auf, unverzüglich den Saal zu verlassen. Wir beiden seien von ihm und seiner Frau ausdrücklich als *Paar* eingeladen. Die ganze Nacht wurde ein wunderbares Fest. Wir hatten mit allen Gästen viel zu lachen. Es bedurfte keiner Großherzigkeit und auch keiner Toleranzbekundungen!

Besser als mit dieser wahren Begebenheit kann ich nicht vermitteln, wie einstmals mein Traum von Kirche im Hinblick auf Schwule und Lesben ausgesehen hat. Doch an meinem Lebensort ist dieser Traum nicht mehr nur ein Traum. An meinem Arbeitsplatz und in unserer Gemeinde würde ein schwulen- oder lesbenfeindlicher Mensch als unerfreulicher Exot nicht willkommen sein. Das kommunale Parlament erklärte bereits vor vielen Jahren die Gleichberechtigung und den Schutzanspruch homosexueller Bürgerinnen und Bürger. Als es auch in deutschen Landen noch dunkler aussah, hat es eine schützende Kirchenwirklichkeit indessen nur in Nischen gegeben, in manchen Gemeinden der ehemaligen DDR etwa und an Orten wie der evangelischen Markusgemeinde in Düsseldorf.

Heute wären solche Gemeinden bei uns in vielen *ländlichen* Gegenden immer noch ein echter Segen! Und selbstverständlich dürfen jene Teile der Erde in Afrika, Asien, Amerika und Osteuropa nicht vergessen werden, in denen Schwule und Lesben unverändert schwersten Verfolgungen ausgesetzt sind. Doch ausgerechnet überall dort arbeitet die orthodoxe, evangelikale oder römische Weltkirchlichkeit – oft gleichzeitig mit den Chören islamischer Fundamentalisten – den Hassverbreitern, Folterern und Mördern direkt oder indirekt zu. Sie stützt, wie es seit der Konstantinischen Wende Brauch ist, das so genannte »gesunde Volksempfinden« und staatliche Gewalttätigkeit mit ihren theologischen Ideologien. Da mögen die ökumenischen Diplomaten im Weltkirchenrat, in Canterbury oder anderswo das Thema noch so geschickt entschärfen und – immerhin – vor irrationaler homophober Hysterie warnen. Es geht, wenn sie genau hinsehen, um Leben und Tod von Menschen! Wer hätte die Vollmacht, ihnen zu verzeihen, dass sie sich *nicht* mit allen möglichen Mitteln schützend vor eine menschliche Minderheit – vor ihre verfolgten lesbischen Schwestern und schwulen Brüder in aller Welt – stellen? (Mt 25, 42-45)

Die Ausnahme von der Goldenen Regel

Ausgerechnet die Kirche, die brutalste Feindin der »Sodomiten« im Abendland, heute als Anwalt der homosexuell Liebenden? Helmut Gollwitzer schrieb vor über 20 Jahren: »Ich bin mein Leben lang, ohne selbst irgendwelche Neigungen in dieser Richtung zu verspüren, durch das Schicksal einiger Freunde und Bekannten immer wieder mit der Frage der Homosexualität und der Stellung der Gesellschaft und auch der Kirchen zur Homosexualität beschäftigt gewesen und habe im Laufe der Jahrzehnte, wie wohl wir alle, einen ziemlichen Lernprozess mitgemacht ... Entscheidend ist mir nur, dass die christliche Kirche, die Gesellschaft im antihomosexuellen Sinn beeinflussend und dann sich dieser Gesellschaft anpassend, gegenüber der Minorität der so Fixierten eine große Schuld auf sich geladen hat, eine Vorurteilsschuld, die man wohl mit der kirchlichen Schuld gegenüber den Juden vergleichen kann. – Wie in der Vergangenheit, so sitzen auch heute überall Nicht-Betroffene über Betroffene [?] zu Gericht und setzen die eigene Art von Sexualität mit dem Gewicht der Majorität zum alleinigen Maßstab für alle Sexualität. Die christliche Fragwürdigkeit dieses Verfahrens wird schon daran deutlich, dass man damit anderen Menschen Leiden und Versagungen auferlegt, die man selbst weder tragen muss noch auferlegt bekommen kann. Dieses Verständnis von Gottes Gebot ist unsolidarisch.«[1]

Thomas Grossmann, in der Beratungspraxis mit Christen im Coming-out erfahren, gibt zu bedenken: »Menschen, die nicht im ›Schoß der Kirche‹ aufgewachsen sind, können sich das Ausmaß des Konflikts kaum vorstellen. Ausgerechnet der Glaube, der einem bisher Halt und Zuversicht gab, wird plötzlich zur unüberwindlichen Schranke.«[2] Gertrud Hanefeld schreibt über den kirchlichen Heimatverlust: »Fallensteller treten an / mit Psychoklexen und Bibelwort / im Gleichschritt / Ordnung und Norm … / Normsteine zielen und treffen / Fremdlinge / dem Schöpfer bekannt / sehen wir Land / schmalen Lebensraum / unter Christen kaum.« Die Not vieler ist immer noch unbeschreiblich. Mitte Januar 1998 wollte sich ein 39-jähriger Schwuler aus Palermo auf dem Petersplatz selbst verbrennen, um gegen die Homofeindlichkeit des Vatikans und der Gesellschaft zu protestieren. Polizisten eilten herbei und retteten sein Leben.

Insider schätzen, dass bis zu 90 Prozent der *offen* lebenden jungen Schwulen in Großstädten ihren Kirchen den Rücken zukehren. Was soll man da von Traktaten halten, die wie der EKD-Orientierungsrahmen (1996) den lesbischen und schwulen Christen mit tausend Skrupeln und Berührungsängsten begegnen – und das merkwürdig zeitnah zu sehr *offenen* synodalen Diskussionen in einigen Landeskirchen?[3] Solche Verlautbarungen unterstützen die Trends im Kirchen-Exodus, in diesem Fall ohne Rücksicht auf Verluste. Dabei nimmt ein Großteil der kirchlichen Beiträge zum Thema noch immer nicht das biblische »Bildmach-Verbot« (Ex 20, 4; Dtn 4, 16) in seiner eigentlichen Bedeutung ernst. So muss man über die Autoren zahlreicher Dokumente sagen: »Sie vertauschen den wirklichen Menschen, dem sie begegnen könnten, mit ihrem selbst gefertigten Bild vom Homosexuellen« (vergleiche Röm 1, 23). Und dieses fertige Bild ist natürlich ein Feindbild oder ein Zerrbild.

Gleichwohl kam es in einigen Kirchen durchaus zu Reformen, die der Freistellung von der Beschneidung in der frühesten Kirche (Apg 15, 1-21. 28-29; Gal 2, 1-21) immerhin *vergleichbar* sind und die mit langen Traditionen brechen.[4] Man hat etwa in der Frage des kirchlichen Amtes für die Frau längst erkannt, dass man sich entscheiden muss, »ob man die Geschichte der Kirche von 1. Timotheus 2, 11 ff. her als frauenfeindliche fortschreiben soll oder mit

Gal 3, 28 eine neue Seite der Geschichte aufschlagen will, mit der jegliche Degradierung und Ausgrenzung auf Grund von Rasse, Religion und Geschlecht, gesellschaftlichem Status usw. aufhört.«[5] Doch bei der Homosexualität? Kein einziges Wort aus Jesu Mund. Paulus sagt einige Sätze dazu. »Nur am Rande und spärlich verteilt auf ein rundes Jahrhundert nachösterlicher Geschichte kommt die urchristliche Literatur – begrenzt auf heidenchristliche Gemeinden (bei Did und Barn mit judenchristlichem Hintergrund) auf das Thema zu sprechen. Es ist kein Problem mit besonderer Aktualität.«[6] In der gesamten altkirchlichen Theologie wird Homosexualität, wenn überhaupt, ohne jede vorurteilsfreie Kenntnis des Phänomens zur Sprache gebracht.[7] Doch hier geht es eben nicht um die Freistellung der Priesterheirat oder um das Amt der Frau. Bezogen auf Christen, die das gleiche Geschlecht lieben, ist jede noch so abstruse Tradition heilig genug, um die alten Sodom-Mythen aufrechterhalten zu können.

Wie viel Geduld und wie viel brave Zurückhaltung darf eine Mehrheit von der Minderheit einfordern? Wird die Goldene Regel – »Was du (nicht) willst, dass man dir tu …« – auch im Christentum vom *Gesetz des Stärkeren* diktiert? »Alles, was ihr also von anderen erwartet, das tut auch ihnen« (Mt 7, 12). Wie einfach ist es doch, die *eigenen* Erfahrungen zum allgemeinen Maßstab zu erheben. Wie schwer ist es dagegen, wie Helmut Gollwitzer das Leben mit den Augen eines *anderen* zu sehen und im Licht *anderer* Erfahrungen zu verstehen. Ego, ego, auch in den Kirchen. Ein mir durchaus freundlich gesonnener anglikanischer Mitchrist erklärte ehrlich und deutlich: »Wäre ich dabei, wenn du mit deinem Freund zärtlich Hand in Hand gingest, dann würde mir speiübel durch den Anblick.« Völlig empört reagierte er, als ich – rein theoretisch – in Bezug auf ihn und seine Ehefrau den umgekehrten Fall *fantasierte*. Er verlangte von mir wie selbstverständlich, was er selbst nicht einmal ansatzweise zu geben bereit war. Können wir einander nicht gut sein lassen? Gewiss, es gibt nicht nur die eine Liebe. Das Lied der Liebe kennt viele Melodien. Entscheidend ist, dass wir als Liebende singen. Liebe könnte uns einander näher bringen …

Ängste

Dass eine neue Sichtweise der homosexuellen Liebe, wenn sie wirklich von unten her wachsen und getragen sein soll, noch immer vielerorts Ängsten begegnet, darf nicht übersehen werden. Besonders ältere Christen sehen sich einer zunehmend wohlwollenderen Beurteilung der Homosexualität in Kirche und Gesellschaft oft ratlos gegenüber. Über viele Jahre ihrer Lebensgeschichte hinweg haben sie andere Bewertungen kennen gelernt, die als nicht hinterfragbar galten. Einige haben die Beichtspiegel ihrer Kindheit vor Augen oder erinnern noch die Verfolgung »Betroffener« durch Gestapo und Justiz. So können in einem Gemeindegespräch, wie mir ein Pfarrer erzählte, am extremen Pol durchaus die Stichworte »Schweinskram« und »Vergasung« laut werden. Auch unter jüngeren Gemeindemitgliedern kursieren mitunter irrationale Befürchtungen: »Werden wir eine Schwulenkirche?« »Können wir unsere Kinder bei einer solchen Entwicklung noch schützen?« Ein Altkatholik aus Österreich teilte 1992 seiner Kirchenleitung mit, durch die Abkehr von der kirchlichen Verurteilung der Homosexualität werde »allen abwegigen Veranlagungen Tür und Tor geöffnet, und das unter dem heuchlerischen Deckmantel christlicher Liebe. Vielleicht sieht sich die Kirche dann auch noch veranlasst, kleptomanische, pyromanische und sadistische Veranlagung gutzuheißen. – Da ich mich mit solchen Ansichten … in keiner Weise solidarisch erklären kann und schon gar nicht wünsche, nach meinem Tod etwa von einem unsauberen Homosexuellen, der sich auch noch als so genannter ›Priester‹ bezeichnen darf, zur letzten Ruhe bestattet zu werden, gebe ich Ihnen hiermit meinen Austritt … bekannt.«[8]

Es geht hier, das darf nie vergessen werden, um ein uraltes, tief sitzendes Tabu und nicht etwa um Vegetarismus oder andere Nahrungsvorlieben. Nach wie vor bilden Homosexuelle die größte und am meisten unterdrückte sexuelle Minderheit. Allgemeine psychologische Mechanismen, die der Angst vor der Homosexualität (Homophobie) zu Grunde liegen, werden im Raum der Kirche niemals einfach außer Kraft gesetzt. »Zweifellos sind viele Menschen von solcher Furcht geradezu besessen. Dabei ist bezeichnend, dass diese Menschen meist keine Homosexuellen persönlich kennen und auch nicht kennen lernen wollen, sie jedoch kontrolliert, abgesondert, eingesperrt oder ausgelöscht sehen möchten. Entdecken sie einen Homosexuellen in ihrer eigenen Familie, verstoßen sie ihn. Dabei leben sie häufig jahrelang sehr eng mit Homosexuellen zusammen, etwa zu Hause, in der Schule oder bei der Arbeit, ohne sich dessen bewusst zu sein. Dies geschieht, weil ›Homophobie‹ ein völlig verzerrtes Bild des gefürchteten Gegners schafft und aufrechterhält« (E. J. Haeberle).[9] Ich möchte in Anlehnung an Udo Rauchfleisch[10] einige Aspekte dieser irrationalen Angst benennen, die für das kirchliche Gespräch von Belang sind:

1. Eine mit starken ablehnenden Gefühlen einhergehende Angst vor der Homosexualität, die sich bis hin zum Hass steigern kann, ist fast immer auch eine *Angst vor eigenen Seiten*, vor eigenen Anteilen, Fantasien, Wünschen, Sehnsüchten oder verdrängten Erfahrungen. Eine Täterstudie zu antischwulen Gewalttaten in Deutschland förderte vor sieben Jahren als wichtigstes Tatmotiv nicht Rechtsextremismus, sondern latente Homosexualität der *Täter* zu Tage.[11] Ich behaupte, dass in ähnlicher Weise verbale Gewalttätigkeit in Predigten, christlichen Büchern oder kirchlichen Verlautbarungen einen Gradmesser für den jeweiligen Schatten darstellt, der durch solche Aggressivität bekämpft werden »muss«.

2. Bedenkt man, dass die *Mehrheit* all derjenigen Menschen, die homosexuelle »Reaktionen« in der eigenen Lebensgeschichte kennen lernen, sich als (überwiegend) heterosexuell betrachtet, kann man die Brisanz der *Angst vor den eigenen Anteilen* verstehen. Es bedarf einer starken Persönlichkeit mit Mut und Unabhängigkeit, um das eigene »homosexuelle Potenzial« zu erkennen.[12] Erst gegenwärtig wird die »Bisexualität«, die Sigmund Freud in jedem Menschen als das Ursprüngliche ansah, in der Öffentlichkeit unbefangener zur Sprache gebracht. Die in sehr unterschiedlichen Abstufungen ausgeprägte Fähigkeit, gegenüber Menschen beiderlei Geschlechtes eine erotische Anziehung zu empfinden, könnte an sich eine hilfreiche Brücke zwischen den vermeintlich sauber getrennten »Heteros« und »Homos« sein, wenn Menschen angstfrei wie Walt Whitman fragen dürften: »Warum gibt es Männer und Frauen, dass mein Blut sich wie vom Sonnenlicht dehnt, wenn sie bei mir sind? … Was macht mich offen für das Wohlwollen einer Frau oder eines Mannes? Was macht sie offen für das meine?«[13] Ja, hier wäre eine Brücke, auf der die Angst vor dem Fremden, Unbekannten sich auflösen könnte. Was wir – wissenschaftlich ungenau – mit dem Schlagwort »Bisexualität« zusammenfassen, ist häufiger als *ausschließliche* Homosexualität! Sie nimmt ebenso wenig zu wie die Homosexualität, sondern sie zeigt sich heute lediglich häufiger nach außen hin. Indessen scheint gerade diese Zwischenwelt durch die Auflösung der klaren

Grenzen starke Verunsicherungen hervorzurufen. So geben etwa die Bischöfe der Kirche von England 1991 allen bisexuellen Christen – ohne nennenswerten argumentativen Aufwand – die klare Richtlinie, sich für die heterosexuelle Seite zu entscheiden, sofern sie zu Beziehungen zum anderen Geschlecht fähig seien.[14] Genau diese Entscheidung ist aber gar nicht die eigentliche Frage, denn die meisten so genannten Bisexuellen sind im Grunde längst in einer *Grundausrichtung* entschieden.[15]

3. Mit der Angst vor eigenen Anteilen hängt auch die *Angst vor Konflikten mit dem sozialen oder gesellschaftlichen Umfeld* zusammen. Wer etwa als Mann erotische oder zärtliche Dimensionen einer Männerfreundschaft offen vor sich selber und anderen zugibt, ohne selbst homosexuell zu sein, läuft Gefahr, als ein »Warmer« betrachtet zu werden. Dann aber träfe ihn jene Ablehnung, die die Gesellschaft dem Homosexuellen entgegenbringt. Ähnlich ergeht es demjenigen, der sich in irgendeiner Weise mit homosexuell liebenden Frauen und Männern solidarisiert. Er kann in »Verdacht« geraten. Auf diesem Hintergrund müssen auch Ängste in der Kirche betrachtet werden: »Was werden die Leute sagen? Was denken Bekannte und Nachbarn, wenn ich zu einer Gemeinde mit einem homosexuellen Pfarrer gehöre? Wie reagieren die anderen Kirchen in der Ökumene, wenn bei uns gleichgeschlechtliche Partnerschaften für ihren Weg den kirchlichen Segen erhalten?« Wieso soll man in all diesen Fragen mutig sein, wenn es einen selbst doch nicht betrifft? Oftmals sehen sich Gemeindemitglieder auch schlicht argumentativ überfordert. Sie sind vielleicht wohlwollend in ihrer Grundeinstellung, fürchten aber Anfragen von außen. Es fehlen ihnen einfach Informationen und eigene Begegnungserfahrungen.

4. Schließlich erscheint die homosexuelle Liebe als Symbol für alles Fremde, insbesondere als *Infragestellung von Normen und festen Lebenskonzepten*, die vielen eine fraglose Sicherheit vermitteln: a) Sie kann als Angriff auf die *patriarchale* Familie mit ihrem Geschlechterkonzept »Macht–Ohnmacht« verstanden werden. b) Sie wird weiterhin als Angriff auf das *tradierte Männlichkeitsideal* gesehen, das – etwa im Berufsleben – immer noch von rivalisierender Konkurrenz und von Gefühlsverdrängung geprägt ist. c) Im Ergebnis bieten sich dann homosexuell liebende Frauen und Männer noch als *Sündenbock-Minderheit*, als das »Abweichende schlechthin« an. Unter den Bedingungen einer schweigenden Mehrheit können sie zu Opfern der Angstentlastung durch Aggressionsentladung werden, wie die Gewalt- und Mordmel-

dungen im schwul-lesbischen Pressespiegel Jahr für Jahr dokumentieren. Am 2.11.1995 zogen vier junge Männer in Düsseldorf vorsätzlich zum »Schwulenklatschen« aus; der Abend endete mit dem Mord am schwulen Freund einer meiner Bekannten. d) Im kirchlichen Raum spielt zusätzlich noch jene *Normenverunsicherung* eine Rolle, die mit dem Abschied von Bibelfundamentalismus, starrer Sexualethik und unveränderbarem Ordnungsdenken einhergeht. Die Zuverlässigkeit des Religiösen machen auch manche Christen noch immer an den Garantien äußerer Instanzen fest. Wenn theologisch beziehungsweise pastoral *nicht* vermittelt wird, dass die Freiheit des Evangeliums aus einer inneren Kernüberzeugung und aus gläubiger Erfahrung lebt, stellt sich für manche die Frage: »Was bleibt denn überhaupt noch wahr, gültig und verbindlich?«

Alle genannten Ängste müssen ernst genommen werden, doch sie sind nicht unüberwindbar. Grundlegend ist sicherlich, dass auch nach dem Zerbrechen des gesellschaftlichen Verurteilungs- und Diskriminierungskonsenses noch immer die kirchlich verursachten Schuldgefühle bei vielen Eltern, gleichgeschlechtlich Liebenden und anderen betreut und abgebaut werden. Dabei ist eine *theologisch* fundierte und glaubwürdige Vermittlung der Fragen, die mit dem Thema Homosexualität zusammenhängen, unabdingbar. Insgesamt darf die oftmals noch abenteuerliche Unwissenheit über die homosexuelle Liebe nicht unterschätzt werden. Gräuelmärchen und fantastische Halbwahrheiten können durchaus über den Kopf, durch Sachinformationen entschärft werden. Es gibt inzwischen auch unzählig gute Filme, die sachlich oder unterhaltend ein lebendiges Bild homosexueller Lebenswirklichkeiten vermitteln; neben Sachbüchern könnte zusätzlich ein Angebot ausgewählter Belletristik in der Gemeindearbeit den offenen Dialog fördern. Entscheidend für den Abbau von Vorurteilen und Unwissenheit sind allerdings Gespräche und Begegnungen mit homosexuell Liebenden selbst, was vielerorts durch eine selbstverständliche Teilnahme am Gemeindeleben längst Alltag ist. Auf jeden Fall sollten kein Gesprächskreis und keine Gemeindeversammlung zum Thema ohne eine Einladung an offen homosexuell Liebende stattfinden. *Gemeinschaft von Verschiedenen* zu sein, so sollte das Gemeinde-Ideal einer offenen Kirche gelebt werden.

Mancher allerdings möchte die Ängste in den Gemeinden pessimistischer betrachten und das Thema deshalb umgehen oder seine Behandlung auf den Sankt-Nimmerleinstag verschieben. Dagegen ist mit dem evangelischen Neutestamentler Klaus Wengst deutlich zu fragen: »Wann liegt eigentlich für die Kirche ein Handlungsbedarf vor? Wenn endlich eine Sache gesellschaftlich so weit spruchreif geworden ist, dass auch die Kirche ein Wort dazu sagen kann, ohne befürchten zu müssen, deshalb von allzu vielen angegriffen zu werden? Oder wenn es gilt, einer diffamierten Minderheit auch gegen das allgemeine Bewusstsein zu mehr Lebensrecht zu verhelfen? Es wäre schön, wenn homosexuelle Menschen Kirche nicht als gesellschaftlichen Tross erleiden müssten, sondern als Vortrupp des Lebens erfahren könnten.«[16] Indessen ist diese Vision heute im deutschen Sprachraum eben allenfalls für *ländliche* Gegenden noch wirklich aktuell. Ein Vortrupp kann die Kirche in Europa nicht mehr werden. Ihr bleibt nunmehr übrig, in ihren Reihen nachzuholen, was im europäischen Menschenrechtsbewusstsein längst Eingang gefunden hat.

Farbe bekennen

Auf der EXPO-Weltausstellung 2000 in Hannover rief der südafrikanische Erzbischof Desmond Tutu den Lesben und Schwulen unter seiner Zuhörerschaft mit strahlendem Gesicht zu: »Gott liebt euch!« Friedensnobelpreisträger Desmond Tutu steht nicht allein in der anglikanischen Welt.[17] Bischöfe wie der *ehemalige* englische Primas Robert Runcie (Canterbury), der schottische Primas Richard Holloway, der kanadische Erzbischof Michael Peers, John Spong (Newark, New Jersey), Donald Hart (Maryland), Bischöfin Catherine Roskam (New York) oder William Persell (Chicago) stehen für eine Kirche, in der Lesben und Schwule Angstfreiheit, Liebe und *volle Gleichberechtigung* erfahren sollen. Doch solche Hirten bildeten auf der Internationalen Lambeth-Konferenz der Anglikaner vom 18.7. bis 9.8.1998 die Minderheit. Dort setzte ein weltweites Bündnis konservativer Bischöfe die Signale: Das Zeugnis der Bibel stehe der homosexuellen Praxis entgegen, weshalb diese mit dem kirchlichen Amt unvereinbar sei. Kirchlich segnende Seelsorge dürfe es für gleichgeschlechtliche Partnerschaften nicht geben. Ein äußerst trauriges Signal, vor allem wenn man die *Menschenrechtslage* in Regionen bedenkt, aus denen nicht wenige der Bischöfe kamen!

Im deutschen Bistum der Alt-Katholiken, welches mit den Anglikanern in voller Kirchengemeinschaft steht, gab es seit 1994 einen verheißungsvollen synodalen Diskussionsprozess.[18] Mehrere Gemeinden verabschiedeten Vorlagen und offizielle Beschlüsse, die aus der Sicht schwuler und lesbischer

Christen nicht viel zu wünschen übrig lassen. Die Synodenkommission zum Thema legte ein klares Antidiskriminierungsvotum vor. Die 53. Bistumssynode im Oktober 1997 verabschiedete dann jedoch lediglich eine *pastorale* Erklärung. Sie stellt fest, »dass in vielen unserer Gemeinden gleichgeschlechtlich liebende Frauen und Männer integriert sind«, und »bittet die Gemeinden, sich um ein Klima der Akzeptanz, der Offenheit und Toleranz ... weiterhin zu bemühen«. Bischof Joachim Vobbe merkte dazu an, entscheidend seien nicht plakative Beschlüsse, sondern das, was in den Gemeinden konkret gelebt werde.

Im deutschen Protestantismus hat sich das Klima innerhalb der letzten fünfzehn Jahre merklich zum Guten hin gewendet. Gemeinden und Theologen scheinen mehrheitlich verstanden zu haben, dass es um echte Anerkennung und nicht um tolerantes Wohlwollen geht. Merkwürdigerweise findet dies nicht in den taktierenden kirchenpolitischen Orientierungen der *übergeordneten* Zusammenschlüsse, sondern nur in den öffentlichen Äußerungen der Bischöfinnen Maria Jepsen und Margot Käßmann einen überzeugenden Ausdruck.

In der römisch-katholischen Kirche des deutschsprachigen Raumes bewegt sich vor allem an der Basis einiges. Dort wird seit langem gefordert, homosexuell Liebende nicht länger zur sündigen Randgruppe zu stempeln: so zum Beispiel seitens des Bensberger Kreises,[19] unzähliger BDKJ-Gliederungen und einer »Arbeitsgemeinschaft Jugendpastoral der Orden«,[20] in Diskussionsvorlagen der Katholischen Frauengemeinschaft (kfd), im Pastoralgespräch des Kölner Bistums,[21] im Pastoralforum der Diözese München[22] (Juni 1994), beim Aachener Bistumstag (November 1996), im Diözesanforum Münster (1996-1998), im Diözesanratsausschuss »Partnerschaft« des Bistums Rottenburg-Stuttgart (1998) und ausdrücklich natürlich innerhalb der Forderungen zum Kirchenvolksbegehren (seit 1995), in der »Kirche von unten« und in der Bewegung »Wir sind Kirche«. Auf dem Sektor »Jugendpastoral« der Deutschen Bischofskonferenz wird aktuell zumindest auf mehreren Ebenen ein Dialog geführt. In der Partnerschaftsdebatte beweisen römisch-katholische Laiengremien Vernunft und Offenheit. Die Limburger Diözesanversammlung hörte beispielsweise am 11. November 2000 den Bundestagsabgeordneten Volker Beck als Referenten und sprach sich mehrheitlich für eine rechtliche Regelung gleichgeschlechtlicher Lebensgemeinschaften per Gesetz aus; echte Pluralität zeigte im März 2001 eine

Tagung der Katholischen Akademie München zum Thema. Offene römisch-katholische Lesben und Schwule sind in den Kirchenchören, Sakristeien und Pfarrgemeinderatsgremien nicht nur der Studentengemeinden anzutreffen.[23] Sie finden ein glaubwürdiges Zuhause im Projekt »schwul und katholisch« in der Frankfurter Gemeinde Maria Hilf (seit 1991), in der Münsteraner Queer-Gottesdienstgemeinde (seit 1998) oder im Stuttgarter »Katholischen Gottesdienst mit Schwulen und Lesben«. In wohl allen größeren Städten gibt es römisch-katholische Gottesdienste, von denen Lesben und Schwule wissen, dass sie dort *ausdrücklich* willkommen sind. Gutes zu tun (wie in der Frage der wieder verheirateten Geschiedenen) und darüber offiziell *nicht* laut zu reden, das scheint in einigen Ordinariaten die Devise zu sein. Das renommierte römisch-katholische »Lexikon für Theologie und Kirche« liefert hingegen in seiner aktuellen Auflage zum Stichwort »Homosexualität« aufgeklärte Gedankengänge, die jedermann nachlesen kann. Von dem amtsenthobenen Bischof von Evreux in Frankreich, Jacques Gaillot, sind außerordentlich klare, bejahende Positionen zu homosexuellen Partnerschaften und schwulen Priestern hinlänglich bekannt.[24] Doch sogar ein so hochrangiger Kirchenmann wie der englische Kardinal Basil Hume forderte 1995 in der Öffentlichkeit, dass »unsere Kirche homosexuelle Frauen und Männer nicht nur als vollwertige Menschen anerkennen soll«, sondern »in ihren aufrichtigen Liebesbeziehungen auch eine Liebe zu akzeptieren bereit sein muss, die das göttliche Konzept zwischenmenschlichen Zusammenseins anreichert und zur höchsten Blüte führen kann«.[25] Wie wichtig auch bei den Amtsträgern eigene Begegnungen sind, zeigte Bischof Thomas C. Gumbleton von Detroit, der einen »homosexuell veranlagten« Bruder hat. Auf einer Versammlung homosexueller Katholiken in Denver sah er es als geboten, sich in Fragen der Sexualität nach dem eigenen Gewissen zu richten (Hamburger Rundschau, 8.8.1999).

Warum ist es wichtig, dass Kirchenleitungen und Gemeinden laut und unmissverständlich Stellung beziehen? Genügt eine liberale Praxis nicht? Andererseits: Warum sollte man Lichter der Offenheit unter den Scheffel des Schweigens stellen? Muss man sich vielleicht doch wegen der homosexuell liebenden Schwestern und Brüder in irgendeiner Weise schämen? Bedauert man die kirchliche Mitschuld zum Beispiel an der abendländischen Verfolgungsgeschichte nur halbherzig, weil man sich einige Hintertürchen für eine moderate Diskriminierung offen halten möchte? Ist einem vielleicht doch vor allem daran gelegen, Schwule und Lesben als nützliche *ehrenamtliche* Helfer im Gemeindeleben zu gewinnen?

Die Arbeitsgemeinschaft »Homosexuelle und Kirche« (HuK) bietet seit vielen Jahren im Rahmen des Projektes »Farbe bekennen« allen christlichen Gemeinden unter Hinweis auf die Theologie der Charismen in 1. Korinther 12 eine »Solidaritätserklärung«[26] an: »Durch die Taufe gehören alle Christinnen und Christen ungeachtet ihrer sexuellen Orientierung zum Leib Christi.« Der volle Wortlaut dieses Textes, der von zahlreichen Gemeinden verschiedener Konfessionen unterzeichnet worden ist, wendet sich in einer Übernahme öffentlicher Mitverantwortlichkeit gegen jede Diskriminierung in Gesellschaft und Gesamtkirche, versteht Sexualität in ihren unterschiedlichen Ausprägungen als Teil der Schöpfung Gottes und lädt Lesben wie Schwule ohne jede Einschränkung als Mitglieder und Mitarbeiter zur aktiven Teilnahme am Gemeindeleben sowie zum Einbringen der ihnen eigenen Gaben ein. Sie werden als mündige Christen angesprochen, mit den ungeschmälerten Rechten und Aufgaben aller Getauften ausgestattet, nicht wie ehedem als bettelnde Almosenempfänger einer christlich duldenden Barmherzigkeit. Gemeinden und Kirchenleitungen können ein Zeichen setzen, wo sie in dieser Art ohne Winkelzüge und Hintertürchen Farbe bekennen.

Als die römisch-katholischen Bischöfe der Niederlande 1966 in ihrem nachkonziliaren Erwachsenenkatechismus ein – gemessen am Erscheinungsjahr – äußerst mildes, wohlwollendes Wort über den »homosexuellen Nächsten« fanden, bedeutete das für viele katholische Jugendliche, ihre Eltern und für Erwachsene, die sich ein Leben lang versteckt hatten, wirklich Trost und Befreiung. Wer weiß schon, wie viele gute Wirkungskreise ein verbindlicher und solidarischer Zuspruch zur Selbstachtung heute immer noch ziehen kann? Eine einzelne Stimme ist schon viel, umso mehr eine ganze Gemeinschaft, die ein uneingeschränktes Willkommen signalisiert. Die Vision einer offenen Kirche ist jedoch etwas *entschieden* anderes als eine opportunistisch gepflegte pastorale Großzügigkeit, die sich manchmal gar auf Jesu Umgang mit Aussätzigen, Zöllnern oder Prostituierten beruft. Die Herausgeber eines evangelischen Sammelbandes zur Diskussion bekennen am Schluss ihres Buches: »Wir träumen einen Traum – auch von einer besseren Welt, aber in diesem Moment vor allem von einer Kirche, in der nicht die einen über die anderen zu Gericht sitzen, sondern in der Menschen sich begegnen, sich als einzigartige Geschöpfe Gottes ernst nehmen, miteinander sprechen, miteinander lachen und feiern. Wir träumen den Traum von einer Kirche, in der heterosexuelle wie homosexuelle Männer und Frauen mit ihren Partnerinnen und Partnern leben und arbeiten können, von einer Kirche, in der wir miteinander nach Wegen suchen, die Fülle des Lebens Gottes zu leben, die er uns geschenkt und verheißen hat. Wir träumen einen Traum von einer Kirche, in der die Lebendigkeit Gottes Einzug gehalten hat, des Gottes, der der Gott allen Lebens und nicht des Todes ist.«[27]

Christliche Gemeinde als Modell?

Es sind durchschaubare Gruppenmechanismen von Angst, Aggression und schließlich Hass, die im sozialen Mit- beziehungsweise Gegeneinander Mauern zwischen Menschen aufbauen. Weil es dabei letztlich um Selbstwert – um ein Sich-nicht-geliebt-Fühlen – geht, sind gerade verachtete Minderheiten davon nicht ausgeschlossen: Vermeintlich besonders männliche Ledermänner verhöhnen die so genannten Tunten in der Schwulenszene als weibisch. Orthodoxe Juden hetzen gegen homosexuell liebende Israelis, empfehlen »Heilung durch Aids« und verwehren ihnen die Erinnerung an die Naziggräuel im Zeichen des Rosa Winkels.[28] In der rechtsextremen Szene bei uns schürten homosexuelle Jugendliche, die sich als »schwule Herrenmenschen« gerierten, den Hass auf islamische Ausländer.[29] Erzbischof Desmond Tutu stellte sich in Südafrika zu Zeiten des Rassenhasses hinter einen weißen Priester, der wegen eines Verhältnisses zu einem jungen Schwarzen angeklagt war; er »flog zur Gerichtsverhandlung nach Johannisburg und umarmte den Priester demonstrativ nach der Urteilsverkündigung«.[30] Währenddessen gab es die Apartheid durchaus auch unter südafrikanischen Homosexuellen.[31] Eine farbige Reggaeband konnte vor Jahren in einem ihrer Lieder den Ruf singen: »Erschieß den schwulen Jungen!« und musste deshalb vor einem Auftritt in Berlin ausgeladen werden. Homosexuell liebende Frauen und Männer stehen im organisierten Teil der Bewegung zuweilen als Kontrahenten einander gegenüber. Unter den Hauptbetroffenen-Gruppen von Aids gilt nicht selten eine Rangordnung, an deren Ende der böse, asoziale Drogenabhängige rangiert. Im Weltmaßstab gibt es schließlich eine aufwendige medizinische Versorgung nur für die Minderheit der westlichen HIV-Patienten, während in der Dritten Welt für die Massen der sterbenden Aids-Kranken zumeist nicht einmal die primitivsten und billigsten Schmerzmittel zur Verfügung stehen, von antiviralen Medikamenten ganz zu schweigen. Auch viele von der Immunschwäche betroffene Homosexuelle haben – wie der westliche Hilfs- und Medizinkomplex zu Aids insgesamt – angesichts des *eigenen* Elends keinerlei Blick mehr für diesen himmelschreienden Skandal …

Der christliche Traum vom neuen Miteinander lautet anders: »Es hat … nichts mehr zu sagen, ob einer Jude ist oder Nichtjude, ob er Sklave ist oder frei, ob Mann oder Frau. Durch eure Verbindung mit Jesus Christus seid ihr alle zu einem Menschen geworden« (Gal 3, 28). Minderheiten heißen jetzt nicht mehr Randgruppen. Statt mitleidiger Zuwendung gibt es das *gleichberechtigte* Miteinander zwischen Geschwistern, die in vielerlei Hinsicht verschieden sein mögen. Das gelebte Bekenntnis zur unbedingten Menschenwürde und zur *übergreifenden* christlichen Solidarität ohne die alten Grenzen könnte dann auch in die Kultur homosexuell liebender Menschen zurückwirken.

Bislang aber ist es eher umgekehrt. Nicht wenige erfahren im Getto eine Heimat, wie sie ihnen von vielen kirchlichen Gemeinschaften noch immer verwehrt wird. In diesem Getto »Szene« ist im letzten Jahrzehnt der Kommerz von Fashion-Produzenten, Medien-Anbietern und Event-Veranstaltern ein dominanter Faktor geworden. Das Spektakel ist an die Stelle des Festes getreten. Da geht es um Geld, und dann werden auch zwischenmenschliche Beziehungen von der neoliberalen Ökonomie, vom »Marktwert« geprägt. Dagegen gibt es aktuell eine deutliche Gegenbewegung. Schwule Kampagnen in München, Hamburg und Nordrhein-Westfalen hinterfragen kritisch die kommerzielle Sexualisierung; sie wollen in der Szene für Verantwortung und *echte* Individualität sensibilisieren. Wenn ich heute von schwulen Bildungseinrichtungen als Theologe angefragt werde, geht es um Sinnsuche oder um »Spiritualität«. (Ich mag das Wort nicht!) An der kirchlichen Aufarbeitung des Themas »Homosexualität« ist hingegen niemand mehr interessiert. So hätten denn die Christen vielleicht Gespräche ganz anderer Art mit den schwul-lesbischen Szenen vor sich, wenn sie ihre Leichen aus der Vergangenheit endlich begraben würden (Mt 8, 22)?

9. Darf es der Pfarrer oder die Pfarrerin auch sein?

Viele brechen nur scheinbar auf.
Sie tragen nur
ein Gespenst ihrer selbst
mit sich fort,
eine abstrakte Puppe.
Sich selber
bringen sie vor dem Aufbruch
in Sicherheit.
... Nie treten sie
mit ihrem ganzen Wesen
in die Erfahrung ein ...
Gott will ein leibhaftiges Wesen
vor sich sehen, das weinen kann,
schreien unter den Wirkungen
seiner läuternden Gnade;
er will ein Wesen,
das um den Wert
menschlicher Liebe weiß ...
Hier aber
pflegt das Unglück zu geschehen:
zu viele unter denen,
die sich Gott geben,
haben seinem Wirken
nur eine ausgeliehene
Persönlichkeit ausgesetzt ...
IVES RAGUIN

In wohl allen christlichen Kirchen üben homosexuell empfindende und liebende Männer oder Frauen den Dienst unter anderem des Diakons, Priesters oder Pastors aus. Selbst das römisch-katholische Kirchenrecht kennt kein Weiheverbot für Homosexuelle. Doch während ein lutherischer Pfarrer in Kopenhagen oder in einem Vorort von Oslo mit seinem anvertrauten Lebensgefährten das Pfarrhaus bewohnt, mag sein Kollege in einer – vermeintlich –

bibelstrengen Gemeinde der USA schon beim offenen positiven Bekenntnis seiner gleichgeschlechtlichen *Neigung* mit Exkommunikation belegt werden. Dem bundesdeutschen Protestantismus ist es erst in den letzten zehn Jahren wirklich zum Problem geworden, Menschen, die zu ihrer homosexuellen Liebesbegabung stehen, weiterhin vom kirchlichen Dienst fern zu halten. Der Vater einer deutschen evangelischen Theologin schrieb noch 1992: »Dass meine Tochter lesbisch ist, belastet mich – nach einer kurzen Gewöhnungsphase – nicht mehr. Sie ist fröhlich, arbeitet tüchtig, ist engagiert, setzt sich für andere ein und liebt einen netten Menschen, das heißt eine Menschin. Unsere Tochter hat Theologie studiert und wollte Pfarrerin werden. ›Lasset die Kindlein zu mir kommen‹, sagt Christus, das haben wir ihr auch gesagt, und er hat bestimmt nicht gesagt: ›Aber du und du, ihr nicht!‹ Gott sagt: ›Kommt her zu mir, Menschenkinder.‹ Unsere Kirche aber sagt: ›Aber du nicht. Geh. Störe meine Kreise nicht, meine alten, einfachen, schönen, runden Kreise!‹«[1] Heute sieht die evangelische Welt bereits anders aus: Der nordelbische Kirchenkreis Altona wählte 1998 Horst Gorski zum Probst, der sich offen zu seiner Homosexualität bekennt. Der Hamburger Pastor Reinhard Diercks und sein Freund erzählten ohne Angst in der »Zeit« vom 28.1.1999 über ihre Partnerschaft. Der Aids-Seelsorger Rainer Jarchow brauchte keine Repression zu befürchten, als er mit seinem Freund zum Hamburger Standesamt ging. Ich kenne im Rheinland viele schwule Pfarrer, die keinerlei Repressionen erfahren. In der lutherischen Kirche Sachsens hingegen wird es ein schwuler Pastor noch immer tunlichst vermeiden, seine Neigung bekannt werden zu lassen. Vielleicht gelingt es den homophoben Teilen der Kirchen, auf europäischer Ebene eine Ausnahme von der Charta der Menschenrechte dauerhaft zu erstreiten. Sie wären dann innerhalb der Europäischen Union die einzigen Arbeitgeber, die Menschen auf Grund ihrer sexuellen Orientierung diskriminieren dürften. Zum Segen kann ihnen das nicht gereichen.

Grundpositionen

Folgende idealtypische kirchliche Grundpositionen zur Frage der homosexuellen Amtsträger sind zu nennen:

1. Homosexualität als solche bedeutet in sich bereits ausdrücklich ein striktes Ordinations- beziehungsweise Weihehindernis.

2. Da die homosexuelle Neigung allein nicht schon sündhaft sei, sondern erst die homosexuelle Betätigung,[2] bleiben diejenigen homosexuellen Amtsträger unbehelligt, die vorgeblich oder wirklich in zölibatärer Enthaltsamkeit leben.
3. Homosexuell liebende Amtsträgerinnen und Amtsträger dürfen Partnerschaft und Sexualität leben. Sie werden jedoch durch Vereinbarungen, Dienstrecht usw. dazu verpflichtet, dieses im Bereich des Amtes (Verkündigung, Gemeindeleben, Pfarrerdienstwohnung und anderem) streng auszuklammern.
4. Es gibt ausdrücklich oder zumindest gemäß der kirchlichen Praxis keinerlei Sonderbestimmungen oder spezifische Einschränkungen für homosexuell liebende Amtsträger. Voraussetzung dafür ist jedoch die Annahme innerhalb der konkreten Gemeinde vor Ort.

Die *erste* Möglichkeit kann als fundamentalistische Extremposition in der kirchlichen Diskussion heute keine ernsthafte Bedeutung mehr beanspruchen, zumal selbst bei engster Auslegung für sie ein biblischer Beleg nicht zu erbringen ist. Das wissen inzwischen selbst viele Evangelikale. (Die Bibel kennt ja Homosexualität als Neigung, Anlage überhaupt nicht.) Auch die Richtlinien für die Ausbildung des römisch-katholischen Priester- beziehungsweise Ordensnachwuchses, die allgemeinen Bestimmungen zur priesterlichen Keuschheit und Eignung im *neuen* Kirchenrecht von 1983[3] und die Rede von der »objektiv ungeordneten Neigung«[4] ergeben weder explizit noch praktisch ein Weihehindernis »Homosexualität«.

Die *zweite* Position entspricht theoretisch am ehesten dem Anspruch der römisch-katholischen Hierarchie. Nur keusche Homosexuelle im Pastorenamt, das ist ebenso der amtliche Status etwa bei US-Presbyterianern und Methodisten. Allerdings wünscht dies weltweit auch eine Mehrheit der anglikanischen Bischöfe (Lambeth-Konferenz 1998), obwohl es in der anglikanischen Kirchengemeinschaft keinen zwingenden Priesterzölibat gibt. In einer früheren Erklärung des »House of Bishops«[5] wird den Laien eine gelebte homosexuelle Neigung ausdrücklich als ein Weg christlicher Existenz zugestanden, den Priestern jedoch nicht. Die anglikanischen Bischöfe wenden sich in dieser Stellungnahme gleichzeitig gegen jede wie auch immer geartete Ausforschung der Privatsphäre von Geistlichen und deren Bloßstellung. Sie möchten fortfahren, »so wie bisher all jene Kleriker, die keinen Anlass für einen Skandal gegeben haben, mit Respekt und Vertrauen zu behandeln«, und erwarten diese Haltung auch von ihren Mitchristen.

Innerhalb der *dritten* Position bewegen sich Diskussion und Praxis in den meisten evangelischen Kirchen der Bundesrepublik, wobei Weitergehendes durch offene Formulierungen nicht ausgeschlossen wird. So meint ein von der evangelisch-lutherischen Landessynode Braunschweig am 25.11.1994 entgegengenommenes Thesenpapier: »Maßstäbe, die an das Verhalten homosexueller Pfarrer oder lesbischer Pfarrerinnen beziehungsweise Mitarbeiterinnen und Mitarbeiter gestellt werden, sollten die gleichen sein, wie sie für heterosexuelle Pfarrerinnen und Pfarrer und Mitarbeiterinnen und Mitarbeiter gelten. Ernst zu nehmen sind zwar die Gefühle und Ängste der anders denkenden Christen in dieser Frage, daraus sollte sich jedoch nicht ein grundsätzliches Ordinations-, Anstellungs- oder Einführungshindernis ableiten.«[6] Die hannoversche Landessynode hatte bereits Ende 1993, allerdings mit denkbar knapper Mehrheit, die Anstellung von Pastorinnen und Pastoren, die in einer homosexuellen Partnerschaft leben, befürwortet. Landesbischof Horst Hirschler erklärte daraufhin das Votum faktisch für unwirksam. (Auch 1998 kam ein Votum für *offen* lebende homosexuelle Pfarrerinnen und Pfarrer nicht zu Stande.) Ein Beschluss der rheinisch-evangelischen Landessynode vom 11.1.1995 »fordert die Presbyterien und andere Anstellungskörperschaften auf, bei Personalentscheidungen Mitarbeiterinnen und Mitarbeiter, Pfarrerinnen und Pfarrer wegen ihrer Homosexualität nicht zu benachteiligen«.[7] Allerdings wird dabei ausdrücklich auf »generelle Regelungen« insbesondere »für gleichgeschlechtliche Lebensgemeinschaften in Pfarrhäusern und kirchlichen Dienstwohnungen« verzichtet. (Das Letzte entspricht dem gegenwärtigen Rechtsrahmen in allen Gliedkirchen der EKD und in der VELKD.) So bleibt angesichts geltender Dienstvorschriften für Pfarrer und Pfarrerinnen »unter dem Gesetz« auch in dieser Landeskirche die *Rechtsunsicherheit*, was dem erklärten Anliegen der rheinischen Synode widerspricht. Die Bindung des Dienstrechtes an den übergeordneten Zusammenschluss der Bekenntnisfamilien (so in der VELKD) erschwert den Weg in anderen reformbereiten Landessynoden. – Als außerordentliches Kunststück vermittelnder und zugleich verdächtigender Unentschlossenheit muss an dieser Stelle wieder der Orientierungsrahmen des Rates der EKD (1996) genannt werden, der deutlich dem Diskussionsstand vieler Landeskirchen hinterherhinkt:[8] Einerseits wird in diesem kirchen*politischen* Dokument eine *Sonderethik für das Amt* insgesamt skizziert, andererseits wird klargestellt, dass jeder Amtsträger irgendwo hinter seiner Verkündigung zurückbleibe, was immer das in *diesem* Zusammenhang heißen mag. Einerseits werden Angstbilder und ungeheuerliche Unterstellungen angeführt, deren »Widerlegung« bewusst unklar bleibt: Untreue zu Schrift und Bekenntnis, propagandistischer Missbrauch des Amtes durch homosexuell lebende Pastoren, Angriff auf das Leitbild »Ehe«, Möglichkeit der Verführung (sic!), Konflikte in der Ökumene … Vor diesem Hintergrund lehnt das Diskussionspapier eine »*generelle* Öffnung des Pfarramtes« für homosexuell lebende Menschen ab und verlangt eine »gründliche Prüfung in *Einzelfällen*«. Andererseits soll das Intimleben von Amtsträgern nirgends ausgeforscht werden. Auch will man mit dem grundsätzlichen Wohlwollen nicht erst auf eine veränderte gesellschaftliche Situation warten und scheut andeutungsweise keineswegs den möglichen Konflikt mit anderen Kirchen im Sinn von »Zumutung«. Insgesamt nennt dieser Orientierungsrahmen dann jedoch wieder »viele Argumente gegen eine Zulassung gleichgeschlechtlicher Lebensgemeinschaften in Pfarrhäusern«, auch wenn diese nicht grundsätzlich ausgeschlossen werden. Dass ein homosexuell lebender und liebender Seelsorger oder eine solche Seelsorgerin gerade auch durch seine/ihre Partnerschaft eine Bereicherung der ganzen Gemeinde sein könnte, das liegt offenbar noch nicht im Erfahrungshorizont der Autorenteam-Mehrheit. Rechtsverbindlich ist der Text für die selbstständigen EKD-Gliedkirchen erfreulicherweise nicht. In der Mehrheit aller Landeskirchen gibt es inzwischen schwul-lesbische Pfarr- und Theologenkonvente, die ohne Angst offen arbeiten können.

Die *vierte* Position gilt ausdrücklich in der Metropolitan Community Church (MCC), denn in dieser Kirchengründung bilden Schwule und Lesben seit mehr als 25 Jahren die Mehrheitsperspektive. Eine Minderheit der anglikanischen Bischöfe, darunter höchste Prominenz, votiert ohne Einschränkung für volle Gleichberechtigung und gegen *jegliche* Diskriminierung. In den lutherischen Staatskirchen Dänemarks und Norwegens, die seit 1989 beziehungsweise 1993 mit staatlich anerkannten gleichgeschlechtlichen Partnerschaften konfrontiert sind, hat das schwule Paar im Pfarrhaus gute Aussichten. Faktisch wird die vierte Position, wenngleich ohne offizielle Erklärungen und Rechtssicherheiten, auch in vielen protestantischen Gemeinden Deutschlands verwirklicht. Die »Bückeburger Erklärung« des Bundes evangelisch-reformierter Kirchen Deutschlands betont im April 1996 als Ergebnis kirchlicher Umkehr ausdrücklich, homosexuelle Christen hätten auch als Amtsträger keinerlei Diskriminierung mehr zu befürchten. Sehr klar äußerte sich bereits 1992 der niederländische alt-katholische Bischof Teun J. Horstman:[9] »Wenn die Kirche jemandem das Amt anvertraut, dann stellt sie Anforderungen, und das zu Recht: Aber die Forderung einer heterosexuellen Veranlagung kann niemals dazugehören. Die nächste Stufe ist dann, dass eine homosexuelle Beziehung entstehen kann, und da komme ich auf das zurück, was die Bischöfe der Kirche von England 1991 erklärt haben ... Und da sehe ich dann eine doppelte Moral: Du darfst wohl so sein, aber du darfst nichts damit anfangen, um damit glücklich zu werden.« Horstman fragt sich, »auf welcher theologischen Grundlage man Schöpfung so interpretiert, und warum es den Laien wohl zugestanden wird, und zwar so, dass ihre Integrität anerkannt wird, während bei den Amtsträgern in Bezug auf ihre Veranlagung andere Maßstäbe angelegt werden. Eine Beziehung mit jemandem vom gleichen Geschlecht ist für den Homosexuellen genauso natürlich wie für den Heterosexuellen die Beziehung mit jemandem vom anderen Geschlecht. Ich sehe deshalb nicht ein, warum Menschen, die nach ihrer Veranlagung homosexuell empfinden und die durch die Kirche zum Amt gerufen worden sind, keine Beziehung eingehen sollten, die zu einer dauerhaften Partnerschaft führt«.

»Römische Verhältnisse«

Wir werden uns in diesem und dem folgenden Abschnitt exemplarisch der römischen Kirche zuwenden. In ihr verleihen der allgemeine Zölibat von Klerikern beziehungsweise Ordensleuten und die scholastisch geprägte, rigide Sexualmoral des obersten Lehramtes dem Thema ein besonderes Gewicht. Ich möchte jedoch vorweg betonen, dass die hier zu sichtenden traurigen Zustände für wohl keine Kirche innerhalb der Ökumene Anlass bieten, sich selbstgefällig auf die Schulter zu klopfen. »Römische Verhältnisse« sind nicht minder in den Bistümern vieler konservativer anglikanischer Bischöfe anzutreffen und auch innerhalb der vielfältigen Landschaft des Protestantismus. Aufsehen erregte 2000 zum Beispiel der auf Recherchen im anglikanischen Klerus Londons fußende Roman »Easter« von Michael Arditti.

Bis in die Gegenwart hinein hält die römisch-katholische Kirche hartnäckig an einer Tradition fest, die in der *praktizierten* Homosexualität ein Vergehen der allerschlimmsten Art erblickt. Die dabei nicht selten anzutreffende verbale *Aggressivität* steht in keinem guten Verhältnis zur konkreten Schattenwirklichkeit hinter Konvikts-, Kloster- und Kirchenmauern. In vielen Bistümern wäre es ein Leichtes, ein ganzes Heer homosexueller Kleriker aus allen Rängen öffentlich zu outen. Selbstgerechte Bischöfe wie Kardinal Meisner können sich glücklich schätzen, dass kirchliche und politisch aktive Schwule ein hässliches Vorgehen dieser Art nicht mit ihrem Anstands- und Ehrenkodex vereinbaren können. Eugen Drewermann hielt es bereits 1989 für nicht unwahrscheinlich, dass »etwa ein Fünftel bis ein Viertel der Priesteramtskandidaten in irgendeiner Weise homosexuelle Kontakte unterhält«.[10] Erst 1997 kam es dann zu einer breiten bundesdeutsche Debatte über homosexuelle Kleriker in der römisch-katholischen Kirche.[11] Der Augsburger Pastoraltheologe Hanspeter Heinz hatte Ende 1996 in der Jesuitenzeitschrift »Stimmen der Zeit« geschrieben, »die Zahl der gleichgeschlechtlich geprägten Männer in Priesterseminaren und im Klerus« sei »signifikant hoch«. Er berief sich unter anderem auf verantwortliche kirchliche Ausbildungsleiter und konkretisierte den Anteil in einem Hörfunk-Interview mit »20 Prozent«. (Die Diskussion biss sich dann vor allem an Zahlen fest, statt das pastorale Anliegen des Augsburger Theologen aufzugreifen.) Entrüstet verkündete sogleich der Fuldaer Erzbischof Johannes Dyba in seinem Bistumsblatt vom 12.1.1997, dass »homosexuell geprägte Männer die für die Priesterweihe erforderliche Eignung nicht besitzen«. Er stellt sie als besonders empfänglich für den Missbrauch Minderjähriger dar. (Heterosexuelle Priester landeten bei Problemen mit dem Zölibat beim Standesamt, homosexuelle aber wegen des »oft verletzten Jugendschutzes meist beim Staatsanwalt«!) Er weihe nach katholischer Regel nur solche Männer, »die auch das Zeug zu gesunden und guten Familienvätern« hätten. Ähnlich, wenn auch moderater, äußerte sich der Freiburger Erzbischof Oskar Saier. Rückendeckung erhielt Professor Heinz hingegen unter anderem vom Bamberger Moraltheologen Volker Eid – und von Wunibald Müller, dem Leiter des Recollectio-Hauses Münsterschwarzach: »Die Bischöfe wissen, dass ein Großteil der Priester schwul ist und der ›Betrieb Seelsorge‹ ohne diese schwulen Priester zusammenbrechen würde« (ARD-Magazin *Report,* 29.1.1997). Titus Neufeld, Sprecher der Schwulen Priester- und Ordensgruppen in Deutschland, bestätigte diesen Trend. Die ARD zitierte ebenfalls den Leiter des Trierer Instituts für Pastoral-Psychologie, Professor Alwin Hammers, nach dessen Schätzung etwa 25 Prozent der Priester homosexuell sind: »Damit will ich sagen, die Zahl ist beträchtlich, und sie ist so groß, dass man sich um diese Gruppe kümmern muss.« Die Diffamierungen aus Fulda blieben auch im Episkopat nicht unwidersprochen. Der Trierer Bischof Hermann-Josef Spital nannte Homosexualität eine »entwicklungsbedingte Prägung«, die als solche nicht unmoralisch sein könne und oft »mit einer besonderen Sensibilität und Ausdrucksfähigkeit« einhergehe. Sie stelle nach seiner Überzeugung bei Einhaltung der Enthaltsamkeitsverpflichtung kein Weihehindernis dar. Auch die interdisziplinäre Arbeitsgruppe der Deutschen Bischofskonferenz unter Leitung des Fuldaer Weihbischofs Johannes Kapp kommt zwei Jahre später in ihren öffentlich bekannt gewordenen Empfehlungen abschließend zu dem Ergebnis: Homosexualität ist kein Weihehindernis, sofern Bereitschaft und Fähigkeit zur zölibatären Lebensweise vorliegen (FAZ, 3.3.1999).

Wie sieht es anderswo aus? Ein ausführlicher Beitrag aus den Reihen der niederländischen Achte-Mai-Bewegung konstatierte 1994 mit zahlreichen Belegen eine zunehmende »Homosexualisierung« des römisch-katholischen Priesteramtes.[12] Zum Teil über die Hälfte der neueren Kandidatenjahrgängen bestünden aus homosexuellen Bewerbern, auch die Nachwuchswerbung scheine manchmal gezielt auf diese Klientel ausgerichtet zu sein. Ähnliche Verhältnisse hatte bereits 1988 der ehemalige Priester und Soziologe Richard Sipe für die USA[13] beschrieben; der Franziskaner Thomas Crangle führte dann 1990 eine Klerikerumfrage durch, in der sich 45 Prozent der zufällig Ausgewählten als homosexuell betrachteten und ein unglaublich hoher Anteil HIV-positiv war. Das Skandalbuch »The Changing Face of Priesthood« von Donald Cozzens, Rektor einer Theologischen Hochschule in Cleveland, bestätigte im letzten Jahr den hohen Anteil schwuler Priester.

In der Medienöffentlichkeit sind Skandale um geoutete Priester – und Bischöfe – keine Einzelfälle.[14] Arbeiten wie das verdienstvolle Buch von Thomas Migge (1993) über homosexuelle Kleriker vermitteln unter anderem anhand von Biografien und Gesprächen ein realistisches Bild. Wohl gemerkt, dem steht amtskirchlich eine weitgehende Verdrängung des Themas gegenüber. Es herrscht ein Angstklima, in dem Theologen noch immer unter Pseudonym publizieren und schwule Priester sich bei öffentlichen Interviews wie Schwerverbrecher vermummen. Der an *alle* Homosexuellen immer wieder gerichtete römische Appell zu »Diskretion«, Verschweigen und Verstecken ist oberste Verhaltensmaßregel erst recht für Kleriker. Die weltweit verbreiteten »Leitgedanken für die Erziehung zum priesterlichen Zölibat« der römischen Kongregation für das katholische Unterrichtswesen aus dem Jahre 1974 erwähnen auf nahezu 100 Seiten mit keinem Sterbenswörtchen die

Homosexualität.[15] Die expliziten harten Strafmaßnahmen für homosexuell handelnde Kleriker aus dem Kodex von 1917 sind im neuen CIC (Codex Iuris Canonici) von 1983 ersatzlos verschwunden.[16] Das Thema, so habe ich einen Kirchenrechtler im geschlossenen Kreis sagen hören, sei jedoch seit Jahren in fast allen Ordinariaten ein heißes Eisen.

Ich habe während meines Theologiestudiums, im späteren Freundes- und Bekanntenkreis, in der ökumenischen Arbeitsgemeinschaft »Homosexuelle und Kirche«, als Autor und aufgesuchter Berater privat und beruflich weit über hundert homosexuelle Priesteramtskandidaten und Kleriker kennen gelernt. Aus persönlicher Erfahrung heraus halte ich Ausmaß, Not, Heuchelei und Hässlichkeit des Themas für noch weitaus gravierender, als es selbst skandalträchtige Veröffentlichungen nahe legen: Ein Lokalzeitungsredakteur, der einen in der Region sehr angesehenen, traditionsbewussten Pfarrer aufsuchte, wurde bei dieser Gelegenheit auf höchst unfeine Art »angemacht«. Ich selbst erinnere mich nur ungern daran, auf einem Wochenende mit angehenden Priestern nachts im Schlaf respektlose sexuelle Handgreiflichkeiten erlebt zu haben. Waren es solche Vorfälle die einen erfahrenen Spiritual zu folgendem Rat an ein jüngeres Theologensemester bewegten? »Wenn da einer unter euch ist, der sich ungehörig nähert, macht das unter euch aus. Rückt ihm auf die Bude und verpasst ihm eine ordentliche Tracht Prügel.« Einer meiner ehemaligen Kommilitonen gab vor seinem Ausscheiden als römisch-katholischer Vikar ein Exklusiv-Interview über »Sex mit (männlichen) Jugendlichen«;[17] merkwürdigerweise wurde jedoch in diesem offensiven Outing als Hintergrund unter anderem »die Problematik der *Ehe*losigkeit und das damit verbundene fehlende Ausleben der Sexualität« genannt! Dieser Vikar ist nicht der einzige inzwischen skandalträchtige Mitstudent. Andere jedoch sind geschickter, und das manchmal durchaus auf sympathische Weise. Aus privaten Zusammenhängen kann ich die Aussage anderer Autoren bestätigen, dass in Einzelfällen Aids-erkrankte Priester bewusst auf die Krebsstation verlegt wurden, um in der einschlägigen Fachabteilung nicht aufzufallen. (Trauriges Beispiel für das kirchliche Klima ist der New Yorker Bischof Emerson Moore. Er verließ 1995 sein Amt, um gleichsam anonym in einem Hospiz in Minnesota zu sterben.) Ein in jüngerem Alter an der Immunschwäche gestorbener Priester konnte gar von manchen Leuten, die darum nicht wussten, als Märtyrer seiner Berufung betrachtet werden. Ein anderer Aids-erkrankter Priester, Partner meines besten Freundes, hat mir auf dem Sterbebett erzählt, wie sein ehemaliger Heimatpfarrer wenige Tage zuvor in der Beichte versucht hatte, alle homosexuell gelebten Jahre zu entwerten und die tägliche Kommunion verordnete, damit »alles wieder gut werde«. Kurz vor seinem Tod, so erzählt ein Mitglied der schwulen Priestergruppen, glaubte ein homosexueller, sehr konservativer Geistlicher, seinem Ordinariat die Namen von zwei Priestern und zwei Priesteramtskandidaten mitteilen zu müssen, die (ebenfalls) homosexuell lebten. Die im darauf folgenden Verhör völlig unvorbereiteten Theologiestudenten wurden entlassen. Mitunter gibt es im kirchlichen Raum jedoch auch das Gegenteil, nämlich stillschweigende Schutzgemeinschaften von Opportunisten bis in Prälatenränge hinein. Man kann dann auch als homosexuell Liebender verstehen, dass *heterosexuell* empfindende Theologen – und nicht nur sie – Reißaus nehmen, wo sie einem organisierten klerikalen Klüngel von Homosexuellen begegnen …

Historisch ist anzumerken, dass das Thema mit der zunehmenden Durchsetzung des Zwangszölibats für die Kleriker des Abendlandes durchaus auf unfeine Weise auf der Tagesordnung der Kirchengeschichte steht.[18] Vor dem Hintergrund der bekämpften *Priesterehe* kann etwa die nachsichtige Haltung der Päpste Leo IX. und Alexander II. oder eines Anselm von Canterbury in Sachen klerikaler Homosexualität auch als doppelbödig verstanden werden.[19] Müssen die Verfechter der Zölibatsdisziplin nicht in den Verdacht geraten, am Ende gar keine Frau zu begehren? Über sie kursieren jedenfalls zu Anfang des letzten Jahrtausends klagende und satirische Verse:[20] Angegriffene verheiratete Priester sehen sich darin offenkundig als Opfer von »Sodomiten«, von schwulen Würdenträgern. In diesen größeren Zeitraum fällt auch die folgende Episode: »Ende des 11. Jahrhunderts protestiert Ivo von Chartres bei Papst Urban II. gegen den Versuch des Erzbischofs von Tours, Ralph, einen gewissen John zum Bischof von Orleans zu machen. Dieser John war ein Liebhaber von Ralph und im Volk wegen seines promisken homosexuellen Verhaltens bekannt. Urban II. ließ sich jedoch von den Initiativen gegen John nicht beeindrucken, so dass dieser 1089 zum Bischof geweiht wurde.«[21]

Eugen Drewermann gibt in seinem »Kleriker«-Buch für heute grundsätzlich zu bedenken, »dass das europäische Abendland kulturell entschieden ärmer wäre *ohne* die Vielzahl genialer Homosexueller, von Platon angefangen über Leonardo da Vinci, Peter Tschaikowsky, André Gide, Thomas Mann, Ludwig Wittgenstein und andere. Die katholische Kirche mag im Moment noch stolz darauf sein, dass sie zumindest in der Verurteilung der

Homosexuellen noch niemals geirrt, sondern unbeirrt und unverändert ihre Lehrmeinung durch die Jahrhunderte getragen hat; doch wenn nicht alles täuscht, so ist die Zeit gekommen, da man endgültig damit aufhören wird, den Sinn der Sexualität nach katholischem Vorbild wesentlich in der Fortpflanzung zu sehen und schon deshalb die Homosexualität als ›gegen die Natur gerichtet‹ zu verurteilen, sondern da man sich ganz einfach fragen wird, was jemand aus seinen Möglichkeiten, ob hetero- oder homosexuell, zur Bereicherung der Kultur des menschlichen Zusammenlebens zu machen verstanden hat«.[22] Das Phänomen des hohen Anteils an homosexuellen Klerikern möchte Drewermann jedoch mit kritischen psychologischen Anmerkungen erhellen.[23] Für ihn gibt es »so etwas wie eine geheime Komplizenschaft zwischen der katholischen Kirche und gewissen Formen der Homosexualität«:[24] Auf Grund der für zahlreiche Klerikerbiografien typischen »Sexualangst« (Angst vor der Frau) nimmt er zum Teil eine Art »Hemmungshomosexualität« an, die – reifungsbedingt – noch nicht den Weg zum anderen Geschlecht gefunden hat. Die in der Homosexualität sich hier oft zeigende Mutterproblematik finde in der Kirche zudem eine »muttersatzähnliche Bezugsgruppe« als Lösung, was sich besonders deutlich in Wunschfantasien von kirchlicher Geborgenheit niederschlage. Insgesamt konstatiert Drewermann einerseits klerikale Verweiblichung beziehungsweise verdrängte Männlichkeit, andererseits den Ausschluss der gefürchteten Frau aus der reinen Männergesellschaft der römischen Kirchenhierarchie. In Kleidung und Habitus des Klerikers sieht er »ein gewisses homosexuelles« Gehabe auch äußerlich repräsentiert. (Eine ästhetische Vorliebe für schöne Kleriker-Paramente wird ja spätestens seit Oscar Wilde mit Homosexualität assoziiert. Vielleicht trifft Stefan Andres durchaus einen wunden Punkt, wenn er sich – im Anschluss an eine Klage des Hieronymus über »feines Zeug aus Arras und Laodicea« – bestimmte Kleriker schon der Alten Kirche in seinem Synesios-Roman so vorstellt: »Wie Kurtisanen und Millionärswitwen laufen sie umher: in Stockelschuhen, die Löckchen vorne in die Stirn gekämmt, hinten um die Tonsur herumgelegt, und duften nach Rosen und Sandelholz – diese Nachkommen der Märtyrer!«[25]) Über das Gesagte hinaus sollte man noch die von Drewermann beklagte Unfähigkeit zur reifen Partnerschaft mit einem *erwachsenen* Gegenüber als Hintergrund für den sexuellen Missbrauch von Mädchen und Jungen durch Priester sehen. Das aber ist *kein* spezifisch homosexuelles Sonderthema!

Es scheint mir an dieser Stelle überlegenswert, ob nicht die von Erich Neumann beschriebene Kategorie des *Männerbundes* wesentliche *Aspekte* der römischen Klerikerhierarchie erhellen kann.[26] Was wir in der gleichgeschlechtlichen Gruppenbildung der Pubertät beobachten, kann kulturgeschichtlich als Zeit des Männerbundes beschrieben werden. Dieser stellt eine Reaktion auf die Übermächtigkeit des Weiblichen im so genannten Matriarchat dar. Die Männerbünde betonen anstelle der (späteren) Rivalität die *männliche Ähnlichkeit*, sind hierarchisch geordnet und durch Einweihungsriten strukturiert. Im Vergleich zur patriarchalen Vereinzelung und Konkurrenz wird die *Freundschaftsbildung* in den Männerbünden hochgehalten. Einerseits stehen sie noch unter dem Vorzeichen der abgewehrten mächtigen »Großen Mutter«, andererseits haben sie den Schritt zur angstfreien Partnerschaft mit der – »gleichrangigen« – Frau noch nicht erreicht. Die römische »*Mutter* Kirche« mit ihren »Söhnen« (Priestern) und dem Ausschluss der »Töchter« passt als matriarchal-patriarchales *Misch*gebilde durchaus in diese Schablone. Der Schritt von der Mutter-Kind-Figur beziehungsweise der »Schutzmantel-Madonna« hin zum (gleichaltrigen) Königspaar »Christus – Maria« in der Ikonographie des 12. Jahrhunderts ist gleichsam noch nicht vollzogen. Der haltende Mutter-Archetyp ist dominierende Wirkmacht; eine Partnerschaft der Geschlechter kann hier nicht gelingen. – Neben der positiven Funktion der männlichen Identitätsfestigung ist nun negativ im Rahmen der Bewusstseinsgeschichte bei Erich Neumann der *Ausschluss der Frau* im Männerbund eindeutig als angstbesetzte Unreife zu qualifizieren! Insgesamt zeigt sich der Männerbund in der Geschichte immer wieder auch als ein *gefährlicher Ausdruck unsicherer Männlichkeit*, der durchaus mit latenter beziehungsweise verdrängter Homosexualität einhergehen kann. Für Militär und Faschismus ist das hinlänglich beschrieben. (Ein »Handbuch« für Schwule kann sogar das Vorurteil »weibisch« selbstironisch mit folgendem Hinweis kommentieren: »Die Weltgeschichte wimmelt von Beispielen für schwule [oder bisexuelle] Militärführer, die in der vermeintlich männlichen Arena von Mord, Totschlag und Eroberung nicht einen Deut weniger tüchtig waren als heterosexuelle Generäle. Julius Cäsar, Alexander der Große, Friedrich II. [»Der alte Fritz«], General Gordon von Khartum und Lord Kitchener – sie alle hatten männliche Liebhaber.«[27]) Festzuhalten ist zum Phänomen *Männerbund*: Es kann in seiner unsicheren beziehungsweise verunsicherten Männlichkeit gleichzeitig sowohl mit latenter Homosexualität als auch mit

Homosexuellenhass einhergehen. Im Grunde ist dabei eine – *negativ* »homosexuelle« – Frauenfeindlichkeit unter der Vorherrschaft des »Mutterbildes« obligat. Ich denke, man darf solche kritischen Erwägungen zum kirchlichen Psychogramm nicht außer Acht lassen, wenn man verdrängte Homosexualität, Antihomosexualität und Frauenbild in der römischen Kirche verstehen will. Frauenpriestertum und Befreiung von der Homophobie gehören deshalb im Sinne des Reformkatholizismus als Ziele untrennbar zusammen.

Typologie des homosexuellen Klerus

Es sollen nun jenseits der psychologischen Hypothesen zur *nicht integrierten* Homosexualität weitere Gesichtspunkte zum Phänomen und zur Typologie des homosexuellen Klerus bedacht werden:

1. Der gegenwärtig zunehmend nicht mehr als glaubwürdiges Zeugnis oder tugendhaftes Opfer erfahrene Zölibat bedeutet bereits eine Auslese bei heterosexuell orientierten Kandidaten. Demgegenüber übt der römisch-katholische Priesterberuf durch seine *Zwangsehelosigkeit* gerade auf homosexuelle Bewerber noch immer eine – sehr verschieden geartete – Anziehungskraft aus. Mit McBrien darf man zunächst schlicht feststellen: »In einer Gesellschaft, in der Homosexualität noch immer stigmatisiert wird, kann das zölibatäre Priesteramt ein rundum geachteter Beruf sein, in dem man keine Erklärung dafür abgeben muss, dass man unverheiratet ist.«[28]

2. Die Berufswahl erfolgt jedoch in noch jungen Jahren und auch später zumeist *unbewusst*, eine entsprechende religiöse Sozialisation vorausgesetzt. Der Kandidat erahnt dann allenfalls seine homosexuelle Neigung und entscheidet sich intuitiv für einen ehelosen Beruf. Von einer wirklich *frei* beantworteten geistlichen Berufung kann man hier in vielen Fällen nicht sprechen.

3. Während andere homosexuell empfindende Altersgenossen sich jetzt auf einem schwierigen, oft dornenreichen Weg ihr Selbstbewusstsein und die Freiheit zur eigenen Persönlichkeit als gleichgeschlechtlich Liebende *erkämpfen* (müssen) und dabei beachtliche Stärken entwickeln, bleiben zahlreiche Priester in ihrer Persönlichkeitsentwicklung an dieser Schwelle zurück. Manchmal auf Jahrzehnte hinweg bleibt ein ganz zentraler Bereich ihres Innenlebens verdrängt. Sie beschreiten einen Weg, auf dem sie alles Mögliche mitnehmen, nur nicht sich selbst. Allenfalls führen solche nie wirklich erwachten Priester als gespaltene Persönlichkeiten ein zerrissenes

Leben, in dem einzelne »Unglücksfälle« von widernatürlicher Unkeuschheit nicht einmal ins helle Tagesbewusstsein gelangen: Ein deutscher Theologieprofessor polemisierte mit heftigem Engagement gegen die studentische Offenheit in Sachen Homosexualität. Er wurde eines Tages von einem meiner Bekannten an einem einschlägigen Ort für flüchtige homosexuelle Kontakte angetroffen. Der österreichische Kardinal Hans-Hermann Groer trat im Herbst 1995 wegen des bekannt gewordenen Missbrauchs männlicher Jugendlicher von seinem Bischofsamt zurück. In der Vorzeit hatte er sich durch antihomosexuelle Äußerungen hervorgetan!

4. Solchermaßen unfreie Persönlichkeiten werden als Seelsorger kaum in der Lage sein, anderen Menschen den Mut des Evangeliums zum eigenen Weg und zum befreiten Leben zuzusprechen. In dieser Hinsicht findet heute noch einmal eine negative Auslese statt: Viele Jugendliche finden inzwischen bereits als Schüler eine Chance, angstfrei ihre homosexuelle Liebesbegabung zu entdecken. Angesichts der neueren gesellschaftlichen Entwicklung finden auch immer mehr homosexuelle Priester den Mut, Versteckspiel in Amt und Zölibat hinter sich zu lassen. Was dann an homosexuellen Bewerbern und Amtsträgern übrig bleibt, dürfte *mehrheitlich* nicht gerade den reifen, charakterfesten Rest darstellen.

5. Neben völlig verängstigten Menschen taucht neuerdings an dieser Stelle ein anderer Typus auf, den es allerdings ebenso in der *hetero*sexuellen Version gibt. Es handelt sich um »praktizierende« Homosexuelle, die bewusst ein verstecktes Doppelleben (jenseits des – zu leistenden oder geleisteten – Zölibatsversprechens) mit der wirtschaftlichen Absicherung und dem Ansehen des Priesterberufes verbinden. In diesem Kreis befinden sich nach meinen Erfahrungen nicht wenige eindeutig charakterlose Männer. Ich kenne einen Priesteramtskandidaten, der dem Opus Dei angehört und regelmäßig schnelle homosexuelle Kontakte pflegt. Auch ein junger Ordensmann ist homosexuell durchaus aktiv, jedoch ein rigoroser Gegner der vermeintlichen »Homo-Ehe«. (So kann man die eigene *Beziehungsunfähigkeit* ideologisch noch besser rechtfertigen!) Den traurigen Höhepunkt setzt ein schwuler Priesteramtskandidat, der auf ästhetische Weise reaktionäre Theologie betreibt, seit Jahren nach Selbstbekunden »nicht mehr an Gott glaubt« und aus Gründen der beruflichen Sicherheit eben auf das priesterliche Amt zugeht. Ein an Emanzipation interessierter Ordensmann meint zu dieser Gruppe: »Was die Geistlichen betrifft, die ohne große Identitätsprobleme einerseits

den Kirchenmann herauskehren und andererseits, sagen wir abends, den Gay, ist es schwierig, ein Urteil zu fällen … Diese Geistlichen werfen uns vor, die Sache mit der Sexualität an eine zu große Glocke zu hängen, ihr zu viel Bedeutung zuzuschreiben. Ihrer Meinung nach sollten wir sie stillschweigend ausleben, dann bereuen und versuchen, es nicht noch einmal zu tun. Und so machen sie es dann immer weiter, tagaus, tagein. Ihrer Meinung nach machen wir Lärm um nichts. Nur keinen Skandal, das ist die Devise.«[29]

6. Sowohl die unbewusst-gehemmten als auch die bewusst berechnenden homosexuellen Amtsträger bilden eine ungeheure *Stütze der hierarchischen Gehorsamsstrukturen*. Die erste Gruppe ist dabei bestimmt durch Sexualangst und durch die Unversöhntheit mit der eigenen Neigung. Es kommt zur Identifikation mit jenen, die die eigene Persönlichkeit verurteilen (würden). Nicht selten sind es nachweisbar homosexuell empfindende Priester, die an vorderster Front die römisch-katholische Angst vor der Homosexualität bis hin zum Schwulenhass steigern. Gesamtkirchlich und individuell steckt dahinter letztlich die Angst vor dem eigenen Schatten. Es ist *Selbsthass*, was die Hetzpredigt hervorbringt. Der Kinofilm »Der Priester« (1995) der britischen Regisseurin Antonia Bird vermittelt da durchaus ein *realistisches* Bild![30] Manche, die mit ihrer Neigung und in ihrem Leben selber am – übernommenen – lehramtlichen Kirchenstandpunkt scheitern, finden in ihrem Sündenbewusstsein den Ausweg zur Beichte beziehungsweise zu einem dennoch erbarmenden Gott, ohne letztlich an den Prinzipien zu rütteln: »Gott liebt den Sünder, aber die Sünde nicht!« Sie sind demütige Söhne der Mutter Kirche mit einem permanent schlechten Gewissen. Sie sind bemitleidenswert und liebenswürdig zugleich, wo sie anderen eine Güte zusprechen, die sie selbst offenbar nie erfahren haben. Ein Pfarrer meint: »Das Problem, mit dem ich nicht fertig werde, ist zu verstehen, wie etwas so Schönes wie die Gefühle, die ich mit Frank erlebte, etwas Böses sein können, denn ich empfand jenseits des schlechten Gewissens nichts Unrechtes dabei … Und trotzdem glaube ich, so paradox das klingt, dass die Kirche Recht hat, wenn sie sagt, Homosexuelle hätten in ihr nichts zu suchen … Ich empfinde heute Schuld meiner Kirche gegenüber, die so viel Hoffnung in mich setzte. Aber auch all den Menschen gegenüber, die auf mich bauten. Meiner Mutter gegenüber und unserem Herrn Pfarrer, der mich sehr beförderte und große Stücke auf mich hält. Wenn der wüsste, dass auch ich so ein ›Schwein‹ bin, wie er die Schwulen immer und immer wieder titulierte.«[31]

7. Auch in der liberaleren Gruppe der bewusst und versteckt homosexuell lebenden Priester sind Kirchenkritiker selten anzutreffen. Man fühlt sich »einigermaßen wohl in der katholischen Kirche« und verspürt »keine Lust, den Märtyrer zu spielen«.[32] Durch ein offenes Wort würde man nur unnötige Aufmerksamkeit auf sich lenken und die annehmliche Sicherheit des Berufes gefährden. Wer obendrein einmal Nachsicht durch die Kirchenleitung beanspruchen durfte oder *musste*, ist zudem in gewisser Weise ja *erpressbar* beziehungsweise zu Loyalität und Dank verpflichtet. Von solchen homosexuellen Priestern werden bequeme und opportunistische Gedanken der folgenden Art gehegt: »Ich kann das ewige Gejammer bestimmter Kollegen ... nicht ertragen. Sollen sie doch, wenn sie so an der Kirche herumkritisieren, austreten und was anderes machen ... Ich will als Pfarrer meinen Frieden sowie die Ruhe und Ausgeglichenheit, um in Gottes Sinne meine Arbeiten auszuführen, und auch mein bisschen Privatheit leben. Ich sehe keine Kollision mit gewissen doktrinären Schriften der römischen Zentrale. Das sind Hinweisschilder, wie man es richtig machen sollte. Aber auch ich bin nur ein Mensch und habe Gott sei Dank meinen Weg gefunden, der mir im Vergleich mit anderen nicht unbedingt als der allersündigste vorkommt.«[33]

Zuletzt verkommt also auch die so genannte rechtgläubige Theologie zu einem geschickten, aber wahrhaft prinzipienlosen Überlebenssport. Die dunklen Seiten des Themas lassen einen zornig werden. Dabei darf man aber nicht über das traurige Geschick und die Leiden vieler homosexueller Männer und Frauen in der römisch-katholischen Kirche hinwegsehen. Außerdem lassen einzelne Theologen mit aufrechtem Rückgrat Hoffnungsstreifen am Horizont aufziehen. So offenbarte der pensionierte Spiritual eines deutschen Priesterseminars im Alter seinem Bischof gegenüber die eigene Homosexualität. Zahlreiche schwule Priester möchten ausdrücklich in ihrer Seelsorge oder zumindest innerhalb des internen kirchlichen Forums das doppelbödige Versteckspiel beenden, jedenfalls im Rahmen des Möglichen, und der ist in einigen Diözesen erstaunlich weit.[34] Sie fühlen sich auch in ihren Gemeinden unwohl, wenn etwa Gemeindemitglieder das Zölibatsopfer bewundern. Einige erfreuen sich in ihrem kirchlichen Wirkungsfeld bereits eines beachtlichen Kreises von wohlwollenden Mitwissern. Mancherorts gehen sogar Partner im Pfarrhaus ohne Angst ein und aus. Römisch-katholische Vikare, Pfarrer und Ordensleute haben sich seit 1988 in den so genannten *Priestergruppen* zusammengeschlossen. Es gibt diese bundesweit tätigen und vernetzten Gruppen inzwischen in den Diözesen Aachen, Augsburg, Essen, Freiburg, Hamburg, Köln, Limburg, Mainz, Münster, Osnabrück, Paderborn und Rottenburg-Stuttgart. Der ehemalige Franziskaner Titus Neufeld weiß zu berichten, welche regelrechten Erlösungen in diesem Netz geschehen.

Für die gesamte Tragik gibt es indessen nur den folgenden Ausweg: Der Zwangszölibat der römischen Kirche müsste als *negativer* Auslesemechanismus hinsichtlich der Priesterschaft wegfallen, damit Berufung *jenseits* der sexuellen Orientierung in freier und reifer Weise wahrgenommen wird. Damit einhergehen muss unabdingbar – in allen Kirchen – der völlige Bruch mit dem überkommenen Tabu Homosexualität, um der *unerlösten* Homosexualität im Priester- und Pfarramt ein Ende zu bereiten. Denn: Integrierte und angstfreie homosexuelle Liebe bedeutet für das Leben eines guten Priesters oder einer guten Priesterin gewiss nicht Makel, sondern *Bereicherung*.

Würdige Hände?

Indessen speisen zahlreiche homosexuelle Amtsträger in den Kirchen ihre »geistliche Kompetenz« noch immer aus einem enormen Sündenbewusstsein. Die innere und äußere Zerrissenheit bringt hilflose Rechtfertigungsversuche hervor, deren Tröstungen man nicht so recht glauben mag. Da verbindet ein 45 Jahre alter Franziskaner die widersprüchlichsten An- und Selbstsichten in ein und demselben Gespräch: »... vielleicht bin ich auch nur feige, wie viele andere in der Kirche, in den Klöstern. Und mit feige meine ich die stumme Akzeptanz der Doppelbödigkeit meines Lebens ... Homosexualität und Mönchsein, ein schwieriges Paar, aber ich kann beide Bereiche gut auseinander halten, so dass ich nicht das Gefühl habe, mich dabei selbst zu betrügen ... Aber ich bin nun einmal fehlbar. Und auch wir in der Kirche sind es, warum auch nicht? Leider Gottes, aber so ist es nun einmal ... Gott kann uns in unserer Kleinheit verstehen und wird verzeihen, wenn wir nur aufrichtig bereuen. Auch wenn wir wissen, dass wir immer wieder in bestimmte Sünden zurückfallen. So auch in die Sünde der Homosexualität.«[35] Solche Menschen bringen, wenn sie zur Feier der Verwandlung und des Dankes hinter oder vor den Altar treten, ihr eigenes Leben als Gabe nicht mit. Sie lassen ihr Leben, ihre Wünsche und ihre Sehnsüchte in der Sakristei zurück. Sie meinen, sich vor sich selber, vor Gott und vor den anderen verstecken zu müssen. Sie sind auf diese Weise wirklich unfähig, die Würde der Gotteskindschaft im Kirchenraum darzustellen.

Die ohnehin bestehende Gespaltenheit von Leben und Amt, Persönlichkeit und Dienst in den Kirchen wird hier ins Unerträgliche gesteigert: »Für meine Gemeindemitglieder bin ich der Geistliche, der Priester, das Bindeglied zwischen Gott und ihnen. Erst in zweiter Reihe bin ich ein Mensch für sie. Das klingt bestimmt hart, ist aber wirklich so.«[36] Das jedoch ist kein speziell »römisches« Problem. Das sei allen selbstgerechten Pharisäern ins Stammbuch geschrieben. Überall in den Kirchen fragen an manchen Orten Frauen und Männer mit bangem Blick auf ihre lieben *Mitchristen*: »Wer darf in deinem Hause wohnen?« (Ps 15, 1). Eine offen lesbisch lebende Frau erzählte in einer Synodenkommission zur Homosexualität: »Ich nahm an einer evangelischen Kreissynode teil, auf der ich eine mir gut bekannte Pfarrerin sah. Ich durfte sie aber nicht einmal begrüßen, weil niemand von ihr wusste, dass sie eine Lesbe ist.« Eine andere Pfarrerin schrieb anonym in einem kirchlichen Themenheft: »Das Risiko, entdeckt zu werden und die Arbeitsstelle zu verlieren – oft genug gibt es ja keine Arbeitsmöglichkeiten außerhalb der Kirche – und damit die eigene Zukunft ins Ungewisse zu stoppen, schwebt wie ein Damoklesschwert über dem Kopf und drängt in das getarnte Leben einer Kirchenlesbe zwischen Vereinzelung, Versteckspiel, Angst, Unaufrichtigkeit und schmerzhaften Kompromissen.«[37] Vorliegende Berichte aus *einigen* evangelischen Winkeln spiegeln trotz aller synodaler Debatten geradezu stereotyp »römische Verhältnisse« wider.[38] In Sachen Homosexualität ist jene dem Geist Jesu widersprechende *Verformung des kirchlichen Amtes*, die Menschen zu Masken degradiert, immer noch am deutlichsten anzutreffen. An welcher Stelle sonst müssen so viele Christen im eigenen Haus umhergehen wie »Diebe in der Nacht«?

Es gibt Hinweise dafür, dass auch unter nichtzölibatären Verhältnissen homosexuell Liebende im Pfarrerberuf *überdurchschnittlich* vertreten sind. Die anglikanischen Bischöfe erklärten dazu 1991: »In der Bevölkerung gibt es einen Prozentsatz mit vorwiegend homophiler Orientierung. Es mag aber sein, dass im Klerus, so wie in den Künsten und Lehrberufen, der Prozentsatz höher ist. Wir glauben, dass der Großteil des homophilen Klerus nicht in aktiven Partnerschaften lebt. Was wir aber wissen, ist die Tatsache, dass der Dienst vieler homophiler Kleriker sehr hingebungsvoll und segensreich ist. Gott hat sie mit geistigen Gaben ausgestattet, und dafür sagen wir Dank.«[39] Dass ausgerechnet die anglikanischen Bischöfe in England eine solche »Solidaritätserklärung« auf bloße Vermutungen hin formulieren, dürfte sehr unwahrscheinlich sein.

Man könnte an dieser Stelle neben der bereits genannten negativen »Männerbund-Konstellation« auch *positiv* mit Eugen Drewermann daran erinnern, dass integrierte Homosexualität religionsgeschichtlich als Mittlertum zwischen den Geschlechtern und Welten fruchtbar werden konnte. In manchen Stammeskulturen wurde die Homosexualität des Schamanen »nicht als ein moralisches Problem betrachtet, sondern als eine Frage der religiösen Begabung«.[40] Die großen Gestalten der Religionen überwinden ja nicht selten die strenge, begrenzte Geschlechterrolle, was mitunter in der Ikonographie der Erlösergestalten auch bildlich zum Ausdruck kommt. Mit Blick auf ein zunehmend fragwürdiges Erbe der Kulturgeschichte muss schließlich einfach festgestellt werden: Das überkommene *patriarchale Ideal von Männlichkeit* ist in seiner pervertierten Macht- und Gewaltverherrlichung und in seiner *Verachtung des Weiblichen* untauglich gewesen, das neue Leben in Christus und priesterliches Segenswirken mit seinen sorgenden, zärtlichen Dimensionen auszudrücken. Die Sachsen etwa stilisierten in der »Heliand«-Dichtung aus dem neunten Jahrhundert Jesus geradezu zum kriegerischen Gefolgsherrn und die Jünger zu waffentragenden Jungmännern. Ein sächsischer Missionar auf Island konnte auf Grund seines Äußeren und auf Grund seiner Gewaltlosigkeit von den Nordmännern ohne weiteres als ein »Arger« – wir würden heute sagen: als »Tunte« – angesehen werden, worauf Gisela Bleibtreu-Ehrenberg hinweist: »Bischof Friedrich trug, den kirchlichen Vorschriften entsprechend, keinen Bart und keine Waffen und wird als schwächlich geschildert. Überdies kam sein Ornat den Isländern, die christliche Geistliche bis dahin nicht gesehen hatten, ausgesprochen weibisch vor.«[41]

Für einen integrierten, das heißt *erlösten* Homosexuellen dürfte es oftmals leichter sein, sich ohne Verlust seiner männlichen Identität aus dem kulturgeschichtlich verformten Männerbild zu befreien. Ich möchte dazu einen deutlichen, weil saloppen Ausspruch des Modedesigners Wolfgang Joop zitieren: »Die Liebe zum Mann im Allgemeinen ist wahrhaft modern, weil immer noch getötet wird. Das Militär verachtet den Homosexuellen, denn er könnte am Feind Gefallen finden. Frauen und Schwule sind normalerweise keine Killer.«[42] (Tatsächlich hat sich ein – inzwischen im neunten Lebensjahrzehnt gestorbener – Freund als deutscher Soldat während des II. Weltkrieges in einen französischen Lehrer verliebt. Dieser zärtlichen, deutsch-französischen Feindesliebe, angesichts des Fraternisierungsverbotes für beide mit Lebensgefahr verbunden, folgte für fast ein halbes Jahrhundert ein grenzüberschreitender Freundschaftskontakt.)

Die Ordination der Frau, das Aufbrechen der bislang rein männlichen Klerikergemeinschaft, ist zusammen mit der Zulassung offen homosexuell Liebender zum kirchlichen Amt Zeichen für einen beginnenden Neuanfang jenseits des patriarchalen Männerkultes. Helmut Kentler macht den Zusammenhang deutlich: »Kein Mann würde die Behauptung, er benehme sich ›weibisch‹, als eine Beleidigung auffassen, wenn Frauen ebenso geachtet wären wie Männer. Darum bin ich davon überzeugt, dass die Emanzipation der Homosexuellen nur gemeinsam mit der der Frau zu erreichen ist. Homophobie ist die Angst des Mannes, in den Ruf zu geraten, er sei wie eine Frau.«[43] Genau diese Angst ist etwa bei einem Kirchenvater wie Johannes Chrysostomos anzutreffen. Er ruft im vierten Jahrhundert denen, die sich einem anderen Mann hingeben, zu: »Ich behaupte, ihr werdet dadurch nicht nur zu einer Frau gemacht, ihr hört auch auf, ein Mann zu sein.«[44] Das aber ist vor dem Hintergrund einer bestimmten Ideologie der priesterlichen Christus-Repräsentanz das Allerschlimmste. Es kann ja nur der Mann, und zwar nur der *patriarchale* Mann den Christus symbolisieren. Heraus kommt der männliche Schlachtopferpriester. Dagegen wäre eine Frömmigkeit zu wünschen, die hinsichtlich des Seelsorgerbildes klarstellt: Der Pfarrer *muss* anders sein! Lesbisch liebende Frauen werden an dieser Stelle daran erinnern, dass sie auf ihre besondere Weise sich aus den patriarchalistisch diktierten Rollenzuweisungen befreit haben.

Es lassen sich weitere Gesichtspunkte für eine *positive* Sicht der Repräsentanz von homosexuellen Frauen und Männern im Priesteramt anführen. Der Trierer Bischof Hermann-Josef Spital hatte 1997 zu bedenken gegeben, die gleichgeschlechtliche Prägung gehe oft »mit einer besonderen Sensibilität und Ausdrucksfähigkeit« einher. Eine protestantische Christin scheint das zu teilen, wenn sie feststellt: »Die evangelische Kirche braucht 2000 homosexuelle Pfarrer, die schöne Kirchen und schöne Gottesdienste lieben.«[45] Ben Fletscher meint mit Blick auf die anglikanische Kirche, das Priesteramt sei einer der wenigen sozialen Berufe, in denen Homosexuelle »ihren Elterninstinkt beziehungsweise ihr Bedürfnis, für Menschen Sorge zu tragen«, leben könnten.[46] Das allerdings kann im Licht einer kritischen Psychologie *auch* als äußerst problematisch bewertet werden. Ich meine, man sollte das Augenmerk auf folgende *religiöse* Affinitäten vieler homosexueller Biografien lenken: Die Existenzfrage und die Unruhe der Reifezeit sind oft ungeheuer verschärft. Während dann andere Gleichaltrige längst glückliche Partnerschaften gefunden oder sich gar bereits in einer Familiengründung beziehungsweise im bürgerlichen Leben fest eingerichtet haben, sind homosexuelle Menschen zumeist – noch – eher Suchende, Fragende ohne sichere oder selbstgefällige Sesshaftigkeit. Neben dem vorgefundenen sozialen Rollen- beziehungsweise Lebenskonzept »Ehe« fällt auch das irdisch-naturhafte, *biologische Unsterblichkeitsmodell* der Fortpflanzung als Lebensantwort zumeist aus. Es zeigt sich hier in vollem Ernst die Heimatlosigkeit als menschliches Geschick: »Die Füchse haben Höhlen, und die Vögel haben Nester; des Menschen Sohn aber hat keinen Ort, wo er sein Haupt hinlegen kann« (Lk 9, 58). Wo insgesamt gesellschaftliche Einbindung und soziale Annahme fehlen oder unter *dem* großen Vorbehalt stehen, kann sich schließlich die menschliche Sehnsucht nach einer tieferen Bejahung gleichsam unverdeckter zeigen. Wie viele homosexuelle Frauen und Männer haben wohl über Jahrhunderte hinweg in der Art etwa des 88. Psalms Gebete zu Gott geschickt, weil in der Welt, in der sie lebten, kein Platz, keine Herberge für sie war. Ihr im Sinne Augustins unruhiges Herz seufzte und sehnte sich danach, mit einer »Behausung, die vom Himmel ist, überkleidet« zu werden, damit es nicht länger »bloß erfunden« werde (vergleiche 1 Kor 5, 1-3).

Schon die oft bemühte künstlerische Begabung und Kreativität vieler Schwuler ist wohl das Ergebnis lebensgeschichtlicher *Heimatsuche*: An die Stelle der verwehrten »Natur« tritt Kultur, in der das Anderssein auch sozial eher Toleranz findet. Hier darf man aus der Rolle fallen und Grenzen überschreiten. Krisen des Selbstzweifels und die Suche nach dem eigenen Ort werden geistig und schöpferisch verarbeitet, wobei die ohnehin gegebene soziale und kulturelle *Nonkonformität* kreative Freiheit und Innovation begünstigt. Weil Homosexuelle sich eben nicht nahtlos in die vorgegebenen, festgefahrenen Geschlechterrollen einfügen, können sie auch kulturell für die Gesamtgesellschaft Erneuerungsimpulse geben. Ähnlich sollte ebenfalls die religiöse Dimension vieler homosexueller Biografien nicht voreilig zum Mythos stilisiert werden, so, als sei etwa »die« homosexuelle Psyche gleichsam von Natur aus platonischer. In der Wurzel entspringt die religiöse Unruhe wohl fast immer schlicht einer lebensgeschichtlichen *Not*. Diese kann schon in der frühesten Ahnung eines Andersseins liegen. In ihr geht es dann später oft existenziell um das Ganze, um Alles oder Nichts: »Mich umfingen die Fesseln des Todes, / mich befielen die Ängste der Unterwelt, / mich trafen Bedrängnis und Kummer« (Ps 116, 3). Im *traurigsten* Fall wird die entsprechende Biografie die – vermeintliche – eigene Wertlosigkeit zum zentralen Thema machen. Dann liegt die Versuchung nahe, die eigene Person durch den Priesterberuf sakral beziehungsweise klerikal zu überhöhen, aufzuwerten. Im *günstigen* Fall können jedoch auf suchenden Wegen, wie ich sie am Anfang des Buches beschrieben habe, *Gaben des Verstehens* geschenkt werden und wachsen, die mehr bedeuten als die Phrase vom Verheiratetsein mit einer Gemeinde. Wer sich selbst einmal so intensiv zur Frage geworden ist wie viele homosexuell Liebende, der wird hellhörig für die Fragen anderer. Doch es hilft wenig, wenn die Hellhörigkeit eines »verwundeten Heilers« eingebettet ist in eine reine Theologie der dereinstigen »Heimat im Himmel« (Phil 3, 20; Hebr 11, 16) oder in die Leidensmystik nach Art eines Dag Hammarskjöld. Es gibt unter einem solchen Stern sensible Seelsorger, die dennoch in ihrer eigenen Körperlichkeit voller Not und *Berührungsangst* bleiben. Man wird es überall, auch in der Feier von Mahl, Versöhnung oder Krankensalbung, spüren, dass ihnen eine leibhaftige Zärtlichkeit einfach nicht möglich ist. Deshalb muss zur Frage immer auch die wirklich im Innersten und im Raum von Mitmenschen erfahrene *eigene* Befreiung treten, damit jemand im Sinne der Geburtshilfe Seelsorger für andere sein kann und glaubhaft Zeugnis von einer gesund machenden, *befreienden* Religion zu geben vermag: »Ja, du hast mein Leben dem Tod entrissen, / meine Tränen getrocknet, / meinen Fuß bewahrt vor dem Gleiten. – So gehe ich meinen Weg vor dem Herrn / im Land der Lebenden« (Ps 116, 8-9). Wer so froh gemacht wurde, der kann auch in anderen ein Freudenfeuer entfachen. Zu Recht meinte die britische Theologin Elizabeth Stuart mit Blick auf homosexuelle Seelsorger, Menschen, die selbst Selbsthass, Schuld, Abweisung und Einsamkeit erfahren und überwunden hätten, wüssten, wie notwendig der Aufbau einer liebenden Gemeinschaft sei, in der Menschen sich willkommen fühlen könnten.

Eine übermäßige Attraktivität des Priester- beziehungsweise Pfarrerberufes für *unerlöste* (!) Homosexuelle ist in Kirchen, die keine Zwangsehelosigkeit kennen, nicht gegeben; man kann sich ja dort eben nicht hinter einer Zölibatsmaske verstecken. Wo dann das Tabu in Gemeinden *von unten her* aufgebrochen wird, können homosexuell Liebende wie jede und jeder andere ihre Gaben einbringen. Und auch umgekehrt kann die vorauseilende Aufhebung des Tabus im gesamtkirchlichen Raum ein Lernen im Raum der einzelnen

Gemeinde ermöglichen, wie Manfred Josuttis meint: »Der Streit um die Wahlfähigkeit von homosexuellen Pfarrern ist deswegen für die Kirche so wichtig, weil es um die Möglichkeit geht, durch den Kontakt mit konkreten Personen Ängste, die in der Gesellschaft grassieren, abzubauen.«[47] »Heterosexuelle« Gemeindemitglieder könnten unter Umständen unbefangener die erotischen Dimensionen in ihren eigenen gleichgeschlechtlichen Freundschaften entdekken und zugleich Vorbehalte gegenüber homosexuellen Verwandten, Bekannten oder Berufskollegen abbauen. Ratlose Eltern würden kompetente Hilfe erfahren. Homosexuelle Jugendliche und Erwachsene könnten erstmals den Mut finden, aus ihrem Angstversteck herauszukommen. Kommt nicht auch homosexuell liebenden Christen das Recht zu, unter den Amtsträgern einen Menschen zu finden, der sie auf besondere Weise von innen her zu verstehen vermag oder ihnen ein Vorbild sein kann? Und sind nicht heterosexuelle, verheiratete oder in Partnerschaft lebende Pfarrer, wie der alt-katholische Bischof Teun J. Horstman bereits 1992 meinte, auf ihre Weise ebenso – wenn auch in anderen Hinsichten – begrenzt wie etwa homosexuelle, unverheiratete oder allein stehende?[48] Schließlich: Ist eine bestimmte sexuelle Praktik wirklich das ausschlaggebende Kriterium, um ein Gegenüber in den Freuden und Nöten seines Lebens und Liebens zu verstehen und zu begleiten?

Wo die Liebe im Christentum nicht länger als etwas Schmutziges diffamiert wird, da gibt es auch keine unwürdigen Hände, die allein auf Grund eines äußerlichen Tabus kultisch unrein wären. Man wird dem offen homosexuell lebenden Seelsorger die Kinder anvertrauen, weil dieser seine *erwachsenen* Neigungen nicht verstecken muss und weil man weiß, dass Homosexualität durch äußere Vorbilder gewiss nicht entsteht oder hervorgelockt wird, wo sie nicht schon längst da ist. Den Mut – angesichts lächerlicher Reste von reaktionären Vorurteilen –, gefestigt auch in der Öffentlichkeit zu einem Christen aus der Gemeindeleitung zu stehen, sollte man einer Gemeinde heute schon zutrauen. Es muss offen und ausdrücklich – auch in den kirchlichen Ordnungen und Dienstvorschriften – gesagt werden: Der Pfarrer oder die Pfarrerin, sie dürfen anders sein und anders leben! Nur so, wirklich nur so könnte sich eine überzeugende Alternative zu den »römischen Verhältnissen« mit ihrer heuchlerischen Doppelbödigkeit entwickeln. Denn es gehören gesunde Leute in die kirchlichen Ämter: Christen mit aufrechtem, mutigem und ehrlichem Gang, mit gesunder Demut und ebenso starker Selbstachtung.

10. Ihr seid gesegnet

Es ist nicht gut, dass der Mensch allein bleibt.
Ich will ihm eine Hilfe machen, die ihm entspricht.
GENESIS 2, 18

Zwei sind besser als einer …
Denn wenn sie hinfallen, richtet einer den anderen auf …
Wenn zwei zusammen schlafen, wärmt einer den anderen;
einer allein, wie soll er warm werden?
KOHELET 4, 9-11

Wohin du gehst, dahin gehe auch ich,
und wo du bleibst, da bleibe auch ich …
Wo du stirbst, da sterbe auch ich, da will ich begraben sein.
Der Herr soll mir dies und das antun –
nur der Tod wird mich von dir scheiden.
RUT 1, 16-17

Die ewig Gestrigen sahen darin den Anfang vom Ende, als das Europäische Parlament in seiner Entschließung vom 8. Februar 1994 die Mitgliedsstaaten aufforderte, die Anerkennung und rechtliche Gleichstellung homosexueller Partnerschaften zu verwirklichen.[1] Das war zu diesem Zeitpunkt nur in Dänemark (1989) und Norwegen (1993) gegeben. Im 3. Kapitel hatten wir gesehen, dass die Bundesrepublik mit dem aktuellen Reformwerk zur eingetragenen Partnerschaft eigentlich erst sehr spät einer ganzen Reihe von Ländern in Europa und anderswo nachfolgt.[2] Tausende schwuler und lesbischer Paare in aller Welt leben bereits in einer amtlich anerkannten Partnerschaft. In Relation gesehen sind es noch nicht sehr viele. Da hat die Zentralstelle Pastoral der Deutschen Bischofskonferenz mit ihrer Stellungnahme vom 8.11.2000 Recht. Es werden auch in Zukunft eben nur solche Paare den institutionellen Rahmen suchen, die eine verbindliche Form gegenseitiger Verantwortung übernehmen wollen. Was die Kulturkämpfer in einschlägigen Kirchenkreisen an dieser Entwicklung stört, ist nicht ein vermeintlicher Angriff auf die Ehe von Mann und Frau. Die Ehe bleibt ja in der Bundesrepublik privilegiert und verliert durch schützende Regelungen für eine andere

Lebensform nicht ein einziges Recht. In Wirklichkeit treibt das folgende Faktum die homophoben Kirchenleute zur Weißglut: Gleichgeschlechtlichen Lebensgemeinschaften bleibt in unserem Kulturkreis die Anerkennung nicht länger verwehrt. Genau diese Lebensgemeinschaften will man in Rom und in Kreisen der deutschen Bischöfe doch gerade *nicht* schützen. Man möchte ihnen um jeden Preis das vorenthalten, was eine öffentliche Kampagne so auf den Punkt bringt: »Liebe verdient Respekt!«

Auch bei den staatlichen Reformen geht es um Liebe. Einer meiner ehemaligen Kommilitonen verschickte 1992 mit seinem Freund die folgende Anzeige an die ahnungslose Verwandtschaft: »Man glaubt es kaum, und doch ist's wahr. / Auch Männer sind ein schönes Paar. / D'rum wollen wir Euch offen sagen, / Dass wir den Schritt ins Leben wagen. / Gemeinsam geh'n wir auf allen Wegen, / D'rum sei unsre Verlobung bekannt gegeben.« Das wird in naher Zukunft nicht mehr spektakulär sein. In diesem Kapitel sind jedoch *nicht* die staatlichen Rahmenbedingungen eines solchen Weges das Thema. Es geht nunmehr ausschließlich um die Botschaft des Glaubens, um Liturgie und Gemeinschaft in christlichen Gemeinden! Der Kampf gegen die Benachteiligung im bürgerlichen Recht verstehe sich von selbst, meinte im synodalen Gespräch ein Pfarrer. »Doch warum«, so fragte er mich, »möchten einige homosexuell liebende Christen ihr Lebensbündnis im Raum der Kirche mit einem liturgischen Segen feiern?« Man kann die komplizierten und abstrusen Wendungen in einigen kirchlichen Diskussionen hier nur mit einer Gegenfrage beantworten: Warum möchten viele *heterosexuell* Liebende – darunter nicht nur ehe- oder zeugungswillige Frauen und Männer – ihre Verbundenheit im Raum der Kirche feiern?

Es sei vorweg klargestellt: Nicht *alle* wollen den »Segen«. Teile der politischen Schwulenbewegung sehen ohnehin in allen äußeren Formen eine Anbiederung an die bürgerliche Ehe. Andere Stimmen fragen bezüglich eines eigenen Ritus: »Gewinnt dann die schöne *Möglichkeit* einer lebenslangen Gefährtenschaft nicht doch wieder sehr leicht den *Zwangs*charakter einer Pflichtleistung?« Manche postulieren einen Rückschlag in der Entwicklung schwul-lesbischer Lebensformen, wenn die Treue von Liebenden im Gefolge eines Rituals wieder einseitig und äußerlich als *sexuelle* Treue verstanden würde. Die anglikanischen Bischöfe Englands wollen gar zur Kenntnis nehmen, dass einige *Homophile* anstelle der Eins-zu-eins-Partnerschaft zum Beispiel in einem *Netzwerk von warmherzigen, sehr emotionalen Freundschaf-*

ten eine ihnen *adäquate Form des Lebens* sehen.[3] Doch andere eben leben in einer festen Partnerschaft. Sie wollen als Christen den Segen ihrer Liebe feiern und in ihren Gemeinden um den Segen Gottes bitten. Man verwehrt es ihnen. Zynischerweise sind die aggressiven Gegner einer stärkenden Segensfürbitte für verbindliche Partnerschaften genau dieselben Leute, die *gleichzeitig* lauthals eine angebliche Unbeständigkeit schwul-lesbischer Beziehungen bejammern!

Diskutieren oder feiern?

Schon 1968 hatte ein Ausschuss der Evangelischen Kirche im Rheinland das Bibelwort von der einander helfenden Gefährtenschaft in Genesis 2, 18 auch auf gleichgeschlechtliche Paare bezogen: »So wie der Mann in der Frau eine Gehilfin für sein Leben erkennen darf und soll, so vermag auch der Homosexuelle dies in dem gleichgeschlechtlichen Partner zu erfahren.«[4] 1982 publizierte der Düsseldorfer Pfarrer Hans-Georg Wiedemann seine wegweisende evangelische Neuorientierung unter dem Titel »Homosexuelle Liebe«. 1986 forderte der renommierte Theologe Helmut Thielicke die Kirche auf, dem geistlichen Wunsch christlicher Homosexueller zu entsprechen, ihre Gemeinschaft vor dem Angesicht Gottes zu leben und sie auch unter den Segen Gottes zu stellen.[5] Indessen sorgte der enorme Druck von Evangelikalen und Pietisten im evangelischen Raum dafür, dass in den meisten Landeskirchen Beschlussvorlagen in Halbherzigkeiten oder nichts sagende Erklärungen verwandelt wurden.[6] Den »Höhepunkt« dieser kirchen*amtlichen* beziehungsweise kirchen*politischen* Diskussion im protestantischen Raum markierte wiederum der EKD-Orientierungsrahmen »Mit Spannungen leben« von 1996, der inhaltlich wie formal seinem Titel voll und ganz gerecht wird.[7] Zunächst werden *positive* Anliegen einer Segnung homosexuell lebender Menschen durchaus sachlich referiert: Der segnende Zuspruch zur Selbstannahme, zur Kräftigung eines in Partnerschaft lebenden Christen und die Zusage des Beistandes an die Partnerschaft selber; schließlich in anderer Linie: die innerkirchliche Aufwertung der Partnerschaft, die helfende Anerkennung im Blick auf christliche Herkunftsfamilien der Partner und Partnerinnen und auch die Signalwirkung in Richtung Gesellschaft. *Keines* dieser Anliegen wird dann im folgenden Text wirklich aufgegriffen. Die gebotene »Theologie des Segens« ist – nicht nur für katholische Ohren – sehr schwerfällig und gewunden. Unverschämterweise wird darin den anders denkenden Christen indirekt ein instrumenteller (politischer) Missbrauch von Segen unterstellt. Die *Angst* vor einer Verundeutlichung des Ehe- und Familienleitbildes wird zum zigsten Male angeführt; das erinnert weniger an Luther (»Die Ehe ist ein weltlich Ding«) denn an die Stereotypen römisch-katholischer Verlautbarungen. All das lässt jedoch das *unvermittelte* Schlussergebnis des betreffenden Abschnitts argumentativ nirgends einleuchtend erscheinen: »Gesegnet wird nicht die gleichgeschlechtliche Lebensgemeinschaft als Form des Zusammenlebens, sondern gesegnet werden Menschen, und zwar in diesem Falle homosexuell geprägte Menschen, die allein oder in einer gleichgeschlechtlichen Lebensgemeinschaft ethisch verantwortlich leben.«[8] Eine Annahme »durch den barmherzigen Gott« und die »Fürbitte um Gottes Schutz« bilden offenkundig den Segensrahmen, und zwar alles im stillen Kämmerlein, nicht im heiligen Kirchenraum beziehungsweise in der Liturgie der Gemeinde! Vom extrem unkirchlichen *Individualismus* dieser Aussagen einmal abgesehen, muss man kopfschüttelnd eine tendenzielle Rückkehr zur Mitleidspastoral vergangener Zeiten konstatieren: »Gott liebt den Sünder … « Ein Kardinal Basil Hume oder eben auch deutliche Mehrheiten in evangelischen Landeskirchen, in der evangelischen Frauenarbeit usw. betrachten die Partnerschaft zwischen zwei Frauen oder zwei Männern ausdrücklich als *Geschenk* des Schöpfers, dem alle Liebenden ihr Dasein und ihre Gemeinschaft verdanken. Eine *solche* Erfahrung von Menschen scheint den Verfassern völlig unbekannt zu sein. Welch enge Orientierung zeigt doch dieser Rahmen!

Jeder mag selbst entscheiden, für wie fromm er es hält, wenn Gottes Segen von synodalen oder kirchenamtlichen Christen diskutiert, proportioniert, limitiert, kasualisiert und schließlich nihiliert wird. Ich jedenfalls möchte ihnen zurufen: »Dann lasst es doch bitte bleiben!« Segen ist kein Kuchen, den man lästerlich auf dem Schreibtisch eines Prälaten oder Obersuperintendenten in kleine Stücke zerteilen kann! Gottes Shalom kann nur mit anderen geteilt werden. Zum Zeitpunkt der kleinmütigen EKD-Orientierungen hatte der Schweizer Theologe Professor Chr. Barben in seiner Berner Antrittsvorlesung vom 6.12.1995 längst deutlich gemacht, dass Segen für gleichgeschlechtliche Paare auch aus evangelischer Sicht nicht in ängstliche, lebensferne Konstruktionen aufgelöst werden darf. Gott sei es gedankt; er steht damit nicht allein auf weiter Flur: Der Vorsitzende des Reformierten Bundes in Deutschland, Peter Bukowski, erklärte 1995 ohne Einschränkung: »Gleichgeschlechtlich liebende Menschen darf man nicht von der kirchlichen Segenshandlung ausschließen.«[9] Dem folgte die reformierte Synode im Folgejahr mit ihrer »Bückeburger Erklärung«. Bereits seit 1986 kennt die reformierte Bruderschaft der Remonstranten in den Niederlanden die Möglichkeit der kirchlichen Segensfürbitte für homosexuelle Paare. In der Schweiz ermöglichen inzwischen acht reformierte Kantonalkirchen eine liturgische Segnungsfeier für gleichgeschlechtliche Paare. Im November 1997 sprach sich auch die Generalsynode der Evangelischen Kirche Österreichs für eine Segnung von Christen in homosexuellen Partnerschaften aus; im selben Jahre legte eine Arbeitsgruppe der Bischöfe der Evangelischen Volkskirche Dänemarks entsprechende Rituale vor. Und nun blühen die ersten Rosen auch in der Bundesrepublik: Nach jahrelangem, ernsthaftem Ringen eröffnete die Landessynode der Evangelischen Kirche im Rheinland mit ihrem Beschluss vom 13.1.2000 definitiv die Möglichkeit einer liturgischen Begleitung gleichgeschlechtlicher Paare im *Gemeindegottesdienst*, wozu Presbyterien und Pfarrerschaft jedoch nicht verpflichtet werden können. Am 6. Februar vermeldet kurz darauf der evangelische Pressedienst einen neuen Konsens der nordelbischen evangelisch-lutherischen Landessynode, wonach es eine gültige Beschlusslage ermögliche, Menschen, die in einer gleichgeschlechtlichen Partnerschaft »ethisch verantwortlich leben«, zu segnen. Bis dahin hatten die beiden männlichen Bischöfe ihrer Kollegin Maria Jepsen und der Synodenmehrheit ein klares Ja in dieser Frage per Veto verwehrt.

Seit Ende der 80er Jahre waren es bei uns zunächst nur sporadische Skandalmeldungen der Presse, die darüber berichteten, dass Pfarrer und Gemeinden lesbischen oder schwulen Paaren die Kirchentüren für eine Segensfeier öffneten.[10] Inzwischen bedürfte die Fülle der liturgischen Segnungen in Würzburg, Stuttgart, Bonn, Köln, Düsseldorf, Dortmund, Hamburg, Sylt, Hannover, Berlin und vielen anderen Orten zu ihrer Darstellung einer umfangreichen Dokumentationsarbeit. Über die Theologen-Netzwerke ist es wohl überall in der Bundesrepublik möglich, geneigte Liturgen und Liturginnen ausfindig zu machen. Wo es die kirchlichen Gesetzbücher verbieten, *feiert* man – nicht selten sogar mit einem *römisch-katholischen* Priester, ohne die Kirchenämter und Bischofsbehörden darüber in Kenntnis zu setzen. (Ich schreibe das aus eigener Anschauung!) In den Niederlanden, so ergab soeben eine Umfrage der Universität Utrecht, ist eine deutliche Mehrheit der amtierenden römisch-katholischen Priester bereit, bei Segnungsfeiern für schwule oder lesbische Paare trotz des offiziellen Verbots mitzuwirken. Genauso würden es viele mir bekannte römisch-katholische Priester in Deutschland halten. Ihnen müsste allerdings – anders als im Fall des unterfränkischen Pfarrers Karl Feser vom März 2000 – zuverlässige Diskretion zugesichert werden. Weniger geheimnisvoll geht es in der katholischen Welt außerhalb der römischen Jurisdiktion zu:[11] Eine bis in die siebziger Jahre zurückreichende Tradition von so genannten *Holy Unions* weisen einige Lokalkirchen der Episcopal Church in den USA auf, und eine offizielle Liturgie für die *Segnung einer Beziehung* gibt es in der »Anglican Church in Aotearoa, New Zealand and Polynesia«. Gleichwohl wurde eine entsprechende Seelsorge, vorgestellt von Bischof Donald Hart (Maryland), auf der Internationalen Lambeth-Konferenz 1998 mit lautem Missfallen bedacht. Dessen ungeachtet erneuerte Bischof Richard Holloway im Januar 2000 als Oberhaupt der schottischen Anglikaner – ähnlich wie 1999 Bischof William Persell von Chicago – sein Votum für eine Segnung gleichgeschlechtlicher Paare. Er selber habe solches schon vor 30 Jahren vollzogen; die Kirche müsse aufhören, Homosexuelle zu diskriminieren und geradezu wie Aussätzige zu behandeln. Die Synode der Altkatholischen Kirche Österreichs votierte am 18.10.1997 mit überwältigender Mehrheit für eine mögliche Segnung dauerhafter Gemeinschaften von gleichgeschlechtlich Liebenden. Das alt-katholische Ordinariat in Deutschland legt Gemeinden, die solche Liturgien feiern, an keiner Stelle einen Stein in den Weg.

Schon mit dem ersten Schöpfungsbericht der Genesis bezieht sich der biblische Horizont von Segen auf eine Wirklichkeit, die gut ist. Das lateinische Wort für Segnen heißt *bene dicere*. Es schwingt mit: Gutes darüber sagen, Gutes wünschen, zusprechen, zusagen und, wenngleich nicht nach der philologisch korrekten Übersetzung: »Ihr seid »gut« geheißen!« Hier geht es im frömmsten Sinn darum, gut und heilsam zu sprechen, was nichts mit dem landläufigen »Absegnen« zu tun hat. Über Jahrhunderte hinweg haben Priester den »apostolischen« und sonstigen Segen über Mordwaffen, Tyrannen, Folterer, Nationalisten und Gotteslästerungen aller Art ausgesprochen. Geistliche konsekrierten die Krieger für ein blutiges Schlachtfest und verfluchten gleichzeitig das Fest der Liebe, wenn es *ihrer* Norm nicht entsprach. Heute wird der Segen für gleichgeschlechtliche Partnerschaften und Lebensbündnisse deshalb auch ein gefeiertes Bekenntnis sein: Auf dieser Liebe liegt Gottes Segen.

Die Erblast der besudelten Liebe und ihre Befreiung

Die gleichgeschlechtliche Neigung bestehe nur aus flüchtiger Sexualität. So wollen uns Leute weismachen, die ihre Kenntnisse aus Pamphleten und nicht aus dem Leben beziehen. Dieselben Kreise aber wittern Kulturverderbnis, Häresie und Verrat, wenn zwei Frauen oder zwei Männer ihre Partnerschaft amtlich beurkunden wollen oder gar um den Segen für einen Weg treuer Gefährtenschaft bitten. Was will man denn nun? Offenbar unter allen Umständen die *Bewahrheitung des eigenen Vorurteils*. Man schreit über den vermeintlich wesenhaften homosexuellen Partnerwechsel, verhindert jedoch *gleichzeitig* alles, was dauerhafte Lebensformen fördern und auch zeichenhaft einen Neuanfang jenseits von bindungsloser Promiskuität setzen könnte.

Das zumeist in auffällig genitalfixierten Fantasien gezeichnete Zerrbild der homosexuellen Liebe möchte mancher in wissenschaftlichen Erklärungen festschreiben: Da wird die psycho-biologische Promiskuität des Mannes bemüht. Das *männliche* Säugetier sei eben von jeher auf eine breite Streuung seiner Erbanlagen getrimmt und sexuell entsprechend im Sinne eines »Jagdinstinktes« konditioniert. (Den mehr wählerischen Weibchen sei hingegen an einem zuverlässig die Aufzucht unterstützenden guten Erzeuger gelegen. So wird die weibliche Sexualität als *emotionaler* qualifiziert, was dann auch etwa die größere Stabilität lesbischer Beziehungen erklären soll.) Als wenn solche vermuteten Konditionen ausgerechnet nur die *gleichgeschlechtliche* männliche Sexualität zu größerer Unbeständigkeit hin beeinflussten.

Man spricht weiterhin von einer psychogenen Bindungsschwäche des *männlichen* Homosexuellen, insbesondere von einer angeblichen frühkindlichen narzisstischen Störung. Es werden vermeintlich typische, feststehende Strukturen gleichgeschlechtlicher Partnerschaften (aktiv–passiv; Helfer–Schützling usw.) und unfreie Abhängigkeitsverhältnisse als Norm postuliert. Als wenn man nicht alle pauschalen Vorurteile dieser Art ebenso an unzähligen Partnerschaften zwischen Mann und Frau belegen könnte. Bedenkt man die Mehrheitsverhältnisse zwischen Hetero- und Homosexuellen, den Verhaltenswandel im Zeitalter der Empfängnisverhütung und die imposanten Scheidungsraten in unserer Gesellschaft, stellt sich die Frage: Sieht man hier den Splitter im Auge des anderen und nimmt den Balken im eigenen nicht mehr wahr (Mt 7, 3)? Braucht man an Stelle einer ehrlichen Eigensicht ein

Feindbild, auf das man sich stürzt? Erst ein Wegfall grundlegender Konstanten (soziale Kontrolle, wirtschaftliche Abhängigkeit, Verantwortung für die gemeinsamen Kinder usw.) kann ja zeigen, was wirklich an der behaupteten *wesenhaft* größeren Stabilität gegengeschlechtlicher Paare dran ist. Dem Anschein nach ist das in der modernen Gesellschaft nicht viel.

Ich selbst bin in einer nicht gerade kleinen Familie aufgewachsen. Ich empfinde, wenn es denn so prosaisch sagbar sein soll, aufrichtige Dankbarkeit gegenüber meinen Eltern, die ich liebe. Nicht weniger dankbar bin ich für meine fünf Geschwister, die alle geheiratet haben. Für zwei der zehn Neffen und Nichten bin ich Pate. Ich durfte in meinem Leben auf nahezu zwanzig Hochzeiten als Bruder, Freund, Prediger oder Trauzeuge tanzen und lachen. Niemals käme ich auf die Idee, *meine* Art zu leben und zu lieben als einen Angriff auf Ehe und Familie zu verstehen. Ich haben auch noch keiner Menschenseele meine Vorstellungen von Beziehung und Partnerschaft missionarisch oder sonst wie aufgedrängt. (Warum auch?) Und genau das erwarte ich von anderen ebenso. Vielleicht habe ich es dabei im Vergleich zu einigen Mitmenschen leichter, weil ich »Ehe und Familie« als die *andere* Lebensform selbst positiv kennen gelernt habe. Ich werde nun aber skeptisch bei einem Familienlob, das sich in stereotypen, lebensfernen Preisgesängen erschöpft. Einige jüngere kirchliche Verlautbarungen zur Homosexualität bieten, so Elizabeth Stuart, »eine plumpe Idealisierung der heterosexuellen Ehe. Eine Idealisierung, die … so weit geht, dass man sie besser als ›Abgötterei‹ bezeichnen könnte«.[12] Mitunter kann man kaum noch Unterschiede zu dem ausmachen, was zum Beispiel die Republikaner 1993 in ihrem Parteiprogramm kundtaten: »Eine Aufweichung des Familienbegriffs – etwa durch die Anerkennung so genannter Schwulen- und Lesbenehen – lehnen wir auf das Schärfste ab.« Ich meine, die Lebensform »Familie« hätte Besseres verdient als den billigen, plakativen Religionsmissbrauch im Dienste vermeintlicher *Ordnungs*funktionen der Gesellschaft. Ehe und Familie – so sie sind, was sie vorgeben – haben es nicht nötig, auf Kosten von Minderheiten sich mit prahlerischen Hymnen zur Schau zu stellen und dabei andere Weisen des Zusammenlebens verächtlich zu machen. Und das gilt auch angesichts der Ratlosigkeiten und Nöte inmitten einer Kulturrevolution von Lebensformen, die jeder wache Zeitgenosse in seinem nächsten Umkreis wahrnehmen kann. Gerade viele christliche Eltern sehen sich schon lange allein gelassen mit ihren Fragen und kirchlich bestärkten Schuldgefühlen. Wem ist da mit Ideologien und kulturkonservativen Klageliedern gedient, die an die Stelle überzeugender Lebensantworten treten? Statt bequeme *Sündenböcke* zu suchen und Wunden durch neue Wunden heilen zu wollen, sollten Christen mit lebenskundigem Ernst und mit lebensbejahender Kreativität nach Wegen, Räumen und Zukunftsmodellen für ein Gelingen menschlicher Partnerschaft suchen. Und das selbstverständlich unabhängig von der Frage der sexuellen Orientierung und bezogen auf die ganze Vielfalt der Lebensformen. Ein solches Ethos belehrt nicht von oben herab: *So muss es sein!* Es fragt: *Wie kann's gelingen? Wo soll man suchen? Wie darf man helfen?* So könnte man in fruchtbarer Weise – ohne ausweichende Lamenti – die Zukunft von »Familie« erhellen. Und so könnte man, ich habe es bereits angemerkt, die heterosexuelle Ehe wirksam schützen. Es würden nicht länger homosexuelle Menschen in diese Lebensform hineingeraten, obwohl sie dort – wie die römische Rota weiß – auf keinen Fall hingehören.

Außerdem: Man braucht die oben referierte antihomosexuelle Hetze nicht durch bloße *Vermutungen* zu entkräften. Ich habe bei älteren Freunden und darüber hinaus nicht wenige gleichgeschlechtliche Lebensgemeinschaften erlebt, die auf *Jahrzehnte* zurückblicken konnten, die zum Teil alle schönen oder sonderlichen Eigenarten eines langjährigen Ehepaares aufwiesen und bis zum schmerzlichen Tod eines Partners dauerten. Mehrere kirchliche Partnerschaftssegnungen, an denen ich teilgenommen habe, waren von HIV-positiven Freunden gewünscht worden. »In guten wie in schlechten Zeiten … , bis dass der Tod euch scheidet?« Ihre Liebe aber sollte den Tod überdauern. Die Zahl der Männer, die an meinen Arbeitsplätzen in Krankenhaus und Aids-Hilfe über viele Wochen und länger ihrem kranken Partner beigestanden habe, kann ich wirklich nicht zählen.[13] Die erste Silberhochzeit eines Männerpaares durfte ich übrigens 1987 – noch vor dem eigenen Coming-out – in der Jesuitenkirche von Baltimore (USA) mitfeiern. Die riesige Torte auf diesem Fest hatte einen himmelblauen Zuckerguss, schmeckte aber gut!

Allerdings zeigen sich in den überkommenen Zerrbildern der homosexuellen Liebe tatsächlich viele reale *Erblasten der Verfolgung und Diskriminierung*. Im »Dritten Reich« etwa gab es in den homosexuellen Szenen eine ganze Reihe von Vorsichtsmaßnahmen, um den Spitzeln von Kriminalpolizei oder Gestapo und damit auch einer drohenden KZ-Einweisung zu entgehen: Den eigenen Namen und erst recht die eigene Adresse durfte man einem begehrten Gegenüber niemals wahrheitsgetreu anvertrauen. (Ein schwuler

Rentner hat mir erzählt, dass er in jenen Jahren unter dem Decknamen »Peter Bürger« in der Berliner Untergrundszene verkehrte. Das hat uns beide merkwürdig berührt!) Auf Begegnungen in der eigenen Wohnung, auf Verabredungen, auf mehrmaliges Wiedersehen und nach Möglichkeit überhaupt auf feste, deshalb eben auffällige Bindungen verzichtete am besten ganz, wer auf Nummer Sicher gehen wollte.[14] Noch in der Adenauer-Ära gehörte das Auswendiglernen von Adressen oder Telefonnummern zu den üblichen Vorkehrungen. Ein seit Jahrzehnten mit seinem Freund zusammenlebender Mann hat mir anvertraut, wie er noch zu bundesrepublikanischer Zeit die mitwissende Schwester seines Partners in gegenseitigem Einverständnis heiratete, damit die Partnerschaft vor Familie und Mitwelt getarnt blieb. Von den dreißiger bis hinein in die sechziger Jahre herrschte für homosexuell Liebende in festen Lebensbündnissen eine Eiszeit. Wer glaubt, das sei alles lange her und vergessen, irrt sich gewaltig: Durch Generationen hindurch werden Ängste und schlechte Gewohnheiten, die aus der Not geboren worden sind, an die Nachfolgenden weitergegeben. Ich habe über Jahre hinweg immer wieder erlebt, wie verängstigte Zölibatäre, verheiratete Männer, angesehene Bürger und Leute des öffentlichen Lebens bei gegebenem Anlass ihre Identität tarnten oder verleugneten. Einer meiner Freunde verliebte sich über die Karnevalstage in einen Ordenspriester. Er wusste – im Gegensatz zu mir – noch nach Wochen regelmäßiger Begegnungen nicht Anschrift und Beruf des besagten Mannes. Der Pater kam eigens in meine Wohnung und bat, ich möge doch um Gottes willen privat und kirchlich sein Inkognito wahren. Solange schließlich Liebende in der Familie ihres Partners und überhaupt in dessen engstem Lebenskreis jahrelang Theater spielen müssen, ist das Klima für gleichgeschlechtliche Lebensbündnisse einfach noch zu rau.

Die – eigentlich selbstverständliche – Bedeutung des sozialen Raumes unterstreicht eine sozialwissenschaftliche empirische Untersuchung über homosexuelle Partnerschaften: Ungebundene Teilnehmer der Studie sehen sich durch die soziale Lage als Randgruppe gefährdeter und in ihrem Verlangen, eine Partnerschaft zu führen, eher gehindert als die fest Befreundeten … (Die Studie legt insgesamt nahe, dass ein positives Selbstbild das Gelingen einer Partnerschaft erleichtert.) Größere Bereitschaft zum Bekenntnis gegenüber der Umwelt und mehr Mut, auch öffentlich zueinander zu stehen, erhöht die Stabilität der Beziehung. Stütze erfährt eine Partnerschaft unter homosexuellen Männern auch durch ihnen nahe stehende Menschen. Von unseren Familien haben wir als Kinder (günstigenfalls) erstmals zugesprochen bekommen, liebenswert zu sein. Wenn ein homosexueller Mann sich und seinen Freund nicht vor der Familie verstecken muss und ihm die Zuneigung der Familie erhalten bleibt, fördert dies den Selbstrespekt und den Zusammenhalt des Freundespaares.[15]

Es gilt also, das raue Klima zu mildern und den Frühling, die Schönheit der homosexuellen Liebe zu entdecken. In ihr wird, so meinte Helmut Thielicke, wie in jeder Liebe die »Totalität des anderen Menschen« gesucht: »Wer es anders sagt, hat einfach die mögliche menschliche Tiefe einer homoerotisch getönten Freundschaft noch nicht beobachtet.«[16] Ein deutscher Soziologe bekennt fast erstaunt: »Eine ehrliche, aufrechte, von Liebe getragene Beziehung zwischen Männern wird von den offiziellen Verlautbarungen der Kirche schlichtweg negiert … Und doch konnte ich diese Beziehungen … kennen lernen, und sie unterschieden sich in vielen Fällen in nichts von heterosexuellen Freundschaften, außer in dem traurigen Umstand, dass sich alles im Versteckten abspielen musste.«[17]

Die Schönheit der Liebe zwischen zwei Männern oder zwei Frauen wird in Begegnungen entdeckt. Das kann aber eben auch in und durch die Feier des Segens geschehen. Nach einer 1993 in Bonn gefeierten alt-katholischen Partnerschaftssegnung gestanden Mitglieder der Gemeinde den beiden Partnern Frank und Stefan, sie hätten in unerwarteter und schöner Weise »dazugelernt«. *Geschlossenen* Rückhalt zeigten alt-katholische Gemeinden auch bei Segnungsfeiern in Düsseldorf (1997) und Stuttgart (2000). Bei uns in Düsseldorf war einer der Partner todkrank; ich habe noch niemals so viele feuchte Augen in einem Gottesdienst gesehen. Mein inzwischen verstorbener Freund Wim Huismans berichtet, wie er am Ende einer Eucharistiefeier zwei Frauen die Erfüllung eines scheu vorgetragenen Wunsches ermöglichte: »Nach einer kurzen Ansprache und dem Gebet segnete ich die Ringe, die beiden Frauen und die Kinder. Glück strahlte aus ihren Augen. Wir gratulierten ihnen. Dann umarmten sie sich und die Kinder. Ich bin sicher, dass auch Gott im Himmel in dieser Freundschaft und Liebe anwesend ist. Dankbar nahmen sie von uns Abschied. Nach offizieller Meinung und Lehre der römischen Kirche, in deren Dienst ich damals noch stand, hätte ich diesen Frauen die Segensbitte verwehren müssen. Doch das strahlende Glück dieser beiden Menschen gab mir Gewissheit, dass mein Handeln richtig war, dass Gott in der Liebe zwischen Menschen anwesend ist und dass es keine Frage ist, welchen Geschlechtes die Menschen sind. Es geht dabei einzig um die Liebe zwischen zwei Menschen, das höchste Glück, das wir auf Erden erfahren können.«[18]

Hans-Georg Wiedemann ist Pfarrer in einer evangelischen Gemeinde, deren Presbyterium bis zum jüngsten positiven Entscheid der rheinischen Synode viele Jahre lang vergeblich die Kirchenleitung um die Erlaubnis zur Segensfeier für homosexuelle Paare gebeten hatte. Auch er erzählt von einer Segnungsfeier für zwei Frauen: »Der Gottesdienst mit Verwandten und Freunden von Astrid und Martina war einer der bewegendsten Gottesdienste, deren ich mich erinnern kann … Als Predigttext hatten sie sich die Liebeserklärung der Ruth gegenüber ihrer Schwiegermutter Naomi aus dem Buch Ruth des Alten Testamentes ausgewählt … In der Partnerschaftserklärung, die die beiden Frauen einander im Gottesdienst gaben, hieß es unter anderem: Martina: ›Ich wünsche mir eine Partnerschaft, in der wir alles sagen können, aber nicht alles sagen müssen; in der Vertrauen und Sich-aufeinander-verlassen-Können ganz oben stehen.‹ Astrid: ›Gesegnet wird heute unsere Liebe – das größte Geschenk, was es für mich je gab … Ich will dir treu sein, nicht nur Frau, sondern auch Kamerad sein und dir nahe sein, ohne dich festzuhalten.‹ Nach diesem Gottesdienst kam die Mutter einer der Frauen auf mich zu. Sie weinte und sagte, erst jetzt habe sie das Gefühl, dass alles gut sei. Ich wusste, was sie meinte. Sie wollte sagen, dass erst dadurch, dass eine Kirchengemeinde ganz öffentlich einen solchen Gottesdienst feierte, der gesellschaftliche Makel, den sie immer noch empfand, von ihrer Tochter genommen sei.«[19]

Warum also eine Feier des Segens und warum, wo es gewünscht wird, ein eigener Gottesdienst? Ich möchte vorläufige Antworten auf diese Frage zusammenfassen:

- Weil Liebende, ob hetero- oder homosexuell, als Menschen ihre Liebe vor den Augen eines größeren Liebenden besiegeln möchten und zum Gelingen ihres verletzlichen, begrenzten Liebens den Horizont göttlicher Liebe benötigen.
- Weil für die Liebenden und für die christliche Gemeinde darin ein Bekenntnis vor den Menschen zum Ausdruck kommt: Diese Liebe ist Geschenk Gottes, Erfahrung von Gottes Gnade, Mitsein und Gegenwart. Es ruht Segen auf ihr. Sie ist sichtbare und Segen spendende Spur, ja ein heiliges Zeichen der göttlichen Liebe.

- Weil homosexuell Liebende nicht weniger als »Mann und Frau« für ihren Weg – für das Wagnis der Liebe – den Zuspruch von Mut und Kraft, Segen und Schutz, Geleit und Hilfe benötigen, sondern auf Grund der äußeren Bedrängnisse eher *mehr*. Der Zuspruch aber und die Bitte um Segen geschehen nach liturgischer Tradition wirksam in leibhaftigen Gebärden und Zeichen. Die Segensfeier kann eine Partnerschaft bleibend auf ihrem Weg begleiten und sie auch in Versuchungszeiten erinnernd vor Resignation schützen.
- Weil jede Liebe den sozialen Atemraum braucht, sei es in Familie, Freundeskreis, Kirche oder Gesellschaft. Auch in diesen sozialen Räumen der Gemeinschaft und durch sie hindurch wirkt Gottes Segen. Deshalb geht hier die Feier des Segens im Raum der christlichen Gemeinde über eine *individualistische* Einzelseelsorge selbstverständlich hinaus. Wir teilen Gottes wirkmächtigen Segen als Shalom miteinander, und wir teilen ihn als Geschwister einander auch mit.
- Auch weil der kirchliche Segenswunsch am Grab eines Verstorbenen Heuchelei bedeutet, wenn er zuvor – etwa in schweren Zeiten – dem Lebensbündnis dieses Menschen verweigert worden ist.[20]
- Weil schließlich die Geschichte der Lüge, Besudelung und blutigen Verfolgung mit all ihrer Hässlichkeit nach einem sichtbaren Gegenausdruck, nach einem *Heilszeichen der Schönheit* und einem Fest der befreiten Liebe verlangt.

Das Zeichen aber wird in dem Maße verstehbar, in dem Gemeinden lernen, in *Begegnungen* mit leibhaftigen Menschen die Schönheit auch der Liebe zwischen zwei Frauen oder zwischen zwei Männern zu sehen.

Geistliche Tradition

Erst in einem solchen Raum erscheint es dann auch möglich, innerhalb der Glaubensgeschichte Vor-Bilder, Geschichten und Traditionen zu entdecken, in denen sich tiefe Zuneigung und Liebe zwischen zwei Menschen des gleichen Geschlechtes spiegeln. Um es im Voraus klarzustellen: Es geht nicht darum, solchen Zeugnissen durch historisch unbeweisbare Vermutungen Homosexualität im heutigen Verstehenshorizont unterzuschieben. Eine ausgesprochene homosexuelle Identität ist überhaupt erst als Phänomen der Neuzeit bekannt. Entscheidend ist, dass in Zeugnissen von einer tiefen, oft spürbar erotischen Liebe die Rede ist, die das – auch heute – für üblich gehaltene Sympathie- und Freundschaftsmaß zwischen zwei Frauen oder zwei Männern überschreitet. Wenn dabei, wie etwa in Teilen der mittelalterlichen Freundschaftsdichtung, das Tabu der Sexualität *auffällig* betont wird, muss man das zur Kenntnis nehmen.

Gewiss sind an dieser Stelle wieder die biblischen Geschichten von *David und Jonathan* (1 und 2 Sam) sowie die Freundinnen *Rut und Noomi* (Rut 1) zu nennen. Ich möchte die Männerfreundschaft aus dem Ersten Testament mit Jens Weizer[21] noch einmal in kurzer Form wiedergeben: »Und Jonathan ließ auch David bei seiner Liebe zu ihm schwören, denn er liebte ihn wie sein eigenes Leben« (1 Sam 20, 17); »als der Diener heimgegangen war, verließ David sein Versteck neben dem Stein, warf sich mit dem Gesicht zur Erde nieder und verneigte sich drei Mal tief vor Jonathan. Dann küssten sie einander, und beide weinten« (Vers 41). – Nach Jonathans Tod auf dem Schlachtfeld beweint David ihn in seiner Totenklage mit den berühmten Worten: »Weh ist mir um dich, mein Bruder Jonathan. Du warst mir sehr lieb. Wunderbarer war deine Liebe für mich als die Liebe der Frauen« (2 Sam 1, 26). Es interessiert jetzt eigentlich nicht, ob Spekulationen beispielsweise zu einer möglichen homosexuellen Seite Davids oder Jonathans einen historischen Wahrheitsgehalt haben könnten. Es steht allein den Dichtern wie Else Lasker-Schüler oder Stefan Heym zu, dergleichen literarisch als *gegeben* darzustellen.[22] Der Wissenschaftler kann lediglich Wahrscheinlichkeitsgründe oder Parallelen anführen, was zwei römisch-katholische Exegeten auch in sehr eindrucksvoller Weise getan haben.[23] Wirklich wichtig ist für uns jedoch, dass homosexuell liebende Männer sich im gegenseitigen Freundschaftsbekenntnis von David und Jonathan *wieder erkennen* können. Ähnlich verhält es sich, bezogen auf lesbische Frauen, mit Ruts Liebeserklärung an ihre Schwiegermutter Noomi (Rut 1, 16-19). Die Schrift, so meinte im dritten Jahrhundert der Grieche Origenes, habe jedem jederzeit etwas zu sagen. Jeder höre dabei das Seine (und doch wiederum auch das Ganze). Ein *geistliches* Hören wird erst durch eine solche Offenheit möglich: So kann der Ruf an Lazarus *»Komm heraus!«* (Joh 11, 43) für den einen das Ende einer schweren Krankheit und für den anderen der befreiende Ruf zum Coming-out als Schwuler bedeuten. Willkürlich ist eine solche *heilsame* Bibellesung allenfalls für ein armseliges, von Enge und Angst bestimmtes akademisches Denken.

Für die Alte Kirche hat man die durch Quellentexte belegte, äußerst zarte, zuweilen sich unverblümt erotisch ausdrückende Freundschaft zwischen dem heiligen Bischof Paulinus von Nola († 431) und dem Dichter Ausonius genannt.[24] Boswell[25] nennt vor allem drei Heiligenpaare: Zunächst die Geschichte der beiden einander herzlich zugetanen Heiligen Perpetua und Felicitas, die um 203 in Karthago das Martyrium erlitten. Dann die beiden Märtyrer- beziehungsweise Heiligenpaare St. Polyeuct und Nearchos (3. Jahrhundert) und St. Sergios und Bakchos (3./4. Jahrhundert). Die Viten dieser Paare berichten von einer engen, unglaublich leidenschaftlichen Verbindung und singen das wunderbare Lied der Freundschaft (Ps 133). Auch hier kann es nicht um historische Beweisargumente irgendeiner Art, sondern allein um spiegelnde Vor-Bilder gehen. Bei St. Sergios und Bakchos kommt hinzu, dass vorzugsweise ihre Namen später in der christlichen Zeremonie des gleichgeschlechtlichen Bündnisses auftauchen.

Im Mittelalter blüht unter dem auch in der Kunst verbreiteten Bild der Johannes-Minne eine Freundschaftsdichtung auf, die im 12. Jahrhundert ihren Höhepunkt erreicht. Berühmte Namen gehören in dieses Umfeld, so Marbod (1096 Bischof von Rennes), Balderich von Bourgueil (1107 Bischof von Dol-de-Bretagne) und Anselm von Canterbury, der nicht nur heftige Briefe an seine geliebten Freunde schrieb, sondern in seinem Bistum auch ein Dekret des Konzils von London (1102) über die Sündhaftigkeit homosexuellen Verhaltens bewusst unveröffentlicht ließ.[26] Wer dieses Phänomen hartnäckig fern von jeder Homoerotik sehen möchte, dem sei die Lektüre einer berühmten Schrift des nordenglischen Zisterzienserabtes Aelred von Rieval († 1167) »Über die geistliche Freundschaft« empfohlen: »Walter: … erinnerst du dich noch dessen, was einmal zwischen dir und deinem Ivo über die geistige Freundschaft gesprochen worden ist? … Aelred: Gewiss doch! Unauslöschlich ist mir die Erinnerung an ihn, den Vielgeliebten, unvergesslich mir, wie er mich umarmte und seine Liebe äußerte. Wenn er von der Erde, der er das ihre zurückgab, befreit ist – in meinem Herzen ist er niemals gestorben. Dort ist er mir immer nahe, sein liebes Antlitz leuchtet, seine süßen Augen lächeln mir zu, seine freundlichen Worte gefallen mir so sehr, als wenn ich an seiner Seite ginge zur besseren Heimat, oder als wenn er hienieden immer noch mit mir spräche.«[27] Bei Aelred und anderen versteht man sofort, warum die leibhaftige Dimension so tiefer geistlicher Freundschaften nur als etwas Gefährliches zur Sprache kommen kann.

Richard von Sankt-Victor verfasst um 1170 ein Werk über die Dreieinigkeit, in dem er die innergöttliche Liebe in Entsprechungen von der Erfahrung der Freundesliebe her durchdringt.[28] Über hundert Jahre vor dem II. Konzil zu Lyon ist hier die zwischenmenschliche Liebe als Spiegel oder Spur der dreieinigen göttlichen Liebe *nicht* auf das eheliche Geschlechtermodell festgelegt: Wahre, vollkommene Liebe in Fülle und Lebendigkeit kann nicht in einer sich abkapselnden Selbstliebe bestehen. Höchste Liebe will sich voll und ganz mitteilen. Sie verlangt nach einem *ebenbürtigen Freund*, nach einem geliebten gleich würdigen Gegenüber (persona condigna). Doch in der Gegen- und Wechselseitigkeit der Freundesliebe ist noch nicht die höchste Vollkommenheit erreicht: In der restlos selbstvergessenen Freundschaft kann die »erste Person« einen Mitgenossen der Liebe ertragen; ja, sie strebt es sogar in höchstem Maße an, »dass der Freund von einer dritten Person so geliebt wird, wie man selbst vom Freunde geliebt wird«.[29] Auf diesen Dritten im Bunde (persona condilecta) richtet sich auch die *gemeinsame Liebe* der beiden ersten Freunde, die untereinander in *wechselseitiger* Liebe verbunden sind. Die wahre Freundesliebe bleibt also nach Richard nicht beim gegenseitigen Austausch stehen, sondern reicht wiederum von innen her über ihre Zweieinigkeit hinaus: »Die Höchstliebenden und die Höchstgeliebten wollen also beide in gemeinsamem Wünschen einen Mitliebend-Mitgeliebten.«[30] Mit etwas anderem Akzent meint Richard ebenso, man sage von solchen, »die ein Einziges wollen und anstreben, die gleich fühlen, gleich empfinden, Gleiches ersehnen: sie seien eines Geistes, sie gingen im gleichen Geist voran.«[31] Durch den Ansatz von der *Freundesliebe* her hat Richard von Sankt-Victor das theologische Nachsinnen über die Dreieinigkeit auf fruchtbare und originelle Weise bereichert: Der geliebte *Freund* (vergleiche Joh 15, 15) konnte zu seiner Zeit die »zweite Person« als *ebenbürtiges* Gegenüber besser und unmissverständlicher verkörpern als ein Sohn oder eine Ehefrau. (Für Theologinnen und Theologen: Beim Hervorgang des Heiligen Geistes als des dritten, mitgeliebten Freundes konnte Richard sowohl von der ersten Person ausgehen [östliche Tradition: ex pater] als auch von der Liebesgemeinschaft der beiden ersten Personen [westliche Tradition: filioque].) Auf diese Weise entging er zudem jenen verwickelten Komplikationen, die andere Theologen durch eine spekulative Analogie *»Vater–Mutter–Kind«* in die christliche Lehre von der Dreieinigkeit hineingetragen haben.

Wunderbare Zeugnisse der geistlichen Freundschaft sind jedoch nicht minder von Frauen bekannt.[32] Die heilige Äbtissin Hildegard von Bingen teilte den antihomosexuellen Standpunkt der Kirche, doch sie findet nach dem frühen Tod ihrer Lieblingsnonne Richardis von Stade im Jahr 1151 ergreifende Worte einer tiefen Zuneigung: »Sie war von solcher Art, dass meine Seele überquoll vor Liebe zu ihr, voller Schönheit, Zier und Wohlklang.« »... mein Herz war voll von Liebe zu ihr, weil das Lebendige Licht in einer starken Schau mich lehrte, sie zu lieben.« Ebenfalls aus dem 12. Jahrhundert stammt eine Handschrift aus dem Kloster Tegernsee, in der eine Nonne bekennt: »Süßer bist du als Milch und Honig, ausgewählt aus Tausenden. Dich lieb ich vor allen, du allein bist meine Liebe und mein Verlangen. Du süßer Trost meines Geistes, ohne dich ist nichts angenehm in der weiten Welt. Alles, was schön war mit dir, ist ohne dich mühsam und schwer. Wenn es möglich wäre, dass ich mein Leben für dich gäbe, gern würde ich es tun, weil du allein es bist, die ich erwählt habe in meinem Herzen.«

Eine vergessene Liturgie der Ostkirche

Schon in den 20er Jahren des 20. Jahrhunderts berichtet Adolf Brand als Herausgeber des homoerotischen Journals »Der Eigene« von einem zu Beginn des Jahrhunderts noch bekannten Ritual der Freundschaftsweihe aus der Griechisch-Orthodoxen Kirche.[33] Für die Frage der Partnerschaftssegnung sind an dieser Stelle heute die Untersuchungen des US-Amerikaners John Boswell (1994) über »Same-Sex Unions in Premodern Europe« nicht mehr zu umgehen. Leider liegt dieses bahnbrechende Werk nicht in einer deutschen Übersetzung vor. Boswell erforscht frühmittelalterliche Traditionen und Liturgien für das Lebensbündnis von zwei Männern oder zwei Frauen, ganz überwiegend aus dem Bereich der Ostkirche (oströmisch, byzantinisch, kirchenslawisch). Die Älteste der gründlich – im Original und in parallelen Übersetzungen – edierten Quellen ist im 10. Jahrhundert aufgeschrieben. Die Text- beziehungsweise Traditionsgeschichte reicht aber möglicherweise ins 4. Jahrhundert zurück. Der Ritus, zu dem die Nennung von Heiligenpaaren gehört, war im griechisch-orthodoxen Bereich bis in die Neuzeit hinein in einzelnen Gemeinden in Gebrauch: »Der Priester soll die Heilige Schrift am Altar aufstellen. Die beiden sollen nebeneinander stehen und ihre Rechte auf die Schrift legen, während sie

Kerzen in ihrer Linken halten. Dann soll der Priester sie weihräuchern und Folgendes sagen: ›Herr und Gebieter …, der du für richtig hieltest, dass die heiligen Apostel Philipp und Bartholomäus vereint waren, miteinander verbunden nicht durch Natur, sondern durch Treue und den Geist. Wie du auch die heiligen Märtyrer Sergius und Bakchos für wert fandest, vereint zu werden, segne auch diese deine Diener, N. und N., zusammengeschlossen nicht durch das Band der Natur, sondern durch Glauben und im Wesen des Geistes. Gewähre ihnen Friede und Liebe und Einssein im Geiste. Reinige ihre Herzen von Makel und Unreinheit und gewähre ihnen gnädig, einander zu lieben, ohne Hass und ohne Skandal für alle Tage ihres Lebens …‹ Dann sollen sie die Hl. Schrift, den Priester und einander küssen.«[34]

Die Unglaublichkeit der Textfunde bleibt, auch wenn man stark vermuten möchte, dass überall in diesen gesegneten gleichgeschlechtlichen Lebensbündnissen – mit ihrer unverbrüchlichen Liebe und Treue – *Sexualität* dem geistlichen Freundschaftsinstitut nach nicht vorgesehen oder ausdrücklich unerwünscht war.[35] Die Vita des in den Liturgien oft genannten Märtyrerpaares Sergios und Bakchos[36] sowie die liturgischen Texte der Vereinigungszeremonie zeigen jedoch, dass die innige *Lebensgemeinschaft* von zwei Menschen des gleichen Geschlechtes in der Kirchengeschichte als Gottesgabe verstanden werden konnte. Dabei kann Boswell deutliche Parallelen zu Zeremonien heterosexueller Hochzeiten aufweisen,[37] in den Gebeten des Ritus, besonders aber auch in der visuellen Symbolik: Die rechten Hände der Partner werden vom Priester miteinander verbunden, die Partner küssen sich nach dem Segen, werden drei Mal um den Altar geführt und erhalten gemeinsam die Kommunion. Im Einzelfall ist auch das Symbol der (Hochzeits-)Krone genannt, nämlich anlässlich eines Verbotes der Zeremonie für (zölibatäre!) Mönche.

Ich meine, es lassen sich aus dem in Vergessenheit geratenen ostkirchlichen Ritus folgende Anforderungen an eine christliche Partnerschaftssegnung *heute* herauslesen: Segensgebet und Segensgebärde gelten Menschen, aber eben deshalb auch dem *Lebensbündnis;* sie werden in einer öffentlichen *Liturgie im Kirchenraum* gefeiert; sie sollten in eine *Eucharistie- beziehungsweise Abendmahlsfeier* eingebettet werden und Zeugnis von einer *Theologie der Freundschaft* geben. Wem von der Lektüre kirchenamtlicher Pamphlete schlecht geworden ist, der nehme sich diese alte Liturgien vor. Er findet darin den tröstlichen Lobpreis Gottes, von dem alle Liebe kommt, und ein Staunen vor dem Wunder Mensch, vor dem *Ebenbild Gottes,*[38] das Liebe empfangen und schenken kann.

Sakrament der Liebe: Ubi caritas et amor, Deus ibi est[39]

Viele katholische Theologiestudenten staunen, wenn sie erstmals hören, dass es in der frühesten Christenheit durchaus keinen eigenständigen kirchlichen Ritus zur Eheschließung gab und die Zahl der Sakramente in einer geschichtlichen Herausformung erst im 12. Jahrhundert als »das Ergebnis theologischer Spekulation« festgesetzt wurde.[40] Innerhalb der Geschichte des ersten Jahrtausends konnte *sacramentum* eine Vielzahl von unterschiedlichsten Segnungen, Weihen und Riten umfassen. Andererseits wurde die *Ehe* erst sehr spät und als letztes (!) in den sich eingrenzenden exklusiven Kreis der *Sieben Sakramente* aufgenommen. Bis zum vierten Laterankonzil 1215 war die Eheschließung weitgehend ungeregelt; die *kirchliche* Segnung einer von Laien geschlossenen Ehe konnte vor 1000 gar als Vergünstigung gelten, deren Verweigerung keineswegs zwangsläufig ein Verbot oder eine Nichtigkeit der Ehe nach sich zog.

In der Ostkirche – und auch in der Alt-Katholischen Kirche von Utrecht[41] und einer Tradition des österreichischen Altkatholizismus[42] – wird die Sakramentalität der Ehe vom *priesterlichen Segen* her verstanden. Die römisch-tridentinische Tradition betont demgegenüber das konstitutive *Ja-Wort der Brautleute zueinander*: Die Liebenden spenden sich gleichsam (selber) das Sakrament. Die formal im zweiten Jahrtausend vorgeschriebene *Assistenz* eines Geistlichen ist durchaus nicht zwingender Bestandteil. Das Wesen *dieses* Sakramentes ist nicht notwendig gebunden an kirchenamtliches Tun oder an einen liturgischen Vollzug der Kleriker, zumal für solche Christen, die nicht der römischen Formpflicht unterliegen. Allerdings scheint die römische Tradition diese *schöne Sicht* des Sakraments zugleich wieder verderben zu wollen, indem sie sich dann doch vornehmlich im eingeengten prosaischen Sprachfeld *Vertragsabschluss* bewegt. Im Kirchenrecht des CIC von 1917 (bis 1983) taucht in diesem Zusammenhang nicht ein einziges Mal (!) das Stichwort Liebe auf; der neue Codex des Römischen Kirchenrechts kennt – immerhin – den Verweis auf Christi Liebe zur Kirche (can. 1063) und die christliche Liebestugend des Verzeihens beim Ehebruch (can. 1152).[43] Etwas erfreulicher sind einige wenige Andeutungen in »Gaudium et Spes« (II. Vatikanum) und einzelne Formulierungen im römisch-katholischen »Weltkatechismus«[44] von 1993.

Für das gläubige Leben erscheinen die Spezialitäten der Sakramentenlehre selten als hilfreich, zumal wenn sie mit kanonistischen Spitzfindigkeiten durchsetzt werden. Ist es wirklich fromm, das Ehesakrament isoliert von einem priesterlichen Segenswort (Ostkirche) oder von einem datierbaren Vertragswort der Eheleute oder vom erstmaligen »leiblichen Vollzug« des Bündnisses her zu bestimmen und zu verstehen? Wird die Ehe erst durch eine theologische Bestimmung und durch einen vorgeschriebenen Akt zum Sakrament, so dass viele Eheleute der Alten Kirche von dieser Wirklichkeit ausgeschlossen gewesen wären? Die alten Katechismen lehrten: Sakrament ist ein äußeres Zeichen für die innere Gnade. Wir sollten übersetzen: Sakramente sind heilige Zeichen der Nähe, der Zuwendung, der liebenden Gegenwart Gottes. Zwei Liebende lassen im Sakrament ihrer Verbindung die Liebe Gottes und ihre wirkmächtige Anwesenheit hindurchscheinen: Dass innerhalb der Evolution Eiweißmoleküle sich »organisieren«, komplexe Lebewesen hervortreten und schließlich liebesbedürftige und liebesfähige Individuen, das versteht der Schöpfungsglaube als wunderbaren Hinweis auf Gottes wirkende Anwesenheit in der Welt. Doch die Liebe der Menschen ist nicht nur Spur, sondern auch Verheißung, Symbolwirklichkeit einer größeren Liebe, die von Menschen nicht »garantiert« werden kann. Die Liebenden weisen in ihrer Vertrautheit, Zärtlichkeit und Treue über sich hinaus auf eine unbedingte, absolute Annahme. Diese zuverlässige, grenzenlose Bejahung ist in menschlicher Liebe spürbar gegenwärtig, kann jedoch in ihr letztlich nicht begründet werden. Deshalb betont die katholische Tradition gegen Luthers Traubüchlein: Die liebende Gemeinschaft von zwei Menschen ist nicht einfach *ein weltlich Ding* oder *weltlich Geschäft,* was für den Zivilstand wohl zutreffen mag. Liebe ist sakramental und hat – nicht nur auf Grund eines Bibelzitates oder der Schöpfungsordnung – mit Gott zu tun. Doch die ganze Wirklichkeit eines Lebensbündnisses – und nicht bloß ein punktuelles, einmaliges Ereignis – ist heiliges Zeichen. Sakrament ist der ganze in Liebe und Vertrauen gemeinsam beschrittene Lebensweg: alles Suchen und Finden, ekstatisches Verschmelzen und vertrautes Annehmen, Schenken und Beglücktwerden, Lassen und Halten, Stützen und Wärmen, Lachen und Weinen, verlässliche Gewohnheit und wundersames Neubeginnen, alle treuen Gaben und alle Wandlungen der bewegten Liebe.

Wir können bisher festhalten, *erstens*: Die katholische Tradition der Sakramente ist ein geschichtlicher Weg, der sich in seinen Ausformungen und Wandlungen grundsätzlich als offen erweist. Auch wenn es keine x-beliebige Anzahl grundlegender sakramentaler Wirklichkeiten geben kann, so gibt es doch den jeweils konkreten, wandelbaren Zeit-Raum der Feier sakramentaler Wirklichkeiten. Gegenwärtige neue Glaubenserfahrungen – so etwa die »Entdeckung« der homosexuellen Liebe in ihrer Kostbarkeit – können die Tradition bereichern. *Zweitens*: Das so genannte Siebte Sakrament sollte auch in katholischer Sicht nicht oberflächlich, äußerlich verstanden und begründet werden, etwa klerikal-rituell (Priestersegen) oder legalistisch (Vertragswort). Sakrament, heiliges Zeichen göttlicher Nähe, ist die Gemeinschaft von zwei Menschen wesentlich durch die Segenskraft und *Sakramentalität der Liebe*! Auf diesem Hintergrund müssen jetzt abschließend noch einmal die wichtigsten theologischen Vorurteile gegenüber der gleichgeschlechtlichen Liebe beleuchtet werden. Sie betreffen zunächst die – an dieser Stelle singulär auch von evangelischen Theologen bemühte – so genannte Schöpfungsordnung.

Sakramentalität der Liebe nur in der Fortpflanzung?

Den Zweck des Ehebundes (finis primarius) erblickte die römische Theologie bis in die Gegenwart hinein eindeutig und prinzipiell in der Erzeugung von Nachkommen. Jede Sexualität außerhalb dieses Ehezweckes musste sie diffamieren. Wer von der Fortpflanzung ausgeschlossen war, dem konnte – wenn überhaupt – nur auf komplizierten argumentativen Umwegen eine echte Teilhabe an der Sakramentalität der Ehegemeinschaft zugestanden werden. Behinderte, erblich oder krankheitsbedingt Unfruchtbare, Menschen, die im vorgerückten Alter heiraten, sie alle können den Hauptzweck *nicht* erfüllen. Wer bewusst auf Nachkommen verzichten will, darf nicht einmal heiraten. Das Argument: Gott hat die Erzeugung von Nachkommen befohlen. Erst recht wurde – noch 1986 – den Homosexuellen vorgeworfen, den Schöpferplan der Fortpflanzung zu sabotieren.[45] Doch der dabei anvisierte Vers aus der Genesis (1, 28) ist ein göttliches Schöpfungswort, das die Weitergabe des Lebens bewirkt. Er enthält einen Fruchtbarkeits*segen*, keinen Fortpflanzungs*befehl*.[46] Es sollte auch nicht übersehen werden, dass Gott nach dem ersten Schöpfungsbericht der Bibel gleich lautend *alle* Wesen, nicht nur die

Spezies Mensch mit diesem Segenswort bedenkt: »Gott segnete sie und sprach: Seid fruchtbar, und vermehrt euch!« (Vergleiche Gen 1, 22. 28.) Eine menschliche oder gar spezifisch menschliche *Pflicht* zur Fortpflanzung kann daraus nicht abgeleitet werden, denn die Vermehrung gehört – auf durchaus ambivalente Weise – längst zum biologischen Programm der Gattung. Die Predigt einer solchen Pflicht könnte auch *heute* weltweit gar nicht mehr als Segen verstanden werden, sofern wir der Bewahrung der Schöpfung und der Weitergabe des Lebens dienen wollen. Der Planet Erde droht mit all seinen Geschöpfen zu ersticken, wenn die Milliardenwachstumskurve unserer Gattung nicht zeitig gebremst werden kann.[47]

Es liegt mir *äußerst* fern, das leibhaftige Wunder der Geburt eines neuen Lebens auch nur mit einem Windhauch schmälern zu wollen. Dass ich die Geburt meines Neffen Marian miterleben durfte, bedeutet mir nach vielen Jahren noch immer das einschneidendste Erlebnis auf meinem Weg. Auch später während der Krankenpflegeausbildung hat mich die Geburt anderer Menschenkinder erneut in staunende Ergriffenheit versetzt. Diese Geburtswunder haben mich unvorstellbar beschenkt und prägen bis heute meine persönliche Theologie. Doch *hier* ist eine ganz andere Fragerichtung angesagt: Kennt der biblische Glaube wesentlich *nur* die *biologische* Fruchtbarkeit der Beziehung zwischen Mann und Frau? Im Hohelied erzählt ein ganzes Buch von der höchst erotischen Liebe zwischen zwei Menschen, ohne dabei auch nur entfernt an Fortpflanzung zu denken.[48] Der Prophet Jesaja ruft den Zeugungsunfähigen zu, sie sollten sich nicht als dürren Baum betrachten; Gott selber werde ihnen »einen Namen geben besser als Söhne und Töchter« (vergleiche Jes 56, 3-5. 7; anders dagegen Dtn 23, 2!). Mit Paulus ist dann viel später die Ehe ganz gewiss nicht als heilige *Fortpflanzungsgemeinschaft* festzuschreiben. Der Apostel sieht die Ehe erstrangig als ein Heilmittel gegen die verzehrende Begierde an, ohne in seinem Eheratschlag an die Korinther die Nachkommenschaft auch nur zu erwähnen (1 Kor 7, 1-9). Mit Paulus, da mag man sich auf den Kopf stellen, lässt sich weder eine positive Ehe-Theologie der zweigeschlechtlichen Gottesebenbildlichkeit des Menschen noch überhaupt eine in der Wurzel bejahende Perspektive sexueller Leiblichkeit im Licht des Evangeliums entwickeln. Wie sehr Jesus, den die kirchliche Überlieferung als ehelos betrachtet, die biologischen Bande der Blutsverwandtschaft und das hohe Gut der Ehe *relativieren* konnte, vergisst die christliche Predigt gemeinhin: »Wer den Willen Gottes tut, der ist mir Bruder, Schwester und Mutter« (vergleiche Mk 3, 33-35). Um des Evangeliums willen kann ein Mensch seine Familie verlassen. Doch Jesus verspricht ihm dafür neue Geschwister, Mütter und *Kinder* schon in dieser Zeit. (Mk 10, 29 f.; vergleiche Mt 19, 12.) »Bruderliebe«, so lautet dann das zentrale Stichwort in den Johannesbriefen. Hier sind überall offenkundig gerade *nicht* biologische Verwandtschaft und biologische Nachkommenschaft gemeint. Schließlich sollten wir daran erinnern: Im weihnachtlichen *Bild* von der jungfräulichen Geburt wird symbolisch gerade die Kette der *zweigeschlechtlichen* Fortpflanzung abgebrochen. Die Zeugung der »Väter«, die nach antiker Fortpflanzungstheorie als das allein Ausschlaggebende galt, ist nicht mehr das Entscheidende. Ja, sie muss bei der Geburt des *neuen Lebens,* des neuen Menschen, sogar ausfallen und das Zusehen lernen (Mt 1, 16. 18-25; Lk 1, 26-38). Unübersehbar ist damit die Fruchtbarkeitsvorstellung der »Macher« getroffen, was auch auf Religion, Kultur und Gesellschaft zielt. Dieser deutliche *geistliche* Wink der jungfräulichen Geburt gegen die *selbstherrliche Erzeugerattitüde* im heterosexuellen Patriarchat begegnet uns nun im Prolog des Johannes-Evangeliums gar als innerer Geburtsweg für die Gotteskindschaft *jedes* Menschen (Joh 1, 13). Das hat bei den griechischen Kirchenvätern enormen Eindruck hinterlassen. Die christliche Mystik wusste im Sinne des Johannes-Prologs zu allen Zeiten, was Zeugung und Geburt in ihrer *religiösen* Dimension bedeuten. »Neues Leben« ist für das Evangelium jedenfalls kein *biologischer* Terminus technicus (»Blut und Willen des Mannes«), und auch in seiner tieferen Bedeutung ist das Leben der *neuen* Schöpfung nicht zwingend an die Erfahrung der Zweigeschlechtlichkeit gekoppelt. Biblisch wird man die Fruchtbarkeit einer Liebe nur nach Art eines nicht verstehenden Nikodemus (Joh 3, 4. 9) an der *biologischen* Fortpflanzung dingfest machen können! Solches aber tun die theologischen Technokraten bis zur Stunde.

Gewiss, Sexualität hat etwas mit Fruchtbarkeit zu tun: »Sexualität kann neues Leben hervorbringen, im ganz konkreten Sinn des Zeugens und Gebärens von Kindern, aber auch als Kraft- und Energiequelle für Lebenslust und Lebensmut.«[49] Doch die Erzeugung von Kindern kann durch lieblose, innerlich unfruchtbare Sexualität, ja durch Gewalttat geschehen. (Kinder suchen sich unter entsprechenden Umständen nicht selten ihre eigentlichen »Eltern« außerhalb ihres biologischen Elternhauses.) In der Gemeinschaft von kinderlosen Ehepaaren oder gleichgeschlechtlichen Partnerschaften kann andererseits menschliche Liebe in höchstem Maße fruchtbar werden, über die Zweisamkeit hinauswachsen und Kreise ziehen. Auch und gerade so kann Liebe sich fortpflanzen, kann neues Leben geboren werden, das in die Zukunft langt, und können Kinder ihre göttliche Würde erfahren. Philo von Alexandrien hielt es einst für unerhört, wissentlich eine erwiesenermaßen körperlich unfruchtbare Frau zu heiraten.[50] Das aber verbietet, sofern keine willentliche Täuschung vorliegt, das römische Kirchenrecht der Gegenwart nicht. Ist die Fortpflanzung dann nur noch gegenüber den homosexuell Liebenden das goldene Ausschlusskriterium, während man den ganzen Reichtum an »Zielen« in einer treuen Gemeinschaft bei einer gleichgeschlechtlichen Partnerschaft *nicht* thematisiert? Ist nicht diese ganze kaputte Denkweise im Grunde eine krankhaft selektive Fixierung auf Sex? Besteht denn, so fragt ein um Verstehen bemühter jüdischer Theologe, das Lebensbündnis wesentlich *nur* aus der Zeugung und ihren Folgen? Gehören nicht ebenso dazu »die Förderung von gegenseitiger Zuneigung, Fürsorge, Vertrauen, Opfer und Hilfe; die Ermutigung und Unterstützung des intellektuellen, ästhetischen, moralischen und geistigen Wachstums; das Teilen von Schmerz und Angst; das Hegen von Freude und Hoffnung; die Überwindung von Einsamkeit« (H. J. Matt)?[51]

Eugen Drewermann[52] hat eindringlich referiert, wie Sexualität bei den höheren Säugetieren sich zusehends von der ursprünglichen Zielsetzung der Fortpflanzung löst, um dann etwa dem Gruppenzusammenhalt, dem sozialen Leben insgesamt zu dienen. Hier kann sie durchaus schon als Ausdruck von Zuneigung wahrgenommen werden (und es ist dabei schwer die römisch katholische Doktrin nachvollziehbar, der Mensch sei das *einzige* von Gott »um seiner selbst willen« ins Leben gerufene Geschöpf). Im 6. Kapitel war in diesem Zusammenhang auch von der Homosexualität im Tierreich, besonders unter den Primaten, die Rede. Die Überschrift dieser Entwicklung lautet: Sexualität wird zu einer von der Fortpflanzung gelösten *Bindungsenergie*. Die kennzeichnende menschliche »Übersexualität« ist dann deutlich nicht mehr auf Zeugungsmöglichkeit, Empfängniszeiten usw. beschränkt. Auch zu Zeiten und in Situationen unmöglicher biologischer Fruchtbarkeit ist der Mensch – bis ins hohe Alter hinein – mit einem sexuellen Verlangen und Vermögen ausgestattet. Das war *zunächst* notwendig, um die menschlichen Eltern angesichts der enorm langen Reifezeit ihrer Kinder auf möglichst lange Dauer zusammenzuhalten. Doch damit hängt eine andere Neuerung im Reich der Liebe zusammen: Das Wissen um sich selbst wird im Menschen auf unerhörte Weise bewusst. Der Mensch weiß, dass er da ist (und wieder gehen muss), er wird Person, wird sich selber zur Frage. Die *Liebesbedürftigkeit* ist dadurch gleichsam unendlich gesteigert und individualisiert. Jeder will als unverwechselbar, als er selbst – und nicht als austauschbares Objekt von bloßen Instinkten – Zuwendung erfahren. Gleichzeitig ist damit natürlich auch die *Fähigkeit zur Liebe* gesteigert. Das einmalige, *individuelle* Gegenüber erhält eine unvorstellbar große Bedeutsamkeit. Dergleichen hatte sich bis dahin nur in Vorahnungen gezeigt. Liebesbedürftigkeit und Liebesfähigkeit, wie sie uns bereits bei den »höheren« Tieren begegnen, erhalten auf diesem Weg ihre menschliche Gestalt. Die Materie der Biologie wird in einer seelischen Wandlung etwas qualitativ ganz Neues. Sexualität verliert den *notwendig* biologischen Zweckzusammenhang und wird freigesetzt: Fortan »ist sie die stärkste Energie zum Austausch von Gefühlen der Zärtlichkeit und der Zuneigung und damit eine unerhörte Möglichkeit sowohl gemeinsamen Glücks wie auch nicht endender Sehnsüchte und Schmerzen«.[53] Am ehesten müsste man von Theologen erwarten, dass sie staunend diese Wandlung des Biologischen zu Fleisch und Blut der Liebe würdigen. Ein Gegenüber in seiner Einzigartigkeit zu lieben und selber von einem Anderen als unverwechselbares Gegenüber angenommen zu werden, darin, und nicht in biologischen Funktionen, liegt das tiefste Wesen *menschlicher* Liebesgemeinschaft.

Paradiesisch ist also nicht der augustinische Traum vom *Zweck ohne Lust*, sondern eher die Vision einer *lustvollen Zwecklosigkeit.*[54] Fruchtbarkeit in seiner tiefsten Bedeutung heißt das Schlüsselwort, nicht Pflicht. Wie absichtslos bringen die Liebenden ihre Früchte, neue Menschenkinder und neues Leben in seiner ganzen Vielfalt, hervor. In dieser evolutiven Entwicklung vom biologischen Zweck isolierter Sexualität hin zur menschlichen Kreativität und *Freiheit* der Liebe ist die Möglichkeit *auch* gleichgeschlechtlicher Liebespaare der inneren Folgerichtigkeit nach enthalten. Diese werden deshalb in den genannten östlichen Liturgien aus der vorletzten Jahrtausendwende als Bündnisse bezeichnet, die nicht durch das Band der Natur und des Blutes, sondern durch Treue und im göttlichen Geist der Liebe geschlossen sind.[55] (Vergleiche Joh 1, 13.) Könnten wir in dieser besonderen Art der Liebe nicht *ein* Symbol für alles Lieben entdecken, ein Symbol für alle Liebe, die nicht von Zweck und Notwendigkeit bestimmt ist, sondern vom Wunder, sich gefunden zu haben?

Gottesebenbildlichkeit und Mitmenschlichkeit nur in der Zweigeschlechtlichkeit?

Mit dem Argument »Fortpflanzung« wird natürlich zugleich stets die geschöpfliche Zweigeschlechtlichkeit des Menschen ins Spiel gebracht: »Gott schuf also den Menschen als sein Abbild; / als Abbild Gottes schuf er ihn. / Als Mann und Frau schuf er sie« (Gen 1, 27). Zweierlei wird hier gesagt: Erstens wiederholt der Vers, was bereits in Genesis 1, 26 als Schöpferrat bekannt wurde, dass nämlich Gott den Menschen als sein *Ebenbild* ins Leben gerufen hat. Zweitens wird konkret festgehalten, dass Gott den Menschen als *Mann und Frau* geschaffen hat. Unmissverständlich folgt aus dieser Nebeneinanderstellung, dass beide gleichermaßen als Ebenbild zu betrachten sind. Die Frau ist weder Abklatsch noch eine verkümmerte Form des Mannes. Sie ist auch nicht, wie noch das Neue Testament sagen kann, ein bloßes »Gefäß« (1 Thess 4, 4) des Mannes. Beide Geschlechter stehen hinsichtlich der gottgewollten Schönheit und Würde des Menschen auf einer Ebene. Es ist hier hingegen nicht als Absicht des biblischen Verfassers erkennbar, *die Ebenbildlichkeit an der Zweigeschlechtlichkeit dingfest zu machen*, beides *so* zu verknüpfen, als sei *in* Gott die Urform von Mann und Frau als transzendente Eigenschaft vorgegeben (und als seien die Geschlechter für sich nur »halbe Menschen«). Im Gegenteil: »In den Völkern um Israel her spielte die Verbindung von Religion und Sexualität eine große Rolle. Im Koitus vollzog sich göttliche Befruchtung. Die Liebe der Götter und Göttinnen war das Urbild der Liebe von Mann und Frau. Israels Gott aber steht jenseits der Geschlechtlichkeit; er ist weder Mann noch Frau. Für ›Göttin‹ gibt es im Hebräischen nicht einmal ein Wort.«[56] Im dogmatischen Heterosexismus des »frühen« Karl Barth schien es so, als ob *nur* im Zueinander von Mann und Frau sich die Gottesebenbildlichkeit und die gottgewollte Mitmenschlichkeit des Menschen verwirklichen. Das aber steht in der Bibel an keiner Stelle. Wenn wir dagegen nahe am Text des ersten Schöpfungsberichtes bleiben wollen, müssen wir am ehesten im *Herrschen* (Gen 1, 26) den Kern der menschlichen Gottesebenbildlichkeit erblicken. Dieses *Herrschen* heißt für uns spätestens im Licht des Evangeliums: *Liebenkönnen*, das heißt Leben zu empfangen, zu schützen und zu bereichern. Und genau hier ist in der Freisetzung *menschlicher Liebesfähigkeit* nicht nur der evolutive Fortpflanzungszweck einschließlich der Aufzuchtsinstinkte überstiegen und verwandelt, sondern auch die biologisch determinierte Zweigeschlechtlichkeit.

Der zweite, ältere Schöpfungsbericht der Bibel erzählt in einer *Erklärungslegende* die erfahrene Anziehungskraft der Geschlechter. Es wird gesagt, die Frau sei aus der Rippe des Mannes »gebaut« worden (Gen 2, 21-23). Auch hier ist keine Unterordnung (vergleiche dagegen 1 Kor 14, 34) oder Minderwertigkeit der Frau ausgesagt, sondern gerade die Verwandtschaft, die innere Zugehörigkeit, die Gattungsgleichheit und Ebenbürtigkeit:[57] »Bein von meinem Bein, Fleisch von meinem Fleisch!« (Gen 2, 23), ruft der Mann aus. Im Hebräischen ist da die Rede von Mann und Männin, Mensch und Menschin. Das Entscheidende am Jubelruf Adams und an der ganzen Geschichte liegt darin, dass der Mensch zuvor seine Einsamkeit durch einen Freund aus dem *Tierreich* nicht wirklich überwinden konnte (Gen 2, 18. 20). Er bedurfte eines ihm entsprechenden, *ebenbürtigen* Gefährten, er bedurfte eines helfenden *menschlichen* Gegenübers (vergleiche auch Koh 4, 9-11). Einen solchen Gefährten konnte er sich jedoch nicht selbst aus der Rippe schneiden. »In diesem Sinn ist auch die Hilfe (ʹzr) zu verstehen, die ihm gegeben werden soll: es ist eine Hilfe, die das Gegenüber des Menschen dadurch bedeutet, dass es da ist und seine Einsamkeit überwindet; nicht gedacht ist zunächst an eine Hilfe bei der Arbeit oder zum Zwecke der Fortpflanzung etwa« (Eugen Drewermann).[58] Schon Tiere bedürfen der Gefährtenschaft, und sie können mitunter den Verlust eines nahe stehenden Artgenossen des anderen oder des gleichen Geschlechts bis hin zur tödlichen Lethargie betrauern.[59] Noch viel mehr verlangt der seiner selbst bewusst werdende Mensch angesichts der Fragwürdigkeit seines Daseins und angesichts seiner Einsamkeit als individuelle Person nach einem Gegenüber, das die Gewissheit schenkt, »bejaht und gewollt und gemocht, ja, ersehnt und erwünscht zu sein«.[60] Eugen Drewermann erläutert von hier aus das göttliche Geheimnis in der menschlichen Liebe: »Jeder der Liebenden versichert dem anderen, nicht nur in seinen Augen, sondern zugleich an sich selbst etwas Unbedingtes an Sein zu besitzen, etwas unendlich Kostbares an Wert und an Wesen, etwas Unausdenkliches an Entfaltung und Zukunft. Alle Liebe entdeckt einen endlichen, sterblichen Menschen als etwas vom ›Himmel‹ Gekommenes; auf der Nähe des Geliebten ruht etwas Göttliches; und seine Worte lassen *auch das eigene Dasein* an dieser überirdischen Sphäre einer nicht widerlegbaren Geltung und Größe Anteil gewinnen … Die *Liebe* … schenkt dem Geliebten die Evidenz einer nie gekannten Seinsdichte: und die Religion deutet diese absolute Bejahung der Liebe als Erfahrung jener absoluten Liebe, die Gott selber ist.«[61]

Ein Exkurs im 6. Kapitel hat bereits gezeigt, dass genetisch (beziehungsweise biologisch) und psychisch eine *strikte* trennende Gegensätzlichkeit der Geschlechter kaum begründet werden kann. Bei Paulus wäre zu lernen, dass die Geschlechtsidentität für den neuen, zur Liebe befreiten Menschen nicht mehr *das* Wesentliche sein kann: »Es gibt nicht mehr … Mann und Frau, denn ihr alle seid einer in Christus Jesus« (Gal 3, 28). Ist es an dieser Stelle wirklich so schwer zu verstehen, dass eine homosexuelle Liebe sich im *Wesentlichen* von der Gefährtenschaft zwischen Mann und Frau *nicht* unterscheidet? Wie jeder Mensch entdecken gleichgeschlechtlich liebende Frauen und Männer in der Erkenntnis ihrer Menschlichkeit zugleich die eigene Einsamkeit und Endlichkeit als Person. Eine wirkliche Antwort darauf kann nur in der Erkenntnis der Menschlichkeit eines Anderen, im Gewinnen eines *menschlichen* Gegenübers liegen (Gen 2, 20. 23). Dabei müssen – ungeachtet der so genannten sexuellen Orientierung – in jedem Fall innerlich Vater und Mutter verlassen werden (Gen 2, 24). Das heißt: Die Ansprüche der gottgleichen Geborgenheit, Zuwendung und Bejahung an die Eltern (und überhaupt an Menschen) müssen fallen, müssen durch Reifung überwunden werden, um innerlich frei zu sein für ein ebenbürtiges, *partnerschaftliches* Gegenüber. So teilen gleichgeschlechtlich Liebende den Jubel Adams, wenn Gott ihnen nach einem oft langen, beschwerlichen Suchen eine helfende Gefährtin oder einen helfenden Gefährten zuführt. Sie wissen vermutlich häufiger als viele andere um das Gewicht des freudigen Ausrufs: »Das endlich ist Bein von meinem Bein, Fleisch von meinem Fleisch!« (Gen 2, 23). Sie erfahren durch ein Menschenantlitz das Ende von Einsamkeit, das Glück, mit einem anderen Menschen »ein Fleisch (zu) werden« (Gen 2, 24), das heißt, mit einem Weggefährten beziehungsweise einer Weggefährtin in eine – auch körperliche – Lebensgemeinschaft und Verwandtschaft zu gelangen.[62] Sie schämen sich nicht voreinander in ihrer ungeschützten Nacktheit (Gen 2, 25), denn sie schauen sich an mit Augen der Liebe, die dem anderen vertrauen, seine Schönheit und sein Gutsein sehen. Es war möglicherweise bis zu diesem Punkt gerade das Lebensthema, sich dessen schämen zu müssen, was man ist, und aus Angst vor dem eigenen Unwertsein ein Aufblicken der Liebe nie zu wagen: »Niemals schaute ich mich in meiner Nacktheit an, denn Nacktheit war ja unrein, und schließlich hatte ich die verworrene Vorstellung, dass ich mit meiner ganzen Person zu denen gehörte, die man nur bekleidet sehen und unter keinem Vorwand berühren dürfe« (Julien Green).[63] Jetzt wird es zur Offenbarung, »dass man sich dem anderen zeigen kann wie man ist, dass man sich vor ihm also nicht verstecken muss«.[64]

Und wo der Tod sie auseinander reißt, da ist der Himmel nicht weniger verdunkelt als dort, wo Orpheus um seine Eurydike das Lied der Trauer singt. Und manchmal hinterlässt auch das Spuren in den Annalen der Menschengeschichte, wenn ein Gilgamesch um seinen Enkidu, ein Achilles um seinen Patroklos oder ein David um seinen Jonathan untröstliche Klage führt.[65] Wenige Tage vor der Arbeit an diesem Abschnitt im Jahr 1996 gestand mir ein Mann weinend am Sterbebett seines Freundes: »Er ist der einzige Mensch, der es jemals geschafft hat, mich zu öffnen.« Gottesebenbildlichkeit hat etwas mit der Individualität, mit der Einzigartigkeit jedes Menschen zu tun. Darin liegt auch das Herz *jeder* Liebe. Die Zweigeschlechtlichkeit ist nicht nur eine Waffe der Evolution zur Neukombination der Gene und zur Beschleunigung der Entwicklung des Lebens. Sie ist – genau besehen – auch die *Wurzel des biologischen Todes*. Doch jede Liebe, auch die homosexuelle, weist in ihrer Sehnsucht und in ihren Ahnungen über die Grenzen des Todes hinaus.

Gott hat uns Menschen als Bedürftige gewollt, als Wesen, die auf Liebe angewiesen sind und die Liebe schenken können. Das ist wahrlich etwas Göttliches in der Menschenwelt. Doch in diesem wunderbaren Geheimnis »steht der Einzelfall *über* und nicht *unter* dem allgemeinen Gesetz. Jede Zweierbeziehung ist ein schlechthin besonderer Fall. Wie der *Geist* weht, wo er will, so weht auch die *Liebe*, wo sie will.«[66] Da gibt es nichts zu erklären, nichts zu rechtfertigen, ob arm und reich, klein und groß, schlau und einfältig, attraktiv und unauffällig, introvertiert und extrovertiert, Mann und Frau, Mann und Mann oder Frau und Frau.

Theoretisch kann man in abstrakten Höhen leicht ein heterosexuelles Liebesmonopol konstruieren. Im wirklichen Leben aber ist eine solche Vorstellung schlicht absurd. Klaus Mann wünschte schon in der ersten Hälfte des letzten Jahrhunderts: »Man begreife doch endlich: es ist eine Liebe wie eine andere auch, nicht besser, nicht schlechter; mit ebenso viel Möglichkeiten zum Großartigen, Rührenden, Melancholischen, Grotesken, Schönen oder Trivialen wie die Liebe zwischen Mann und Frau.« Und an dieser Stelle können wir die Ignoranz der kirchlichen Ideologen mit all ihren Verleumdungen endgültig überwinden. Homosexualität ist wie Heterosexualität eine wunderbare Gabe. Homosexualität, das ist die Fähigkeit, einen Menschen des gleichen Geschlechts auf besonders intensive Weise zu lieben.

Das Dreieinigkeitssymbol und die Liebe unter Menschen

Die jüdisch-christliche Glaubensgeschichte erfährt auch Gott als einen Liebenden. Gott kapselt sich nicht ab in selbstgenügsamer Einsamkeit, im vollkommenen, absolut bedürfnislosen und gleichsam gefühllosen Selbstbesitz des griechischen Philosophengottes. Er ist nicht starrer Monolog, sondern lebendiges Gespräch. In der Alten Kirche wurde dies schon früh im Dogma von der Dreieinigkeit, dem Symbol der bewegten Liebe, ausgesagt. Spätestens mit Augustinus hätte man für die Folgezeit sehen können, dass die Dreieinigkeit nichts, aber auch gar nichts anderes ist als eine Auslegung der biblischen Grundaussage »Gott ist die Liebe« (1 Joh 4, 16; vergleiche Mt 3, 17 und Parallelstellen): »Siehe, da sind drei: der Liebende, das Geliebte und die Liebe. Was also ist die Liebe anderes als eine Art Leben, welches zwei miteinander vereint oder zu vereinen trachtet, den Liebenden und das Geliebte?«[67]

Gerade im Christentum ist dieses göttliche Beziehungsgeschehen von Liebe und freier Gegenliebe nicht auf das – religionsgeschichtlich doch so bedeutsame – Modell von Mann und Frau festgelegt. Das Johannes-Evangelium, Ausgangspunkt für Augustins Überlegungen, erzählt eben vor allem eine Liebesgeschichte zwischen Vater und Sohn. Zwar spielt das Gegenüber von *Bräutigam und Braut* im Alten wie im Neuen Testament und auch in der Mystik eine Rolle, doch es steht nicht im Mittelpunkt. Zwar tauchen im theologischen Familienroman des Christentums mehrere Beziehungskonstellationen auf, doch sind Auswahl und Färbung oft einseitig männlich bestimmt. Die Mutter-Tochter-Beziehung ist zum Beispiel weitgehend ausgeblendet. Im patriarchalen Kontext Israels – wie überhaupt unter den Voraussetzungen einer männlich dominierten Gesellschaft oder Religion – kommt heilsgeschichtlich eben alles darauf an, das Verhältnis zwischen Gott und Mensch als ein *Vater-Sohn-Verhältnis* zu erlösen (Lk 15, 11-32). Die Vater-Sohn-Liebe zwischen dem Stammvater Jakob und seinem Liebling Joseph markiert bereits das große Thema. Schwierig wird es jedoch, wenn man das Vater-Sohn-Verhältnis in die als Liebe verstandene »innergöttliche« Lebensgemeinschaft *hineinverewigt* und zudem noch durch die lateinische Vermännlichung des Heiligen Geistes – zu »Spiritus« – ein geschlossenes *ewiges Männertrio* entsteht. (Ein solches kann dann theologiegeschichtlich womöglich in der Diskussionsdialektik von These-Antithese-Synthese eine *intellektuelle* Bewegung verkörpern!) Schon früh führte auf Grund des patriarchalen Kontextes das menschliche Vater-Sohn-Bild auch zu Irrlehren, weil man mit »Sohn« sehr häufig Unterordnung (Subordination) assoziierte. Nicht alle Menschenväter wünschen ja wie einst Cicero, dass der eigene Sohn sie in allem übertreffe.[68]

Ebenso wäre über die längsten Strecken der Glaubensgeschichte hinweg das Bild eines *weiblichen Gegenübers* in Gott immer auch mit der Frauenverachtung bedeutender männlicher Theologen belastet gewesen. Nicht weniger hätten einige *biblische* Befunde eine solche Analogie mit Sicherheit auf die falsche Fährte geschickt, wo sie Theologie im Horizont zeitbedingter Geschlechtermodelle betreiben. In 1. Korinther 11, 2 f. wird Gott als das Haupt Christi und entsprechend der Mann als das Haupt der Frau beschrieben; im 7. Vers meint Paulus gar, der Mann sei »Abglanz Gottes« und die Frau wiederum »Abglanz des Mannes«. In Epheser 5, 24 heißt es, die Frauen sollten sich in allem dem Mann unterordnen, wie sich auch die Kirche Christus unterordne. Das erbitterte Ringen in der Geschichte der frühen Ökumenischen Konzilien ging aber gerade um die Aussage, dass die Lebensgemeinschaft in Gott nicht von den patriarchalen Kategorien Unterordnung und Machtausübung bestimmt ist, sondern von der *ebenbürtigen Wesensgemeinschaft* her! Darin ist die Trinität ja auch Verheißung für das menschliche Zusammenleben. – Das Bild der *zweigeschlechtlichen biologischen Zeugung eines Kindes* schließlich hat sich nicht als besonders hilfreiche Entsprechung für den »Hervorgang der dritten Person« in Gott erwiesen.[69]

Eigentlich ist es erst in unseren Tagen möglich, das christliche Dreieinigkeitssymbol unbefangen ins Gespräch mit anderen Religionen zu bringen, in denen – wie im Hinduismus – die männliche und weibliche Gestalt der Gottheit sich zu einer lebendigen Einheit zusammenfinden. Das sich gegenseitig durchdringende und zur Ganzheit vereinigende *Yang und Yin* bildet etwa im chinesischen Taoismus den Kreis der »dreifaltigen« göttlichen Einheit, in dem männliches und weibliches Urprinzip zusammenkommen. Natürlich waren sich die großen christlichen Theologen immer darüber einig: Gott selber steht jenseits der menschlichen Zweigeschlechtlichkeit. Alle menschlichen Bilder aus diesem Bereich sind deshalb letztlich eben nur Entsprechungen und relativ. Wo sie Zutreffendes aussagen, steht ihnen eine immer noch größere Unähnlichkeit gegenüber.

Auch auf Grund dieses Vorbehaltes kann jede der drei »göttlichen Personen« grundsätzlich in beiden Geschlechtern dargestellt werden. Albiano Luciani[70] erinnerte als Papst Johannes Paul I. daran, Gott selber sei uns nicht nur Vater, sondern auch zärtliche Mutter (vergleiche unter anderen Jes 49, 15; 66, 13; Hos 11, 4; Ps 25, 6; 115, 5). Die »zweite Person« muss spekulativ nicht zwingend als Sohn verstanden werden. Im Alten Testament ist es eine weibliche Gestalt, die Weisheit (*chokma, sophia, sapientia*), die am Anfang aller Wege und noch vor den Schöpfungswerken der Urzeit als Vertraute die Freude Gottes ist und allezeit vor ihm spielt (vergleiche unter anderen Spr 8, 22-31).[71] In der Erlösungsgestalt des Christus spielt das *Frau- oder Mann-, Tochter- oder Sohnsein* überhaupt keine *konstitutive* Rolle mehr (Gal 3, 28). Der Erlöser beider Geschlechter ist nicht exklusiv *als* Mann der Erlöser. »Der« Heilige Geist schließlich, im Griechischen ein Neutrum und im Lateinischen männlich, begegnet uns im Alten Testament als die *ruach* Gottes, was eine deutliche Affinität zum Weiblichen aussagt.

Hier zeigt sich die *Offenheit* von Schrift und Tradition. Im jeweiligen Zusammenhang, also im konkreten kultur- oder lebensgeschichtlichen Rahmen, ist die Geschlechtersymbolik natürlich *nicht* beliebig. Insgesamt aber lässt sich eine Theologie der Entsprechungen nicht auf *ein einziges gültiges Modell* einengen, wie es etwa bei Karl Barth scheinen mochte. Alle Formen menschlicher Liebesbeziehungen, seien sie sexuell oder nicht, können zum Bild der bewegten Liebe Gottes werden. So konnte Richard von Sankt-Victor, von seinem Erfahrungsraum im Kloster ausgehend, *gerade* von der Freundesliebe her Schönes, Hilfreiches, ja sehr Wesentliches zur Theologie der Dreieinigkeit sagen. Es ist ebenfalls nicht einzusehen, warum nicht etwa auch in der Zuneigung zwischen einem Großvater und seinem Enkelkind etwas Großartiges vom göttlichen Urbild der Beziehung ansichtig werden könnte. Überall, wo Menschen Liebe und Zuneigung schenken oder empfangen, vollzieht sich jenes Ursprungsgeheimnis, das im Dreieinigkeitssymbol ausgesagt werden soll.[72] Auf verschiedene Weise hat *jede* menschliche Beziehungskonstellation dabei ihren *eigenen Schatz* und ihre eigenen, eben menschlichen *Begrenzungen*. So es hier einen berechtigten Einspruch gibt, so trifft er den Eros unter Menschen ausnahmslos. Denn in der Dreifaltigkeit, so *meint* ein Teil der Theologen, solle nicht im Mittelpunkt stehen ein »Verlangen, etwas zu besitzen, das einem fehlt, sondern eine gegenseitige Beziehung, kein ewig ›gegebener‹ Zustand, sondern ein dynamisch freier Ausdruck« (Wystan Hugh Auden).[73] Das Streben nach dem *Fehlenden*, die eigene Armut, das aber gehört – nicht erst seit Platon – auf jeden Fall zu *allem* menschlichen Eros.

Vom jüdischen Religionsphilosophen Martin Buber haben die christlichen Theologen inzwischen gelernt, unter Umgehung der Geschlechtssymbolik das dreifaltige göttliche Liebesleben als Bewegung und Beziehungswirklichkeit von Ich – Du – Wir zu verstehen. Gott ist ein lebendiger Gott im Ich des ursprungslos *Liebenden*, im Du des immer schon *Geliebten* und im zeitenlosen Wir der *Liebe*. Das Wir ist dabei die Urkraft des liebenden Gespräches und die Wirklichkeit der Gemeinschaft von Verschiedenen. In diesem Wir der Liebe, dem Heiligen Geist, geht Gott immer schon über das göttliche Ich–Du-Gespräch hinaus, ist er »mitteilbare Liebe«.[74] Gemessen an diesem *idealen* Symbol der göttlichen Liebe bleibt *jede* menschliche Liebe begrenzt, weil man von Menschen zwar sagen kann, »dass sie liebendes Ich und geliebtes Du sind, nicht aber sagen kann, dass sie als solche die Liebe sind«.[75] Keiner von uns kann aus einer anfangs- und voraussetzungslosen Fülle und Liebenswürdigkeit heraus ein anderes Du lieben. Erst als *Geliebte*, so wusste schon Luther, werden wir Menschen in unserer Schönheit offenbar. Doch unsere Not besteht gerade darin, dass wir uns eben nicht als *immer schon Geliebte* verstehen. Und selbst wenn wir uns endlich als Geliebte, als ein von Gott angesprochenes Du verstünden und selber beginnen könnten, zu lieben, so wäre es längst nicht ausgemacht, ob unsere Liebe das erwählte menschliche Gegenüber auch wirklich erreicht. Nur im idealen, ewigen Liebesroman des göttlichen Ich – Du – Wir ist das Gespräch gleichsam immer schon gelungen. Gleich, ob wir das andere oder das gleiche Geschlecht in einem erotischen Vorzug lieben, als Liebende sind wir Menschen also *bedürftige* Anfänger, Suchende, deren Sehnsucht gleichwohl auf ein Du hin reicht: auf ein vertrautes, verwandtes Du und auf ein von mir ganz verschiedenes Du, das mir ein erkennendes Staunen vor dem Anderen und seiner Welt schenkt und zugleich die eigenen verborgenen Horizonte erspüren lässt; ein Du, das mir in seiner Fremdheit nahe kommt und doch im unerschöpflichen Wunder seines Eigenen nicht von mir begriffen werden kann. Auf diesem Weg sind wir alle Gefährten und Gefährtinnen, sind wir, hetero- wie homosexuell Liebende, gleichermaßen verwiesen auf den Ursprung und auf die Erfüllung aller Liebe, auf den allein *anfangslos* Liebenden.

Ich möchte hier ein Fazit formulieren und hoffe, dass es die Leser der letzten drei Abschnitte mit mir begründet nachvollziehen können: Gottes *Fruchtbarkeitssegen* über die menschliche Fortpflanzung, die geschöpfliche *Zweigeschlechtlichkeit* des Menschen und ebenso das *Dreieinigkeitssymbol* des christlichen Credos lassen sich *nicht* ins Feld führen, um eine Sakramentalität beziehungsweise Segensdimension – auch – der gleichgeschlechtlichen Liebe unter Menschen zu bestreiten. Was in dieser Richtung gewöhnlicherweise an Argumentationen vorgelegt wird, hält weder einer theologischen Prüfung stand, noch lässt es sich angesichts der Lebenswirklichkeit homosexuell Liebender aufrechterhalten. Im Gegenteil, schöpfungstheologisch beziehungsweise dogmatisch können erstaunlich positive Perspektiven für unser Thema in den Blick kommen.

Eine ökumenische Perspektive: Die Liebe feiern und den Segen teilen

Sind wir damit schon beim *Sakrament der Liebe* zwischen zwei Frauen oder zwei Männern angelangt? Die Antwort darauf könnte sich prosaisch auf das Staatskirchenrecht zurückziehen und würde dann eben »nein« lauten, da es – anders als in den Niederlanden – eine zivile Ehe von gleichgeschlechtlichen Paaren in der Bundesrepublik nicht geben wird. Bei uns kommen spätestens seit Bismarcks Zeiten zivilrechtlich gesehen bereits »fertige« Eheleute zur evangelischen oder katholischen Trauung. Anders darf es gar nicht sein! Daraus ist bekanntlich eine unselige Tradition erwachsen. Die christliche Liturgie wird heute von vielen als zusätzliche feierliche Zeremonie oder als religiöse Ausschmückung des neuen *Zivilstandes* gesehen und in Anspruch genommen. Allein schon wegen dieser traurigen Entwicklung sollte die staatliche Regelung der Eheschließung und auch der eingetragenen gleichgeschlechtlichen Partnerschaft strikt unterschieden werden von der *liturgischen* Feier des Glaubens, des Segens und der Liebe. Aktuelle Rechtsreformen in Europa geben für unsere Frage in keiner Weise eine positive oder negative Antwort her.

Für Kirchen, die in katholischer Tradition stehen, ist der Begriff »Ehesakrament« in Zusammenhang mit lesbischen und schwulen Partnerschaften faktisch nirgendwo akzeptabel, zumal man im römisch-katholischen Raum dann die einstmals Verdammten segnen und die einstige »Todsünde« feiern müsste. Gleichwohl bedeutet das nicht, die Sakramente hier in ihrem lehramtlichen beziehungsweise dogmatischen Gefängnis zu belassen. Wir brauchen eine geschichtliche und offene Betrachtungsweise, die den Reichtum der katholischen Tradition in einer neuen *sakramentalen* Frömmigkeit auch für viele evangelische Christen widerzuspiegeln vermag. Eine solche Sicht kann nicht klerikal-ritualistisch sein. Es geht gerade nicht darum, in einem magischen Akt etwas *dingfest* zu machen, zu begrenzen und festzulegen. Sakramental bedeutet vielmehr, Menschliches spürbar zu öffnen hinein in die Weite und unverfügbare Gegenwart Gottes – zugleich aber auch, im Menschlichen die verborgene göttliche Dimension sichtbar werden zu lassen. Die seelische und leiblich-sinnliche Wirklichkeit der Sakramente, der heiligen Zeichen göttlicher Nähe, ist hier nicht auf Siebenzahl, aktuellen Ritus und sakrosankte Formulare begrenzt. Heilsame Versöhnung etwa geschieht nicht nur im Bußsakrament der priesterlichen Beichte, sondern überall da, wo Menschen in Umarmungen angstfrei eigene Grenzen wahrnehmen, wo sie leibhaftiger Güte begegnen und Vergebung von Schuld erfahren. Deshalb können wir mit Franziskus von Assisi singen: »Gepriesen bist du, mein Herr, durch alle, die in deiner Liebe verzeihen.« Auch wenn es die Hohenpriester nicht immer erkennen oder anerkennen: Es werden in dieser Welt auch ohne Priesterhände und außerhalb von Kirchenmauern Menschen in einem Taufbad göttlicher Geborgenheit neu geboren, Lebensbrote im Raum eines guten, göttlichen Geistes miteinander geteilt und Kranke heilsam gesalbt. So reicht auch die *Sakramentalität der Liebe und der Liebenden,* die weht, wo sie will, weit über das hinaus, was wir als Ehesakrament einzugrenzen und zu regeln versuchen. Auf diesem Boden kann man in gläubiger Weise den Segen auch über gleich- oder gegengeschlechtlichen Paaren beleuchten, denen die »Ehe« verwehrt ist oder die eine Ehe – noch – nicht eingehen wollen. Wir können getrost auf das Reizwort »Sakrament« verzichten, wenn wir die *universale Sakramentalität der Liebe* gläubig erfahren. Ja, man darf in dieser Perspektive sogar äußerst froh darüber sein, dass die Evangelische Kirche im Rheinland den grauenhaften Terminus »Amtshandlung« mit Blick auf die liturgische Segensfeier für gleichgeschlechtliche Partner ausdrücklich ausschließt! Denn gerade eine neue »Amtshandlung« würde den Blick auf einen möglichen Vorzug der lateinischen, katholischen Tradition verdecken. Diese betrachtet die sakramentale Wurzel und Wirklichkeit einer Lebensgemeinschaft ja vom Beziehungsgeschehen der Liebenden her und nicht vom kirchlichen Amt. Liturgisch wird diese Wirklichkeit nicht »hergestellt«, sondern gefeiert.

Die sakramentale Dimension der *Liebe* ist nun längst überall da in evangelischen Segensliturgien enthalten, wo eine Gemeinde Gott dankt und preist für die Gaben der Liebe, für die Schönheit der Liebenden und für ihre Absicht, einen helfenden Weg miteinander zu gehen. Die evangelische Theologin Dorothea Greiner versteht »Segen« in sympathischer Weise überhaupt als grundlegendes »Sakrament« – in Segenswort und Segensberührung.[76] Ob *Segenszuspruch* in aronitischer Formung oder *Segensfürbitte* in reformierter Tradition, das ist für die meisten evangelischen Christen der verschiedenen Bekenntnisse keine Streitfrage. Natürlich wird jede Liturgie Christen, die einen Weg der Liebe gehen wollen, eine Frohe Kunde zusprechen, das Evangelium: Gott hat den Menschen angenommen! Eine solche *Zusage des Mitseins* kann liturgisch kaum im bloßen Konjunktiv geschehen, etwa als ein »Es könnte vielleicht so sein.« Dem Glauben wohnt ja eine von Gott geschenkte Vollmacht inne. Und natürlich wird jede Gemeinde, die die Liebe feiert, gemeinsam um den Segen für ein Paar *bitten*, ihm Gottes Kraft und Weite für die Liebe wünschen. Und sie wird dies nicht nur am Tag einer Trauung oder Segensfeier tun. Selbstredend werden immer *Menschen* – Partner und die ganze Gemeinde – gesegnet und nicht Institute. Doch die Liebenden werden oder sind eben mit Blick auf einen Partnerschaftsbund und einen Weg der Gefährtenschaft gesegnet. Miteinander – das ist das Lebensthema, das Menschen an diesem *besonderen* Tag in die Gemeinschaft ihrer Gemeinde führt. Entscheidend ist in Zuspruch und Fürbitte, dass die Beziehung zwischen zwei Menschen in einem *göttlichen Hoffnungshorizont* erscheint, dass die in sich begrenzte, verdankte Liebesfähigkeit von Menschen mit ihrem Beginnen im Licht der ursprünglichsten und unbegrenzten Liebe, die Gott ist, gesehen werden kann.[77] Wer könnte an dieser Stelle irgendeine Form der Liebe und Partnerschaft liturgisch exkommunizieren?

Was wollen schwule und lesbische Paare als Christen? »Sie wollen öffentlich ihren Glauben bezeugen; sie erklären sich bereit, diesem Glauben in ihrer Partnerschaft Raum zu geben und auf ihm ihre Beziehung zu begründen. Sie erfahren Gottes Zuspruch und die Anerkennung ihrer Partnerschaft durch die Gemeinde. Sie erkennen an, dass sie nicht allein aus sich selbst heraus das Gelingen ihrer Partnerschaft erreichen können, sondern dazu Gottes Beistand und Schutz bedürfen.«[78] Und sie wissen auch: »Gott segnet

Menschen, diese geben mit ihrem Leben Antwort, indem sie diesen Segen mit anderen teilen und Gott loben. Der Segen entspringt der bedingungslosen Liebe Gottes zu seinen Geschöpfen. Aus dieser Liebe heraus sprechen Menschen einander Segen zu, doch bleibt es stets Gott selbst, der segnet.«[79] Es bleibt noch die Alternative »seelsorgerliche Begleitung« oder »liturgische Feier« in manchen evangelischen Dokumenten. Sie ist allein aus kirchenpolitischen Gründen konstruiert worden. Natürlich sind die Vorgespräche und die gemeinsame Gestaltung einer Segnungsliturgie Seelsorge, so wie es auch die Feier im Raum der Gemeinde selbst ist. Und natürlich sind Pfarrerinnen und Pfarrer in lebendigen christlichen Gemeinden nicht nur punktuell liturgische »Vorsteher« für Eheleute und andere liebende Partner, sondern bleibend seelsorgerliche Begleiter: »Wir wollen Gott um seinen Segen für diese beiden und ihre Partnerschaft bitten. Wir versuchen, sie zu stützen … Wir wollen für ihre Gemeinschaft sorgen, jetzt in unseren Gebeten, in der Zukunft durch unsere Begegnungen und unsere Zuwendung.«[80]

Fünf Jahre nach der ersten Auflage dieses Buches ist nun auch in zahlreichen christlichen Gemeinden für viele Lesben und Schwule wahr geworden, was ich damals noch eher als Vision zitierte: »wir werden zusammen / lachen und weinen / trauern und träumen / kämpfen und genießen / wir werden unsere art zu leben feiern / allen neinsagern zum trotz« (Stefan Frank).[81] Das Fest ist unter Gottes Himmel auch zur Liturgie geworden. Über die Landesgrenzen hinaus ist die Vielzahl liturgischer Vorbilder ohne eingehendes Studium wohl kaum noch überblickbar,[82] darunter Vorschläge für Gebete und Lesungen aus der Bibel,[83] Riten, Symbole, und Segensformeln. Mancherorts haben bereits Kirchenleitungen liturgische Hilfen herausgegeben, so in der Altkatholischen Kirche Österreichs und in der Evangelischen Kirche im Rheinland. Viele kreative und überzeugende Versuche kommen aus dem Umfeld der »Frauenkirche«. Offenbar treffen sich hier zwei Felder, auf denen inmitten der angeblich abgeschlossenen Traditionsgeschichte des Christentums schöpferisch Neues entsteht. Hier fehlen sie nicht, die Zeichen und symbolischen Gesten, die Menschen sinnlich berühren und das Fest wirklich zum *Fest* werden lassen, statt es zu einer Amtshandlung zu degradieren. Ich halte Austausch und Wachstum für notwendig, um die Echtheit, Schönheit und auch die »theologische Qualität« von Liturgien zu fördern. Es sollte keine liturgische Kommission von oben herab eine am Schreibtisch entstandene fertige Agenda vorschreiben. Auch nach *wünschenswerten* Rückgriffen auf die sehr alte Tradition des beschriebenen ostkirchlichen Ritus kann die Segensliturgie für gleichgeschlechtliche Paare und Lebensbündnisse in der Gegenwart eigentlich nur aus der Feier selbst geboren werden. Die *andere* Liebe benötigt dabei im Raum der Kirche noch eine Zeit der suchenden Freiheit, um sich laut auszusprechen und um *ihre* Glaubenserfahrungen durch alte wie neue Bilder und Geschichten ins Licht zu stellen. Sie sträubt sich – wie alle Liebe – dagegen, in ein allgemeines Korsett gezwängt zu werden. Ihre Sprache möchte nicht vorschnell zu Einheitsgrammatik und Formel erstarren. Offen, getröstet oder ungetröstet, müssen auch Verwundungen und Beschämungen auf dem Weg der Liebe genannt sein. Behutsam wollen die guten Worte, deren Kostbarkeit in der Ehrlichkeit besteht, gefunden und gehört werden. Frei möchten sich die Gebärden und Zeichen entfalten: Ein Ordenspriester segnete vor Jahren zwei Freunde, die ihr Leben miteinander teilen wollten. Er wusch ihnen die Augen mit Salzwasser aus einem Becher und reichte beiden von einem Löffel Honig. Sich unverstellter zu sehen, dazu bedarf es klarer Augen. Auch Tränen können die Augen für das gute Sehen reinigen. Dann die süße Köstlichkeit der Liebe zu schmecken, das ist natürlich das Allerschönste … Die Liebe zu feiern, das ist christlicher Gottesdienst. In unserer Gegenwart lernen Gemeinden, dass zu dieser Feier keine Liebe draußen vor den Kirchentoren stehen bleiben muss.

Epilog

Euer Ja sei ein Ja, euer Nein ein Nein;
alles andere stammt vom Bösen.
MATTHÄUS 5, 37

Gott ist treu, er bürgt dafür, dass unser Wort
euch gegenüber nicht Ja und Nein zugleich ist.
Denn Jesus Christus ... ist nicht als Ja und Nein
zugleich gekommen; in ihm ist das Ja verwirklicht.
2. KORINTHER 1, 18-19

Wann ist die Nacht zu Ende? Die Antwort lautet nach chassidischer Überlieferung: Wenn ein Mensch dir entgegenkommt und du kannst in seinem Gesicht deinen Bruder oder deine Schwester erkennen, dann ist die Nacht zu Ende. Wie schwer es ist, wirklich in einem *Anderen* die Menschenschwester und den Menschenbruder zu sehen – statt immer nur das eigene Gesicht und die eigene Welt, davon hatte dieses Buch einiges zu erzählen. Und doch ist dieses neue Sehen für Christen eine ursprüngliche Glaubenserfahrung. Deshalb habe ich mich lange dagegen gewehrt, den *europäischen Menschenrechtsschutz* für Lesben und Schwule mit Blick auf die kirchliche Debatte geltend zu machen. Heute möchte ich den Antidiskriminierungsschutz als grundlegende, minimale Gesprächsvoraussetzung auch für die Kirchen einfordern.

Schwule und Lesben sind nicht schlechtere und nicht bessere Menschen als andere. Ihr Lieben ist nicht schlechter und nicht besser als das Lieben anderer. Die Gesellschaft braucht hier weithin keine Nachhilfe mehr. Mit den blind gebliebenen Teilen der Kirchenleitungen möchte niemand mehr sprechen aus den schwulen und lesbischen Szenen. Sie haben ihre Chance vertan und brauchen sich nicht mehr aufzuplustern mit einer großherzigen Dialogbereitschaft. Auch jene lesbischen und schwulen Christen, die ihren steuereintreibenden Amtskirchen noch nicht den Rücken zugekehrt haben, treten schon lange nicht mehr wie ehedem als schüchterne Bittsteller auf. Sie denken nicht mehr daran, die verwaschenen Floskeln einer Mitleidspastoral für Randständige und Außenseiter auch nur anzuhören. Sie haben auf eigenen Beinen und mit geradem Rückgrat ihre Würde vor Gott entdeckt, die nicht von den Gnaden eines Papstes oder Obersuperintendenten abhängt. Es wird, wenn überhaupt, nicht mehr gebettelt, sondern gefordert.

Vorbei ist also die Zeit, in der Kirchengremien fleißig nichts sagende Dokumente zur Liebe zwischen zwei Frauen oder zwei Männern produzieren konnten, ohne die längst aus den Kinderschuhen herausgewachsene lesbische oder schwule Befreiungstheologie zur Kenntnis zu nehmen. Kirchliche Verlautbarungen stellten ungeniert das »Wort vom Leben« (1 Joh 1, 1) unter alle möglichen Vorbehalte, schielten dabei auf *die Leute* (welche?) und auf unverhohlene fundamentalistische Gehässigkeiten, versahen jeden Hauch von Annahme sogleich mit einem »Vielleicht« und versteckten die alten ungeheuerlichen Diskriminierungen hinter lauwarmen und lammfrommen Formeln. Da lauerte überall im Hintergrund ein »Gott«, bei dem zumindest homosexuell Liebende nicht wussten, mit wem sie es da eigentlich zu tun hatten. Unentschiedenheit und fehlende Courage versuchten Kirchenleitungen mit Hinweisen auf den angeblichen theologischen Diskussionsstand und auf die angeblichen Vorbehalte in ländlichen Gemeinden usw. zu rechtfertigen. Ein taktierendes, diplomatisches Jein konnte jedoch die alten Wunden nicht heilen. Womöglich waren die Traktate der beschriebenen Machart mit Krokodilstränen über die Leiden »homosexueller Personen« getränkt. Doch man war oft nicht einmal in der Lage, die aktive kirchliche Mitschuld an einer langen, blutigen Verfolgungsgeschichte präzise zu benennen.

Die einstmals Verfolgten sind fröhlich geworden. Jene Kirchenleute, die sich mit den Themen von vorvorgestern herumschlagen, bleiben allein als Betroffene zurück. Ich kenne unter Christen, deren Herz für ein glaubwürdiges Zeugnis des Evangeliums schlägt, keinen, der bereit wäre, an ihrer Seite weiter endlos Lebensenergien in überholte Kirchendebatten zu stecken. Sie möchten den Geschichten nachspüren, die Menschen heute mit Gott erleben. Sie möchten den biblischen Traum vom Menschen im Raum der Gesellschaft neu aufleuchten lassen. Wer hat demgegenüber eigentlich ein Interesse daran, sich weiter auf Sexualität, innerkirchliche Vereinsfragen und Ähnliches zu fixieren? Es sind jene, die sich ihre Religion aus Zwangssicherheiten zusammensetzen. Sie standen Jesus vor Augen, als er sagte: »Lass die Toten ihre Toten begraben« (Mt 8, 22).

Der Dialog ist redlich geführt worden. Viele sehr verschiedene Menschen haben dabei eine schier unglaubliche Geduld bewiesen, die nur als Glaubenszeugnis verstanden werden kann. Nun ist ein neues Kapitel aufgeschlagen. Es gibt keinen Grund zur Bitternis. Das Fest hat unwiderruflich begonnen, und es bleibt dabei: Die die Liebe suchen und die Liebenden, sie sind die Kirche.

Drei schwule Geburtsansichten[1]

»Spiritualität« eignet sich offenbar hervorragend, um eine Dimension schwuler Lebenssuche zu benennen. Der lateinische *Spiritus* ergänzt das Vater-Sohn-Duett zu einem perfekten Männer-Trio im christlichen Dreieinigkeitssymbol. Zur Übersetzung des hebräischen *Ruach* (mit weiblichem Wortklang) und griechischen *Pneuma* (geschlechtslos) taugt »Spiritus« (männlich) wohl besser als sein Ruf. Es sind nicht nur Geist, Seele, Begeisterung und Gesinnung, sondern auch Atem und Lebenshauch enthalten. Gleichwohl, ich mag das Wort »Spiritualität« nicht und werde es auch nicht benutzen. Ich bin als Priesteramtskandidat mit *spirituellen* Angeboten vollgestopft worden und später unter allen möglichen Vorzeichen auf ach so *Spirituelles* gestoßen. Ich traue dem Wort einfach nicht über den Weg.

Eines meiner Zauberwörter heißt Geburt, und das hört sich ja zunächst nicht besonders schwul an. Ich war bereits als Kind von Geburten fasziniert, sei es, dass sie nachts im Stall des nahen Bauernhofes oder bei Tage im Taubennest auf unserem Hausbalken geschahen. Das hautnahe Erlebnis der Geburt meines ersten Patenkindes ist mir bis heute eine der eindrücklichsten Erfahrungen meines ganzen Lebens. Ohne Zweifel, ich habe einen Geburtsspleen. Deshalb biete ich euch als Theologe auf diesem Ostertreffen weihnachtliche Überlegungen an.

Ich möchte aus meiner Vorliebe kein allein selig machendes Dogma konstruieren. Es gibt aber doch auch gute theologische Gründe, das Plädoyer für einen *Vorrang der Geburt* mit der christlichen Glaubenserfahrung zusammen zu sehen. Die griechischen Kirchenväter etwa fangen in der Wurzel – anders als die westlichen Kreuzesfetischisten – in der Wurzel überall mit einer Weihnachtstheologie an. Dafür haben sie, wenn man genau hinschaut, alle vier Evangelien auf ihrer Seite: Die Geburt ist früher als der Tod. Und das ist auch mein persönliches Credo. Ich glaube nicht an dialektische Offenbarungen, die als geistige Höhenflüge, fleischlose »ästhetische« Gebilde oder übernatürliche Wahrheiten den Himmel bevölkern. Ich glaube auch nicht an die voreiligen und nekrophilen Bilder der Leidensverherrlichung im abendländischen Christentum. Ich vertraue den Lebensgeburten, und die finden – auch wenn sie alle Grenzen überschreiten – auf der Erde statt. Jesus ist für mich ein Frühlingsbote, ein Geburtshelfer, der in Galiläa und anderswo Menschen leibhaftig zur Welt bringt: Stumme, Taube, Gelähmte, Gefesselte, Gefühllose und Scheintote aller Art. Ein solches Lebensprojekt bedroht die Leute, die ihre Existenz mit Totem absichern und die lieber Totes beherrschen als Lebendiges zum Wachsen zu bringen. Die Scheinlebendigen, die toten Totmacher, werden Jesus töten, weil sie seine Liebe und seine Liebe zum Lebendigen nicht verstehen.

Das wiederholt sich zu allen Zeiten, genauso, wie es Geburtshelfer und Lebensgeburten zu allen Zeiten gibt. Hier glaube ich wirklich ökumenisch, jenseits von Bekenntnisschriften oder rechthaberischen Religionsabgrenzungen. Mein persönliches Herkommen und mein Lebensvertrauen sind aber eben christlich und im konfessionellen Sinn sogar katholisch geprägt. Das gilt für meinen Blick auf die Geburtlichkeit des Lebens und auch auf die möglichen Geburten in einer schwulen Biografie.

Geburt I: Schwules Coming-out und Tauferfahrung

Für den durchschnittlichen, emanzipierten Großstadtschwulen ist das Coming-out in der Regel ein abgehaktes Thema. Es gehört in eine sozialpädagogisch betreute schwule Jugendgruppe oder – wenn es um kirchliche Komplikationen geht – im Einzelfall noch immer in die örtliche HuK-Gruppe. Das Coming-out von Migranten – etwa aus islamischen Herkunftsländern – oder die Realitäten in der frischen Landluft einiger europäischer Regionen kommen im Horizont eines solchen Blickwinkels nicht vor. Ich glaube aber, dass sich im Coming-out ein wichtiges Lebensmodell zeigen kann, an das man sich auch dann erinnern sollte, wenn man das »Thema« längst hinter sich gelassen hat. Habt ihr es schon wieder vergessen, so schreibt Paulus einer Gemeinde, was sich für Wunder unter euch ereignet haben?

Ich selbst bin bis zum Coming-out ein hochgradig gestörter Mensch gewesen. Nicht etwa, dass man mich als solchen wahrgenommen hätte. Im Gegenteil, da waren außerordentliche soziale Qualitäten, perfekte Masken und Strategien für Beziehungen vielfältigster Art und ein hochgezüchteter, sehr funktionsfähiger Intellekt. Man hat mich aber auch durchaus als warmherzig erlebt. Sehr wenige Leute konnten tiefer sehen und entdeckten einen Menschen, der hinter einem Schleier lebte, jemanden, der zu sich selbst und zum

Leben noch gar nicht erwacht war. Vor solchen Leuten habe ich mich instinktiv gehütet, obwohl gerade sie mich faszinierten. Ein diffuses »platonisches« Weltgefühl hatte sich bei mir zwischen dem fünfzehnten und fünfundzwanzigsten Lebensjahr etabliert: *Ich bin hierhin geraten, aber ich bin doch gar nicht wirklich da, und ich gehöre irgendwie auch gar nicht hierher. »Ich« – wer ist denn das überhaupt?* Wenn ich abends ziellos durch die Straßen meiner Studienstädte umherirrte, wusste ich wirklich nicht, was ich eigentlich suchte. Verschwommene Wunschbilder hinter einem dicken Nebel, den ich nicht durchdringen konnte, das war das höchste der Gefühle. Gefühle?! Wenn die gefährlich sind, weil verboten, dann macht man den Brustkorb am besten ganz dicht. Sich selbst kennen zu lernen, das hieße ja eben, eine verbotene Kammer aufzuschließen, in der ein mächtiges Ungeheuer zu Hause ist. Mein Traumregisseur, dieser gute Freund, gab sich in jener Zeit alle erdenkliche Mühe, Licht ins Dunkel zu bringen. Er hat sich redlich ins Zeug gelegt, um mir mit drastischen oder behutsamen Bildern einen Blick hinter die Kulissen zu eröffnen. Der arme Kerl! Ich war so verschlossen, dass nichts fruchtete. Ich hatte keinen Durchblick. Ganz selten öffnete sich – etwa in Tagträumen – ein Darkroom mit verbotenen Tänzen und unerhörten Berührungen. Flüchtige Ahnungen im wahrsten Sinne. Abgespaltene Welten. Ich blieb blind. Ich war ein *Ungeborener*.

Es kam dann aber doch zu einer Schwangerschaft. Es hatte mich in Tübingen ganz schlimm erwischt. Ich war über beide Ohren verknallt in einen Kommilitonen und brachte es fast zwei Semester lang fertig, ihn *nicht* anzusprechen. Irgendwann war ich selbst fix und fertig. Ich platzte förmlich. Die Wehen setzten ein ... und ich fand den Weg zur Hebamme. Das war eine Hausgenossin, bei der ich in jeder Hinsicht offene Türen antraf. Ich hörte mich das erste Mal laut sagen: »Ich bin homosexuell.« Es war unglaublich. Das konnte ich einem anderen und mir selber sagen, das war wahr, das wurde jetzt wahr. Beim Gang zum Bäcker am nächsten Morgen war die ganze Welt verändert. Ich tanzte. Ich war, mit Paulus gesprochen, eine neue Kreatur, ein ganz anderes Geschöpf geworden. Ich war nicht nur *wie* neugeboren, ich war neu geboren! In diesen Tagen stellten sich nachts leibhaftige Geburtsträume ein ... und sie setzten sich in Varianten noch lange fort. Diesmal war das Leben, das ins Licht drängte, nicht abgetrieben worden. Diesmal traf ich auf keinen Herodes, der das neugeborene Kind sogleich ermordete. Im Gegenteil, bei mir fanden sich unglaublich viele Helfer ein, die das Wachstum des

Kindes förderten und Medizin für seine Kinderkrankheiten kannten. Ich wurde ein glücklicher Mensch, der sein eigenes Inneres immer weniger fürchtete und der vor allem anfing, anderen über den Weg zu trauen. Zu diesem Zeitpunkt war der Eispanzer um mein Herz bereits erheblich eingeschmolzen. Das erste Gespräch mit einem anderen – bekanntermaßen – Schwulen fand dann übrigens in einer Paderborner Kneipe statt, die – *nomen est omen* – »Alles ist gut« hieß.

Für viele schwule Christen ist das Coming-out der Anfang eines Exodus aus kranken kirchlichen Verhältnissen. Für mich war es hingegen zunächst der Schlüssel, um die religiöse Tradition, aus der ich komme, überhaupt leibhaftig zu verstehen. Im glücklichen Coming-out wird ein neuer Mensch geboren. Auch die ganze Welt dieses Menschen wird neu. Das kann als religiöse Offenbarung erfahren werden. Auf jeden Fall hat es jede Menge mit dem zu tun, was in der christlichen Symbolsprache als Taufe oder Neugeburt erscheint. Nach dem Markus-Evangelium (Vers 1,11) beginnt das ganze Wirken Jesu mit seiner tiefen Tauferfahrung am Jordan: »Du bist geliebt!« (Matthäus und Lukas verlegen diese Geburtserfahrung gleichsam zurück in die weihnachtliche Wiege des Menschenkindes Jesus. Das Johannes-Evangelium geht mit seinem Logos-Lied noch weiter »zurück«. Jenseits von Raum und Zeit ist das von Gott selbst gesprochene, ursprüngliche Liebeswort die »präexistente« Wurzel des Menschen Jesus.) Genau diese Offenbarung enthält die Geburtserfahrung eines befreienden Coming-out: *»Ich bin geliebt. I am, what I am. Ich kann mich selber lieben, so wie ich bin.«* Ich stelle mich eines Morgens vor den Spiegel und sage mit einer unglaublich guten Laune: »Hallo, ich mag dich. Ich reiche dir die Hand. Wollen wir ab heute nicht gemeinsam gehen?« Bis dahin war ich mir selbst ein Fremder. Erst jetzt kann ich anfangen, mich selbst kennen zu lernen. Und ich brauche mir jetzt mein Daseinsrecht nicht mehr zu erkaufen, etwa durch Leistung oder durch Normanpassung in Familie, Beruf, Gesellschaft oder Kirche.

Eigentlich ist es paradox. Paulus fährt im Römerbrief das einzige schwere Geschütz gegen mann-männliches Begehren innerhalb der christlichen Bibel auf (Römerbrief 1,25-27), während man etwa aus dem Munde Jesu kein Sterbenswörtchen über das Thema erfährt. Doch genau dieser »schwulenfeindliche« Paulus hat mit seiner Frohen Botschaft (Evangelium) jedem Schwulen für sein Coming-out etwas Wichtiges zu sagen: Du brauchst dich nicht mehr selbst zu rechtfertigen, indem du etwa ein Gesetz befolgst, dem du gar nicht entsprechen kannst. Du brauchst keine Vorbedingungen zu erfüllen und etwas zu leisten, um richtig zu sein. Paulus ist der Erste, der die hier angesprochene Glaubenserfahrung nicht mehr in Geschichten erzählt, sondern durch ein theologisches System – ein System von Gnade und Rechtfertigung – zur Sprache bringt (Römerbrief; Galaterbrief). Doch auch er kann ganz poetisch werden, wenn von der Tauferfahrung – von der Neugeburt der Glaubenden – die Rede ist: »Die Liebe Gottes ist ausgegossen in unsere Herzen« (Römer 5,5). Andere Menschen nehmen jetzt nicht mehr die Stellung eines »Gottes« ein, von dem ich mir mein Richtigsein erkaufen oder erbetteln muss. Ja, genau das sollte ja die vermeintliche »Vertauschung« des Geschlechterverkehrs illustrieren: Man darf die Menschen als Geschöpfe nicht mit dem lebendigen Gott vertauschen (Römer 1,25-27). Niemand hat als Theologe die Befreiungserfahrung von Schwulen im Coming-out so präzise auszudrücken vermocht, wie es in der Rechtfertigungsbotschaft des homophoben Apostels Paulus von Tarsus zu finden ist.

Exkurs für kirchlich Beheimatete: Kirche und Erotik?

Kirche und Eros? Da gibt es ein ganz großes Problem. Die beiden stehen offenkundig auf Kriegsfuß. Ihr Verhältnis bewegt sich vornehmlich im Sprachfeld »erlaubt – unerlaubt«. Wer sich die unglückliche Beziehungsgeschichte zwischen Eros und christlicher Religion anschaut, sei es in der Kirchengeschichte oder in der Lebensgeschichte einzelner Menschen, wird unweigerlich an das Bild des dürren Baumes erinnert. Einst, so bei Jesaia, war der Stamm Jesse bzw. Isais ein gesunder, lebendiger Baumstamm, aus dessen Saft kraftvolle, glänzende Könige hervorgingen. Nun ist er ein verdorrter Baum. Seine vertrockneten Wurzeln bringen keine grünen Triebe mehr hervor, ganz zu schweigen von Blüten der Zärtlichkeit oder Blumen der Leidenschaft. Die abendländische Geschichte des Aneinandervorbeigehens von Eros und christlicher Religion hat beiden nicht gut getan, dem Eros nicht, der Religion noch weniger.

Es hätte alles auch ganz anders kommen können, denkt man bei der Lektüre des Hoheliedes in der Bibel. Da begegnet uns eine erotische Literatur, an deren Niveau gemessen viele Gegenwartsproduktionen hohl und langweilig erscheinen. Augen, Brüste, Lenden, Schoß und Schenkel des und der Geliebten werden mit höchster Begeisterung gepriesen und besungen.

Der Bauchnabel soll mit »Wein« gefüllt werden. Die beiden Verliebten sind voll von sexuellem Verlangen und brennen darauf, miteinander zu schlafen. Hätten die beiden, die offensichtlich nicht miteinander verheiratet sind, nur genügend Plätze, es auch ungestört zu tun. Von Zweideutigkeit eigentlich keine Spur. In der Übersetzung bei Helmut Gollwitzer: *»Bis sich der Tag entfacht und die Schatten entweichen – liebe mich sanft wie eine Gazelle oder gewaltsam wie ein junger Berghirsch!«* (vgl. Hld 2,17; 8,14). – Den Kirchenvätern der ersten Jahrhunderte war es ziemlich peinlich, dass solche unverhüllte Erotik in der hebräischen und damit auch in der christlichen Bibel zu finden ist. Sie legten das Hohelied rein geistlich bzw. bildlich aus und sahen in ihm das Verhältnis von Christus und Kirche vorgezeichnet wie ehedem jüdische Schriftgelehrte bereits den Bund Gottes mit Israel. Doch auch eine solche Allegorie des Erotischen wäre zumindest ein Hinweis: Kirche *sollte* irgendwie erotisch sein.

Wir wissen, was dann später kam. In der Alten Kirche konnte ein engelgleiches, sprich: asexuelles Leben zum höchsten Ideal erhoben werden. Im 13. Jahrhundert setzten sich über Thomas von Aquin aristotelische Kopfkategorien durch, um die Sexualität unter den Vorzeichen von Zweck und Vernunft zu reglementieren. Diese angeblich vernunftgemäße und christliche Ethik brachte äußerst perverse Ideologien hervor. Ein *Vergewaltigungsakt*, der möglicherweise der Fortpflanzung dient, erschien darin weniger »schlimm« als so genannte widernatürliche Betätigungen der Geschlechtsorgane, etwa in der Selbstbefriedigung oder im homosexuellen Treiben. So weit konnte sich von der Botschaft Jesu das lateinische Christentum entfremden, wo der Zweck, der Fortpflanzungszweck, als Götze auf einen bis heute beständigen Thron erhoben wurde. – Die Traditionen der protestantischen Theologie sind dem Eros und seinen Gaben nicht unbedingt freundlicher gesonnen. Luther hat seinen Paulus gelesen. (Der Apostel fand, am besten sollten alle wie er auf jeglichen Sex verzichten. Wenn es denn unbedingt sein muss, aber auch nur dann, bleibt noch die Ehe als Hilfsmittel gegen die Begierde. Vom Fortpflanzungszweck ist hier bei Paulus nicht die Rede.) Entsprechend weiß das Traubüchlein des Reformators: Was die Geschlechter miteinander treiben, das hat mit der Frohen Botschaft eigentlich nicht wirklich etwas zu tun. Es ist eher ein weltlich Ding und Geschäft, auf keinen Fall etwas Sakramentales, Heiliges. Immerhin, das führte in manchen evangelischen Traditionslinien zur Entkrampfung des Themas.

Wir brauchen keine langen dogmatischen Traktate, um das durch und durch kaputte Gottesbild der vielfältigen christlichen Sexualangst zu verstehen. Für alle, nicht nur für Schwule, wurde hier ein Überich-Götze installiert, dem man nicht trauen konnte, der einem Fallen stellt, der süße Früchte mit einem höchst verführerischen Geschmack wachsen lässt und sie im gleichen Atemzug verbietet, der einem Lust und Glücklichsein neidet, der schließlich Gesetze aufstellt, die man weder verstehen noch halten kann. Der Eros entartete durch diese Vergiftung, wie Friedrich Nietzsche meinte, zum Laster. Die Sinnlichkeit der heiligen Heilszeichen erstarb auf der anderen Seite zu einer seelenlosen Routine. Aus dem köstlichen Brot wurde trockene Esspappe. Vom Taufbrunnen des Eintauchens in eine göttliche Geborgenheit blieben gerade mal ein paar Tropfen Weihwasser übrig. Die zärtlichen Salbungen verkümmerten zu hilflosen, rituellen Abtupfereien ...

Was tut sich gegenwärtig? An vielen Orten haben Christen längst Abschied genommen von jenem Angst-Götzen, der dem Eros nicht wohl gesonnen ist. Mit einer völlig »unerotischen« Theologie – wie etwa im Thomismus oder in der protestantischen Orthodoxie – trauen sich heute nicht einmal mehr Evangelikale auf die Straße. Mystische Traditionen, die eigentlich in allen Jahrhunderten erotische Seiten zu bieten hatten, feiern ihre Renaissance. Das Christentum beginnt an vielen Enden – nicht nur in den Schablonen der Liturgie – wieder sinnlicher zu werden. Schließlich wird die These »Kirche muss zärtlich und Glaube muss erotisch sein« hier zu Lande wohl an keiner theologischen Fakultät mehr als etwas Unerhörtes erscheinen ...

Geburt II: Inkarnation – oder: Die Auferstehung des Fleisches

Die einstmals verbotene Früchte sind nicht nur süß, sondern durch und durch schmackhaft, bekömmlich und zum Verzehr freigegeben. Werde ich sie nun endlich essen können? Wer einmal erlebt hat, wie schwer es einem religiös sozialisierten Menschen fällt, etwa bestimmte Speisetabus zu brechen, der hat vielleicht eine kleine Ahnung davon, wie unendlich schwer es sein kann, sich mit dem »Fleisch« zu versöhnen und anzufreunden. Ich glaube allerdings, dass die meisten Schwulen – nicht nur die kirchlich Verformten – hier so etwas wie ein zweites Coming-out erleben. Viele Menschen stehen – zumal in der ersten Lebenshälfte – mit dem inneren Tier im Kriegszustand. Den christlichen Asketen aber erscheinen die inneren Tiere als wahre Monster.

Bei den Heidenvölkern gibt es heilige Liebesfeste, auf denen zum Beispiel Pan oder Dionysos frei tanzen und berauschend feiern. Bei den Christen jedoch wird der Menschenbock in tiefe Kerker eingesperrt; er ist dabei zum Teufel geworden. Mit dem aber verbinden sich reichhaltige sexuelle Fantasien. In die Hexensekte wird aufgenommen, wer diesem Unhold auf den Anus küsst. Die Sodomiter, die »Schwulen«, stehen mit Satan im Bunde und werden von Dämonen gepfählt. Der ganze Komplex kann so bedrohliche Ausmaße annehmen, dass selbst Tiere auf dem Scheiterhaufen landen. Noch heute erlebt man die Nachwehen dieser archetypischen, unerlösten Seelenbilder, wenn etwa auf dem Kölner CSD 2000 ein phallischer Teufel den blutigen Leidensmann mit Kreuz vorführt. (Die masochistische Verdrehung der Kreuzesleiden zum Ideal brauche ich bei dieser Gelegenheit nicht zu erläutern. Schon Goethe fand sie abgeschmackt.)

Es hat aber, zumal da, wo der Sex verteufelt wird, der Teufel ganz zweifellos eine höchst sinnliche Ausstrahlung. Er verkörpert das Verruchte, Verbotene, die tierische Geilheit, das Vitale und Lebendige. Er beherrscht die unterdrückte Schattenseite des langweiligen und asexuellen Heiligen. Mitunter gerät deshalb etwa ein Priesteramtskandidat aus der reaktionären Opus-Dei-Ecke in den Ruf, eine besondere Begabung für alles Versaute und Schweinische zu besitzen. Für ihn hat ja das Verbot höchste Realität, und deshalb kann es bei ihm nicht geben, was es gleichwohl gibt: die unverdorbene Keuschheit einer unschuldigen Lust, die niemand deformiert hat und die – wie im paradiesischen Kinderspiel – keine Verbote kennt. Denn das steht fest: Die *bedrohliche* Dämonisierung und die »vernünftige Verzweckung« der Sexualität rauben gleichermaßen dem Eros die Unschuld.

Nun ist der Teufel auch nach christlichem Mythos ein abgefallener Engel. Es könnte also zur Offenbarung werden, in ihm den Engel wieder zu entdecken. Ich meine das auch bildlich ganz konkret. Einer meiner Freunde stellte sich einige Monate vor seinem Tod den Engel, der ihn einst abholen würde, so vor, wie er sich einen höchst attraktiven Mann vorstellte: ein kräftiger farbiger Mann mit freundlichem Gesicht. Ich möchte an dieser Stelle bekennen, dass ich die keusche – unverdorbene – Innenseite einer unzensierten Lust am »tierisch guten Sex« erst in der Begegnung mit einem kirchlich völlig »unbedarften« Partner kennen gelernt habe. Er war für mich ein »guter Teufel«.

Die Christen, so meinte ein griechischer Autor auf Ikaria zu mir, sind scharf auf den Himmel statt richtig geil zu sein. Im Theologenkonvikt kannten wir in der Tat manche feierliche Umwandlung von hormonellen Anwandlungen. Wenn ich später schöne Frühlingsgefühle in meiner Brust und in meinen Lenden verspürte, dann lautete das Dankgebet bereits: »Hurra, ich lebe!« Und ebendas ist die neue Geburt im zweiten Coming-out, eine durchaus sehr christliche Geburt. Wenn bei Paulus oder Johannes in der Bibel »Geist« (*pneuma*) und »Fleisch« (*sarx*) gegenübergestellt werden, dann ist damit keineswegs nach Art mancher Gnostiker eine dualistische Kriegserklärung an den sexuellen Menschen ausgesprochen. Vielmehr ist mit »Fleisch« eine Existenzform und ein bestimmtes Bewusstsein gemeint, die aus der *Angst vor der unverfügten, vergänglichen Körperlichkeit* resultieren. Paradoxerweise wird man gerade in »Fleisch« eine Chiffre für die Unversöhntheit mit dem eigenen Fleisch erkennen, während »Geist« eine Versöhntheit mit dem Fleisch bezeichnet. Fleisch tötet; Geist macht lebendig. »Fleisch« ist die Angst im Kopf. *»Geist« ist leibhaftiges Vertrauen* (die Existenzweise des Glaubens von Gott her): Vertrauen in das eigene Gewollt- und Gutgeheißensein, Vertrauen in die eigene Leibhaftigkeit und Vertrauen auch in andere Menschen. Was könnte dem Eros und der Lust dienlicher sein als die Freiheit und Unbefangenheit eines solchen Vertrauens?

Ist es also so, dass auf dem Altar des Glaubens Fleisch und Blut eines leibhaftigen Lebens verwandelt werden? Ich glaube entschieden, dass es sich so verhält und von Menschen so erfahren werden kann. Inkarnation – Fleischwerdung – mit diesem Zauberwort beginnt das Christus-Dogma der Griechen. Das ursprüngliche göttliche Wort – ein »Ja« – kommt ins Fleisch, es wird Fleisch (Johannes 1), ein Leben aus Fleisch und Blut. Es gibt demnach eine Auferstehung des Fleisches vor dem biologischen Tod. Seit dem ersten Schöpfungsmorgen unserer Gattung ist es göttlicher Lebenshauch, der unser Fleisch beseelt, verwandelt und uns zu einem lebendigen Wesen werden lässt. Und wer sich die Pfingsthymnen anhört: Dieses lebendige Wehen des Gottesgeistes bringt uns zum Glühen und setzt uns in Flammen.

Geburt III: Gnade – oder: Von der Jungfräulichkeit des Eros

Meine unkomplizierte These lautet an dieser Stelle: *Angst zerstört den Eros* und lässt das Triebhafte in uns bedrohlich oder vergeblich werden. Leistungszwang und getriebenes Jagen sind als Antriebskräfte nicht weniger antierotisch als etwa depressive Lethargie. Die innere Leere der Angst mag sich noch so blendend präsentieren, sie wird es zu keiner wirklichen Ausstrahlung bringen. Vertrauen lässt den Eros hingegen in seinem ganzen Reichtum erblühen. Es ermöglicht Hingabe und den angstfreien Hinabstieg in tiefe, unentdeckte Kammern der Sinnlichkeit. Vertrauen hat etwas mit der Schönheit eines inneren Selbst-Vertrauens zu tun, das sich öffnen und einem Anderen unbefangen trauen kann. Vertrauen heißt für mich der Raum, in dem das Erotische und das Ekstatische überhaupt erst geschehen – geboren werden – können.

Hier ist endgültig eine Dimension erreicht, die nichts mehr mit einer Emanzipation schwuler Christen zu tun hat. Es geht vielmehr um die Frage, welche *Bereicherung für den Eros in der christlichen Erfahrungstradition* – und in der Weisheit anderer Religionen – längst bereitliegt. Jesus versucht nach einmütigem Zeugnis aller Evangelien seinen Zuhörern auf lebendige Weise eine sehr einfache Lebenswahrheit zu vermitteln: »Wenn ihr euer Leben gewinnen wollt, dann werdet ihr es verlieren. Wenn ihr loslasst, dann werdet ihr euer Leben gewinnen.« – Macht eine einfache Probe aufs Exempel. Das Lamento ist fast sprichwörtlich: »Wenn ich unter Druck stehe und abends in der Szene jemanden aufreißen möchte, passiert nichts. Die nettesten Begegnungen passieren, wenn ich ohne jede besondere Absicht rausgehe, wenn ich eben nicht gewinnen muss.« – Nun, genau das »muss« man erst einmal können, loslassen und absichtslos sein. Wie soll man sie denn begreifen, diese erotische Wahrheit, dass im »Sterben« – des Ich-Tyrannen – der Geburtsschoß für einen neuen Morgen bereitet wird? Das Johannes-Evangelium meint, so eine neue Lebensweise könne nur aus göttlichem Atem und Hauch – aus dem Vertrauen also – geboren werden. Der »Wille des Mannes« könne das neue Leben jedenfalls nicht erzeugen (Johannes 1,12-13). Und bei Matthäus und Lukas muss der Mann – als Repräsentant des zeugend-machenden »Kopfes« – mit Blick auf die weihnachtliche Geburt lernen, sich getrost schlafen zu legen, statt in der stets aktiven, allmächtigen und an Absichten überreichen Erzeugerattitüde zu verharren. Er lernt das »Seinlassen«. In anderer Variante heißt diese religiöse Schlüsselerfahrung: Wahres Leben gibt es nur als Geschenk, als Gnade. Du kannst es nicht willentlich machen.

Und hier setzt aus christlicher Perspektive ein äußerst kritischer Blick auf die kommerzielle Szene und auf die schwule Medienwelt ein. (Es sind allerdings nicht nur schwule Christen, die seit geraumer Zeit dem Kaiser die

»neuen Kleider« nicht mehr abnehmen.) Die Spektakelmacher der tausend Events haben den Tod des Festes besiegelt. Die scheinbar omnipotente – profitorientierte – Sexualisierung hat eine höchst *unerotische* Kultur hervorgebracht. Da gibt es keine Geschichten mehr und auch keine Unterbrechung. Die Pornoproduktionen geben dem Eros oberhalb der Gürtellinie keine Chance, ebenso wenig der verhüllten Andeutung. Die Normierungen machen es schwer zu spüren, welche eigenen Bedürfnisse man eigentlich beherbergt. Gegen das veraltete Geflüster gilt es, die Klappe zu halten. Im Darkroom wird es immer dunkler, und dann heißt es »Augen zu und durch« – gesichtslos und ohne die Gefahr, das eigene Gesicht zu verlieren, falls es noch da ist. Die so genannten Überraschungen werden immer verkrampfter; man weiß ja doch schon alles. Die besonderen, ja die speziellsten Wünsche lassen sich perfekt vernetzen und elektronisch programmieren. Das heißt durchaus nicht, dass das Individuelle, die eigene Duftnote oder ein eigenwilliger Geschmack gefragt wären. Das Geschäft mit der Angst bietet dir vielmehr uniforme Modelle, mit denen du deinen Marktwert erhöhen kannst. Wenn du selbst ein begehrtes Konsumobjekt wirst oder bleibst, kannst du desto wählerischer andere konsumieren. Das schwule Fitness-Studio gibt dir die Möglichkeit, dein Körperdesign auf Vordermann zu bringen. Im Lifestyle-Magazin findest du die Anleitung, wie du deinen Body zeitgemäß im Trend präsentierst. Und an die vorgegebene Potenznorm kannst du dich mit chemischer Unterstützung anpassen, wenn du sonst nicht immer kannst. Das grenzenlos »freie« Credo lautet: Alles ist machbar. Komm auf die Gewinnerseite. (Und weil Gewinner schlechte Manieren haben dürfen, werden auch diese mit einer Dämlichkeit sondergleichen in der aktuellen Medienszenerie zur Schau gestellt!)

Die Kritiker sind, soweit ich sehe, keine prüden Kulturkonservativen und auch keine humorlosen Moralisten. Wie soll man die Klage, die durch und durch lustvoll-erotisch motiviert ist, auf den Punkt bringen? Peter Greenaway lässt den »Hunger« in seinem Film »The Baby of Mâcon« (1993) verkünden: »Die Ernte ist karg, / die Tiere sind unfruchtbar, / die Obstgärten mager, / das Gras verdorrt, / das Wasser knapp. / Männer und Frauen spielen nicht mehr – / im Bett. / Paarung ist eine ernste Sache, / und wenig entsteht / außer Siechtum und Traurigkeit.« Greenaway bietet mit seinem Film eine zerrissene Zeitansage; er setzt die Unfähigkeit, das Wunder jungfräulicher Empfängnis und Geburt wahrzunehmen, in Szene.

Optimistischer hat Jean-Luc Godard in seinem Film »Je vous salue Marie« (1983) das christliche Symbol der jungfräulichen Geburt des Lebens und dessen tiefe erotische Dimension vermittelt. Immer und immer wieder berührt der Tankstellenwart Joseph mit seiner Hand den Leib seiner Maria. Einmal ist es dann richtig. Der Zuschauer sieht eigentlich nicht, warum es erst jetzt eine gute Berührung geworden ist. – Wenn es heute überhaupt noch missionarische Parolen geben kann, was ich schwer bezweifle, dann müsste eine davon lauten: »Rettet den Eros, rettet das Kind aus dem Paradiesspiel. Gebt dem, was man nicht machen und nicht kaufen kann, eine Chance. Werdet offen für das Unerwartete, für das Geschenk, für das Wunder ...«

Trügerischer Glanz des Regenbogens[1]

Ganz anders als von vielen befürchtet, hat sich seit Bekanntwerden der Immunschwächekrankheit Aids zu Beginn der 1980er Jahre die Situation für Schwule (und Lesben) in unserem Kulturkreis nicht verschlechtert, sondern entschieden verbessert. Dass die Rechte von Schwulen und Lesben zum europäischen Menschenrechtsstandard gehören, wissen inzwischen auch viele konservative Politiker. Hier zu Lande hat die Bürgerrechtsbewegung mit dem Lebenspartnerschaftsgesetz und seiner Novellierung enorme Erfolge zu verbuchen. Zumindest im evangelischen Bereich gibt es auch bezogen auf die »Amtskirche« viel Erfreuliches zu berichten.

In einem Beitrag für den *Lesben- und Schwulenverband in Deutschland* (LSVD) meint Manfred Bruns, ein Rückfall in die Verhältnisse der 1950er und 60er Jahre sei heute nicht mehr zu befürchten.[2] Allenfalls könnten konservative Mehrheiten öffentliche Gelder für schwul-lesbische Projekte streichen. Wer wollte zudem glauben, die massenmediale Revolution in der Darstellung von Lesben und Schwulen sei noch einmal auf den Stand der frühen 1980er Jahre zurückzuschrauben?[3]

I. Ecce Homo: »Das Gedächtnis der Menschheit für erduldete Leiden ist erstaunlich kurz« (Brecht)

Die öffentlichen Umwälzungen der letzten zwei Jahrzehnte umfassen in etwa den Zeitraum seit meinem Coming-out. Sie sind selbst für viele Schwule meiner Generation längst vergessen. Das Coming-out ist heute viel undramatischer. Ein Anschluss an das weltweite Netz ist noch im letzten Dorfwinkel möglich. (Anhaltend schwierige Verhältnisse im ländlichen Bereich werden in den städtisch geprägten Bestandsaufnahmen allerdings regelmäßig übergangen.) In schwul-lesbischen Jugendgruppen ist der Mensch so unbeschwert – oder besorgt – wie anderswo in der Altersstufe auch. Der erreichte »Standard« der Akzeptanz wird eher als Selbstverständlichkeit gesehen. Das ist wunderbar.

Fragwürdig ist allerdings, dass nur noch einige historisch Interessierte und politisch Aktive die Erinnerung an eine langen Verfolgungsgeschichte wach halten.[4] Es geht immerhin um Jahrtausende! Im Alten Orient wurden ein Mann, der »mit einem Mann schläft wie mit einer Frau«, und sein »passives Objekt« kurzerhand totgeschlagen. (So fordert es das Buch Levitikus.) An die unfreundlichen Praktiken der Germanen gegen so genannte Weichlinge erinnerte man bereits im 19. Jahrhundert mit völkischem Stolz: »Der rohe Deutsche versenkt solche Lasterklumpen in den Sumpf; so achtet er der Sitten Reinheit, so ward die Sünde erstickt und ihre Verbreitung.«[5] Die Geschichte der Dämonisierungen und Scheiterhaufen im staatskirchlichen Christentum des Abendlandes würde eine ganze Bibliothek füllen. In der Neuzeit treten Kriminalisierung und Psychiatrisierung an die Stelle mythischer Verteufelungen. Die Weimarer Republik übernimmt ihren § 175 aus dem preußischen Gesetzbuch von 1851. »Dieser Paragraf [...], geändert in den Jahren 1935 und 1969/73 – hat im Kern bis 1994 in der Bundesrepublik Deutschland fortbestanden.«[6] Die Nazis wandeln mit ihrer biologischen »Zuchtmoral« für eine »reine Rasse« (und Nachwuchs für den kriegerischen Heldentod) die Zuchthausstrafen erneut in ein Totschlagen um. In der Adenauer-Ära wandern ehemalige KZ-Häftlinge mit »Rosa Winkel« wieder in die Gefängnisse der Republik. Zeitzeugen haben mir eindrücklich erzählt, wie man in der jungen »deutschen Demokratie« als Schwuler ständig auf der Hut sein musste. Mit vielen Zitaten lässt sich belegen, wie Konservative bis hin in die jüngste Vergangenheit mit dem Volksgesundheitsbegriff der Faschisten operiert haben ...

Eine neue Rechtstradition, die mit dieser langen Blutgeschichte bricht, haben wir eigentlich erst seit »gestern«. Sie ist gerade mal zehn Jahre alt.

II. Warum Wachsamkeit angesagt bleibt

Die Verbreitung von Angst ist die herausragende Strategie jener politischen Machttechnologie, die gegenwärtig in der westlichen Welt die Demokratie nur noch als formalen Vorwand betrachtet. Es liegt mir auch deshalb fern, mit Horrorszenarien für die nahe oder ferne Zukunft zur allgemeinen Verunsicherungspropaganda etwas beizutragen. Es gibt zudem keinen triftigen Anlass, Panik zu beschwören. Ich möchte lediglich – aus schwuler

Sicht – mit einigen grundsätzlichen Überlegungen und aktuellen Beobachtungen zeigen, warum für Schwule und Lesben nach wie vor Wachsamkeit angesagt bleibt.

1. Konstitutive Homophobie in der Pubertät? Zunächst sollten Bedingungen bedacht werden, die von neuen Rechtsverhältnissen in der Zivilgesellschaft nicht einfach außer Kraft gesetzt werden. Ich beschränke mich auf ein Beispiel: »Schwul« gehört – viel deutlicher als zu meiner Schulzeit – zu den Lieblingsschimpfwörtern von Kindern bzw. Heranwachsenden. Die Pubertät wird gemeinhin als die Phase begriffen, in der sich ein neues Verhältnis zum »anderen Geschlecht« entwickelt. Sich von der »Tunte« im Klassenzimmer abzusetzen hat also etwas mit einer unsicheren Rolle zu tun. In einem liberalen öffentlichen Klima wird das Bedürfnis vielleicht sogar dringlicher. Einerseits ist das potenzielle schwule Opfer der Abgrenzung, wenn es sich eher zum »Bekenntnis« traut, leichter bekannt. [7] Andererseits kann die vermeintliche Notwendigkeit, sich als »nichtschwul« zu markieren, als wichtiger empfunden werden. Sigusch schreibt zum Beispiel 1998 über Ergebnisse der Jugendforschung: »Während der Rückgang der Onanie nur gering ist, sind homosexuelle Kontakte inzwischen eine Rarität. Früher machte beinahe jeder fünfte Junge derartige Erfahrungen, heute sind es nur noch zwei Prozent ... Der Wegfall der Verbote und die Annäherung der Geschlechter haben der homophilen Jugendphase, die einst von den Dichtern besungen worden ist, den Garaus gemacht. Seitdem die Homosexualität als eine eigene Sexualform öffentlich verhandelt wird, kommt die Befürchtung der Jungen hinzu, womöglich als ›Schwuler‹ angesehen zu werden. Dass die Homosexualität auch noch mit der Krankheit Aids auf besonders enge Weise verbunden ist, schreckt gewiss zusätzlich ab.«[8]

2. Beispiel USA – Krise der Ehe und homosexuelle Sündenböcke: Je offenkundiger die Krise der traditionellen Auffassungen von Ehe und Familie wird, desto größere Angst treibt die Traditionalisten um und desto lauter werden die Parolen zum Schutz des »Ideals«. Bis in ländliche Wohnsiedlungen hinein wächst die Ratlosigkeit über Ehescheidungen, Partnertausch und billig zum Verkauf anstehende Familienhäuser. Da kann sehr leicht die Sehnsucht nach den angeblich geordneten Verhältnissen früherer Zeiten wach werden. Und das ist für uns nicht ganz ungefährlich. Irgendwer muss ja schließlich die Schuld tragen an diesem ganzen »Sodom und Gomorrha«. Denkbar ist im Zuge dieses Komplexes auch eine neue Unterscheidung

zwischen guten – weil »verpartnerten« – Homos und bösen – weil wild-ungebundenen – Schwulen.

Aus gegebenem Anlass ist zunächst ein Blick in die Vereinigten Staaten von Amerika zu empfehlen. Die hohe Heiratsrate, fast doppelt so hoch wie hier zu Lande, sticht ins Auge, nicht minder aber eine vierzig- bis fünfzigprozentige Scheidungsrate, die auch etwa doppelt so hoch liegt wie in den meisten europäischen Ländern. »1994 gab es 17,4 Millionen geschiedene Personen. Eine Vervierfachung im Vergleich zu 1970.«[9] Die große Heiratswilligkeit der jungen Leute legt nahe, dass die tradierten Pro-Family-Normen öffentlich noch viel Geltung haben. Die Scheidungsziffern zeigen aber gleichzeitig, dass die Praxis ganz anders aussieht.

Die neuere Entwicklung in den USA signalisiert, dass die »Krise der Ehe« und Homofeindlichkeit in der westlichen Zivilisation unter bestimmten Bedingungen zusammengehen. Für die Probleme der überkommenen Lebensformen von Mann und Frau sollen ausgerechnet diejenigen als Sündenböcke herhalten, die daran gar nicht teilhaben. Die »Homo-Ehe« ist im letzten Präsidentschaftswahlkampf der USA ein herausragendes Reizthema geworden. Der christliche Fundamentalismus befördert eine rechtsextreme, antilibertäre Stimmung und zeigt eine Kulturspaltung der Nation an. Große TV-Sender haben zum Beispiel Akzeptanz-Spots der liberalen evangelischen Kirche UCC aus dem Programm genommen, weil darin auch Frauen- und Männerpaare gezeigt wurden. Die Militanz der Homogegner ist seit Langem bekannt. (13 Prozent der 7755 registrierten Hassverbrechen waren nach einem Bericht von 1998 durch die sexuelle Orientierung der Opfer motiviert.[10]) Die Hasspropaganda so genannter Christen bemüht den Teufel und seine Hölle, wenn es um Schwule und Lesben und um ihr gottloses Verlangen nach Bürgerrechten geht.

3. Der Kulturkampf zur »Rettung des Abendlandes«: Dass die Republikaner diese Kreise instrumentalisieren und mit ihrer Variante einer »christlichen Nation« bedienen, hat Kardinal Joseph Ratzinger vor einiger Zeit recht unverhüllt gelobt. Dieser Mann, seit 1986 mit Hetzdokumenten gegen Homosexuelle hervorgetreten, ist nun Papst der Kirche, der ich angehöre. Die römisch-katholische Kirche kann den Widerspruch, als letzte Bastion gegen homosexuelle Bürger- und Menschenrechte in ihren Reihen die meisten schwulen Amtsträger zu haben, immer noch nicht verdauen. Auf das öffentliche Image einer Schutzorganisation für versteckte Schwule und auf die so

genannte »Krise der Familie« antwortet sie wie die US-Evangelikalen mit Dämonisierungen. Joseph Ratzinger prägte bereits im Zusammenhang mit der bundesdeutschen Partnerschaftsgesetzgebung die Losung vom »Untergang des Abendlandes« und erntete Beifall besonders aus CSU-Kreisen. Er sah in der Bundesrepublik 2000 einen Austritt aus der »gesamten moralischen Geschichte der Menschheit« und eine »Auflösung des Menschenbildes« am Werk. Noch deutlicher als Vorgängerdokumente beschworen 2003 die »Erwägungen [der Glaubenskongregation] zur rechtlichen Anerkennung« von homosexuellen Partnerschaften so etwas wie ansteckende Gefahren für die Volksgesundheit. (Die sprachlichen Anklänge an unselige Traditionen sind schwer zu überhören.[11]) Der verstorbene Papst Johannes Paul II. deutet in seinem letzten Buch[12] an, dass das Tor zur Hölle offen steht: »Und auch an anderen schweren Formen der Verletzung der Gesetze Gottes [neben der Abtreibung; *Anm. P. B.*] fehlt es nicht. Ich denke zum Beispiel an den starken Druck des Europäischen Parlaments, homosexuelle Verbindungen anzuerkennen als alternative Form der Familie [...]. Es ist zulässig und sogar geboten, sich zu fragen, ob nicht hier – vielleicht heimtückischer und verhohlener – wieder eine neue Ideologie des Bösen am Werk ist, die versucht, gegen den Menschen und gegen die Familie sogar die Menschenrechte auszunutzen.«

Viele mögen diesen ganzen Komplex einfach für mittelalterlich-museal halten. Indessen gibt es in Europa nicht wenige Politiker im konservativen Spektrum, die in den römischen Attacken auf schwul-lesbische Bürgerrechte maßgebliche Orientierungen sehen. In Nordrhein-Westfalen hält Ministerpräsident Rüttgers (CDU) es für angesagt, öffentlich eine kulturelle Überlegenheit des (katholischen) Christentums zu postulieren.

4. Neue Weltordnung, »Männlichkeit« und Kriegskult: Wenn die Massenkultur Entwicklungen anzeigt – und das tut sie nach meinem Dafürhalten –, erwartet uns im dritten Jahrtausend wieder viel Krieg. Aktuell werben alle Litfaßsäulen für ein Computerspiel »Empire Earth«, das 10 000 Jahre Menschheitsgeschichte kriegerisch rekonstruieren will. Brockhaus und T-Online sind als Sponsoren dabei. Die Unterhaltungsindustrie verbreitet in allen Produktpaletten so dreist wie schon lange nicht mehr Reklame für das Programm »Krieg«. Und weil das so allgegenwärtig und gewöhnlich ist, bleibt ein Protest der Zivilgesellschaft aus. Nichts haben wir gelernt aus der Geschichte. Der EU-Verfassungsvertrag setzt an erster Stelle nicht auf intelli-

gente Konfliktlösungen, sondern auf ökonomische Stärke, Aufrüstung und Militär. Militärtheoretiker preisen der Bundeswehr zur Ergänzung ihrer hoch technologischen Ausstattung wieder den »archaischen Krieger« an.

Auch wer den Military-Look als Obsession pflegt oder mit der Marie aus Büchners »Woyzeck« findet: »Soldaten, das sind schöne Bursch!«, sollte sich nicht täuschen. Ganz gleich, ob man die kriegerisch gestimmten Männerbünde psychologisch oder historisch mit (versteckter) Homosexualität in Verbindung bringen darf: In diesen Kreisen ist man gestern, heute oder morgen stets lieber ein kalter Krieger als ein warmer Bruder. – Oliver Stones bedauernswertes Filmepos über den großen Massenmörder »Alexander« (2004) von Mazedonien mit seinen bisexuellen Anspielungen ist eine massenkulturelle Ausnahme der Kriegsverherrlichung. (Gleichwohl arbeitet dergleichen der »neuen Weltordnung« zu.) Der von manchen Schwulen gar mit Wohlgefallen bedachte »homosexuelle Kriegerkult« der Spartaner hat – soweit ich sehe – im Militär der modernen und postmodernen Kriege keine Nachfolge gefunden – ganz im Gegenteil: In der Kaserne als »Arschficker« verdächtig zu sein gehört zum Allerschlimmsten.

In einer kriegerisch gestimmten Gesellschaft sind Schwule und Lesben auf jeden Fall auf der Verliererseite – alle anderen natürlich auch. Die Probe aufs Exempel kann man beim Kinokrieger Mel Gibson machen. In »Braveheart« (USA 1994) sind es homosexuelle Weichlinge, gegen die der Freiheitskampf zu führen ist. Sogar die Atombombe ist für das heterosexuelle Männlichkeitsideal etwas Phallisches. Im Pentagon-geförderten Film »Armageddon« (USA 1998) kann man »diese Kraft zwischen den Beinen« bewundern. Im reaktionären Marionettenfilm »Team America: World Police« (USA 2004) wandelt sich der Softieheld vom Broadwaysänger eines sozialkritischen Aids-Musicals zum Antiterrorkrieger. Nach einer kurzen »Schwanzlutsch-Phase« in der Zentrale der Eliteeinheit wartet am Ende die Prinzessin.

5. Sozialabbau, Entsolidarisierung und neuer Rechtsextremismus: Die erneute ökonomische Brutalität des Kapitalismus hält für Schwule und Lesben nicht minder trübe Aussichten parat.[13] Eine Zeit lang mochte es scheinen, die schwulen und lesbischen Singles gehörten zu den Erfolgreichen und Gewinnern. Die Werbung hat sie ja als Konsumentenzielgruppe heftig umworben. Indessen wird nun deutlich, dass auch wir von Sozialabbau, wirtschaftlich bedingten Ängsten und den Aussichten einer zukünftig nur noch für wenige gesicherten Erwerbsarbeit betroffen sind. Der neue Rechtstrend wurde durch

einen Kapitalismus, den auch die ehemalige Arbeitnehmerpartei trotz »Heuschreckengeschreis« heilig spricht, produziert. Die Folgen für Lesben und Schwule lassen sich konkret benennen:

- »Neoliberale« Politiker wirtschaften in die eigene Tasche und lassen sich mit Nebeneinkünften für eine konzernfreundliche Politik bezahlen. Um diese Unmoral zu verdecken, bedient man populistische Feindbilder und konservativen Moralismus.[14] In meinem Wohnort Düsseldorf startete der jetzige Oberbürgermeister Joachim Erwin (CDU) 1999 eine Kampagne gegen Drogenkonsumenten und Obdachlose. Sehr bald nach der Amtsübernahme folgten peinliche Fahndungsaktivitäten seiner neu ausgestatteten städtischen Parallel-»Polizei« auf schwulen Klappen, in der Prostitutionsszene und in einem Badegebiet mit Cruising-Zonen. Für den kleinen Düsseldorfer CSD gibt es kein städtisches Entgegenkommen und schon gar keine Regenbogenfahne am Rathaus. Ein traditionsreicher runder Tisch der früheren Kommunalpolitik mit Schwulen und Lesben ist inzwischen faktisch aufgelöst. Noch weiter rechts stehende Populisten profilieren sich in Köln durch Homofeindlichkeit.[15]
- Inzwischen gibt es ja einige Homopornos mit Skinheads. Dass auch die Neonazi-Szene ihre »Schwulitäten« hat, wird hin und wieder bekannt. Indessen entspricht die Losung der neuen Rechtsextremisten jener der alten Faschisten. Im Jargon der »Zillertaler Türkenjäger« heißt das: »An alle Homos hier im Land, da hilft kein Gezeter, denn ihr wisst, wir kriegen euch, früher oder später. Wir stürmen eure Tuntenbars und bringen euch zur Strecke. Wir säubern unser schönes Land. – Du schwule Sau: Verrecke!« Unter gewaltbereiten Jugendlichen richten die explizit rechts Angesiedelten nach einer 2001 veröffentlichten Studie ihre Aggressivität zwölf Mal häufiger gegen Schwule als die Mitglieder der Vergleichsgruppe.[16]
- Ein HuK-Mitglied aus Thüringen hat mit folgenden Eindruck zum »Ideal« in Zeiten der Massenarbeitslosigkeit und bei Wegfall tradierter Orientierungspunkte berichtet: Ein rechter Macho-Habitus bietet jungen Männern als »Kulturersatz« eine vermeintliche Perspektive. Die angestrebte »Zeugung vieler unehelicher Kinder«, eine Abkehr vom emanzipierten Frauenbild und Homofeindlichkeit gehen dabei Hand in Hand. (Hier finden gesellschaftlich abgestempelte »Verlierer« zu einem Selbstbild, das sich über – vermeintliche – biologische Konstanten aufbaut.) Dergleichen stimmt mit soziologischen Erkenntnissen über neue Rechtsparteien überein.[17]

● Die Erfassung antihomosexueller Gewalt ist mehr als unzureichend. In den örtlichen Berichten lassen sich nach meiner Kenntnis keine dramatischen aktuellen Entwicklungen erkennen. Das Kölner Schwule Überfalltelefon verzeichnete 2004 einen Anstieg gegenüber dem Vorjahr – wenn auch auf vergleichsweise niedrigem Niveau.

● Möglicherweise haben auch viele Lesben und Schwule begrüßt, dass der Bundeskanzler sich zum Thema Kopftuch publikumswirksam geäußert hat, weil ihm das leichter fällt als ein Statement zur Massenarbeitslosigkeit. Indessen sitzen wir beim Trend der populistisch geschürten Sündenbockstimmung mit Ausländern und anderen Minderheiten in einem Boot. Ende 2004 veröffentlichte ein fächerübergreifendes Forschungsprojekt unter der Leitung des Bielefelder Soziologieprofessors Wilhelm Heitmeyer seine Ergebnisse zu neuen Trends in unserer Gesellschaft:[18] Mehr Fremdenfeindlichkeit, mehr Rassismus (inklusive Antisemitismus), mehr Islamfeindlichkeit, mehr Ablehnung von Obdachlosen ... Über 37 Prozent der 3000 Befragten stimmten der Aussage zu, »es sei ekelhaft, wenn sich Homosexuelle in der Öffentlichkeit küssen« (Ergebnis 2002: 33 Prozent). 19 Prozent waren der Ansicht, dass Homosexuelle selbst schuld seien, »wenn man etwas gegen sie hat«. Die »Homoehe« wurde von 40 Prozent abgelehnt. Als die Presse diese Ergebnisse publizierte, war ich sehr überrascht.

6. Die Wehrlosigkeit einer angepassten Szene: Den beschriebenen Tendenzen steht eine schwule (und evtl. auch lesbische) Szene gegenüber, die zunehmend unbekümmerter und angepasster ist. Da es – vermittelt durch massenmediale Images – immer weniger Anlass gibt, sich die eigene schwule Identität widerständig zu erringen, fallen auch Stärken und »Tugenden« der Emanzipationsbewegung unter den Tisch (zum Beispiel die Entwicklung eines autonomen Bewusstseins gegenüber der Umwelt; Solidarisierung mit anderen Marginalisierten). Die insgesamt für das aktuelle Wirtschaftssystem sehr nützliche Aufteilung der Gesellschaft in vereinzelte Individuen und isolierte Konsumeinheiten betrifft auch uns. Der CSD[19] droht zu einem karnevalistischen Event zu verkommen, das sich mehr aus Nützlichkeitserwägungen heraus noch als »politische Demonstration« gibt; auszuschließen ist das jedenfalls nicht. Politische und freie Gruppen sind gegenüber der kommerzialisierten Szene nur noch ein unscheinbares Phänomen – oder konkurrieren an manchen Stellen mit dem profitablen Fleischmarkt. Organisierte Selbsthilfen, Überfalltelefone etc. haben es schwer, Mitarbeiterinnen und

Mitarbeiter zu finden. Interessenvertretung überlässt man dem kleinen Kreis der Verbandsfunktionäre. Auch in einigen Aidshilfen gibt es einen Trend zur Entpolitisierung und zur Anpassung an die »neoliberalen Erfordernisse«. Für eine echte Solidarität mit Betroffenen zum Beispiel auf dem afrikanischen Kontinent scheinen sich nur wenige zu interessieren. Aus der einstmals erklärten Solidarität aller Schmuddelkinder (Junkies inbegriffen) könnte eine brave Wohlfahrtseinrichtung werden, die im Fall des Falles ihre Fähigkeit zum energischen Widerspruch verloren hat. Dass es im Zuge von Aids in der Politik viel Bereitschaft zu Akzeptanz und viel Entgegenkommen gegenüber der emanzipierenden Selbsthilfe gab, war vor allem auch einem gesundheitspolitischen Kalkül zu verdanken. Repressionen hätten weniger Aufklärung, weniger Selbsthilfe und mehr Neuinfektionen bedeutet. Doch wenn demnächst im Zuge der Zwei-Klassen-Medizin möglicherweise die Nierenwäsche für Senioren in Frage gestellt wird, könnte mancher auch auf die Idee kommen, die monatlichen Kosten für eine antiretrovirale Kombinationstherapie genauer unter die Lupe zu nehmen. Die passende Parole dazu wäre schnell gefunden: »selbst schuld«, also auch »eigenverantwortliche Gesundheitsversorgung«!

Vermeintliche Besitzstände fördern passive Haltungen. Wer meint, die erreichte gesellschaftliche Akzeptanz sei so etwas wie eine ewige Tatsache, kann vielleicht ganz unerwartet mit Situationen von vorgestern konfrontiert werden. Das aber träfe sehr viele wirklich unvorbereitet.

III. Perspektiven wider die Homophobie

Alarmismus ist nicht angesagt. Doch es gibt aus meiner Sicht allen Anlass, »Problembewusstsein« wach zu halten oder zu entwickeln. Bertolt Brecht wünschte, dass man auf Entwicklungen, die keine Naturereignisse sind, nicht mit Schicksalsrufen antwortet, sondern mit einer »praktikablen« Wahrheit. Ich möchte entsprechend stichwortartig – entlang der dargestellten Punkte – meinen Beitrag mit förderlichen Perspektiven schließen:

1. Gesellschaftliche Gleichberechtigung der Frauen: Antihomosexualität ist – so meint auch die zitierte Heitmeyer-Studie – nach wie vor eine männliche Domäne. Homofeindliche Organisationen sind immer männlich dominiert. Der männliche Vorwurf an den Schwulen lautet, er sei ja gar kein richtiger Mann, sondern weibisch etc. (Der betont »maskuline« Schwule gibt

das dann an die »Tunte« weiter.) Greifen kann dergleichen nur da, wo »weiblich« oder »Frau« als etwas Minderwertiges angesehen wird. Das Schlimme an Lesben ist aus Sicht des antihomosexuellen Machos, dass diese sich dem Zauber der wahren Männlichkeit verweigern bzw. dieser keinen Beifall klatschen. Meine feste Überzeugung ist, dass eine glaubwürdige Gleichberechtigung der Frauen in Gesellschaft, Kultur oder Kirche der wichtigste Schutzwall wider antihomosexuelle Tendenzen wäre. Ohne Frauenrechte sind Schwulen- und Lesbenrechte nicht zu haben.

2. Gemeinsame Suche nach menschenfreundlichen Lebensformen: Vor allem die Krise traditioneller Lebensformen bewirkt jene Verunsicherung, die nach Sündenböcken (oder Sündenzicken) sucht. Die Krise dauerhafter bzw. verbindlicher Lebensformen der Partnerschaft gibt es meiner Meinung nach wirklich, und sie besteht keineswegs allein aus einem Abwerfen heuchlerischer Konventionen. Die nur vordergründig »liberale« Umwandlung intimer Lebensfelder in eine profitable Sexindustrie und die Propagierung des unabhängigen Superindividuums, das keine anderen Menschen mehr braucht, sind, unabhängig von sexuellen Orientierungen, nicht unbedingt förderlich für Partnerschaftsmodelle. Wenn Menschen – so das aktuelle Unwort – »Humankapital« sein sollen, können auch menschliche Beziehungen außerhalb ökonomischer Abhängigkeitsverhältnisse in Warenbeziehungen verwandelt werden. Meine Anregung: Schwule und Lesben sollten gemeinsam mit anderen die Suche nach menschenfreundlichen Lebens- und Partnerschaftsformen angehen und dabei ihre Erfahrungen einbringen.[20]

3. Theologie und Praxis wider religiösen Fundamentalismus: Der Exodus von Lesben und Schwulen aus den christlichen Großkirchen hat längst stattgefunden.[21] Esoterik, Gay-Spirit, fernöstliche Philosophie etc. bedienen religiöse Bedürfnisse. Einiges aus diesem Spektrum ist außerordentlich ernsthaft; anderes gehört einfach zum aktuellen neoliberalen Weltanschauungsmarkt, auf dem mit spiritistischer Angstbesänftigung viel Geld verdient und Anpassung produziert wird. Auch wenn ich Theologe bin, mag ich im ersten Fall weder klagen noch für Großkirchen missionieren. Wichtig wäre aber im Horizont eines absehbaren konservativen Kulturkampfes um das »wahre Europa« und angesichts des gefährlichen US-amerikanischen Fundamentalismus, dass aufgeklärte Christinnen und Christen sich in Theologie und christlicher Praxis einbringen. Die längst vollzogene Aufklärung über antihomosexuelle Mythen muss weitere Kreise erreichen. Die Tätergeschichte der

christlichen Kirchen bedarf weiterer Aufarbeitung, damit – ich sage es mal drastisch – kirchlichen Funktionären mit antihomosexuellen Parolen endlich das Maul gestopft wird. Die Arbeit kirchenpolitisch orientierter Gruppen ist nach wie vor wichtig. Schließlich sollten Lesben und Schwule sich beim Thema Religion nicht in den ökonomisch und machtpolitisch motivierten Kulturkampf gegen den Islam einspannen lassen. Differenzierung und Aufklärung tut Not.[22] Fundamentalistische Minderheiten repräsentieren weder im Christentum noch im Islam das Ganze. Zudem sind die maßgeblichen Drahtzieher des antiislamischen Kulturkampfes Schwulen und Lesben nachweislich nicht wohl gesonnen. Im zweiten Fall (neoliberaler »Mystizismus«) ist selbstredend Ideologiekritik angesagt.

4. »Make love, not war« – Erotische Kultur wider den Krieg: Als Mitglied der Friedensbewegung würde ich mir natürlich wünschen, in der Szene gäbe es mehr Erkundungen über schwule oder lesbische Pazifisten in der Geschichte.[23] Möglicherweise können schwule und lesbische Szenen aber auch heute eigene Beiträge wider das Kulturdiktat der Kriegsverherrlicher beisteuern. Ich denke dabei als Schwuler ausdrücklich auch an die erotische Kultur. Der aktuelle Militarismus in den Vereinigten Staaten zum Beispiel ist eindeutig sexualfeindlich geprägt. »Schmutzige Wörter« hält man mit Blick auf Kinder für schädlicher als technologische Massenmordszenen. Der muskelbepackte Elitesoldat im propagandistischen US-Kriegsfilm ist tendenziell asexuell (im Gegensatz zum königlich lizenzierten Geheimdienstmörder James Bond). Hinter der Aggressivität des kriegsbereiten »Christentums« in den USA darf man auch eine gehörige Portion Triebunterdrückung und Sexualangst vermuten.

Wer angstfrei – zumal im wechselseitigen Spiel – zum Beispiel die Lust der Penetration erkundet, braucht keine Opfer zur Vergewaltigung. Wer spielerisch – also ohne tödlichen Ernst – die Lust am Phallus kultiviert, braucht weder Atombomben noch einen kriegerischen »Shaka-Zulu-Kriegerkult« als Ersatz. Nicht aus sexueller Lust, sondern aus Minderwertigkeitsgefühlen, Prüderie und Sexualverdrängung wird der Mythos geboren, die Penislänge eines Mannes bzw. die entsprechenden militärischen Ersatzsymbole würden etwas über den Wert eines Menschen bzw. einer Kultur aussagen.

Antimilitarismus und Kriegsprävention sind nach meinem Dafürhalten zugleich Prävention von neuen antihomosexuellen Tendenzen.

5. Regenbogensolidarität gibt es nur unteilbar: Am Beispiel des niederländischen Populisten Pim Fortuyn ließe sich daran erinnern, dass Schwule und Lesben wie jeder verführbar sind von einem Gruppenegoismus, der andere Menschengruppen ausschließt. Mit allen Menschen und zumal mit allen Minderheiten sitzen wir aber in einem Boot. Auch historisch gesehen – und mit Blick auf aktuelle Bedingungen in der Gesellschaft – ist es blauäugig, als »neoliberaler Homo« passiv zuzusehen, wie in den Großstädten die Bürgerrechte von Obdachlosen oder Drogenkonsumenten abgeschafft werden. Das menschenverachtende Klima, in dem dergleichen möglich ist, betrifft auch uns. Noch immer sind die Kontaktanzeigen voll mit Vorlieben für »Araberhengste«. »Auch Türken oder Neger«, so liest man zuweilen, »sind gern willkommen« im privaten Schlafzimmer. Erfreulich wäre, wenn es ebenso häufig antirassistische Voten und Solidaritätsbekundungen mit Immigranten gäbe. In einer globalisierten Welt brauchen wir nicht nur reisefreudige Homoszenen, sondern vor allem auch einen so weitherzigen Familienbegriff, wie ihn etwa der Männer liebende Weltbürger Alexander von Humboldt (1769-1859) gelebt hat.

6. Kultur und Kunst der Erinnerung: Mit einer ernsthaften Politisierung der schwul-lesbischen Szene ist in naher Zukunft nicht zu rechnen. Auch die Kritik von Lesben und Schwulen an der kommerziellen Massenszene steckt bestenfalls in den Kinderschuhen. Am ehesten erwarte ich die Möglichkeit, über eine Kultur und Kunst der Erinnerung – also durchaus auch unterhaltsam nach Art von »Aimée und Jaguar« (BRD 1998) – ein waches Bewusstsein zu vermitteln. Die Zeit der Coming-out-Filme ist langsam vorbei. Wir bräuchten jetzt Einblicke in die sozialen Wirklichkeiten von Schwulen und Lesben. Auch das richtig große Kino zur weit zurückreichenden Verfolgungsgeschichte von Frauen und Männern, die nicht der offiziellen Norm gemäß lieben und Lust erkunden, steht nach meinem Dafürhalten noch aus. Soweit möglich, sollte gegenwärtig ein Generationenaustausch gefördert werden. So könnten die Jungen noch aus erster Hand erfahren, wie die Alten in der Adenauerrepublik ständig auf der Hut sein mussten. Selbstredend will ich kein schwul-lesbisches Selbstverständnis, das sich dem Fremdvorwurf entsprechend als Opferbewusstsein konstruiert. Doch die Opfer der Geschichte zu vergessen, das hat wohl eher mit Gleichgültigkeit oder Dummheit zu tun, nicht mit Selbstbewusstsein.

Katholische Kirche und homosexuelle Priesteramtskandidaten (2005)

Als Coming-out-Hilfe, Ratgeber und theologischer Diskussionsbeitrag ist dieses Buch in den letzten Jahren außerordentlich freundlich aufgenommen worden. Die vorliegende erweiterte Neuauflage entspricht der Textfassung von 2001. In fast allen evangelischen Landeskirchen hat es zwischenzeitlich weitere, sehr erfreuliche Entwicklungen gegeben. Über den aktuellen Stand und das breite Netz im Bereich »Homosexualität, Kirche, Theologie« informieren im Internet zum Beispiel die Ökumenische Arbeitsgruppe »Homosexualität und Kirche« (www.huk.org) und die »Werkstatt Schwule Theologie« (www.westh.de). Innerhalb der schwul-lesbischen Szenen verläuft eine neue »Suche nach Spiritualität« allerdings weithin abseits der christlichen Kirchen.[1]

Segnungsgottesdienste für gleichgeschlechtliche Paare oder Schwule und Lesben in der Politik erregen heute kein öffentliches Aufsehen mehr. Das »Gesetz zur Überarbeitung des Lebenspartnerschaftsrechts«, das am 1. Januar 2005 in Kraft getreten ist, hat weitere Verbesserungen im Bereich der rechtlichen Absicherungen gebracht. Hier sei auf die fortlaufenden Informationen des Lesben- und Schwulenverbands in Deutschland (LSVD) verwiesen (www.lsvd.de).

Stillstand und sogar Rückschritte sind allein aus der römisch-katholischen Weltkirche zu vermelden. Während überall in den katholischen Gemeinden die Akzeptanz stetig wächst, hat sich der Vatikan auf einen antihomosexuellen Kulturkampf festgelegt. Im November 2005 veröffentlichte die römische »Kongregation für die katholische Erziehung« auf Anordnung des Papstes eine »Instruktion über Kriterien zur Berufungsklärung von Personen mit homosexuellen Tendenzen im Hinblick auf ihre Zulassung für das Priesterseminar und zu den heiligen Weihen«. Darin soll »mit aller Klarheit« festgestellt werden, »dass die Kirche – bei aller Achtung der betroffenen Personen – jene nicht für das Priesterseminar und zu den heiligen Weihen zulassen kann, die Homosexualität praktizieren, tief sitzende homosexuelle Tendenzen haben oder eine so genannte homosexuelle Kultur unterstützen. [...] Falls es sich jedoch um homosexuelle Tendenzen handelt, die bloß Ausdruck eines vorübergehenden Problems, wie etwa eine noch nicht abgeschlossene Adoleszenz, sind, so müssen sie wenigstens drei Jahre vor der Diakonenweihe eindeutig überwunden sein«.

Ein 1999 veröffentlichter Text der Arbeitsgruppe »Homosexualität und geistliche Berufe« der Deutschen Bischofskonferenz hatte – gemäß der Unterscheidung des Weltkatechismus zwischen »Neigung« und »Praxis« – die Homosexualität noch nicht als Weihehindernis definiert. Es erfolgte eine saubere Abgrenzung zu den Komplexen Pädophilie und Kindesmissbrauch. Bei allen Fragwürdigkeiten dieses Papiers wurde homosexuellen Priestern doch bescheinigt, wertvolle und kompetente Vertreter kirchlichen Lebens zu sein. Die neue Weisung des Vatikans will nun alle homosexuellen Priesteramtskandidaten ausgeschlossen wissen. Der wahnwitzige Verweis auf vorübergehende pubertäre »Tendenzen« zeigt, dass man sich mit der Lebenswirklichkeit erwachsener Studenten nicht auseinander setzen will.

Bezogen auf die Homosexualität von einfachen Gläubigen und den rechtlichen Schutz für dauerhafte gleichgeschlechtliche Partnerschaften etabliert Rom seit zwei Jahrzehnten exorzistische Beschwörungsformeln. Dabei gelten *öffentlich* anerkannte Paare gegenüber heimlichen und anonymen Sexszenen offenbar als das schlimmere Teufelswerk. Wörtlich ist die Rede von einer Schädlichkeit »für die gesunde Entwicklung der menschlichen Gesellschaft«, einer Gefahr für das »Gewebe der öffentlichen Moral«, einem Austritt aus der »gesamten moralischen Geschichte der Menschheit« und einer »Auflösung des Menschenbildes«. Schließlich wird gar das »Böse«[2] angeführt, dem wir im Taufbekenntnis widersagt haben. Die mutmaßlichen »psychologischen Ursachen« der Homosexualität sind auch nach römischer Ansicht ungeklärt. Dennoch weiß der Katechismus, dass es sich um eine »objektiv ungeordnete Neigung« handelt. Während noch in den 1990er Jahren ein Kardinal Basil Hume sich sehr wohlwollend zur gleichgeschlechtlichen Liebesbegabung äußern konnte, stehen heute selbst moderate Ansätze einer von Respekt geleiteten Pastoral unter Beschuss. Unlängst hat der toskanische Bischof Simone Scatizzi Männerpartnerschaften gar in die Nähe von Mafia und Terrorismus gerückt. Er befürchtet einen »Schlag gegen die Männlichkeit« und eine »Verweiblichung der Gesellschaft«.

Wirklich dringend ist der römischen Kirche anzuraten, die Fixierung auf das Thema Sexualität/Homosexualität aufzugeben und sich zumindest in Mäßigung zu üben:

1. Die überproportionale Gewichtung der Sexualität wirkt individuell als großes Hemmnis für den religiösen Reifeweg. Aus seiner Erfahrung im Beichtstuhl an einem Wallfahrtsort berichtet mir ein Seelsorger: »Die meisten Menschen mit ausgeprägten sexuellen Skrupeln sind unfähig, ihre Lieblosigkeit in Lebensbereichen wie Familie oder Beruf überhaupt wahrzunehmen.« Ausgesprochene Sexualprediger sind in der Regel ebenfalls unfähig, über ihren persönlichen Glauben und das christliche Bekenntnis Bedeutsames mitzuteilen.

2. Für die Kirche ist es fatal, öffentlich vor allem als Kulturkämpferin gegen die so genannte »Homoehe« oder die »Auflösung der Familie« wahrgenommen zu werden.[3] Von den wirklich drängenden Fragen zum Schutz des (Über-)Lebens, die gesellschaftlich und zivilisatorisch zu stellen wären, zeigen sich die lautesten Moralschützer auffällig unberührt. Ein Vergleich mit dem kriegsbereiten US-amerikanischen Fundamentalismus, der 2004 die »Homoehe« als zentrales Wahlkampfthema durchsetzen konnte, drängt sich geradezu auf.[4]

3. Die Sündenbockstrategie gegenüber Homosexuellen widerspricht dem christlichen Ethos und verdeckt eigene Hilflosigkeit. Als bequemes Alibi verhindert das Homo-Feindbild, dass die Kirche bei der realen Krise verbindlicher Partnerschaftsformen in der Warenwert-Gesellschaft die Ursachen wahrnimmt und eine helfende Kompetenz entwickelt. Da pastorale Lernprozesse ausbleiben, konsultiert man bei Eheproblemen selbst im ländlichen Raum so gut wie nie den katholischen Seelsorger am Ort.

4. Auf die »Moral« bzw. Berufsfreude vieler *bewährter und guter Seelsorger* kann sich das neue Signal aus Rom, das speziell homosexuelle Priester als »ungeeignet« und irgendwie defekt diffamiert, nur fatal auswirken. Der Umstand, dass »nur« die potenziellen Auszubildenden und nicht die im Amt befindlichen Priester angesprochen werden, ändert daran kaum etwas. Als römisch-katholischer Autor habe ich viele Zuschriften von schwulen Klerikern erhalten, die ihre zölibatäre Lebensweise ernst nehmen und römische Dokumente über »homosexuelle Personen« als für sie äußerst deprimierend empfinden. Welchen Dank und welche Art Hirtensorge erhalten diese Geist-

lichen, die oft über Jahrzehnte der Kirche ihren Dienst geschenkt haben, nun aus dem Vatikan?

5. Schließlich werden konstruktive Ansätze in der gegenwärtigen Priesterausbildung, die eine offene Auseinandersetzung mit der eigenen Sexualität fördern, durch Heimlichkeit und Denunziantentum *ad absurdum* geführt. Die jetzt ausdrücklich von Priesteramtsanwärtern verlangte Absage an alle Räume der »Gay Kultur« ist Ermutigung zu weiteren Geheimzirkeln. In diesen finden sich bislang vor allem schwule Theologen aus der traditionalistischen rechten Ecke zusammen. Ich selbst habe in Veröffentlichungen Missstände im Bereich schwuler Klerikerszenen beklagt. Das entsprechende Kapitel dieses Buches ist sogar außerordentlich scharf ausgefallen.[5] Doch *alle* Übel, die hier zu nennen wären, wurzeln *nicht* in der Homosexualität. Sie gehen ausnahmslos zurück auf Schizophrenien und Repressionen, die den unerlösten kirchlichen Umgang mit der Homosexualität betreffen. Die neue Weisung aus Rom wird nichts lösen, aber sie wird alle bedauernswerten Verhältnisse noch viel schlimmer machen.

6. Die »gleichgeschlechtlichen« Sex-Skandale von Würdenträgern gehen regelmäßig einher mit scharfen Diskriminierungsattacken der Kirchenleitung gegen alle Homosexuellen. In der Öffentlichkeit bestärkt dieses Vorgehen den Verdacht, die reine Männerkirche wolle durch aggressive Äußerungen nach außen hin von Vorgängen im Inneren ablenken. Im Ergebnis meinen immer mehr Menschen, zölibatäre Priester seien ohnehin schwul. Mit diesem Vor-Urteil sehen sich dann auch heterosexuelle Amtsinhaber konfrontiert.

7. Unter kirchlich *loyalen* Homosexuellen sind »Probleme« im Feld gleichgeschlechtlicher Neigungen bekannt, die sich im Einzelfall auch auf hohe Kirchenränge beziehen. Die Frage stellt sich, welche Geduldsproben zunächst die innerkirchliche Loyalität an dieser Stelle noch aushält. Sicher ist, dass jede neue antihomosexuelle Kirchenkampagne die Medien noch stärker für interne Vorgänge sensibilisieren wird. Peinlichkeiten, die ein angeheizter Enthüllungsjournalismus auf die Tagesordnung setzen könnte, sollte man auch in Rom bedenken. Schon jetzt spekulieren bei öffentlichen Medienauftritten viele Zuschauer, welche Kleriker denn besonders »feminin« auftreten oder mit eitlen Bekleidungsgewohnheiten das Klischee des homophil-klerikalen »Ästheten« bedienen.

Viele kirchliche Komplikationen beim Thema Homosexualität wurzeln in dem Versuch, die eigene »Männlichkeit« rechtfertigend unter Beweis zu stellen. Die katholische Kirche braucht für eine neue, entkrampfte Sichtweise dringend Priester, die offen und angstfrei homosexuell sein können, und sie braucht heterosexuelle Priester, die selbst nicht ständig dem Verdacht ausgesetzt sind, schwul zu sein. Die Zulassung bewährter verheirateter Männer zur Weihe wäre ein erster Schritt zur Abhilfe. Noch heilsamer würde es sich auswirken, wenn die Kirche die Ehelosigkeit von Priestern ganz freistellen würde und wenn Frauen ihre Erfahrungen innerhalb der Kirchenleitung auf *jeder* Ebene einbringen könnten. In einer von Frauen gleichberechtigt mitgestalteten Kirche des Evangeliums wäre die gegenwärtige Debatte überhaupt nicht vorstellbar. Denn: Die Angst vor der Homosexualität ist in erster Linie ein Problem *reiner Männergesellschaften*, sei es in Politik, Militär oder institutioneller Religion.

Anmerkungen

Alle Quellen werden in den Anmerkungen nach Autor beziehungsweise Herausgeber und Jahreszahl angegeben. Steht im Literaturverzeichnis statt des Autors ein *Titel*, so erscheint er hier kursiv.

1. Erwachen in einer fremden Welt

1 Baldwin 1990, S. 11-14.

2 Vgl. zur Gnosis des Marcion als Herausforderung an die Theologie: Drewermann 1993, S. 227-244. Der durch bestimmte »Theologien« allererst konstruierte *unüberbrückbare* Graben zwischen Schöpfung (Schöpfer) und Erlösung (Erlöser) ist an dieser Stelle ein existenzielles Grundthema schwul-lesbischer Befreiungstheologie.

3 Zit. nach: Häußler 1993.

4 Zit. nach: Spong 1991, S. 32 f.

5 Vgl. den ungekürzten Text in: Bürger 1996, S. 240-244.

6 So z. B.: Bettermann 1996, Herpell 1996. Vgl. dazu St. Zacharias in: Bürger 1996, S. 245-249.

7 Zit. nach: Katholisches Bistum der Alt-Katholiken in Deutschland 1996, S. 5.

8 Leavitt 1991, S. 373. Hertoft 1989, S. 289 referiert eine Studie von Bell und Weinberg (1981) mit 686 Männern und 283 Frauen aus San Francisco [!]: »Ein Fünftel [dieser homosexuellen] Männer und ein Drittel der Frauen waren verheiratet gewesen.«

9 Vgl.: *Der Theologe Heinz Schütte zur christlichen Haltung gegenüber Homosexualität.* In: Westfalenblatt, 11.1.1995.

10 Veröffentlicht in: Katholisches Bistum der Alt-Katholiken in Deutschland 1996, S. 19.

2. Ecce homo – Eine Passionsgeschichte

1 Wo evangelische Landeskirchen die Verurteilung der homosexuellen Liebe beenden wollen, sehen evangelikale Pressionsgruppen mit steter Regelmäßigkeit den »status confessionis« herausgefordert und drohen mit der Gründung einer »Notkirche«. Die Bekenntnisbewegung »Kein anderes Evangelium« lehnt aber ebenso die von der rheinischen Landessynode befürwortete Ergänzung des Grundartikels der Kirchenordnung ab, nach der Gott treu an der Erwählung Israels festhält und Christen *mit* Israel auf einen neuen Himmel und eine neue Erde warten. »Das geistliche Urteilsvermögen der Landessynode sei [hier] ähnlich angeschlagen wie beim Beschluss zur Homosexualität« (Der Weg. Evangelische Wochenzeitung Rheinland, 30.4.1995, S. 2). Vgl. auch: *Drohung mit »Notkirche«* 1994.

2 Zit. bei R. Mack, in: Evangelische Landeskirche in Baden 1993, S. 4: *»Wenn ein Mann seinem Genossen beiwohnt, man es ihm beweist und ihn überführt, so soll man ihm beiwohnen und ihn zu einem Verschnittenen machen.«* (Möglicherweise ist hier jedoch an die Bestrafung eines *Vergewaltigungsdeliktes* gedacht, was aus der Übersetzung allerdings nicht hervorgeht.)

3 Vgl. zum Folgenden in: Kittelberger u. a. 1993, S. 21 f.; 54 ff.; sowie: Brown 1994, S. 390.

4 *Schreiben der Kongregation für die Glaubenslehre* 1986, S. 8 f. [Nr. 9 und 10].

5 Zit. nach: Bleibtreu-Ehrenberg 1978, S. 22.

6 van de Spijker 1968, S. 101 f.

7 Vgl. dazu G. Bleibtreu-Ehrenberg, in: Kittelberger u. a. 1993, S. 24 f.

8 Vgl. van de Spijker 1968, S. 102 ff.; Boswell 1980, S. 210 ff.; Zacharias 1990, S. 21; Kittelberger u. a. 1993, S. 61; Hergemöller 2000.

9 Vgl. dazu insgesamt: Haeberle 1985, S. 389-392; Kittelberger u. a. 1993, S. 25-30, 62 f.; Hergemöller 2000.

[10] Den Hinweis verdanke ich Martin Steinhäuser. (Vgl. Luther: Werke – Kritische Gesamtausgabe Bd. 43, 1912, S. 55-58.)

[11] Vgl. dazu die Wiedergabe des Comics: *Satanische Methoden – Evangelikale Verse* 1995 (HuK-Info Nr. 110/1995) und ebenfalls: Rassau 1995.

[12] Haag 1987, S. 57; vgl.: *Schreiben der Kongregation für die Glaubenslehre* 1986, S. 12 f. [Nr. 17].

[13] Vgl. zu diesem Abschnitt: Haeberle 1985, S. 392 f.; Kittelberger u. a. 1993, S. 30-34, 64-67.

[14] Vgl. dazu Überblick und Quellennachweise bei: Müller 1987, S. 43-55.

[15] Vgl. zu diesem Abschnitt: Kogon 1965, S. 49 f., 263 f.; Heger 1972; Jellonek 1990; G. Grau, in: Kittelberger u. a. 1993, S. 73-83; Seel 1996. (In den letzten Jahren sind zahlreiche Veröffentlichungen über das KZ Sachsenhausen, Biografien und regionale Studien zur Schwulenverfolgung im »Dritten Reich« erschienen, die im Überblick dieses Buches unberücksichtigt bleiben.)

[16] Zit. nach: Kittelberger u. a. 1993, S. 74.

[17] Zit. nach: Bleibtreu-Ehrenberg 1978, S. 394.

[18] Kogon 1965, S. 263.

[19] Nämlich der CIC von 1917 in den Kanones 2357-2358. Vgl. Jone 1953, Bd. III, S. 609 f.; Walf 1986, S. 54 f. Vor diesem Hintergrund erscheint die u. U. in einigen Fällen erfolgte Mithilfe von Kirchenkreisen bzw. Ordensgemeinschaften bei der strafrechtlichen Ahndung homosexueller Vergehen ihrer Mitglieder doppelt verwerflich. Vgl. dazu: Jellonek 1990, S. 322.

[20] Kogon 1965, S. 264.

[21] *Bluthaftes Verständnis* 1994, S. 185 f. Vgl. zu ähnlichen Erinnerungen: Höß 1958, S. 77-79, der allerdings z. T. an eine mögliche »Umerziehung« durch Arbeit und Disziplin zu glauben scheint.

[22] Hier zit. nach: McNeill 1993, S. 25 f.

[23] Höß 1958, S. 78.

[24] Ebd., S. 79.

[25] Vgl. zu diesem ganzen Abschnitt: M. Bruns, in: Kittelberger u. a. 1993, S. 43 ff.; Wasmuth 1995.

[26] Vgl. *Unseliger Paragraph* 1991.

[27] Vgl. Jellonek 1990, S. 12.

[28] Kogon 1965, S. 50 (Hervorhebungen im Zitat von mir).

[29] Ebd., S. 264.

[30] Vgl. Dannecker 1986, S. 19-21.

[31] Vgl. *Seelischer Terror im Vernichtungslager* 1995; ebenso die späten Berichte von Überlebenden in: van Dijk 1992.

[32] Wer in der DDR wegen »beischlafähnlicher« homosexueller Handlungen unter Erwachsenen verurteilt war, *hätte* seit dem strafrechtlichen Rehabilitierungsgesetz für die neuen Bundesländer rehabilitiert werden können. Nicht hingegen Opfer der bundesdeutschen Justiz, die bis 1969 dem europäischen Menschenrechtsstandard viel gravierender widerspricht. So: Wasmuth 1995, dem gegenüber die ehemalige Justizministerin Leutheusser-Schnarrenberger das beschämende Paradox auf Anfrage hin brieflich bestätigte und rechtfertigte.

[33] Zusammenstellung des gesamten Problembereichs bei: Bruns 1994.

[34] *Schreiben der Kongregation für die Glaubenslehre* 1986, S. 9 [Nr. 19]. (Dieses Schreiben bildet neben dem so genannten »Weltkatechismus« in diesem Buch die Grundlage für die Darstellung der offiziellen röm.-kath. Position. Der 2. Teil des *deutschen* röm.-kath. Erwachsenenkatechismus bringt darüber hinaus keine wirklich neuen »Erkenntnisse«.)

[35] L'Osservatore Romano dt., 14.8.1992; hier zit. nach: Bruns 1994. Vgl. dazu: *Gerechte Diskriminierung* 1992.

[36] *Katechismus der Katholischen Kirche* 1993, Nr. 2358 (Hervorhebungen von mir).

[37] *Schreiben der Kongregation für die Glaubenslehre* 1986, S. 8 [Nr. 10].

[38] Vgl. Fest 1993; für den evangelikalen Schwulenhass in den USA insgesamt die fortlaufenden Dokumentationen im HuK-Info (Jg. 1992-2001).

[39] *Homosexualität ist Todsünde* 1994. (1995 hielt es z. B. die ev. Arnholdshainer Konferenz in Deutschland für angesagt, eine ausdrückliche Einladung zum Abendmahl für homosexuelle Christen auszusprechen, was in HuK-

Kreisen zu Recht als große Unverschämtheit empfunden wurde.)

40 *Orthodoxe Kirche: Haft für Homosexuelle* 1995.

41 Zit. nach: Grossmann 1993, S. 152.

42 Hell 1991.

43 Vgl. auch: Müller 1994.

44 Ich meine, eine schwule oder lesbische Befreiungstheologie müsste von hier aus auch grundlegend eine biblisch inspirierte »Theologie der Heimat«, d. h. der Heimatsuche, berücksichtigen (vgl. Kap. 1).

45 Köpke 1993.

46 Vgl. in: Lautmann 1993, S. 363.

47 Das Versprechen bzw. der Ruf, den Heimatlosen Heimat zu gewähren, gehört zur katholischen Weiheliturgie. Vgl. dazu Dtn 10, 18; 27, 19; Jer 7, 6; Mt 25, 35.

48 Höffner 1987, S. 8 f.

49 Zit. in: Dietrich 1991.

50 Im Wortlaut u. a.: »Kein authentisches pastorales Programm darf Organisationen einschließen, in denen sich homosexuelle Personen zusammenschließen, ohne dass zweifelsfrei daran festgehalten wird, dass homosexuelles Tun unmoralisch ist« (*Schreiben der Kongregation für die Glaubenslehre* 1986, S. 11 [Nr. 15]). Es gibt in der Tat »pastorale Gruppen« von Schwulen, die diese Bedingung der Selbstverurteilung erfüllen. Sie heißen zynischerweise *Courage* (röm.-kath.; USA) und *Exodus* (international).

51 Vgl. dazu: Weizer 1995, S. 86-90 (bei diesem Autor insgesamt die exzellente Analyse der römischen Dokumente); Zacharias 1990.

52 Vgl. dazu später im Rahmen der einzelnen Kapitel zahlreiche Anmerkungen zum Orientierungsrahmen »Mit Spannungen leben«, den der Rat der Evangelischen Kirchen in Deutschland herausgegeben hat (EKD 1996), und: Meesmann 1996.

3. Exodus und Ostermorgen

1 Ich betrachte die Aussagen der Johannes-Offenbarung zum »Schlüssel Davids« (Offb 3, 7) als wunderbare Verse auch zum Coming-out: »... *ich habe vor dir eine Tür geöffnet, die niemand mehr schließen kann«* (Offb 3, 8; vgl. Offb 3, 20). – Ein weiteres Bild, das mir persönlich wichtig geworden ist, ist das des »Neuen Namens« (vgl. Jes 43, 1; Offb 2, 17). Im Coming-out wandelte sich für mich die Bedeutung des Petrus-Namens von der äußeren »Rom-Treue« hin zum Ruf des *inneren* Fundamentes.

2 Curb / Manaham 1988.

3 Hier zit. nach: Weizer 1995, S. 187 f. Vgl. dort auch S. 184-188! (Über: *Romano Guardini*: Die Annahme seiner selbst. Mainz 1987.)

4 Titel des Buches von: Barz / Leistner / Wild 1987.

5 Eine solche Liste bietet: Haeberle 1985, S. 492 f.; zum deutschen Sprachraum vgl. das unglaublich fleißige Werk von: Hergemöller 1998.

6 McNeill 1993, S. 190.

7 Vgl. zum befreiungstheologischen Ansatz: Stuart 1995; vornehmlich zu schwulen Perspektiven u. a.: McNeill 1993; Brinkschröder u. a. 1993; Weizer 1995; Engel 1998. Lesbische Befreiungstheologie ist weitgehend in die feministische Bewegung eingebunden und kann deshalb m. E. nur vorsichtig als »Minderheitentheologie« gesehen werden.

8 In: Radford Ruether 1988.

9 Weizer 1995, S. 190.

10 Vgl. dazu: ebd., S. 163 f.

11 Zur »Sprachregelung« legt die Kommission des Rates der EKD einen unglaublichen *Sophismus* an den Tag. In der kirchlichen Diskussion hatte sich die Umschreibung *Homosexuelle Liebe* von H.-G. Wiedemann durchgesetzt. Damit sollte dem wissenschaftlichen Wortungetüm die sexuelle Fixierung genommen werden. Anvisiert war die »Richtung« des *Liebes*strebens. Der EKD-Orientierungsrahmen »Mit Spannungen leben« (1996) meint nun in einer Fußnote darüber belehren zu müssen, dass nicht alle homosexuell *lebenden* Menschen auch schon homosexuell *Liebende* wären (vgl. EKD 1996, S. 12). Zur Frage der Wortwahl und Sprache vgl. auch: Weizer 1995, S. 20-26.

12 Vgl. in: HuK: Farbe bekennen 1992, S. 43.

[13] »Lesbisch«: nach der griechischen Dichterin Sappho von Lesbos (600 v. Chr.), die wie ihre Gefährtinnen auf der Insel die Frauen liebte.
[14] Aus einem Brief von H.-G. Wiedemann.
[15] Vgl. Weizer 1995, S. 188 f.
[16] Vgl. Haeberle 1985, S. 491.
[17] Vgl. Bruns, in: Kittelberger u. a. 1993, S. 47-53; SVD 1994a-c.
[18] Bundeszentrale für gesundheitliche Aufklärung 1994.
[19] Vgl. Lang 1993.
[20] Darüber berichtet: Niedermeyer 1996.
[21] Zit. nach: SVD 1994c.
[22] Vgl. EKD 2000.
[23] Vgl. dazu u. a. als Zusammenfassung der »Argumente«: Deutsche Bischofskonferenz, 8.11.2000.

4. Warum ist die Banane krumm? – Grenzen der Wissenschaft

[1] M. Ring, in: Katholisches Bistum der Alt-Katholiken in Deutschland 1996, S. 11.
[2] Vgl. Lautmann 1993, S. 230 ff.
[3] Vgl. Adler 1981; dazu: Lautmann 1993, S. 184-188.
[4] Grossmann 1993, S. 31.
[5] Vgl. Hertoft 1989, S. 281 f.
[6] Bundeszentrale für gesundheitliche Aufklärung 1994, S. 19.
[7] Ebd., S. 16.
[8] Vgl. Müller 1987; Hertoft 1989; *Auch Erbfaktoren bei der Homosexualität* 1992; Tuffs 1992; Bonse 1993; Lautmann 1993; Rauchfleisch, in: Puff 1993, S. 167-170; *Von Geburt an schwul* 1993; Weß 1993; Lutterbüse 1994; Wewetzer 1999; Degen 2000.
[9] SVD 1996, S. 13.
[10] Vgl. Müller 1987; Hertoft 1989; Grossmann 1993; Lautmann 1993; Rauchfleisch, in: Puff 1993, S. 159-182; Paulus 1999 (über Daryl Bem).
[11] Zit. nach: Dannecker 1986, S. 51.
[12] Vgl. Hertoft 1989, S. 286 f.; Roedig 1998 (über St. Castendyk).
[13] Kentler, in: Wiedemann 1995, S. 44.
[14] Vgl. dazu Rauchfleisch, in: Puff 1993, S. 165 f.
[15] Morgenthaler 1984; Schellenbaum [1991] 1994 (wesentlich deutlicher als noch 1980!). Vgl. Hopke 1989.
[16] Vgl. u. a. Hertoft 1989, S. 287 f.
[17] Ebd., S. 181.
[18] Zit. nach U. Rauchfleisch, in: Puff 1993, S. 160.
[19] Vgl. ebd., S. 159.
[20] Vgl. für die Situation auch der Gegenwart: Rauchfleisch 1994; Roedig 1998.
[21] Vgl. in: Lautmann 1993, S. 310.
[22] Grossmann 1993, S. 45.
[23] Vgl. dazu insgesamt Kap. 2 dieses Buches (Abschnitt »Aufgeklärte Kriminalisierung und Psychiatrisierung«) und den Überblick bei: Müller 1987, S. 43-59.
[24] Zit. nach: Müller 1987, S. 55.
[25] Vgl. in: Lautmann 1993, S. 310 f.
[26] Vgl. dazu u. a. die Namen und Titel der einschlägigen Autoren bei: Weizer 1995, S. 207 f. (unter der Überschrift »Bücher und Artikel, vor denen gewarnt werden muss«), und: Lang 2001. Zur entsprechenden Szene in den USA: Rimscha 1998.
[27] Vgl. in: Ritter 1993, S. 163-170.
[28] Drewermann 1989, S. 582.
[29] Vgl. R. Werner, in: Kittelberger u. a. 1993, S. 149.
[30] Zit. in: Kittelberger u. a. 1993, S. 36.
[31] Vgl. EKD 1996, S. 9-13; 47 f.

5. Die Bibel fordert eindeutig die Todesstrafe

[1] Vgl. *Der Theologe Heinz Schütte zur christlichen Haltung gegenüber Homosexualität.* In: Westfalenblatt, 11.1.1995.
[2] Vgl. Becker 1987, S. 42.
[3] Vgl. ebd., S. 44-46.
[4] Ebd., S. 36.
[5] Vgl. *Schreiben der Kongregation für die Glaubenslehre* 1986, S. 5 f. (= Nr. 6): »So setzt sich die der Sünde zuzuschreibende Entartung fort in der Geschichte von den Männern von Sodom (vgl. Gen 19, 1-11). Das moralische Urteil, das hier gegen homosexuelle Beziehungen gefällt wird, kann keinem Zweifel unterliegen.« Die Genesis-Stelle ist auch im rö-

mischen Weltkatechismus angegeben, während dort die im erstgenannten Dokument als »theokratisches Gesetz« bemühten Levitikus-Bestimmungen *auffälliger*weise ganz unterschlagen werden (vgl. *Katechismus der katholischen Kirche* 1993, Nr. 2357-2359).

6 EKD 1996, S. 18.
7 Haag / Elliger 1986, S. 11.
8 Wengst 1987, S. 77.
9 Vgl. EKD 1996, S. 18 f.
10 Haag / Elliger 1986, S. 90.
11 In: Kittelberger u. a. 1993, S. 313.
12 Vgl. dazu EKD 1996, S. 14-22. (Eine *inhaltliche* Bibelhermeneutik, welche die »Rechtfertigung allein aus Glauben« zur Mitte hat, begegnet uns übrigens bereits im »Libellus regularum« des Tychonius, eines donatistischen Zeitgenossen Augustins.)
13 Vgl. Reinkens [1897] 1990.
14 Vgl. Küry 1982, S. 128 und 131.
15 Vgl. den Beitrag von Bischof Horstman (1992) in: Katholisches Bistum der Alt-Katholiken in Deutschland 1996.
16 Vgl. Kraft 1994, S. 132.
17 Katholisches Bistum der Alt-Katholiken 1995, S. XVI.
18 Dobhan 1982, S. 230 (dort auch Zitatnachweis).
19 Vgl. Conklin 1988.
20 Ebd., S. 393.

6. Natur oder Schöpfung? – Es kann nicht sein, was nicht sein darf!

1 Vgl. van de Spijker 1968, S. 96-101, 113-118; Kittelberger u. a. 1993, S. 54-63.
2 Vgl. ebd., S. 103.
3 Vgl. für die folgende Darstellung: ebd., S. 105-112! (van de Spijker nennt als Belegstellen bei Thomas von Aquin: Summa Theologica II.II.153.3.; II.II.154.1.; II.II.154.11.; II.II.154.12.; Spl. XLIX.1.) – Bis zum II. Vatikanischen Konzil gab es m. W. überhaupt nur einen einzigen röm.-kath. Theologen, der das Thema *nicht* voreingenommen durch die scholastische Brille behandelt hat: der Breslauer Professor für Kirchengeschichte, Priester und Erzähler *Joseph Wittig* (1879-1949), der auf Grund einer kleinen Hochland-Erzählung bis kurz vor seinem Tode exkommuniziert war. Wittig konnte die gleichgeschlechtliche Zuneigung immerhin als ein »Notwunder der Natur« wahrnehmen und kannte sogar eine mit der Schöpfung harmonierende »heilige Männerliebe«. Er selber, die Frauen bewundernd und später mit einer wunderbaren Frau verheiratet, bekannte von dieser Männerliebe angstfrei: *»Einige wenige Male in meinem Leben kam diese Seligkeit über mich. Immer nur für einige Stunden, aber halt doch!«* (Wittig 1929, S. 225; vgl. ebd., S. 222-225).
4 Vgl. zum Folgenden: V. Sommer, in: Puff 1993, S. 52-66.
5 Vgl. ebd., S. 55, wo V. Sommer die antike und eine zeitgenössische Stimme dazu zitiert: *»Lächerlich ist es, das Verhalten unvernünftiger Tiere einmal als Beispiel herauszustellen und es ein andermal als irrelevant zurückzuweisen«* (Plutarch). *»Wenn Tiere etwas tun, das wir mögen, nennen wir es natürlich. Wenn sie etwas tun, was wir nicht mögen, nennen wir es animalisch«* (James Weinrich).
6 Vgl. Lorenz 1984, S. 51-65. Zur Homosexualität im ganzen Tierreich als aktuellste wissenschaftliche Darstellung: Bagemihl 1999.
7 Vgl. *Schwule Vögel brüten auch* 1993.
8 Vgl. V. Sommer, in: Puff 1993, S. 58-64.
9 Ebd., S. 63.
10 Zit. nach: Campenhausen 1978, S. 29.
11 Morgenthaler 1985, S. 86.
12 Haag / Elliger 1986, S. 139.
13 Vgl. dazu: Barth 1951, S. 184 f.; Ringeling 1987, S. 8-10.
14 Barth 1951, S. 184. (»Jene Humanität ohne den Mitmenschen« ist im Kontext der Kirchlichen Dogmatik Barths eindeutig als der Weg der Homosexualität identifiziert.) Zu W. Pannenberg vgl.: Gade 1997, S. 37.
15 Vgl. zu Thielicke: Ringeling 1987, S. 6 ff.; Kittelberger u. a. 1993, S. 304; Wiedemann 1995, S. 154 f.
16 Vgl. Barth 1984, S. 540-543.
17 Vgl. Drewermann 1987, S. 177 f.
18 Ebd., S. 291-296.
19 Haag / Elliger 1986, S. 138.
20 Ebd., S. 138.

21 Vgl. dazu: Schellenbaum 1986; Wiedemann 1992.

22 Vgl. Schellenbaum 1994, S. 16.

23 Jenseits der Idealisierung beleuchtet Grossmann (1996, S. 367-369) jedoch auch die Gefahren einer unreifen Freundschaft z. B. zwischen homosexuellen Männern und heterosexuellen Frauen. – Ein sehr plakatives, unkritisches und vorurteilsbeladenes »Lob« dieser Freundschaftskonstellation bieten hingegen sieben Thesen der Zeitschrift PRINZ (Nr. 5/1996, S. 40-44: *Schwule und Frauen – eine ganz besondere Romanze*): »1. Für einen Schwulen ist jede Frau eine Schönheit. 2. Frauen brauchen Liebe ohne Sex. 3. Frauen und Schwule gehen gerne einkaufen. 4. Schwule sind die besten Ehemänner. 5. In einer Männerwelt sind Frauen und Schwule Verbündete. 6. Ein Schwuler ist eine sexuelle Herausforderung. 7. Frauen und Schwule lieben Klatsch.«

24 Deutsche Bischofskonferenz 2001, S. 9, 12, 21 f., 25. (Das nachfolgende Zitat findet man dort auf S. 21.)

25 Zit. nach: Müller 1987, S. 63.

26 Vgl.: van de Spijker 1968, S. 108-111, der – anders als seine röm.-kath. Vorgänger – diese Stelle heranzieht.

27 Vgl. *Schreiben der Kongregation für die Glaubenslehre* 1986, S. 3 f. und 11 (Nr. 3; 15). Dazu die treffende Kritik von: Drewermann 1987, S. 291-296.

7. Das Geschenk des Lebens und ein Ethos der Liebe

1 Würzburger Synode 1973, S. 14-16.

2 Zit. nach: Flasch 1982, S. 278.

3 Diese infame Strategie des doppelbödigen Misstrauens in die Eigenwahrnehmung verfolgt heute noch das römische Lehramt. Es will besser wissen, was »Glück« *zu sein hat*, als Menschen, die sich durchaus wohl und glücklich in ihrer Haut fühlen. Vgl. dazu: *Schreiben der Kongregation für die Glaubenslehre* 1986, S. 7 (Nr.7): »Wie es bei jeder moralischen Unordnung der Fall ist, so verhindert homosexuelles Tun die eigene Erfüllung und das eigene Glück, weil es der schöpferischen Weisheit Gottes entgegensteht.« Entsprechend wird dort der Kampf gegen homosexuelles Tun noch als Verteidigung der »Freiheit und Würde des Menschen« ausgegeben!

4 Burgess 1991, S. 482.

5 Vgl. zur Exegese von Gen 3,1 ff.: Drewermann 1984, S. 53-62. (Ich meine, das »gesetzliche Verdikt« über die Homosexualität wäre existenziell ein geradezu *exemplarischer* Fall der »Theologie der Schlange«.)

6 Vgl. dazu: Weizer 1995, S. 153-155.

7 Ebd., S. 153.

8 Zit. nach: Wiedemann 1995, S. 139.

9 Evangelische Kirche im Rheinland 1995, S. 37.

10 EKD 1996, S. 20.

11 Vgl. ebd., S. 14 f. und 20 f. u. a.

12 Paulus schreibt in Gal 5, 22-23: »Die Frucht des Geistes aber ist Liebe, Freude, Friede, Langmut, Freundlichkeit, Güte, Treue, Sanftmut und Selbstbeherrschung; dem allem widerspricht das Gesetz nicht.« Jedem, der das Erste Testament wirklich gelesen hat, ist sofort klar: »Gesetz« kann auch an dieser Paulus-Stelle unmöglich *alle* Weisungen und Vorschriften der Tora bedeutungsgemäß umfassen.

13 Vgl. EKD 1996, S. 17 f. und 20 f.

14 Ich habe dieses 1990 entstandene Gedicht unter den Titel »Abendsegen« gestellt.

15 Vgl. dazu die hier missbrauchte Paulus-Stelle: *»Denn Gott ist nicht ein Gott der Unordnung, sondern des Friedens«* (1. Kor 14, 33). Es fragt sich, welcher Ordnungsbegriff ist jeweils gemeint? Derjenige aus der deutschen Nazikirche (und ihrer »Schöpfungstheologie«)? Aus der Naturwissenschaft mit ihrer Vermählung von Chaos und Ordnung? Die Ordnung des Spiels oder die der Kunst, die sehr »unordentlich« sein können? Führt das Staunen vor dem Schöpfer als Glaubenserfahrung zu einem »Credo vom Gott der Ordnung«?

8. Eine Gemeinde der Verschiedenen

1 Zit. nach: Kelch 1994, S. 94.

2 Grossmann 1993, S. 67. – Das nachfolgende zitierte Gedicht von G. Hanefeld stammt aus: Barz / Leistner / Wild 1987.

3 Vgl. EKD 1996: Aus der unschwer erkennbaren *kirchenpolitischen* Funktion dieses EKD-Textes ergeben sich auch eindeutige Parallelen zu dem genau zehn Jahre früher erschienenen römischen Dokument zur Homosexualität (*Schreiben der Kongregation für die Glaubenslehre* 1986). Hier wie dort finden wir eine schein-objektive, auffällig distanzierte Sprache (»diese Personen«, »solche Menschen« usw.). Beide Dokumente zielen auf vermeintlich zu großes »Wohlwollen« in Teilen der jeweiligen Kirche. Beide Texte erheben einen methodisch-theologischen Anspruch, bieten jedoch argumentativ oft nicht mehr nachvollziehbare »Schlussfolgerungen« in exegetischen und ethischen Fragestellungen. Es wäre in beiden Fällen hilfreich gewesen, dem Leser das zu Grunde liegende »Gottesbild« zu Beginn der Abhandlungen offen zu legen.

4 Vgl. zum Folgenden: van der Minde 1994, bes. S.90-99 und 129 f.

5 Ebd., S. 94 f.

6 Becker 1987, S. 48.

7 Vgl. van de Spijker 1968, S. 96-101; Kittelberger u. a. 1993, S. 54-61.

8 Altkatholische Kirche Österreichs 1993, S. 25.

9 Haeberle 1985, S. 496.

10 Vgl. dazu das Kapitel »Die Angst vor der Homosexualität« in: Rauchfleisch 1993. Exemplarisch zum Düsseldorfer »Hofgartenmord«: Schulze 1996.

11 Vgl. Goddar 1994.

12 Vgl. Hertoft 1989, S. 282.

13 Whitman 1987, S. 52 f.

14 Vgl. in: Altkatholische Kirche Österreichs 1993, S. 7.

15 Vgl. Hertoft 1989, S. 281-283.

16 Hier zit. nach: Kittelberger u. a. 1993, S. 84.

17 Vgl. zur anglikanischen Kirchengemeinschaft: Bürger 1996, S. 125, 135-138, 185, 258-261, 283-288 (sowie zahlreiche Literaturangaben); Siemon-Netto 1996/1997 sowie die Meldung des epd vom 6.8.1998 zur Internationalen Lambeth-Konferenz und die Dokumentationen in den Jg. 1998-2000 der HuK-Infos.

18 Vgl. dazu ausführlich: Altkatholische Kirche Österreichs 1993/99; Bürger 1996 (mit vielen Belegen); Katholisches Bistum der Alt-Katholiken in Deutschland 1996; Bürger 1997; Wagner 1999.

19 Vgl. dazu M. Bußmann, in: Wiedemann 1995, S. 127-136. Zur röm.-kath. Kirche insgesamt: Arntz / König 1995; Weizer 1995.

20 Vgl. Meesmann 1994.

21 Vgl. Presseamt des Erzbistums Köln 1994, S. 95-98. (Zum ebenfalls offenen »Schlussvotum« Nr. 8.17 dieses Pastoralgespräches und zur [dennoch] höchst fragwürdigen »Seelsorge an Homosexuellen« im Erzbistum Köln vgl. die Dokumentation in: HuK-Info Nr. 118/1996, S. 21-23. Diese Seelsorge orientiert sich voll und ganz am: *Schreiben der Kongregation für die Glaubenslehre* 1986.)

22 Vgl. Weizer 1995, S. 148.

23 Vgl. dazu das Themenheft »Schwule, Lesben und ihre Gemeinden«: *Werkstatt Schwule Theologie* Nr. 3/1999.

24 Vgl. Burkhardt 1994.

25 Zit. nach: Migge 1995; das HuK-Info Nr. 112/1995 zitiert zudem auf S. 14 unglaublich schöne (!) Passagen aus einem veröffentlichten »Paper on Homosexuality« des Kardinals Basil Hume vom Februar 1995: »Liebe zwischen zwei Personen, ob gleichen oder anderen Geschlechts, muss wie ein Schatz angesehen und geachtet werden. ›Jesus liebte Martha und ihre Schwester und Lazarus‹, lesen wir (Johannes 11, 5). Wenn zwei Personen sich lieben, erfahren sie auf eine begrenzte Art in dieser Welt, was ihre nicht endende Beglückung in der Einheit mit Gott in der nächsten sein wird. Einen anderen zu lieben bedeutet tatsächlich, sich Gott zuzuwenden, der seine Liebenswürdigkeit dem, den wir lieben, mitteilt. Geliebt zu werden heißt, ein Zeichen von Gottes bedingungsloser Liebe und einen Anteil daran zu erhalten. – Einen Anderen zu lieben, ob gleichen oder anderen Geschlechts, bedeutet das Feld der reichsten menschlichen Erfahrung zu betreten. Diese Liebeserfahrung wird jedoch verdorben, in Ehe oder Freundschaft,

wenn wir nicht so denken und handeln, wie Gott es will. Menschliche Liebe ist zerbrechlich, denn die menschliche Natur ist verwundet und schwach. So sind Ehe und Freundschaft nie leicht zu handhaben. Wir werden oft versagen, aber das Ideal bleibt bestehen.«

26 HuK: Farbe bekennen 1992, S. 77.

27 Kittelberger u. a. 1993, S. 328.

28 Vgl.: Rychlik 1994; und: *Homosexuelle gedenken Holocaust* 1994.

29 Vgl. *Rechtsextremismus – Schwule Herrenmenschen.* In: Szene Hamburg Nr. 4/1994.

30 Vgl. Nye 1995.

31 Vgl. Winter 1991.

9. Darf es der Pfarrer oder die Pfarrerin auch sein?

1 In: Evangelische Landeskirche in Baden 1993, S. 19.

2 Vgl. *Schreiben der Kongregation für die Glaubenslehre* 1986, S. 3 f. und 11 (Nr. 3; 15).

3 CIC 1983: Canones 277; 1025.2; 1029; 1041.1; 1395. (In keinem dieser Canones ist explizit von Homosexualität die Rede; ebenfalls ist die homosexuelle Praxis bei Laien seit 1983 kirchenrechtlich »entkriminalisiert«.) Im Gegensatz dazu nannte der alte CIC von 1917 in den Canones 2357-2359 ausdrücklich *männliche* homosexuelle Handlungen als »Sodomie« bzw. »Unenthaltsamkeit wider die Natur« (genannt in einem Atemzug mit Tierverkehr!) und sah bei *Klerikern* über die *infamia iuris* (kirchenrechtlicher Ehrverlust) hinaus schwerste Strafen vor, bis hin zur Entlassung aus dem Klerikerstand. (Vgl.: Jone 1953, S. 609-612; zum römischen Kirchenrecht von 1917 und 1983 im Vergleich: Walf 1986.) In der aktuellen, 3. Auflage des LThK (Bd. 5, S. 259) bestätigt auch der Limburger Kirchenrechtler Georg Bier, dass Homosexualität kein kanonisches Weihehindernis darstellt.

4 *Schreiben der Kongregation für die Glaubenslehre* 1986; vgl. Anmerkung 2.

5 Übers. in: Altkatholische Kirche Österreichs 1993, S. 8-10. – Vgl. zur anglikanischen und alt-kath. Diskussion über Homosexualität und Amt insgesamt: Siemon-Netto 1996/97; Bürger 1996, S. 137-139, 258-268 (mit zahlreichen Belegen) sowie die epd-Meldung vom 6.8.1998 über die Lambeth-Konferenz.

6 Zit. nach: HuK-Info Nr. 112/1995, S. 32. (Evangelisch-lutherische Kirche in Braunschweig 1995.) Vgl. insgesamt zur Rechtslage im Protestantismus: Steinhäuser 1998; *Werkstatt Schwule Theologie,* 6. Jg. Nr. 3/ 1999, S. 194-198 (W. Schürger).

7 Zit.: HuK-Info Nr. 110/1995, S. 37 (Evangelische Kirche im Rheinland 1995).

8 Vgl. EKD 1996, S. 40-48.

9 Abgedruckt in: Katholisches Bistum der Alt-Katholiken in Deutschland 1996, S. 4.

10 Drewermann 1989, S. 598; vgl. Herz 1995.

11 Vgl. dazu: Heinz 1996/1997; Dyba 1997; *Angst vor den Schwulen* 1997.

12 van Hooydonk 1994.

13 Vgl. HuK-Info Nr. 107-108/1994, S. 7; Sipe 1992; Rimscha 2000.

14 Vgl. u. a.: Weizer 1995, S. 61-65; literarisch: Feid 1996.

15 Vgl. dazu: Walf 1986, S. 55.

16 Ebd., S. 55 f.

17 Vgl. Bremshey 1995.

18 Für die Ostkirche beklagt bereits Johannes Chrysostomos im 4. Jahrhundert offenbare homosexuelle Vorlieben innerhalb der Theologenschaft (z. B. in: Adversus oppugnatores vitae monasticae). Vgl. dazu in: Kittelberger u. a. 1993, S. 57 f.

19 Vgl. im 2. Kapitel den Abschnitt »Von den frühen Bußbüchern bis hin zum Hexenwahn« und: Boswell 1980, S. 211-213, 215.

20 Vgl. Quellen, Zitate und Kommentierung bei: Boswell 1980, S. 217 f., 398-400.

21 Zacharias 1990, S. 21. (Literatur: Boswell 1980, S. 213 f.).

22 Drewermann 1989, S. 590.

23 Vgl. ebd., S. 586-602.

24 Ebd., S. 586.

25 Andres 1971, S. 17.

26 Vgl. dazu: Neumann 1986, S. 118 ff.

27 Silverstein / Picano 1992, S. 123.

28 Zit. nach: van Hooydonk 1994, S. 5.

29 Zit. nach: Migge 1993, S. 118.

30 Vgl. zu diesem Film: Wilink 1995.

31 Zit. in: Migge 1993, S. 73-75.

32 Vgl. dazu die Ausführungen eines röm.-kath. »Laien-Theologen« in: Rauchfleisch 1995, S. 88 und 92 (insgesamt S. 88-95).

33 Zit. in: Migge 1993, S. 65.

34 Diese Beurteilung schreibe ich nach persönlichen Gesprächen mit Mitgliedern dieser Gruppen. Für die USA konstatiert der ehemalige Jesuit McNeill (1993, S. 184): »Ich persönlich kenne viele schwule Pastoren, Priester und Geistliche, die keine Schwierigkeiten mit ihrem Zölibat hatten; die aber trotzdem ihre Kirche verließen, weil sie sich nicht länger mit gutem Gewissen mit der ungerechten homophoben Haltung ihrer Kirche identifizieren konnten.«

35 Zit. in: Migge 1993, S. 122-124.

36 Zit. in: ebd., S. 96.

37 Evangelische Landeskirche in Baden 1993, S. 15.

38 Vgl. dazu u. a.: ebd., S. 8, 11 und 14-20; Barz / Leistner / Wild 1987; Kittelberger u. a. 1993, S. 129-146 und 166-184; Rauchfleisch 1995, S. 95-111; sowie: *Ubbo Seegelken geht in den vorzeitigen Ruhestand* 1994.

39 Zit. nach: Altkatholische Kirche Österreichs 1993, S. 8.

40 Drewermann 1989, S. 590. (Eine positive Sicht der »Charismen« eines schwulen Pfarrers wird als evangelische Perspektive beschrieben in: Jordahl 1994.)

41 In: Kittelberger u. a. 1993, S. 20.

42 Zit nach: Herpell 1996, S. 35.

43 HuK: Farbe bekennen 1992, S. 25.

44 In epistolam ad Romanos 4,2,3; hier zit. nach: Kittelberger u. a. 1993, S. 59.

45 Zit. nach: Jordahl 1993, S. 172.

46 Zit. nach: van Hooydonk 1994, S. 5.

47 Zit. nach: Kittelberger u. a. 1993, S. 309.

48 Hier zit. nach: Katholisches Bistum der Alt-Katholiken in Deutschland 1996, S. 4.

10. Ihr seid gesegnet

1 Zu dieser Entschließung und den Reaktionen: Bruns 1994.

2 Vgl. auch: SVD 1994a-c.

3 Vgl. in: Altkatholische Kirche Österreichs 1993, S. 8 f.

4 Zit. nach: Wiedemann 1995, S. 153.

5 Vgl. ebd., S. 153 f.

6 Vgl. Bürger 1996, S. 156 und Quellennachweise; ebenso: Steinhäuser 1998.

7 Vgl. EKD 1996, S. 48-54; *Gottes Segen und die Segenshandlungen der Kirche* 1995; als grundlegend neuer Weg jedoch: Evangelische Kirche im Rheinland 1996/2000 (Segnung u. a. auch im Gemeindegottesdienst)!

8 EKD 1996, S. 54; vgl. dort auch S. 53.

9 Zit. nach: Iven 1995.

10 Vgl. dazu Belege in: Bürger 1996, S. 158 (und Literaturhinweise).

11 Vgl. ebd., S. 158, 269-273; ebenso: Katholisches Bistum der Alt-Katholiken in Deutschland 1996, S. 15-17; Altkatholische Kirche Österreichs 1999. Eine Segnungsfeier für zwei Freunde unter Leitung eines alt-katholischen Priesters fand 1992 bereits im Bistum Haarlem statt, allerdings ohne eingeholte »Genehmigung« durch die Kirchenleitung (Brief von Bischof Teun J. Horstman an den Verfasser vom 17.4.1996).

12 Stuart 1995, S. 47.

13 Vgl. zu Partnerschaften unter dem Vorzeichen von Aids auch Jäger 1990, S. 195: »Weniger Partnerschaften als ursprünglich vermutet sind durch die Tatsache, dass ein oder beide Partner infiziert sind, in die Brüche gegangen. Mehr Partnerschaften als anfangs angenommen haben sich vielmehr durch die zunehmende Belastung stabilisiert, sind zu einer tragfähigen Straße oder Brücke in der Bewältigung der Infektion geworden.«

14 Vgl. Jellonek 1990, S. 280-282.

15 Pingel / Trautvetter 1987, S. 78 f.

16 Zit. nach: Ringeling 1987, S. 11.

17 Migge 1993, S. 11 f.

18 Katholisches Bistum der Alt-Katholiken in Deutschland 1996, S. 18.

19 Wiedemann 1995, S. 152 f.

20 Vgl. Merz 1992 (»Warum segnet ihr uns erst am Sarg?«).

21 Weizer 1995, S. 190.

22 Vgl. Obert 1994; zur Ikonographie und Kunst vgl. *Werkstatt Schwule Theologie* Nr. 2/2000 (bes. Wagner 2000).

23 Vgl. Schroer / Staubli 1996.

24 Vgl. K. P. Adam / Nach Reck, in: Kittelberger u. a. 1993, S. 57. (Als Quelle nennen sie die Briefe des Ausonius: Antologia Palatina 12, 210.)

25 Vgl. Boswell 1994, S. 139-161.

26 Vgl. Kittelberger u. a. 1993, S. 60 f.; Boswell 1980, S. 218-226 und 215.

27 Aelred von Rieval ed. 1978, S. 29; vgl. daneben insgesamt zur »Liebesmystik« der frühen Zisterzienser die schöne Textauswahl: Schellenberger 1981.

28 Richard von Sankt-Victor, ed. 1980.

29 Mühlen 1966, S. 140.

30 Richard von Sankt-Victor, ed. 1980, S. 96 f.

31 Ebd., S. 195.

32 Die folgenden Zitate der Hildegard von Bingen nach: taz 30.5.1998 und HuK-Info Nr. 137/2000, S. 50. (Hergemöller 2000 zählt Hildegard zu den antihomosexuellen Theologinnen des Mittelalters.) Die Handschrift aus dem Kloster Tegernsee zit. nach Hiltrud Noll, in: HuK Nr. 3/1992, S. 46.

33 Vgl. HuK-Info Nr. 107-108/1994, S. 43, wo der Bericht über die (damals) noch bekannte »Freundschaftsweihe« in der griechischen Kirche von Adolf Brand aus den 20er Jahren dokumentiert wird: »... Leben zwei Freunde zusammen und haben sie den ernsthaften Wunsch, für immer zusammenzubleiben, so treten sie während einer Abendmahlshandlung vor den Altar. Ihre nebeneinander liegenden Handgelenke, sind mit einem weißen Seidenband verknotet. Der Priester und die Altardiener wissen, dass diese beiden Freunde, seien es nun Gleichaltrige oder Mann und Jüngling, einen Bund fürs Leben schließen wollen. Der Altardiener ritzt die beiden Handgelenke und ein paar Tropfen Blut rinnen von jedem in den geweihten Kelch, der noch nicht konsekrierten (geweihten) Wein enthält. Die beiden Freunde trinken Wein und Blut des Freundes, empfangen die Hostie und sind damit unlöslich verbunden für ihr ganzes Leben, gleichgültig, ob der eine sich später verheiratet. Sie sind nicht nur für ihr gemeinsames Leben verpflichtet. Stirbt nämlich später einer der beiden Freunde ..., so fällt dem Überlebenden auf Grund des Gelübdes die Pflicht zu, für die Familie des Toten zu sorgen. Aber auch während sie beide noch Schulter an Schulter im Kampf ums Dasein stehen, muss einer dem andern helfen und beistehen in allen Lebenslagen ...« Um die viel ältere ostkirchliche Tradition des Freundschaftsbündnisses weiß A. Brand allerdings nur sehr ungenau.

34 Übers. hier nach: Lautmann 1994; vgl. Boswell 1994, S. 294 ff. (Eine Auswahl der ostkirchlichen Segnungsliturgien für gleichgeschlechtliche Lebensbündnisse – in deutscher Übersetzung – nach Boswell in: Bürger 1996, S. 274-282.) Hergemöller 2000, S. 77-96.

35 Mit der oft wiederkehrenden Wendung »*ohne Hass und Skandal*« sieht Boswell auf Grund von sprachlichen Vergleichen mit »heterosexuellen« Hochzeitszeremonien jedoch *keine* Warnung in dieser Richtung ausgesprochen. Vgl. Boswell 1994, S. 205.

36 Ebd., S. 375-390.

37 Vgl. ebd., S. 199-217.

38 Die Theologie dieser ostkirchlichen Liturgien beleuchtet die *Ebenbildlichkeit* von der Gabe der Liebe her, und zwar hier eben nicht exklusiv heterosexuell verstanden! Vgl. dazu auch die Textauswahl-Übersetzung in: Bürger 1996, S. 274-282.

39 Lateinisch: Wo »Güte« (Barmherzigkeit) und Liebe, da ist Gott. (*Wo die Liebe wohnt, da wohnt auch Gott.*)

40 Küry 1982, S. 216; Boswell 1994, S. 162-198.

41 Vgl. Küry 1982, S. 213.

42 Darauf hat mich der alt-kath. Liturgiewissenschaftler Dr. Thaddäus A. Schnitker hingewiesen. Ebenso betrachtete der Josephinismus die priesterliche *benedictio* als Sache der Kirche, den *Vertrag* als staatliche Angelegenheit (vgl. Küry 1982, S. 213).

43 Vgl. Haag / Elliger 1986, S. 239.

44 So z. B. Nr. 2360 f.; 2364 (*Katechismus der Katholischen Kirche* 1993, S. 596 f.).

45 *Schreiben der Kongregation für die Glaubenslehre* 1986, S. 6 f. (Nr. 7): »Homosexuelles Tun führt ja nicht zu einer komplementären Vereinigung, die in der Lage wäre, das Le-

ben weiterzugeben, und widerspricht darum [sic!] dem Ruf nach einem Leben solcher Selbsthingabe, von der das Evangelium sagt, dass darin das Wesen christlicher Liebe bestehe.« – Bloße, salbungsvolle *Behauptungen* und Vorurteile sind die einzigen »Argumente« dieses Textes.

46 Vgl. dazu Wiedemann 1982, S. 82 f. (unter Hinweis auf G. von Rad und C. Westermann).

47 Vgl. Drewermann 1994, S. 24-27.

48 Vgl. Gollwitzer 1978.

49 Bundeszentrale für gesundheitliche Aufklärung 1994, S. 18.

50 Vgl. Becker 1987, S. 45.

51 Zit. nach Osten-Sacken 1987, S. 48. (Zur neueren *jüdischen* Sicht der Homosexualität vgl. ebd., S. 46-49 und Boswell 1994, S. 364-371).

52 Vgl. zum Folgenden: Drewermann 1993, S. 479-502, und im 6. Kapitel dieses Buches den Abschnitt »Die Natur als Götze…«.

53 Drewermann 1993, S. 495.

54 Vgl. dazu in den Anmerkungen von: Wengst 1987, S. 80 die Hinweise auf Augustinus und Jürgen Ebach.

55 Vgl. u. a. Boswell 1994, S. 295 sowie Bürger 1996, S. 276-278.

56 Gollwitzer 1978, S. 22 f.

57 Vgl. dazu insgesamt: Vobbe 1996, besonders dort auf S. 42 den Textauszug über die »Erschaffung der Frau« von *Christine de Pizan* (ca. 1364-1430).

58 Drewermann 1984, S. 20.

59 Vgl. Drewermann 1993, S. 496.

60 Ebd., S. 496.

61 Ebd., S. 496 f.

62 Vgl. Drewermann 1984, S. 402.

63 Green 1988, S. 206.

64 Drewermann 1984, S. 406.

65 Dass diese Trauer als *Trauer von unzertrennlich Liebenden* in unserer Kultur endlich wahrgenommen wird, zeigt auch eine Szene aus dem Film »Vier Hochzeiten und ein Todesfall« von Mike Newell (GB 1993), wo »der junge Matthew seinem Lebensgefährten Gareth eine ergreifende Grabrede nachschickte ... Er zitierte W. H. Auden: ›He was my north, my south, my east and west. My working week and my Sunday rest. My noon, my midnight, my talk, my song. I thought that love would last forever – I was wrong‹« (Herpell 1996, S. 37).

66 Gollwitzer 1978, S. 56.

67 Augustinus, In Johannis Evangelium Tract. XII. Zit. nach: Kaspar 1982, S. 243.

68 Augustinus zitiert – sehr optimistisch – diesen Wunsch Ciceros in einem Werk gegen den Bischof Julian von Ecclanum: »Sicherlich kommt das, was Cicero zum Sohn sagte, so recht vom Herzen aller Väter, wenn er ihm schrieb: ›Du bist der einzige aller Männer, von dem ich wünschte, er würde mich in allen Dingen überflügeln‹« (Aurelius Augustinus 1985, S. 126).

69 Ostkirchlichen Theologen würden sich unter den Voraussetzungen der *modernen* Biologie die Haare sträuben, wollte man den Hervorgang des Heiligen Geistes auf diese Weise darstellen, d. h. den Vater als männlichen Erzeuger, den Sohn als Mutter und damit beide als gleichursprünglich »Hauchende« ansehen. (Anders jedoch Mühlen 1966, S. 76-79, der an dieser *trinitarischen Familienanalogie* modifiziert festhalten möchte.)

70 Vgl. dazu: Baudler 1989, S. 272-274; ebenso das Kapitel »Ist Gott ein Mann?« in: Bartholomäus 1988, S. 48 f.

71 Vgl. dazu: Schipflinger 1988, der die alttestamentliche *Sophia–Weisheit* jedoch in mariologischer und nicht in christologischer Sicht beleuchtet.

72 Vgl. zum »Menschen als Bild des trinitarischen Gottes« und zu »Trinität und Gemeinschaft der Menschen« auch: Forte 1989, S. 178-190.

73 Marti 1989, S. 5.

74 Vgl. Jüngel 1982, S. 451.

75 Ebd., S. 451.

76 Greiner 1999. Vgl. dazu den Beitrag von Wolfgang Schürger (mit Literaturhinweisen) in: *Werkstatt Schwule Theologie* Nr. 1/2001, S. 25-32.

[77] Vgl. auch: Deutsche Bischofskonferenz 2001, S. 20.

[78] HuK München (1995), S. 2 f. (Es versteht sich wohl von selber, dass eine biblische »Theologie des Segens« nicht allein auf solche Konkordanzstellen zurückgreifen kann, in denen das Wort »Segen« *ausdrücklich* vorkommt.)

[79] Ebd., S. 3.

[80] Stuart 1992; Übers. nach: *AHA* 1995 (und: Bürger 1996, S. 291).

[81] Wiedemann 1995, S. 77.

[82] Vgl. zu Segnungsliturgien u. a.: Radford Ruether 1988; Stuart 1992; Boswell 1994; *AHA* 1995; HuK 1995; Bürger 1996, S. 269-303; Altkatholische Kirche Österreichs 1999; Evangelische Kirche im Rheinland 2000. Zur Diskussion: *Werkstatt Schwule Theologie* Nr. 1/2001.

[83] Als biblische Gebete und Lesungen werden in den mir bekannten Liturgien u. a. vorgeschlagen: Gen 2, 18; Rut 1, 16 f.; 1 Sam 18, 1. 3; 1 Sam 20, 16-17. 42; Ps 17, 6-9. 15; Ps 27 (Auswahl); Ps 36, 6-10; Ps 65; Ps 66, 1-5. 8-12. 16-20; Ps 84; Ps 100, 1-5; Ps 102, 26-29; Ps 117; Ps 118 (z. B. 1. 6. 13-14. 19-24); Ps 133 (1-3); Ps 139 (z. B. 1-6. 13-16); Koh 4, 9-12; Hld 1; Hld 2, 8-13; Hld 8, 6-7; Jes 55, 12; Mt 12, 46-50; Lk 24, 13-35; Joh 15, 1-17; Apg 10, 15b; Röm 12, 9-16; 1 Kor 13, 1-13; Gal 3, 26-28; Gal 5, 13. 22 f.; Gal 6, 2; Phil 1, 3-11 (6); Phil 2, 1-5; 1 Petr 4, 7-11; 1 Joh 3, 11-24; 1 Joh 4, 7-21.

ANHANG:
Drei schwule Geburtsansichten

[1] Dieser Beitrag basiert auf einem Vortrag beim Ostertreffen 2001 des Tagungshauses »Waldschlösschen«. Er erschien bereits in dem Sammelband: Stefan Mielchen/Klaus Stehling (Hg.): Schwule Spiritualität, Sexualität und Sinnlichkeit, Edition Waldschlösschen, Hamburg 2001, (MännerschwarmSkript, ISBN 3-935596-02-2). Literaturhinweise: Gollwitzer, Helmut: Das hohe Lied der Liebe, München 1978. Greenaway, Peter: Das Wunder von Mâcon. Ein Film, Hamburg (Rogner & Bernhard) 1993.

Trügerischer Glanz des Regenbogens

[1] Der vorliegende Text geht auf einen Vortrag in Osnabrück am 18.5.2005 im Rahmen der Reihe »Gay in May« zurück. Eingeladen hatte das Autonome Schwulenreferat im örtlichen AStA.

[2] Vgl. Manfred Bruns: Homosexualität – Von 1949 bis heute. http://typo3.lsvd.de/61.0.html

[3] Bezogen auf unser Thema bleibt immer zu bedenken, dass die massenmediale öffentliche Präsenz des »Themas« – von ihrer kommerziellen Durchdringung einmal ganz abgesehen – immer auch dem »Homofeind« mehr »Anregungen« und weitere Angriffsflächen bietet.

[4] Vgl. als knappen Überblick zum Beispiel: P. Bürger: Das Lied der Liebe kennt viele Melodien. Eine befreite Sicht der homosexuellen Liebe, Oberursel 2001, S. 19-45 (Kapitel 2 »Ecce homo – Eine Passionsgeschichte«); immer noch sehr lesenswert: Gisela Bleibtreu-Ehrenberg: Tabu Homosexualität. Die Geschichte eines Vorurteils, Frankfurt a. M. 1978.

[5] Zit. n.: G. Bleibtreu-Ehrenberg, in: Kittelberger/Schürger/Heilig-Achneck (Hg.): Was auf dem Spiel steht. Diskussionsbeiträge zu Homosexualität und Kirche, München 1993, S. 22.

[6] Vgl. (auch als knappen historischen Überblick): Bernhard Nolz: »Schwule Säue!« – Rechtsextremismus und Konservativismus im homophoben Gleichschritt. http://www.uni-muenster.de/PeaCon/wuf/wf-95/9530601m.htm

[7] Mehr als 60 Prozent der Diskriminierungsfälle von jungen Schwulen und Lesben sind im schulischen Bereich auszumachen; so: Diskrimierung 2001. Pressemitteilung des Jugendnetzwerks LAMBDA Berlin-Brandenburg e.V. vom 3.1.2001. http://old.lsvd.de/bund/antidiskriminierung/lambda.html

[8] Prof. Dr. med. Volkmar Sigusch: Jugendsexualität – Veränderungen in den letzten Jahrzehnten, in: Deutsches Ärzteblatt 95,

Heft 20 (15.5.1998), Seite A-1240. http://www.bvvp.de/artikel/jugendsex.html

9 Axel Murswieck: Gesellschaft, in: Lösche/Loeffelholz (Hg.) unter Mitarbeit von Anja Ostermann: Länderbericht USA – Geschichte, Politik, Wirtschaft, Gesellschaft, Kultur = Schriftenreihe Bd. 401. Bonn: Bundeszentrale für politische Bildung 2004, S. 594-697. US-Statistiken auch auf: http://www.divorcereform.org/rates.html

10 Der Kölner Anti-Gewalt-Bericht 2004 des schwulen Überfalltelefons zitiert den österreichischen *Standard* vom 23.11.2004: »Washington – 7489 Straftaten sind im Jahr 2003 in den USA als so genannte ›Hass-Verbrechen‹ gemeldet worden. Laut einer FBI-Statistik waren die meisten gegen Schwarze (2548), gegen Juden (927) und gegen männliche Homosexuelle (783) gerichtet. Insgesamt 1200 Verbrechen waren aus Hass gegen die sexuelle Orientierung der Opfer begangen worden. Als antiislamisch wurden 149 Taten gegen Moslems eingestuft. Von den 14 als Hass-Verbrechen eingestuften Morden waren vier an Schwarzen und sechs an Homosexuellen verübt worden ... Allerdings meldeten nur 16 Prozent von 11 900 Polizeidienststellen in den USA überhaupt Hass-Verbrechen an das FBI.«

11 Wörtlich war die Rede von einer Schädlichkeit »für die gesunde Entwicklung der menschlichen Gesellschaft« und einer Gefahr für das »Gewebe der öffentlichen Moral«. (Vgl. Michael Brinkschröder: Theologische Analyse der »Erwägungen zur rechtlichen Anerkennung der Lebensgemeinschaften zwischen homosexuellen Personen«, in: Werkstatt Schwule Theologie, Nr. 3 & 4/2003, S. 307-313.) Vgl. zur römisch-katholischen Hetze gegen schwul-lesbische Bürgerrechte und zur Beschwörung von Gefahren für das Wohlergehen der Gesellschaft seit 1986 ebenfalls: P. Bürger: Das Lied der Liebe, Oberursel 2001, S. 34-39. Auch beim Streit um schwule Priester wurde von Disputanten zuweilen der »gesunde« – heterosexuelle – Mann beschworen.

12 Papst Johannes Paul II.: Erinnerung und Identität – Gespräche an der Schwelle zwischen den Jahrtausenden (dt. Buchveröffentlichung Februar 2005).

13 Zu den Themen homosexuelles Leben, Partnerschaft, Erotik, Kultur, HIV-Prävention und Homofeindlichkeit bzw. neue »Volksmoral« bietet das Gigi-Heft vom November/Dezember 2004 zahlreiche anregende Beiträge (Themenschwerpunkt Neoliberalismus/Sozialabbau). Internet-Präsenz der Zeitschrift: www.gigi-online.de

14 Vgl. zu den stattlichen Nebeneinkünften aus bezeichnenden Nebenbeschäftigungen des Düsseldorfer Oberbürgermeisters Joachim Erwin den Beitrag in der TAZ vom 6.4.2005. Im Vorjahr sah ihm die Staatsanwaltschaft die Nichtversteuerung nennenswerter Einkommenssummen – darunter fünfstellige Euro-Zinserträge bei der Commerzbank in Luxemburg – als Versehen nach (Der Spiegel, 13.9.2004). Der von diesem Politiker favorisierte Städtische Ordnungsdienst verfolgt indessen alle von der neuen Düsseldorfer Straßenordnung kreierten Ordnungswidrigkeiten bei sozial weniger erfolgreichen Bürgern mit großer Strenge.

15 Als die rechtsradikale Partei »Pro Köln« nach den Kommunalwahlen vom Oktober 2004 mit Fraktionsstatus in den Kölner Stadtrat eingezogen war, verlangte sie umgehend einen Stopp der Förderung lesbisch-schwuler Projekte und ein Ende des CSD.

16 Dazu Dietmar Sturzbecher/Detlef Landua: Rechtsextremismus und Ausländerfeindlichkeit unter ostdeutschen Jugendlichen, in: Aus Politik und Zeitgeschichte (B 46/2001). www.bpb.de/publikationen/: »Während beide Extremgruppen in Hinblick auf die Opfergruppen ›Klassenkameraden‹ und ›Schüler aus der eigenen Schule‹ in den Häufigkeiten in etwa übereinstimmen (jeweils rund 40 %), richtet sich die Gewalt hoch-rechtsextremer Gewalttäter vorwiegend gegen ›Asoziale und Obdachlose‹ (59 % vs. 10 % bei Nichtrechtsextremen), gegen

›Schwule‹ (73 % vs. 6 %) und ›Politische Gegner‹ (74 % vs. 29 %). Die bei Weitem wichtigste Opfergruppe rechtsextremer Gewalt findet sich jedoch erwartungsgemäß unter ›Ausländern‹ (90 % vs. 17 %).«

17 So jedenfalls die von mir über Rezensionen zur Kenntnis genommenen Ergebnisse von: Oliver Geden: Männlichkeitskonstruktionen in der Freiheitlichen Partei Österreichs. Eine qualitativ-empirische Untersuchung, Opladen: Leske + Budrich 2004.

18 Wilhelm Heitmeyer (Hg.): Deutsche Zustände. Folge 3, Frankfurt: Suhrkamp Verlag 2004.

19 Vgl. als politisch bewusste Erinnerung: Hans-Georg Stümke (16.9.1941-29.9.2002): CSD: Wie ein mächtiger Wutschrei – Die Geschichte eines schwul-lesbischen Feiertages. http://typo3.lsvd.de/55.0.html

20 Vgl. dazu meine Überlegungen in: Peter Bürger: Perspektiven christlicher Familienbilder für Schwule & Lesben – und schwule & lesbische Lebensformen als Erfahrungsfeld für ein christliches Ethos (Beitrag zur Frühjahrstagung von HuK am 4. März 2005 in Kloster Höchst). http://hannover.gayweb.de/huk/frame.html

21 Vgl. zum Thema auch meinen Beitrag: P. Bürger: Jenseits von Tuntenenergie und Tarot? Persönliche Anmerkungen eines schwulen Theologen über Gay Spirit, in: Werkstatt Schwule Theologie 4/2004, S. 350-362.

22 Vgl. als eher konstruktive Beiträge zum Beispiel: Wie steht der Koran zur Homosexualität? Vortrag in der interkulturellen Veranstaltungsreihe zum Thema »Homosexualität & Islam« des Zentrums für MigrantInnen, Lesben und Schwule (MILES) im LSVD Berlin-Brandenburg e.V., Willmanndamm 8, 10827 Berlin, gehalten am 13.11.2002. http://www.lsvd.de/bund/binats/koran.html und: Globalizing Homophobia – Die Schwulenverfolgung in der islamischen Welt, die sich propagandistisch gegen den Westen richtet, setzt paradoxerweise den Import seines Identitätsmodells voraus (2005). http://gigi.x-berg.de/texte/globalizing

23 Alexander Speck verweist in einer Rezension auf das umgekehrte Gedächtnisproblem der Linken: »So ist Kurt Hiller zwar als radikaler Antimilitarist bekannt, daß er aber gleichzeitig einer der wesentlichen Vertreter der Schwulenbewegung der Weimarer Republik war und seine Ablehnung der Wehrpflicht aus den gleichen Grundüberzeugungen resultierte wie seine politische Arbeit für die schwule Emanzipation, wird schlicht nicht zur Kenntnis genommen« (Graswurzelrevolution Nr. 210/1996. http://www.graswurzel.net/210/schwule.shtml).

Katholische Kirche und homosexuelle Priesteramtskandidten (2005)

1 Vgl. P. Bürger: Drei schwule Geburtsansichten eines Christen, in: Stefan Mielchen/ Klaus Stehling (Hg.), Schwule Spiritualität, Sexualität und Sinnlichkeit, Edition Waldschlösschen, Hamburg 2001 (MänneschwarmSkript), S. 28-55 [sowie die weiteren Beiträge des Sammelbandes]; P. Bürger: Jenseits von Tuntenenergie und Tarot? Persönliche Anmerkungen eines schwulen Theologen über Gay Spirit, in: Werkstatt Schwule Theologie 4/2004, S. 350-362.

2 So heißt es im letzten Buch des verstorbenen Johannes Paul II.: »Und auch an anderen schweren Formen der Verletzung der Gesetze Gottes [neben der Abtreibung] fehlt es nicht. Ich denke zum Beispiel an den starken Druck des Europäischen Parlaments, homosexuelle Verbindungen anzuerkennen als alternative Form der Familie [...]. Es ist zulässig und sogar geboten, sich zu fragen, ob nicht hier – vielleicht heimtückischer und verhohlener – wieder eine neue Ideologie des Bösen am Werk ist, die versucht, gegen den Menschen und gegen die Familie sogar die Menschenrechte auszunutzen« (Erinnerung und Identität – Gespräche an der Schwelle zwischen den Jahrtausenden).

3 Vgl. P. Bürger: Hiroshima, der Krieg und die Christen, Düsseldorf 2005, S. 130-145.

4 Zum neokonservativen Kulturkampf und zu aktuellen gesellschaftlichen Strömungen vgl. auch P. Bürger: Trügerischerer Glanz der Regenbogenfahne? Vielleicht sind Bürgerrechte für Schwule & Lesben fragiler, als wir denken, in: Werkstatt Schwule Theologie Nr. 3+4/2005, S. 166-179.

5 Die »Typologie des homosexuellen Klerus« im 9. Kapitel ist von einigen Betroffenen und anderen Lesern als zu pauschal und wenig hilfreich kritisiert worden. Ich verstehe diesen Nachtrag auch als Antwort auf entsprechende Mitteilungen.

Namen und Abkürzungen der im Text erwähnten biblischen Bücher
(nach der Einheitsübersetzung)

Altes Testament

Gen	Das Buch Genesis
Ex	Das Buch Exodus
Lev	Das Buch Levitikus
Dtn	Das Buch Deuteronomium
Jos	Das Buch Josua
Ri	Das Buch der Richter
Rut	Das Buch Rut
1 Sam	Das erste Buch Samuel
2 Sam	Das zweite Buch Samuel
1 Kön	Das erste Buch der Könige
Ijob	Das Buch Ijob
Ps	Die Psalmen
Spr	Das Buch der Sprichwörter
Koh	Das Buch Kohelet
Hld	Das Hohelied
Weish	Das Buch der Weisheit
Jes	Das Buch Jesaja
Jer	Das Buch Jeremia
Ez	Das Buch Ezechiel
Hos	Das Buch Hosea

Neues Testament

Mt	Das Evangelium nach Matthäus
Mk	Das Evangelium nach Markus
Lk	Das Evangelium nach Lukas
Joh	Das Evangelium nach Johannes
Apg	Die Apostelgeschichte
Röm	Der Brief an die Römer
1 Kor	Der erste Brief an die Korinther
2 Kor	Der zweite Brief an die Korinther
Gal	Der Brief an die Galater
Eph	Der Brief an die Epheser
Phil	Der Brief an die Philipper
Kol	Der Brief an die Kolosser
1 Thess	Der erste Brief an die Thessalonicher
1 Tim	Der erste Brief an Timotheus
2 Tim	Der zweite Brief an Timotheus
Tit	Der Brief an Titus
Phlm	Der Brief an Philemon
Hebr	Der Brief an die Hebräer
Jak	Der Brief des Jakobus
1 Petr	Der erste Brief des Petrus
2 Petr	Der zweite Brief des Petrus
1 Joh	Der erste Brief des Johannes
Offb	Die Offenbarung des Johannes

Literaturverzeichnis

Adler, A.: Das Problem der Homosexualität und sexueller Perversionen. Neu hg. und eingel. v. W. Metzger. Frankfurt am Main [1977] 1981.

Aelred von Rieval: Über die geistliche Freundschaft. Lateinisch – Deutsch. Trier 1978.

AHA. Arbeitskreis »Homosexualität und Alt-Katholische Kirche« (Hg.): Wage, den Namen der Liebe auszusprechen. [Übertragungen aus Stuart 1992.] Düsseldorf 1995.

Altkatholische Kirche Österreichs / Bischöfliches Seminar (Hg.): Erklärung des House of Bishops der Generalsynode der Church of England »Der Homosexuelle in Leben und Gemeinschaft der Kirche«. Wien 1993.

Dies.: »Anders als die anderen«. Wien, 3. Aufl. 1999.

Andres, St.: Die Versuchung des Synesios. München 1971.

Angst vor den Schwulen. In: Der Spiegel, Nr. 18/ 28.4.1997.

Arntz, E. O. / König, P.-P. (Hg.): Kirche und die Frage der Homosexualität. Hildesheim 1995.

Auch Erbfaktoren bei der Homosexualität. In: Frankfurter Rundschau, 30.1.1992.

Aurelius Augustinus: Aufstieg zu Gott. Hg. v. L. Boros. München/Zürich 1985.

Bagemihl, B.: Biological Exuberance – Animal Homosexuality an Natural Diversity. New York 1999.

Baldwin, J.: Giovannis Zimmer [1967]. Reinbek 1990.

Barth, K.: Die Kirchliche Dogmatik. Bd. III. 4. Teil. Zürich 1951.

Ders.: Offene Briefe 1945-68. Hg. v. D. Koch. Gesamtausgabe Bd. 5: Briefe. Zürich 1984.

Bartholomäus, W.: Unterwegs zum Lieben. Erfahrungsfelder der Sexualität. München 1988.

Barz, M. / Leistner, H. / Wild, U.: Hättest du gedacht, dass wir so viele sind? Lesbische Frauen in der Kirche. Stuttgart 1987.

Baudler, G.: Erlösung vom Stiergott. Christliche Gotteserfahrung im Dialog mit Mythen und Religionen. München/Stuttgart 1989.

Becker, J.: Zum Problem der Homosexualität in der Bibel. In: Zeitschrift für Evangelische Ethik 31 (1987), S. 36-59.

Bekenntnisbewegung lehnt Ergänzung des Grundartikels ab. In: Der Weg – Evangelische Wochenzeitung für das Rheinland, Jg. 50. Nr. 18/30.4.1995, S. 2.

Bettermann, St.: Leben Schwule besser? In: Focus, Nr. 12/18.3.1996, S. 205-214.

Bischof: Schwule ausgrenzen. In: Deutsches Allgemeines Sonntagsblatt, Nr. 34/26.8.1994.

Bleibtreu-Ehrenberg, G.: Tabu Homosexualität. Die Geschichte eines Vorurteils. Frankfurt am Main 1978.

Bluthaftes Verständnis. Johannes H. Schultz, Erfinder des »Autogenen Trainings«, diente den Nazis. In: Der Spiegel, 27.6.1994.

Boldt, K. / Damm, A.: Das Ja-Wort zweier Männer. In: Kölner Stadt-Anzeiger, Nr. 156, 8.7.1994.

Bonse, E.: Zurück zur Natur? In: Deutsches Allgemeines Sonntagsblatt, 20.8.1993.

Boswell, J.: Christianity, Social Tolerance and Homosexuality. Chicago and London 1980.

Ders.: Same-Sex Unions in Premodern Europe. New York 1994.

Brand, A.: o. T. [Quelle: »Der Eigene«]. In: HuK-Info, Nr. 107-108/1994, S. 43.

Bremshey, V.: Vikar gesteht Sex mit Jugendlichen. In: Westfalenpost (Zeitgeschehen), 6.12.1995.

Brinkschröder, M. (Hg.): Schwule Theologie. Bestandsaufnahme und Perspektiven. Münster 1994.

Brown, P.: Die Keuschheit der Engel. München 1994.

Bruns, M.: »Ohne Ansehen der sexuellen Orientierung«. Die Entschließung des Europäischen Parlamentes vom 8. Februar 1994 zur »Gleichberechtigung von Schwulen und Lesben in der EG«. [Unveröffentlichtes Vortragsmanuskript zu einer Tagung der kath. Akademie Rabanus Maurus in Naurod am 9.11.1994.] 1994.

Bundeszentrale für gesundheitliche Aufklärung (Hg.): Eine Broschüre für Eltern. Kein »typisches Mädchen«, kein »typischer Junge«? Unser Kind fällt aus der Rolle. Köln 1994.

Bürger, P.: Da war unser Mund voll Lachen. Befreiung für die Kirche und für Christen, die das gleiche Geschlecht lieben. Hg. v. Altkath. Gemeinde Düsseldorf und »AK Homosexualität und alt-kath. Kirche«. Düsseldorf: Eigenverlag 1996.

Ders.: »Seid nett zueinander«. Alt-katholische Kirche und homosexuelle Liebe – Ein persönliches Fazit zur Bistumssynode 1997. In: HuK-Info, Nr. 127/1998, S. 30-32.

Burgess, A.: Der Fürst der Phantome [1980]. München 1991.

Burkhardt, M.: Gespräch mit Jacques Gaillot. In: HuK-Info, Nr. 109/1994, S. 27 f.

Campenhausen, H. Freiherr von: Lateinische Kirchenväter. 4. Aufl. Stuttgart/Berlin/Köln/Mainz 1978.

Conklin, D. G.: 6. Sonntag nach Trinitatis – Apostelgeschichte 8, 26-39. In: Homiletische Monatshefte für Predigt, Katechese, Gottesdienst. Jg. 63. Heft 9/1988, S. 390-393.

Curb, R. / Manahan, N.: Die ungehorsamen Bräute Christi [1985]. München 1988.

Dannecker, M.: Der Homosexuelle und die Homosexualität. Frankfurt am Main 1986.

Degen, R.: Ein Touch schwul macht cool. In: Der Tagesspiegel, 26.6.2000.

Der Theologe Heinz Schütte zur christlichen Haltung gegenüber Homosexualität. In: Westfalenblatt, 11.1.1995.

Deutsche Bischofskonferenz / Zentralstelle Pastoral (Hg.): Ungleiches ist nicht gleich. Zur Kontroverse um die »Homo-Ehe«. Bonn 8.11.2000.

Dies.: »Als Mann und Frau schuf er sie«. Das Verhältnis der Geschlechter in Ehe und Familie (= Arbeitshilfen Nr. 155. Bonn 2001).

Dobhan, U.: Teresa von Ávila und die Emanzipation der Frau. In: Herbstrith, W. (Hg.): Gott allein. Teresa von Ávila heute. Freiburg 1982.

Drewermann, E.: Strukturen des Bösen. Bd. I. Paderborn, 5., erg. Aufl., 1984.

Ders.: Psychoanalyse und Moraltheologie. Bd. 2. 5., erg. Aufl. Mainz 1987.

Ders.: Kleriker. Psychogramm eines Ideals. Olten 1989.

Ders.: Glauben in Freiheit, oder Tiefenpsychologie und Dogmatik. Bd. 1. Solothurn/Düsseldorf 1993.

Ders.: Ich lasse Dich nicht, Du segnest mich denn. Predigten zum 1. Buch Moses. Hg. v. B. Marz. Düsseldorf 1994.

Drohung mit »Notkirche«. In: Mitteldeutsche Zeitung Halle, 12.11.1994.

Dyba, J.: Homosexuelle als Priester? In: Bonifatiusbote, Nr. 2/12.1.1997.

EKD / Rat der Evangelischen Kirche in Deutschland (Hg.): Mit Spannungen leben. Eine Orientierungshilfe des Rates der Evangelischen Kirche in Deutschland zum Thema »Homosexualität und Kirche«. Hannover 1996.

EKD (Hg.): Verlässlichkeit und Verantwortung stärken. Eine Stellungnahme des Kirchenamtes der EKD zur Verbesserung des Rechtsschutzes für gleichgeschlechtliche Lebenspartnerschaften und zur besonderen Bedeutung und Stellung der Ehe. Hannover 2000.

Engel, U.: »Ja, mein Erbe gefällt mir gut«. Skizzen zu einer Gay-Spiritualität. In: HuK-Info, Nr. 129/1998, S. 34-38.

Evangelische Kirche im Rheinland (Hg.): Homosexuelle Liebe. Arbeitspapier für rheinische Gemeinden und Kirchenkreise. Düsseldorf 1992.

Dies.: Beschluss der Landessynode vom 11.1.1995 zum Thema »Homosexualität – Homosexuelle Liebe«. In: HuK-Info, Nr. 110/1995, S. 38.

Dies.: »Sexualität und Lebensformen« sowie »Trauung und Segnung«. Düsseldorf 1996.

Dies.: Liturgische Bausteine für eine gottesdienstliche Begleitung gleichgeschlechtlicher Paare in verbindlicher Lebensgemeinschaft. Hg. v. der Kirchenleitung der Evangelischen Kirche im Rheinland. Düsseldorf, 22.9.2000.

Evangelische Landeskirche in Baden: Mitteilungen. Homosexualität – Lesben und Schwule – (K)ein Thema für Theologie und Seelsorge. Nr. 2, März/April 1992 [als Sonderdruck 1993].

Evangelisch-lutherische Landeskirche in Braunschweig / Gemeindeausschuss (Hg.): Thesenpapier zu Fragen der Homosexualität. In: HuK-Info, Nr. 112/1995, S. 30-32.

Feid, A.: Nacht eines Priesters. Düsseldorf 1996.

Fest, M.: Amerikas Schwulen-Debatte in der nächsten Phase. In: Die Tageszeitung, 31.8.1993.

Flasch, K. (Hg.): Geschichte der Philosophie in Text und Darstellung. Bd. 2. Stuttgart 1982.

Forte, B.: Trinität als Geschichte. Der lebendige Gott – Gott der Lebenden. Mainz 1989.

Gade, A.: Die Beurteilung von »Homosexualität« in verschiedenen theologischen Entwürfen seit 1990. In: HuK-Info, Nr. 126/1997, S. 36-45.

Gerechte Diskriminierung. Der Vatikan fordert die Bischöfe der USA auf, die Gleichberechtigung der Homosexuellen zu verhindern. In: Deutsches Allgemeines Sonntagsblatt, 14.8.1992.

Goddar, J.: »Weil ich Schwule hasse«. In: Die Tageszeitung, 23.11.1994.

Gollwitzer, H.: Das hohe Lied der Liebe. München 1978.

Gottes Segen und die Segenshandlungen der Kirche. Ein Votum des Theologischen Ausschusses der Arnholdshainer Konferenz. Neukirchen-Vluyn 1995.

Grau, G. (Hg.): Und diese Liebe auch. Theologische und sexualwissenschaftliche Einsichten zur Homosexualität. Berlin (Ost) 1989.

Green, J.: Junge Jahre. Autobiografie [1984]. München 1988.

Greiner, D.: Segen und Segnen. 2. Aufl., Stuttgart 1999.

Grossmann, Th.: Eine Liebe wie jede andere [1984]. Reinbek 1993.

Ders.: Füreinander geschaffen? Anmerkungen zum Verhältnis von Frauen und schwulen Männern. In: Jäger, H. (Hg.): AIDS – Management der Erkrankung. Szenarien zur Verbesserung von Diagnose und Behandlung. Landsberg 1996, S. 367-369.

Haag, H. / Elliger, K.: Stört nicht die Liebe. Die Diskriminierung der Sexualität – ein Verrat an der Bibel. Olten 1986.

Haag, H.: Neues zur Homosexualität. In: Theologische Quartalschrift Tübingen, Nr. 167/1987, S. 56-57.

Haeberle, E. J.: Die Sexualität des Menschen. 2., erw. Aufl., Berlin/New York 1985.

Häußler, E.: Lieber Gott, nimm's weg. In: Die Zeit, 1.10.1993.

Hamburgs Bischöfin Maria Jepsen: *Homosexualität weder sündhaft noch krankhaft*. In: Hamburger Anzeiger und Nachrichten, 28.7.1993.

Heger, H.: Die Männer mit dem rosa Winkel. Der Bericht eines Homosexuellen über seine KZ-Haft von 1939-45. Hamburg 1972.

Heinz, H.: Homosexualität und geistliche Berufe. In: Stimmen der Zeit, Nr. 241/1996, S. 681-693.

Ders.: Weder Schuld noch Schande. Zwischenbilanz zur Diskussion über homosexuelle Priester. In: Herderkorrespondenz, Nr. 9/1997, S. 460-464.

Hell, P.: Familienvater und homosexuell – 42-Jähriger führte Doppelleben. In: Express Düsseldorf, 22.11.1991.

Hergemöller, B.-U.: Mann für Mann. Biografisches Lexikon zur Geschichte von Freundesliebe und mann-männlicher Sexualität im deutschen Sprachraum. Hamburg 1998.

Ders.: Sodom und Gomorrha. Zur Alltagswirklichkeit und Verfolgung Homosexueller im Mittelalter. 2., überarb. u. erg. Aufl., Hamburg 2000.

Herpell, G.: Die schwule Elite. In: Tempo, Nr. 2/1996, S. 32-41.

Hertoft, P.: Klinische Sexologie. Köln 1989.

Herz, Ch. J.: Ikaros – wohin fliegst Du? Aus der Geschichte der Homosexualität und dem Erleben eines betroffenen Theologen. München 1995.

Hinzpeter, W.: Schwule Paare segnen. In: Hinnerk 7/1994.

Höffner, J.: AIDS. Vier Aussagen des Erzbischofs von Köln, Kardinal Joseph Höffner. Hg. v. Presseamt des Erzbistums Köln. Köln 1987.

Homosexualität ist Todsünde. In: Die Welt, 12.10.1994.

Homosexuelle gedenken Holocaust. In: Die Tageszeitung, 1.6.1994.

Höß, R.: Kommandant in Auschwitz. Autobiografische Aufzeichnungen. Stuttgart 1958.

Hopke, R.: C. G. Jung, Jungianer und Homosexualität. Solothurn/Düsseldorf 1989.

HuK. Ökumenische Arbeitsgruppe Homosexuelle und Kirche e. V. (Hg.): HuK-Info, Jg. 1992-2001.

Dies.: Farbe bekennen. Ein Projekt für ihre Gemeinde. 3., überarb. Aufl. Köln 1992.

Dies.: HuK Regionalgruppe München: Gottesdienst zur Segnung eines lesbischen oder schwulen Paares. [München 1995.]

Iven, J. P.: Kirchlicher Segen auch für Homosexuelle. In: Generalanzeiger Wuppertal, 28.3.1995.

Jäger, H.: Therapiechancen bei AIDS. München 1990.

Jellonek, B.: Homosexuelle unter dem Hakenkreuz. Paderborn 1990.

Jone, H.: Gesetzbuch der lateinischen Kirche Bd. III. Paderborn 1953.

Jordahl, D.: Die zehn Ängste der Kirche. Stuttgart 1994.

Jüngel, E.: Gott als Geheimnis der Welt. 4. Aufl., Tübingen 1982.

Kasper, W.: Der Gott Jesu Christi. Mainz 1982.

Katechismus der katholischen Kirche [»Weltkatechismus«]. Dt. München/Wien/Leipzig/Freiburg/Linz 1993.

Katholisches Bistum der Alt-Katholiken in Deutschland (Hg.): Die Feier der Eucharistie. München 1995.

Dass.: (Hg.) / *Pastoraltheologische Kommission »Kirche und Homosexualität«* (Red.): Homosexuelle Liebe. (= Hefte für Gemeindearbeit und Theologie Nr. 10. Bonn 1996.)

Kelch, U.: Zum Tode von Helmut Gollwitzer. In: HuK-Info, Nr. 104-105/1994, S. 94 f.

Kittelberger, B. / Schürger, W. / Heilig-Achneck, W. (Hg.): Was auf dem Spiel steht. Diskussionsbeiträge zu Homosexualität und Kirche. München 1993.

Kogon, E.: Der SS-Staat. Das System der deutschen Konzentrationslager [1946]. Frankfurt 1965.

Köpke, A.: Lieber kein Kind als ein schwules. In: Deutsches Allgemeines Sonntagsblatt, 9.4.1993.

Kraft, S.: Homosexualität. In: Christen heute, Jg. 38. Nr. 8/1994, S. 132.

Küry, U.: Die Altkatholische Kirche. (= Die Kirchen der Welt Bd. III [1966]. Neu hg. v. Ch. Oeyen.) 3. Aufl., Frankfurt am Main 1982.

Lang, Chr.: FU-Test – Werden Homosexuelle angepöbelt? In: Berliner Morgenpost, 23.5.1993.

Lang, J.: Therapien zur Heilung von Homosexualität. In: HuK-Info, Nr. 139/2001, S. 22-24.

Lautmann, R. (Hg.): Homosexualität. Handbuch der Theorie- und Forschungsgeschichte. Frankfurt am Main/New York 1993.

Ders.: Das Männerpaar vor dem Altar. In: Magnus special, 10/1994 [zit. nach: HuK-Info, Nr. 109/1994,S. 60 f.].

Leavitt, D.: Die verlorene Sprache der Kräne [1986]. Reinbek 1991.

Lorenz, K.: Das Jahr der Graugans. 3. Aufl., München 1984.

Lutterbüse, P.: Ein Gen – ein Verhalten? Zum Beispiel: Homosexualität. In: Badische Zeitung, 25.11.1994.

Marti, K.: Die gesellige Gottheit. Ein Diskurs. Stuttgart 1989.

McNeill, J. J.: Sie küßten sich und weinten ... Homosexuelle Frauen und Männer gehen ihren spirituellen Weg. München 1993.

Meesmann, H.: Kirche, Jugend und Sexualität. In: Publik-Forum, Nr. 17, 9.9.1994.

Ders.: Die Protestanten und die Homosexualität. In: Publik-Forum, Nr. 6, 29.3.1996, S. 34.

Meisner, J.: Die Sinnlichkeit des Glaubens. In: Frankfurter Allgemeine Zeitung, 19.1.2000.

Merz, M.: »Warum segnet ihr uns erst am Sarg?« In: Die Zeit, 31.7.1992.

Migge, Th.: Kann denn Liebe Sünde sein? Gespräche mit homosexuellen Geistlichen. Köln 1993.

Ders.: Kirchenfürst tritt für homosexuelle Liebespaare ein. In: Saarbrücker Zeitung, Nr. 58, 9.3.1995.

Morgenthaler, F.: Homosexualität, Heterosexualität, Perversion [1984]. 2. Aufl., Frankfurt am Main/New York 1985.

Mühlen, H.: Der Heilige Geist als Person. 2. Aufl., Münster 1966.

Müller, Chr.: Schmerzensmann Tschaikowsky. In: Südwest Presse, 31.5.1994.

Müller, W.: Homosexualität – eine Herausforderung für Theologie und Seelsorge. 2. Aufl. Mainz 1987.

Neumann, E.: Ursprungsgeschichte des Bewußtseins. Frankfurt am Main 1986.

Niedermeyer, R.: Tuntennest im Sauerland. In: Rosa Zone, Jg. 6/März 1996, S. 5.

Nye, J.: Kap der Schwulen Hoffnung. Neue Wege in Südafrika. In: Junge Welt Berlin, 18.3.1995.

Obert, A.: Jonathan – der Freund. In: Berlin-Brandenburgisches Sonntagsblatt, Nr. 31/31.7.1994.

Orthodoxe Kirche – Haft für Homosexuelle. In: Das Sonntagsblatt (Hamburg), 2.6.1995.

Osten-Sacken, P. von der: Paulinisches Evangelium und Homosexualität. In: Ders.: Evangelium und Tora. Aufsätze zu Paulus. München 1987, S. 210-236.

Paulus, J.: Exotik wirkt erotisch. In: Psychologie heute, 1/1999.

Pingel, R. / Trautvetter, W.: Homosexuelle Partnerschaften. Eine empirische Untersuchung. Berlin 1987.

Presseamt des Erzbistums Köln im Auftrag des Diözesanpastoralrats (Hg.): Arbeits-Ergebnis des Pastoralgesprächs im Erzbistum Köln. Köln 1994.

Puff, H. (Hg.): Lust, Angst und Provokation. Homosexualität in der Gesellschaft. Göttingen 1993.

Radford Ruether, R.: Unsere Wunden heilen – unsere Befreiung feiern. Rituale in der Frauenkirche. Stuttgart 1988.

Rassau, M.: Schwule vom Teufel besessen? In: Down Town, Nr. 12/Dez. 1994 - Jan. 1995. [= Rassau 1994].

Rauchfleisch, Udo (Hg.): Homosexuelle Männer in Kirche und Gesellschaft. Düsseldorf 1993.

Ders.: Die Diskriminierung Homosexueller durch die Psychoanalyse. In: Zeitschrift für Sexualforschung, 7. Jg., Heft 3/1994, S. 193-230.

Ders.: Die stille und die schrille Szene. Freiburg 1995.

Rechtsextremismus – Schwule Herrenmenschen. In: Szene Hamburg, Nr. 4/1994.

Reiche, D.: Schwule gesegnet. In: Junge Welt, 6.9.1994.

Reinkens, J. H.: Hirtenbriefe [Bonn 1897]. Als Reprint neu hg. v. Alt-Katholischen Ordinariat. Bonn 1990.

Richard von Sankt-Victor: Die Dreieinigkeit. Einsiedeln 1980.

Rimscha, R. von: Viel gebetet, schwul geblieben. In: Der Tagesspiegel, 16.10.1998.

Ders.: Viele katholische Priester sterben an Aids. In: Der Tagesspiegel, 31.1.2000.

Ringeling, H.: Homosexualität – Teil I. Zum Ansatz der Problemstellung in der theologischen Ethik. In: Zeitschrift für Evangelische Ethik, 31 (1987), S. 6-35.

Ritter, B.: Eine andere Art zu lieben? Zum Thema Kirche und Homosexualität. [Wiedergabe der evangelikalen »Klassiker«, Anm.] Gießen/Basel 1993.

Roedig, A.: Ödipus, anders gelöst. In: Der Tagesspiegel, 29.12.1998.

Rychlik, St.: Internationale Konferenz jüdischer Schwulen- und Lesbenorganisationen in Israel vom 2.-4. Juni 1994. In: HuK-Info, Nr. 107-108/1994, S. 67.

Satanische Methoden – Evangelikale Verse. Verletzte Kinder. Das Machwerk der Baptisten. Dokumentiert in: HuK-Info, Nr. 110/1995, S. 46 f.

Schellenbaum, P.: Homosexualität des Mannes. München 1980.

Ders.: Das Nein in der Liebe [1984]. 8. Aufl., München 1986.

Ders.: Homosexualität im Mann [1991]. München 1994.

Schellenberger, B. (Hg.): Ein Lied, das nur die Liebe lehrt. Freiburg 1981.

Schipflinger, Th.: Sophia – Maria. München/Zürich 1988.

Schoeps, H. J.: Homosexualität und Bibel. In: Zeitschrift für Evangelische Ethik, 6/1962, S. 369-374.

Schreiben der Kongregation für die Glaubenslehre an die Bischöfe der katholischen Kirche über die Seelsorge für homosexuelle Personen. 30.10.1986. Verlautbarungen des Apostolischen Stuhls Nr. 72. Hg. v. Sekretariat der Deutschen Bischofskonferenz. Bonn [1986].

Schroer, S. / Staubli, Th.: Saul, David und Jonathan – eine Dreiecksgeschichte? Ein Beitrag zum Thema »Homosexualität im Ersten Testament«. In: Bibel und Kirche, 1/1996.

Schulze, M.: Hofgarten-Mord aufgeklärt. In: Rosa Zone, Jg. 6., Nr. 58/1996, S. 4.

Schwule und Frauen – eine ganz besondere Romanze. In: Prinz. Düsseldorf-Szene-Kultur-Kalender, Nr. 5/1996, S. 40-44.

Schwule Vögel brüten auch. In: Die Tageszeitung, 6.8.1993.

Seel, P.: Ich, Pierre Seel, deportiert und vergessen. Köln 1996.

Seelischer Terror im Vernichtungslager. In: Freie Presse / Auer Zeitung, 31.3.1995.

Siemon-Netto, U.: »Ketzerprozeß« als Kur für den Leib Christi? In: Idea Spektrum, 12/1996.

Ders.: Spaltet sich die anglikanische Weltkirche? In: Idea Spektrum, 28/1997.

Silverstein, Ch. / Picano, F.: Die neuen Freuden der Schwulen. Übers. v. St. Troßbach. Berlin 1992.

Sipe, A. W. R.: Sexualität und Zölibat. Paderborn 1992.

Sommer, V.: Wider die Natur? Homosexualität und Evolution. München 1990.

Spong, J.: Sterbender Priester wollte Geheimnis offenbaren. (Übers. v. D. G. Conklin aus »Episcopal Life«, 10/1990.) In: HuK-Info, Nr. 86-87/1991, S. 32 f. [Ebenso in: Bürger 1996, S. 258-261.]

Steinhäuser, M.: Homosexualität als Schöpfungserfahrung. Ein Tabu in der theologischen und kirchlichen Diskussion. Stuttgart 1998.

Strecker, G.: Homosexualität in biblischer Sicht. In: Kerygma und Dogma, 28 (1982), S. 127-141.

Stuart, Elizabeth (Hg.): Daring to Speak Love's Name. London 1992. [Dt. Auszüge: AHA 1995; Bürger 1996.]

Dies.: Ist die Haltung der Kirche zu ändern? In: HuK-Info, Nr. 113-114/1995, S. 47 f.

SVD. Schwulenverband in Deutschland (Hg.): Schwulenrechte in die Verfassung [Faltblatt]. Köln 1994. [= SVD 1994a.]

Ders.: Ein Antidiskriminierungsgesetz für Schwule [Faltblatt]. Köln 1994. [= SVD 1994b.]

Ders.: Weg frei zum Standesamt [Faltblatt]. Köln 1994. [= SVD 1994c.]

Ders.: Nach wie vor sind Schwule rechtlich nur geduldet. Aus dem neuen Programm des Schwulenverbandes in Deutschland. In: Frankfurter Rundschau, 21.3.1996, S. 13.

Tuffs, A.: Gibt es biologische Ursachen? In: Die Welt, 8.8.1992.

Ubbo Seegelken geht in den vorzeitigen Ruhestand. In: Diepholzer Kreisblatt, 29.4.1994.

Unseliger Paragraph. Bericht über Homosexuellen-Prozesse in der Nachkriegszeit. In: Frankfurter Rundschau, 15.3.1991.

van de Spijker, H.: Die gleichgeschlechtliche Zuneigung. Olten/ Freiburg 1968.

van der Minde, H.-J.: Für ein offenes Christentum. München 1994.

van Dijk, L.: Ein erfülltes Leben – trotzdem. Erinnerungen Homosexueller 1933-1945. Reinbek 1992.

van Hooydonk, J.: [Het Priesterschap wordt steeds meer een Homoberoep. In: »de Bazuin«. Jg. 77, Nr. 25 / 24.6.1994, S. 8-11.] Das Priesteramt wird immer mehr zum Schwulenberuf. Auszüge. In: HuK-Info, Nr. 107-108/1994, S. 3-7.

Vobbe, J.: Geh zu meinen Brüdern. Brief des Bischofs an die Gemeinden des Katholischen Bistums der Alt-Katholiken. Bonn 1996.

Von Geburt an schwul. Was ist dran am Homo-Gen? In: Medical Tribune (Wiesbaden), 20.8.1993.

Wagner, Th.: Zwischen Mainz und Lambeth Palace. Zur Situation der Homosexuellen in und mit der Altkatholischen Kirche. In: Werkstatt Schwule Theologie, 6. Jg., Nr. 3/1999, S. 170-174.

Ders.: Ein Blick auf die schwule Ikonostase. In: Werkstatt Schwule Theologie, 7. Jg., Nr. 2/2000, S. 111-149.

Walf, K.: Homosexualität und katholisches Kirchenrecht. In: Orientierung (Zürich), Nr. 5/15.3.1986, S. 54 f.

Wasmuth, J.: Strafrechtliche Verfolgung Homosexueller – NS-Staat, BRD, DDR – und Möglichkeiten ihrer Rehabilitierung. [Unveröffentlichtes Manuskript.] Vortrag vor der HuK in Düsseldorf am 11.11.1995.

Wengst, K.: Paulus und die Homosexualität. In: Zeitschrift für Evangelische Ethik, 1/31 (1987), S. 72-81.

Weizer, J.: Vom andern Ufer. Schwule fordern Heimat in der Kirche. Düsseldorf 1995.

Weß, L.: Auf der Suche nach dem schwulen Gen. In: Die Tageszeitung, 20.7.1993.

Werkstatt Schwule Theologie (Hg.).: Themenheft »Schwule, Lesben und ihre Gemeinden«. 6. Jg., Nr. 3/1999.

Werkstatt Schwule Theologie (Hg.): Themenheft »WunschBilder«. 7 Jg., Nr. 2/2000.

Werkstatt Schwule Theologie (Hg.): Themenheft »Eingefleischte Rituale«. 8 Jg., Nr. 1/2001.

Wewetzer, W: Forscher bezweifeln »Homosexuellen-Gen«. In: Der Tagesspiegel, 23.4.1999.

Whitman, W.: Ich rufe Erde und Meer an. Ausgew., übers. u. eingel. v. S. Schaup. Freiburg 1987.

Wiedemann, H.-G.: Homosexuelle Liebe. Stuttgart 1982.

Ders.: Plädoyer für Männerfreundschaft. Stuttgart 1992.

Ders.: Homosexuell. Ein Buch für homosexuell Liebende, ihre Angehörigen und ihre Gegner. Stuttgart 1995.

Wilink, A.: Theologie der Befreiung. Im Kino »Der Priester« der britischen Regisseurin Antonia Bird. In: Westdeutsche Zeitung, 27.5.1995.

Winter, A.: Verhext oder wahnsinnig. »Out in Africa« im Eiszeitkino – Ein Dokumentarfilm zur Situation schwarzer Lesben und Schwulen in Südafrika. In: Die Tageszeitung, 27.6.1991.

Wittig, J.: Höregott – ein Buch vom Geiste und vom Glauben. Gotha 1929.

[*Würzburger Synode*:] Sinn und Gestaltung menschlicher Sexualität. Sonderdruck aus »Synode 7 / 1973«.

Zacharias, St.: Die Dokumente der römischen Glaubenskongregation zur Homosexualität. Eine erkenntnistheoretisch-fundamentaltheologische Untersuchung. (Diplomarbeit – als gedrucktes Skript der »Werkstatt Schwule Theologie«) Münster 1990.